칸트 철학

― 순수이성·실천이성·판단력 비판 ―

최 환 열

머 리 말

오늘날 진정한 의미에서의 철학은 형이상학 세계를 입증가능하게 접근한 데카르트의 근세철학에서 시작되었는데, 칸트는 이 근세철학의 정점에 서 있다. 그리고 칸트의 철학은 헤겔을 비롯해서 그 후대의 모든 근현대 철학자들의 학문적 바탕이 되었다. 결국 근현대 철학은 칸트의 철학에서 시작되기 때문에 모든 현대철학의 용어와 학문적 바탕이 결국 칸트 철학이다. 그래서 칸트 철학을 알지 못하면, 현대철학을 접근할 수가 없다.

순수이성비판

칸트는 그의 『순수이성비판』 서론에서 진정한 의미의 형이상학은 논리학이며, 자신의 철학은 논리학이라고 말한다. 원래 철학은 형이상학이다. 형이상학의 세계를 논증으로 밝혀주지 않으면, 거기에는 철학이라는 이름을 붙여서는 안 된다. 그리고 정신을 부인하면 그것은 사이비철학이다. 칸트의 세 비판서에 의해 이러한 내용들이 적나라하게 드러난다. 칸트의 순수이성비판은 논리학이다. 형이상학의 세계를 우리 인간의 정신에 설계된 선험성을 기반으로 추적한다. 인간에게 주어진 형이상학적 세계를 이렇게 논증으로 밝혀내는 것이다.

칸트는 먼저 "우리는 어떻게 대상을 인식하는가?"에서부터 시작한다. 칸트는 "표상-직관-현상"으로 이것을 설명한다. 우리가 어떤 대상을 보면, 그 대상은 우리 안에 표상(representation)으로 들어온다. 표상은 의식 속에 있는 모든 것이다. 이것이 이제 내 안에서 시간과 공간의 방식으로 개별적·직접적으로 주어지는데, 그것을 직관(intuition)이라고 한다. 이 직관은 우리 안에 이미지로 남아 있다가 우리가 그것에 대해 생각을 할 때, 내 정신 속에 현상(appearance)을 한다. 이때 직관의 모든 행위는 "공간과 시간" 안에서 이것을 한다. 공간과 시간을 이해하는 틀이 이미 내 안에 주어져 있는 것이다. 공간의 원리는 기하학이며, 시간의 원리는 산수학인데, 이

지식이 이미 선험적으로 주어져 있다. 우리 정신(주관)은 공간과 시간을 대상에 적용시켜서 내 안에 그 대상을 현상해낸 것이다. 공간과 시간은 우리 내적 감관의 형식이다. 우리의 정신은 공간과 시간을 산출하여 사물에 부착을 시켜서 우리 안에 현상으로 떠오르게 한다. 칸트는 이 행위를 하는 이성의 능력을 감성이라고 한다. 이때 칸트는 시간을 분석하면서 이것은 '물 자체'(신)는 아닌데, 물자체에 부속된 것이라고 말한다. 즉 조물주는 시간을 통해 창조를 하였다는 것이다.

우리의 정신이 사유행위를 할 때, 어떤 사물이나 사건은 이렇게 우리의 정신 속에 현상하여 나타난다. 이때 우리의 정신은 이렇게 감성의 기능을 통해 재료로 주어진 것에 대해 사고를 한다. 이것을 오성(understanding, 범주를 통해 사고하는 능력)이라고 한다. 그런데, 이 오성에는 뭔가의 틀이 있다. 그래서 어떤 주어진 직관들을 분류하고 종합해 내어서 개념을 산출해 낸다. 이 기능을 범주(category)라고 하는데, 그것은 수량, 성질, 관계, 양상의 틀로 구성되어 있다. 이 범주라는 틀 속에 주어진 어떤 표상들이 들어가면 여기에서 개념들이 산출되어 나오는 것이다. 그리고 이 개념들을 종합하여 살펴보니, 그것이 곧 자연법칙과 일치하더라는 것이다. 특히 범주의 기능 중에서 '관계'의 기능 중에 '인과율'이라는 기능이 존재한다. 우리 범주의 기능 속에는 "원인과 결과"를 추정하고 이해하는 틀이 있다는 것이다. 우리 안에 세상의 모든 것이 경험을 통해 주어지고, 그것이 표상으로 자리잡고 있다. 이것을 범주의 여러 기능을 통해 분류를 한후, 다시 이것의 관계를 파악하여 인과율로 종합을 하였을 때, 원인과 결과의 법칙으로서의 자연법칙이 여기에서 산출되어 나왔던 것이다. 그래서 결국은 우리의 정신 속에 자리잡은 범주에는 자연법칙이 선재하여 있으며, 결국 우리의 주관(정신적 존재로서의 주체)은 자연 속에 자연법칙을 산출해 내는 법칙제정자이더라는 것이다.

우리의 정신은 이렇게 오성을 통해 주어진 개념들을 변증적으로 추리를 한다. 이 기능을 칸트는 순수이성(좁은 의미의 이성)이라고 부른다. 그래서 주어진 사물들에 대해서 그 자연법칙을 이해하고, 심지어 자연법칙을 산출해 내는 것이다. 칸트의 주장에 의하면, 우리의 사유의 기능에서 가장 상위의 위치에 이러한 변증적 추리의 기능이 존재한다. 그래서 끝없이 생각하면서 새로운 법칙과 원리들을 산출해 내는 것이다. 이것이 오늘날 과학의 발견이며, 산업의 발전이었다.

그런데, 이 변증적 기능이 시간과 공간을 초월한 영역에 대해서는 자꾸 이율배반의 현상을 가져왔다. 우리의 순수이성은 주어진 모든 자료에 대해서 끝없이 변증적 추리를 하는데, 형이상학적 이슈에 대해서는 산출된 개념의 충돌이 발생하였다는 것이다. 그 대표적인 명제가 형이상학적 명제들이었다. 특히 자유, 영혼불멸, 신존재 등의 경우였다. 이러한 대상들의 존재는 우리의 언어사용 등을 통해서 나타난다. 그런데, 순수이성으로 접근을 하면, 자꾸 명제들이 충돌을 한다.

실천이성비판

우리 정신의 상위 기능 중에 이성(협의의 이성)이 존재하는데, 칸트는 이 이성을 순수이성과 실천이성으로 구분한다. 순수이성은 사유의 기능을 말한다. 우리는 정신의 기능을 "지식-감정-의지"라고 말하는데, 칸트는 순수이성으로서 지식을 논하였으며, 이제는 그 논의를 의지 혹은 행위를 규정하는 실천이성으로 전환을 하고 있는 것이다. 우리에게 주어진 지식을 기반으로 우리는 어떻게 행위하는가이다.

칸트에 의하면, 우리 인생들의 일반적인 행위기준은 인과율에 따른 행위를 한다. 이 인과율이 자연법칙인데, 우리의 순수이성은 이 인과율을 자동적으로 인식해 낸다. 그리고 거기에 맞추어서 행위를 한다. 인간은 자신의 앞날을 예측을 한다. 그리고 오늘날 준비를 한다. 우리 인간의 모든 행위는 이 인과율을 기반으로 하여 자신들의 삶을 설계한다. 이것이 바로 행위의 준칙인 것이다.

칸트는 이러한 인간 행위의 가장 대표적인 것을 준칙(maxim)이라고 부르는데, 개인의 주관적 행위 원리이다. "나는 행복하기 위해서 오늘 열심히 공부한다. 나는 가족의 행복을 위해서 성실하게 직장생활을 한다. 나는 건강하기 위해서 운동을 한다.…"는 모든 행위원리들은 "…하면(위해), …한다"의 조건절의 인과율로 되어 있다.

그런데 이 준칙에 반하는 원리가 등장하는데, "나는 너무 배가 고파 죽을 지경이어서, 도둑질을 하였다"의 준칙으로서의 행위명제가 있다고 하자. 이 세상의 모든 범죄는 이러한 형태의 '인과율'에서 출발한다. 그런데, 이 인과율에 전혀 영향을 받지 않는 명제가 내 안에서 양심의 소리가 들려온다. 칸트는 이 도덕명령을 '인과율'에 영향을 받지 않으므로 '자유'라고 부른다. 그래서 칸트는 '정언명령(Categorical Imperative)'의 한 공식으로서, "네 준칙이 언제나 동시에 보편적 법칙의 원리로서 타당할 수 있도록 행위하라"고 말한다. 이 양심의 도덕명령을 발하는 기능이 우리의 이성에 존재하는 데, 그것이 곧 실천이성이라는 것이다.

칸트는 이제 이 실천이성의 세계를 추적하여 들어간다. 이 실천이성 이면에 도덕법이 자리잡고 있었던 것이다. 이 도덕법은 어떤 현상을 만나면, 그곳에서 곧바로 소리를 발한다. 모든 사건사건 마다에서 도덕법칙의 제정자로서 군림하고 있었던 것이다. 이 소리는 아무리 준칙의 이유를 갖다가 대어도 소용이 없다. 이 도덕법은 기독교의 율법의 이야기와 똑 같았다. 그런데, 그 율법은 신의 성품이었던 것이다. 그래서 우리의 실천이성에 자리잡은 그 도덕법은 하늘의 최고선을 발하는 존재와 맞닿아 있었던 것이다. 기독교로 말하자면, 로고스(말씀 하나님, 하나님의 정신·마음)와 맞닿아 있었던 것이다.

칸트에 의하면, 우리의 실천이성은 "자유, 영혼불멸, 신의 존재"를 필연적으로 요청한다고 말한다. 이것이 칸트의 신존재증명이기도 하다. 그러면서 칸트는 실천이성의 윤리가 무엇인지를 찾는다. 고대 그리스철학자들은 최고선을 찾았는데, 그 최고선에게서는 '도덕'의 의무만 나타나는 것이 아니라,

여기에서 진정한 '쾌락'이 함께 나왔다는 것이다. 칸트는 신비주의자가 아니었으므로 그곳까지 이르지는 못하였지만, 그 세계를 소개한다. (필자: 우리는 그러한 세계를 기독교 신비주의에서 볼 수 있다. 기독교는 최고선의 로고스가 성육신을 하였으며, 우리는 그와 결합하므로 최고의 쾌락을 누림과 동시에 도덕적 성취를 갖게 되는 것이다.)

판단력 비판

우리의 모든 사유와 행위는 "지식-감정-의지"의 산물이다. 칸트는 순수이성비판에서 지식(오성)을 탐구하였고, 실천이성비판을 통해서 의지(협의의 이성)를 규명하였다. 이때 우리의 지식은 자연세계를 통해 습득을 하였으며, 의지는 자유의 세계(곧 하늘)와 연결되었다는 것을 발견하였다. 그런데, 이 양자는 단절된 것이 아니라, "지-정-의"로 연결되어 있다. 이 양자의 연결점은 무엇일까? 칸트는 그것을 판단력이라고 부른다. 그리고 그 판단력의 매개체는 곧 상상력이었다.

칸트에 의하면, 판단력에는 규정적 판단력이 있으며 반성적 판단력이 있다. 규정적 판단력은 특수적으로 경험하는 것들을 보편적으로 밝혀진 것 아래로 모으는 기능을 한다. 그런데, 반성적 판단력은 특수한 것들을 통해서 보편적인 것을 발견하는 판단력이다. 여기에서 이제 새로운 법칙의 발견이 이루어지는 것이다. 이것이 순수이성에서 작동하는 판단력이다. 칸트는 우리의 오성 안에 있는 범주의 기능이 이 판단력에도 동일하게 존재한다. 자연법칙을 이해할 수 있는 능력 곧 '자연의 종별화 법칙'이 우리의 판단력 속에 선험적으로 내재하여 있는데, 그 주요한 특성으로서 '합목적성'이 있다는 것이다. 이 반성적 판단력이 주는 선별된 재료로 우리 오성은 자연법칙을 산출해 낸다. 자연이 합목적적인데, 이렇게 판단력에 존재하는 그 '합목적성'(어떤 대상이나 현상이 마치 어떤 목적에 맞게 짜여 있는 듯한 성격)으로, 우리가 발견하는 자연법칙도 그러하다.

그런데, 칸트에 의하면 우리에게 주어진 그 합목적성이 주관적이라는 것이다. 예를 들어 우리가 어떤 법칙을 이해하고 사물에 적용하여 또 다른 법칙을 산출해 낸다면, 우리의 주관(정신적 존재로서의 주체)이 그곳에 합목적성을 부여하여 산출한다는 것이다. 칸트의 '미감적 판단'의 주제는 이 '합목적성'이 '주관성'을 논증하는 자리이다.

아름다움에 대한 판단을 취미판단이라고 하는데, 이 취미판단은 모든 개별적 존재들에게 주관적이다. 그런데, 그 판단은 거의 법칙처럼 강요된다. 이것은 우리의 판단력의 범주(원리) 속에 있는 그 합목적성이 주관적이라는 의미이다. 이 취미판단은 우리 안에 있는 판단력의 범주가 "주관적 합목적성"의 원리 하에 작동하고 있음을 반증한 것이다.

'미감적 판단'중 '숭고판단'이 존재한다. '거대한 자연 등'을 보면서 불쾌와 쾌의 감정이 산출되는데, 여기에서는 이율배반이 등장한다. 우리의 상상력이 거대한 자연 등을 보면서 당혹감에 빠지며 불쾌를 산출한다. 여기에 이성이 개입하며 절대자를 인식하고 요청하게 된다.

칸트에 의하면, 우리의 판단력에는 '목적론적 판단'이 존재한다. 자연에는 분명히 '합목적성'이 목격된다. 그런데, 이것을 자연 자체에 내재하는가를 보려고 들어가 보았을 때, 자연 속의 존재들 각각에는 이러한 합목적성이 존재하지 않는다. 그런데도 자연은 합목적적으로 운행되고 있다. 그렇다면, 이 합목적성을 유지케 하는 어떤 유기적 존재가 있음을 알게 한다. 그러한 존재가 바로 '주관적 합목적성'을 가지고, 자연을 관리하고 있는 '유기적 존재'로서의 인간인 것이다. 그리고 이러한 세계를 보증하는 존재가 바로 신이라는 존재이다. 그래서 자연의 합목적성을 보면, 이러한 것은 신의 존재의 필연성을 요청하고 있는 것이다.

결론적으로

칸트의 이성은 정신의 핵심기능일 수 있다. 정신의 존재와 그 활동을 적나라하게 보여준 내용들이다. 칸트의 세 비판서로 인해 정신의 존재가 적나라하게 드러났다. 그리고 그의 세 비판서는 논리학의 정수라고 말할 수 있는데, 형이상학적 세계로 진입하기 위한 기반을 놓은 책들이다. 오늘날 철학의 인기가 시들어져있는데, 그럼에도 많은 철학도와 신학도들에게 귀한 도움이 되었으면 한다.

2025. 10. 4

신학박사 최 환 열 書

제 목 차 례

1부 칸트의 생애와 사상

1장 임마누엘 칸트의 생애
 1. 칸트의 생애 (1724-1804년) 3
 2. 근세과학의 발견과 근세철학의 출현 11
 3. 칸트에게 영향을 끼친 사상들 16

2장 칸트의 저술과 사상
 1. 자연과학에 관한 저술 23
 2. 칸트의 세 비판서 27
 3. 기타의 주요 저술 33
 4. 칸트 철학이 후대에 미친 영향 36

2부 순수이성비판

1장 『순수이성비판』의 탐구주제
 1. 선험성을 기반으로 한 형이상학 탐구 41
 2. 경험을 넘어서는 선험적 인식 46
 3. 『순수이성비판』의 주요개념들 51

2장 선험적 감성론
 1. 감성론 : 어떻게 대상을 인식하는가? 62
 2. 공 간 67
 3. 시 간 74
 4. 선험적 감성론의 일반적 주해 82

3장 선험적 분석론
 1. 인식의 두 근원, 감성과 오성 88
 2. 개념의 분석론 92

3. 순수오성개념의 선험적 연역 : 자연법칙의 선재 100
4장 순수이성의 변증적 추리
  1. 순수이성의 개념 114
  2. 선험적 이념 121
  3. 순수이성의 변증적 추리 125

3부 실천이성비판

1장 실천이성비판의 개략
  1. '실천이성'의 개념 149
  2. 실천이성비판의 대상 153
  3. 독립적 존재로서의 '실천이성' : 자유 159
  4. 실천이성의 지향점 : 신의 존재와 영혼불멸 164
  5. 실천이성의 역전 169
2장 순수한 실천이성의 원칙
  1. 실천원칙들 : 준칙과 법칙 174
  2. 세 가지 정리들 : 정언명령의 도출 178
  3. 실천이성의 과제 : 정언명령을 내는 실천이성 187
  4. 비판윤리학의 생활원리 195
3장 '실천이성'의 세계 : 자유와 선
  1. 실천이성의 원칙들의 연역 : 실천이성의 세계 202
  2. 실천이성 : 실천법칙과 자유 207
  3. 실천이성의 '자유'에서 나오는 '선' 211
  4. 실천적 판단력의 곤경 216
  5. "도덕법-형식-자유" : 도덕법에 대한 존경 221
4장 실천이성의 변증론
  1. '최고선'을 향한 실천이성의 변증론 234
  2. 최고선의 개념규정 243

2. 실천이성의 이율배반과 해소 249
  3. 실천이성의 요청으로 '영혼불멸과 신의 존재' 256

4부 판단력 비판

1장 판단력 비판의 개요
  1. '자연'과 '자유'의 매개로서의 판단력 267
  2. 규정적·반성적 판단력 275
  3. 합목적성의 두 표상 : 미감적 표상과 논리적 표상 279
  4. "자유(이성)·판단력(감성)·자연(지성)"의 연결 290
2장 미감적 판단력 비판
  1. 취미판단 295
  2. 숭고의 분석학 311
3장 미감적 판단력의 연역과 변증학
  1. 미감적 판단들의 연역 324
  2. 미감적 판단력의 변증학 335
4장 목적론적 판단력 비판
  1. '미감적 판단'(아름다움과 숭고판단)의 정리 345
  2. 목적론적 판단력의 분석학 356
  3. 목적론적 판단력의 변증학 371
  4. 목적론적 판단력의 방법론 376

1부 생애와 사상

1장 임마누엘 칸트의 생애

1. 칸트의 생애 (1724-1804년)

가. 칸트의 유년시절

칸트는 1724년에 프로이센(현재 독일)의 쾨니히스베르크에서 태어났다. 그의 가정은 가난하였으나, 양친 부모 모두 루터교 경건파의 독실한 신자였다. 그는 자신에게 "최초로 선의 씨앗을 심어준 어머니"에 대한 기억을 결코 잊을 수 없다고 말한다.

칸트는 8세에 경건주의 학교에 입학하여 소년 시절을 보내었다. 이때 그는 이 경건주의 학교의 강압적인 신앙방침에 잘 적응하지 못했다. 그래서 그는 교회에 평생토록 반감을 가지게 되었으나, 그가 신앙이 없는 것은 아니었다. 그는 그의 근본적인 신앙을 지켜나갔다. 그는 오늘날의 중고등학교 시절에는 특히 고전과 라틴어에 빠져 있었다. 한편, 그의 어머니는 그의 나이 13세 때 돌아가셨다.

① 1724년, 출생
칸트는 1724년 동프로이센(현재의 독일)의 쾨니히스베르크에서 11남매 가운데 넷째 아들로 태어났다. 양친 부모 모두 루터교 경건파의 독실한 신자였다. 마구사인 아버지는 가난하여 30세가 넘어서야 결혼했다. 어머니는 교육을 많이 받지는 못했으나, 타고난 인품과 지성 때문에 유명했다. 좀처럼 집안 이야기를 하지 않는 칸트도 아버지와 어머니에 대해서는 극구 찬양했으며, 특히 어머니에 대해서는 이렇게 말한 적이 있다. "나는 어머니를 결코 잊을 수가 없다. 어머니는 내 마음에 최초로 선의 씨앗을 심어주셨다."(강성률, 『위대한 철학자들은 철학적으로 살았을까』, 평단문화사)

② 모친에 대한 기억
그의 어머니는 상식이 풍부했고 심정이 고결했으며, 열성적이면서도 광

신적이 아닌 종교심을 지녔었다. 어머니는 칸트를 데리고 교외로 나가서 대자연과 접하도록 하였고, 익초(益草)를 알게 했으며, 천체에 관한 이야기를 들려주었고, 신의 섭리를 일러주었다. 칸트는 인격 형성에서나 유약한 체질에서나 아버지보다는 어머니로부터 더 많은 영향을 받았던 것으로 보인다. 그는 80세에 가까이 이르러서도 측근들에게 어머니에 대한 사모의 정을 다음과 같이 피력하였다. "나는 결코 어머님을 잊지 못하겠다. 내 마음에 처음으로 선의 싹을 심어서 가꾸어주신 분이 바로 내 어머니였다. 어머니는 자연의 신비를 느끼는 내 마음의 문을 열어주었고, 내 지식을 일깨워서 넓혀주었다. 어머니의 교훈은 일생동안 끊임없이 거룩한 감화를 주었다."(백종현, 『실천이성비판』 역자해설, 306)
③ 8세, 경건주의 학교 입학과 교회에 대한 반감
8세에 칸트는 어떤 마음씨 좋은 목사의 눈에 띄어 그 목사가 운영하던 경건주의 학교에 입학했다. 그러나 그는 매일 아침 예배로 시작되는 일과와 기도로 시작해 기도로 끝나는 수업 등에 싫증을 느끼기 시작했다. 칸트는 이를 일종의 '소년 노예제도'라고 부르며 엄청난 혐오감을 나타냈다. 이 때문에 그는 기독교에 대한 반감을 갖게 되어 결국 평생 동안 교회에 충실하지 않은 사람이 되어버렸다. 그러나 근본적인 신앙은 지켜나갔으며, 이곳에서의 학교 성적 역시 항상 수석이었다.(강성률, 『위대한 철학자들은 철학적으로 살았을까』, 평단문화사)

나. 1740-1746년(16-22세), 대학교에서의 학업
칸트는 16세(1740년)에 쾨니히스베르크 대학에 신학생으로 입학했으나, 얼마 후 그는 철학과 자연과학으로 전공을 바꾸고, 철학, 수학, 자연과학 등을 폭 넓게 공부하였다. 그가 대학을 졸업하는 때인 1746년(22세)에는 아버지마저 돌아가셨다.

① 1740년(16세), 쾨니히스베르크 대학 입학
16세에는 쾨니히스베르크 대학에 신학생으로 입학했다.

② 신학과정과 수학·물리학에 흥미
신학 과정을 들으며 때때로 설교도 했지만, 주로 흥미를 느낀 것은 수학과 물리학이었다. 대학에 다니는 내내 재정적으로 넉넉하지 못해 학생 활동이나 취미 활동에 관심을 두지 않았다. 그나마 유일한 즐거움은 당구를 치는 것이었다. 그는 친구들과 열심히 당구를 쳤고, 또 재주도 있어서 내기에서 돈을 따는 경우가 많았다.
③ 가난한 대학생활
그는 구둣방을 경영하는 큰아버지의 도움과 성적이 뒤떨어진 동급생들의 공부를 도와주는 아르바이트 등으로 겨우 대학 생활을 꾸려나갈 수 있었다. (강성률, 『위대한 철학자들은 철학적으로 살았을까』, 평단문화사)

다. 1946-1755년(22-31세), 9년 동안의 가정교사 생활
그는 1946년(22세) 대학졸업후 1755년(31세)까지 9년 동안 생계를 위하여 가정교사를 전전하였다.

졸업하고 나서 학자의 길을 택하기로 마음먹었다. 하지만 아버지가 죽자 우선 생활비를 마련하는 일이 급했다. 그는 어느 시골의 귀족 집안에 가정교사로 9년 동안 있었다. 그러나 그 스스로 "세상에서 나만큼 나쁜 가정교사는 없을 것이다"고 고백한 걸 보면 그리 훌륭한 가정교사는 아니었던 것 같다. 아이들에게 좋은 친구가 되어준다거나 때때로 벌을 주어야 하는 '뛰어난 기술'은 철학자에게 없었던 셈이다. (강성률, 『위대한 철학자들은 철학적으로 살았을까』, 평단문화사)

라. 1755-1770년(31-46세), 사강사 등으로서의 생활과 정교수가 됨
그리고 1755년(31세) 7월에 학위논문 "불에 관하여"를 제출하여 박사 학위를 받고, 9월에 구직 논문인 "형이상학적 인식의 제일 원리에 관한 새로운 해명"이 통과되면서 괴니히스베르크 대학의 사강사가 되어 철학, 자연과학, 자연지리학, 신학, 인간학 등을 강의하였다. 그는 처음에 여기에 무급강

칸트 철학

사로 부임하였다. 이후 1770년(46세) 괴니히스베르크 대학의 '형이상학과 논리학'의 정교수가 되기까지 사강사의 일은 계속 되었다.

① 1755년, 강사생활의 시작

친구의 도움으로 간신히 학위를 마친 칸트는 대학에서 강사 생활을 시작했다. 그가 가르쳐야 할 과목은 수학과 물리학, 철학의 주요 분야는 물론이고 역학, 광물학 등에 이르기까지 실로 광범위했다. 거기에다 일주일에 20시간씩 강의를 해야 하는 중노동에 그는 때때로 한숨을 내쉬곤 했다. "나는 날마다 교탁의 귀퉁이에 앉아서 무거운 망치를 두들기는 것과 비슷한 강의들을 단조로운 박자로 계속 진행해나갔다."(강성률, 『위대한 철학자들은 철학적으로 살았을까』, 평단문화사)

② 1764년(40세), 시학 교수 자리를 제의받았으나 거절

1764년(40세)에 '시학' 교수 자리를 제의받았으나, 자신의 전문 분야가 아니라는 이유로 거절하고,

③ 1765년(41세), 왕립 도서관의 부사서직

그 대신에 1765년에 훨씬 보잘 것 없는 왕립 도서관의 부사서직을 맡아 생전 처음으로 고정 수입을 얻게 되었다.

④ 1770년(46세), 괴니히스베르크 대학의 '형이상학과 논리학' 정교수

1769년에 에어랑겐과 예나 대학으로부터 정교수 초청이 있었지만,—45년이나 살던 도시를 떠나는 것도 싫고 조만간 모교에서 자리를 얻을 것 같은 전망도 보여—거절하고 기다렸다가 1770년(46세)에 마침내 괴니히스베르크 대학의 '형이상학과 논리학' 강좌의 정교수가 되었다. 이때 그는 교수 취임 논문으로 "감성세계와 예지세계의 형식과 그 원리들에 관하여"를 제출하였다. (백종현, 『실천이성비판』 역자해설, 307)

마. 1770년(46세)부터, 괴니히스베르크 대학에서의 교수생활과 저술들

15년 동안의 사강사 생활 후, 1770년(46세)에 대학교수가 된 이후, 그는 연구에 몰두하였으며, 1781년(57세)에 『순수이성비판』을 출간하고, 1783년

에 『학문으로 등장할 수 있는 모든 장래의 형이상학을 위한 서설』, 1784년에 『세계시민적 관점에서 본 보편사의 이념』, 1785년 『윤리형이상학 정초』, 1788년에 『실천이성비판』, 1790년에 『판단력비판』, 1793년 『순전한 이성의 한계 안에서의 종교』, 1795년 『영구 평화론, 철학적 구상』, 1797년 『윤리형이상학』, 1798년 『학부들의 논쟁』등을 출간하였다. 그는 그 사이 1786년과 1788년 두 차례에 걸쳐 대학총장을 역임하였다.

① 1781-1785년(57-61세), 『순수이성비판』 등 저술
이후 거의 모든 사교생활을 뒤로하고 연구에 몰두해 1781년(57세)에 대저 『순수이성비판』을 출간하고, 이어서 1783년에 『[모든 장래의] 형이상학[을 위한] 서설』, 1785년에 『윤리형이상학 정초』,
② 1788-1797년(64-73세), 『실천이성비판』, 『판단력비판』 등 저술
1788년에 『실천이성비판』, 1790년에 『판단력비판』, 1793년에 『순전한 이성의 한계 안에서의 종교』, 1797년(73세)에 『윤리형이상학』등을 잇따라 출판하였다.
③ 두 차례의 총장 역임
그 사이 그는 1786년과 1788년 두 차례에 걸쳐 대학총장을 역임하였고, 1787년(63세)에는 자기 집을 소유할 만큼 가난에서 벗어났다. 그러나 경제적으로 안정된 생활을 하게 되었을 때는 이미 결혼 적령기를 넘겨 평생 독신으로 지냈다.(백종현, 『실천이성비판』 역자해설, 307)

한편, 그에게는 위의 비판철학이 시작되기 전의 저술도 존재하는데, 그 저술 내용은 다음과 같다.

1755년의 『보편적 자연사와 천체이론』(뉴턴 원리에 입각하여 서술된 전체 우주의 구조와 그 역학적 근원에 관한 시론), 1756년의 『물리적 모나드론』, 1766년 『유령을 보는 사람의 꿈』(형이상학의 꿈에 의해 설명), 1770년 『감성계와 예지계의 형식과 그 원리들에 관하여』, 1775년 『서로

다른 인종에 관하여』가 있다.

바. 칸트의 인기

한편, 당시의 칸트의 인기에 대해서 강성률은 헤르더의 한 서간문을 인용하여 다음과 같이 소개하고 있다.

> 칸트는 그런 중에도 수입을 늘리기 위해 공개강좌를 자주 열었는데, 그 인기가 대단했다. 군인, 귀족, 상인 등 많은 사람이 모여들어 복도까지 들어차기도 했다. 그는 정해진 휴가 이외에 강의를 휴강하거나 늦어본 적이 없었다. 언제나 강의에 충실했으며, 명확하고도 흥미롭게 이끌어 나갔다. 그는 강의 노트를 가지고 들어가는 대신 교과서 여백이나 쪽지에 메모를 해서 강의를 했다. 그는 강의 도중 옆길로 새는 일이 잦았으며, 그것을 깨달으면 곧 "그것은 그렇고"라는 말로 중단하고 다시 되돌아가곤 했다. 젊은 시절 그가 강의에 열중하던 모습이 헤르더의 한 서간문에 실려 있다.
> "발랄한 시절의 칸트는 젊은이만이 지닐 수 있는 경쾌함을 띠고 있었고, 사색을 위해 만들어진 것 같은 그의 넓은 이마에는 명랑한 희열이 사라지지 않았으며, 그의 입술을 타고 쏟아지는 심원한 사상의 달변에는 해학과 재치와 변덕 같은 것이 떠날 줄 몰랐다. 한마디로 그의 교훈적인 강의는 큰 즐거움의 통로였다. 그는 학생들을 스스로 사유하도록 일깨워 주었고, 그들의 사색을 기분 좋게 이끌어주었다."(강성률, 『위대한 철학자들은 철학적으로 살았을까』, 평단문화사)

그는 40년 이상 교편을 잡는 동안 두 전공분야 외에도 수학적 물리학과 지리학, 인간학, 자연신학, 도덕론 그리고 자연법을 강의했다. 칸트의 지리학 강의는 철학 강의만큼이나 큰 인기를 끌었다. 그는 괴니히스베르크와 그 주변을 떠난 적이 없으면서도 이국과 이민족에 관해 흥미진진하게 강의를 할 줄 알았다.

사. 규칙적인 생활에 관한 일화들

칸트는 규칙적인 생활로 유명하였다. 그는 건강한 편은 아니었으나, 규칙적인 생활로 당시 독일인들 평균 수명의 2배인 80세까지 건강하게 장수하였다. 그의 일과는 엄격하였는데, 7시에서 9시까지는 강의를 하였고, 자신의 연구 시간은 9시에서 오후 1시였다. 그후 점심을 하였고, 이 시간에는 언제나 손님들과 다양한 주제로 식사를 했고, 이런 식사시간은 몇 시간 동안 지속되었다. 그는 탁월한 재담 능력을 가지고 있어서 식사 초대자나 손님에게 인기가 많았다. 그리고 오후 3시 반이 되면 산책을 하였고, 밤 10시 정각이면 반드시 취침을 하였다. 그는 금욕적인 식생활을 하였다. 그는 평생 자신이 살고 있는 도시를 떠나 본적이 없었다. 이에 대해 강성률은 다음과 같이 말한다.

① 약한 체질에도 80세까지 장수

160센티미터도 채 되지 않는 키에 기형적인 가슴을 가진 허약한 체질의 칸트가 어떻게 철학자의 상징이 될 수 있었을까? 그것은 스스로 세운 규칙을 고수하며 건강을 유지함으로써 필생의 과업을 위해 한결같이 정신을 집중했기 때문이다. 실제로 그는 나무랄 데 없는 건강을 누리면서, 당시 독일인의 평균수명을 두 배나 뛰어넘는 80세까지 장수했다.

② 규칙적인 오전 일과

노인이 된 칸트의 하루 일과는 매우 엄격하게 짜여 있었다. 그는 여름이나 겨울이나 매일 아침 정각 5시에 일어났다. 하인은 정확하게 4시 45분에 주인을 깨우는데, 주인이 일어나기 전에는 절대로 침대를 떠나지 않았다. 칸트가 잠이 덜 깬 얼마 동안은 하인에게 자기를 좀 조용히 놓아두라고 부탁하기도 하지만, 그럴 경우에라도 반드시 깨워야 한다는 단호한 명령을 받아놓고 있었기 때문이다. 그 때문에 하인은 그가 시간에 맞추어 일어날 수 있도록 계속 흔들어 깨웠다. 규칙적인 시간표에 따라서 그 다음에는 서재에서 공부를 하고 이어서 강의를 한다. 학술

논문을 작성하기 위한 자신의 연구 시간은 주로 오전으로 정해두었다. 점심 식사 때에는 거의 손님을 맞이하는데, 이들 대부분은 학자가 아닌 사회인들이었다. 그는 이 시간에 철학을 제외한 다양한 주제를 놓고 손님들과 많은 얘기를 나누었다.

③ 오후의 규칙적 산책

오후에 그는 어김없이 산책을 떠나는데, 이에 대해서 어떤 전기 작가는 이렇게 썼다. "회색 연미복을 걸친 칸트가 스페인제 지팡이를 들고 대문을 나서서 그를 추념하는 뜻에서 '철학자의 길'이라고 불리는 보리수가 늘어선 길을 산책하는 것을 보고, 이웃 사람들은 그때가 바로 오후 3시 30분이라는 것을 분명히 알 수 있었다. 그는 사계절 중 어느 때나 똑같은 산책로를 여덟 번 아래위로 거닐었다. 날씨가 흐리거나 먹구름이 끼어 곧 비가 내릴 듯하면, 하인이 큰 우산을 팔 밑에 끼고 그의 뒤를 총총걸음으로 쫓아갔다." 그는 노령으로 산책이 힘들어질 때까지 한 번도 규칙적인 산책을 거른 적이 없었다. 루소의 《에밀》을 읽는데 열중하느라 며칠 집에서 나오지 않은 때를 빼고는. 그리하여 이웃에 살던 사람들은 칸트의 거동을 보고 시계의 바늘을 맞출 정도였다고 한다. 산책에서 돌아온 칸트는 다시 연구에 몰두하다가 밤 10시에 정확하게 잠자리에 들었다.

④ 금욕적인 식생활

규칙적인 습관 이외에 칸트의 건강과 장수에 큰 도움이 된 비결은 금욕적인 식생활이었다. 그는 아침 식사를 단 두 잔의 차와 파이프 담배 한 대 만으로 대신했으며, 저녁 식사는 아예 없애버렸다. 차 역시 아주 적은 찻잎에서 우려낸 그야말로 묽은 차였으며, 파이프 담배는 식욕 감퇴제로 이용했다. 그는 커피를 매우 좋아했으나 커피 기름이 건강에 해롭다는 사실을 알고는 철저하게 피했다. 특히 모임에서 커피 냄새가 그를 끈질기게 자극할 때에도 대단한 자제력을 발휘했다. 또한 칸트는 아무리 심한 병에 걸렸을지라도 하루에 약 두 알 이상을 절대로 먹지 않는다는 규칙을 지켰다. 이와 관련하여 칸트는 병을 피하기 위해 너무 많은 약을 복용하다가 죽은 어떤 사람의 묘비에 새겨진 글을 즐겨 언급했다. "무명씨는 건강했다. 그러나 그는 더 건강하기를 바랐기 때문에 여기에 누워 있다."(강성률, 『위대한 철학자들은 철학적으로 살았을까』, 평단문화사)

그는 1804년(80세)에 세상을 떠났는데, 임종 직전 물에 탄 포도주를 조금 입에 댄 후 "좋다"라는 마지막 말을 남겼다. 그의 기념 동판에는 "내 위의 별이 빛나는 하늘과 내 안의 도덕법칙"이라는 『실천이성비판』의 결론 장의 한 구절이 새겨져 있다.

2. 근세과학의 발견과 근세철학의 출현

가. 근세과학의 발견

이탈리아 르네상스에 이어 근세 과학의 발견이 있었다. 이러한 과학의 발견은 유럽세계의 기존의 모든 학문체계와 가치관을 뒤집어 놓았다. 하늘의 존재들이 돌아가는 줄 알았는데, 지구가 돌고 있었다. 갈릴레오는 망원경을 발견하며, 낙하의 법칙을 계산해 내었다. 뉴턴은 만유인력의 법칙을 발견하여 천체와 지상의 운동을 하나의 체계로 통합하였다. 이러한 과학의 발견이 근세철학의 출발점이었다. 이 과학이 어디에서 출현했는가를 밝힌 것이 곧 근세철학이라고 볼 수 있다. 1500- 1700년대에 나타난 근세 과학의 발견에 대한 일반적인 정리(챗GPT)는 다음과 같다.

① 천문학적 발견
(a)코페르니쿠스(1543)는 지동설을 제시하여 태양 중심의 세계관을 말하였다. 그 동안에는 지구는 편편하고, 그 위에 하늘이 천장처럼 존재하고, 그 곳에 해와 달과 별들이 지구를 중심으로 돌고 있었다. (b)티코 브라헤는 정밀한 관측 자료 축적하여 코페르니쿠스 이론 검증의 기반을 마련하였다. (c)케플러(1609, 1619)는 행성운동 법칙으로서 타원 궤도,

면적 속도 일정, 조화 법칙 등을 발견하였다. (d)갈릴레오(1610)는 망원경으로 목성의 위성, 금성의 위상, 태양 흑점 발견하여 지동설을 뒷받침하였다. (e)뉴턴(1687)은 만유인력 법칙으로 천체와 지상의 운동을 하나의 체계로 통합하였다.
② 물리학적 발견
(a)갈릴레오는 낙하 법칙(속도의 제곱에 비례한 거리)과 관성 개념을 발견하였다. (b)토리첼리(1643)는 대기압 실험을 통해 기압계를 발명하였다. (c)보일(1662)은 기체 압력과 부피의 반비례 관계인 보일의 법칙을 발견하였다. (d)뉴턴은 운동의 3법칙을 발견하였으며, 빛의 분산 실험을 통해 프리즘으로 백색광이 여러 색으로 구성됨을 입증하였다.
③ 생물학·의학적 발견
(a)베살리우스(1543)는 『인체의 구조』라는 책을 써서 해부학의 혁신을 이루었다. (b)하비(1628)는 혈액 순환의 발견을 발견하여 심장이 펌프 역할을 한다는 사실을 발견하였다. (c)레벤후크(1670년대)는 현미경으로 미생물과 적혈구를 관찰하였다.
④ 화학적 발견
연금술에서 화학으로 전환하였다. 보일은 화학적 원소 개념 제시하였다.
⑤ 기술·도구의 발전
갈릴레오는 망원경(1608)을 발명하여 과학적 연구에 적용하였다. 현미경(17세기 초)이 발명되어 미시 세계 탐구가 가능해 졌다. 진공펌프(겔버·보일)가 발명되어 기체 실험이 가능해졌다. 이러한 도구의 발전이 발견을 촉진시켰다. (챗GPT, 근세과학의 출현, 2025.9.10.)

이 과학은 어디에서 출현하였는가를 밝히면서 드러난 것이 데카르트의 '고기토(생각하는 나)'였다. 데카르트는 이러한 과학이 정신에서 출현하였다는 것을 논증한 것이다. 그리고 과학적 실험에 대한 강조가 곧 영국의 경험론이었다. 그리고 이 양자를 결합한 것이 결국 칸트의 관념론이다.

나. 합리주의자들의 정신 : 데카르트와 라이프니쯔

데카르트의 합리주의에 의하면, 모든 지식은 정신에 내재한다. 생각하는 존재는 정신으로서 이 정신 안에 내재한 지식이 어떤 경로를 통해서 밖으로 나타난 것일 뿐이다. 이러한 주관주의는 라이프니쯔에 이르러서 절정을 이루었는데, 정신을 의미하는 모나드에는 온 우주가 축소판으로 설계되어 있다. 칸트의 이성은 정신을 의미하였다. 이것은 데카르트의 '생각하는 나'(코기토)가 곧 칸트의 이성이었다. 러셀은 칸트의 철학에 영향을 미치고 있는 주관주의적 요소를 다음과 같이 설명한다.

① 데카르트의 코기토 : 칸트의 이성
당시의 이론철학은 주관주의에 머물러 있었다. 이 주관주의와 같은 경향은 결코 새로운 것은 아니며, 이미 고대 말기에 있었던 것이다. 특히 성 어거스틴에게서 그러한 경향을 찾아볼 수 있다. 그리고 근대에서는 데카르트의 '코기토'(나는 생각한다)에 있어서 다시 나타났던 것이다.
② 라이프니쯔의 모나드
또한 라이프니쯔의 '창문 없는 모나드'에 있어서 그 절정에 이르게 되었다. 라이프니쯔는 자기 자신의 경험 속에 있는 것은, 다른 세계가 다 없어지더라도 그대로 남아 있을 것이라고 믿고 있었다.(러셀, 『서양철학사』, 최민홍 역, (서울: 집문당, 2002), 975)

데카르트는 우리의 정신 속에 내재된 수학적 능력에 비상한 관심을 기울였다. 이 수학적 능력으로 이곳에서 저 우주 끝을 파악할 수 있다고 생각하였다. 데카르트의 이 '코기토'가 곧 칸트의 이성이다. 이 이성이 과학법칙을 이해하고, 더 나아가서는 과학법칙을 산출해 내기도 한다.

나. 경험론자들의 관념 : 로크와 버클리
결국 과학적 발견은 법칙 혹은 지식의 발견이었다. 이러한 법칙 혹은 지식의 발견을 위해서는 실험을 통한 차이의 발견이 중요하였는데, 이것이 정신 속에서 관념으로 머물고 있었다. 영국 경험론자들은 이 정신 속의 관념을 발견하였던 것이다.
　지식의 발견과 관련하여 경험을 중시여기는 경험론자들도 이 '정신'에 대해서만은 그렇지 않았다. 그 경험의 주체가 곧 정신이었다. 이 경험은 우리 안에 관념을 형성시키는데, 이 관념은 정신만이 생각해 낼 수 있다. 이러한 흐름은 경험론자들에게도 고스란히 존재하고 있었다. 로크는 이때 정신이 산출해낸 관념의 일치와 불일치에 의해서 새로운 지식이 생성된다고 말했다. 러셀은 로크의 지식의 생성과 관련한 정신의 작용을 다음과 같이 설명한다.

① 로크의 관념론
우리는 로크가 다음과 같은 말을 한 것을 보았다. "정신은 사유에 있어서나 추론에 있어서 오직 관념만을 직접적인 대상으로 삼고 있다. 그리고 이 관념은 정신만이 생각할 수 있다. 그러므로 우리의 지식은 오직 관념에만 관련되어 있다는 것은 분명한 사실이다." 그리고 "지식은 두 관념의 일치 또는 불일치에 대한 지각이다."… 그에 의하면, "단순 관념은 사물이 정신에 작용해서 자연히 이루어지는 것이다"고 한다. 그는 이것을 어떻게 알 수 있는가에 대해서는 설명하지 않고 있다. 그런데 이와 같은 설명은 분명히 "두 관념의 일치 및 불일치"의 한계를 넘어서야 할 것이다.(러셀, 『서양철학사』, 975-976)
② 버클리의 관념론
버클리도 또한 이 지식의 출처를 밝히고자 하였는데, 그에게 있어서도 불변하게 존재하는 것은 정신과 정신의 관념만이 존재할 뿐이다. 물리적인 외계는 인정하지 않았다. 버클리는 자연과 그 안에 존재하는 어떤 정신적인 요소를 신의 관념으로 생각하였다. 이것이 경험을 통해 발견된 것으로만 생각하였다.(러셀, 『서양철학사』, 976)

　우리 안에 외부 대상의 관념으로 들어와 있다. 이 관념을 이제 정신이 통합하여 법칙으로 산출한다. 이 과정을 밝힌 것이 칸트의 『순수이성비판』이다. 결국 이 『순수이성비판』은 인간의 이성이 어떻게 과학법칙을 이해하며, 이것을 산출해 내는지를 세밀하게 묘사한 책이다. 우리 인간의 자연사물에 대한 정신구조를 말한 것이다.

다. 흄의 인과성에 대한 회의론

영국의 경험론자들은 정신이 경험하여 관념을 생성하고, 정신이 이것을 연결하여 '귀납'과 '인과관계'를 추론하여 법칙을 산출한다고 생각하기에 이르렀다. 이때 흄은 그러한 추론의 타당성이 명확하지 않다고 말하며, '불가지론'을 이야기하였다. 그는 외부의 사물로부터 오는 인상의 원인도 분명하지 않다고 의심하였고, 이것들 간의 인과성도 의심하였다.

흄은 자기의 이론을 실천과 부합시키려 하지 않았다. 그는 자아를 부인하고 귀납과 인과관계를 의심하였다. 그는 버클리와 마찬가지로 물질을 포기하였다. 그러나 버클리처럼 신의 관념의 형식으로 대용품을 내놓지 않았다. 로크처럼 선행하는 인상 없이는 어떠한 단순관념도 이루어지지 못한다고 주장한 것은 옳다.
그리고 이와 같이 주장할 경우에 그는 분명히 인상이라는 것이 정신 밖에 있는 어떤 것이 작용한 결과에서 오는 정신의 상태라고 생각하였을 것이다. 그러나 그의 입장으로는 '인상'의 정의로서 이와 같이 주장할 수 없는 것이다. 왜냐하면, 그는 '원인'의 개념을 문제시했기 때문이다. …
그러므로 그는 인상을 외계의 사물에 대한 인식을 주는 것이라고 주장할 수 없었다. 로크는 이와 같이 설명하고, 버클리는 형식은 다르지만 역시 같은 주장을 했던 것이다. 그러나 흄은 인과성을 인정하지 않았으므로, 그렇게 주장할 수는 없었다. …
흄은 시종일관하게, 경험론이 논리적인 결론에 도달하게 될 경우에 아무 것도 신빙성이 없다는 결과에 이르게 되며, 따라서 과학의 모든 분야에 걸쳐서, 합리적인 신뢰와 경솔한 신뢰의 구별을 철폐하게 된다는 것을

드러내 보여주었다.…(러셀, 『서양철학사』, 976-977)

라. 칸트의 관념론의 출현

흄의 위의 논의는 칸트를 비롯한 독일 관념론자들에게 중요한 도전으로 자리 잡았다. 흄의 논의는 그들을 주관주의 독단의 잠에서 깨어나게 하였다. 그럼에도 불구하고 칸트를 비롯한 독일 관념론자들은 이러한 파괴적인 학설로부터 이내 새로운 극단적 형태의 주관주의를 이루게 되었다. 이에 대해 러셀은 다음과 같이 말한다.

독일에서 흄의 불가지론에 대한 반동은… 심오하고 미묘한 현상으로 나타났다. 칸트와 피히테 및 헤겔은 18세기말의 파괴적인 학설로부터 지식과 도덕을 보호하기 위해 새로운 철학을 주장하였다. 칸트와 피히테에 있어서 데카르트에서 비롯된 주관주의적인 경향이 하나의 해로운 극단적 형태를 이루게 되었다.(러셀, 『서양철학사』, 977)

결국 칸트의 철학은 대륙 합리론과 영국 경험론의 종합이라고 볼 수 있다.

3. 칸트에게 영향을 끼친 사상들

가. '라이프니츠-볼프사상'의 신뢰

칸트가 대학을 다닐 때 독일의 지배적인 철학체계는 "라이프니츠-볼프 사상"이었다. 이것은 독단적 합리주의로서, 우리는 본유적인 이성적 원리(코기토)를 근거로 해서 세계에 대한 올바른 상을 도출할 수 있으며, 이때 경험의 도움은 전혀 필요하지 않다. 합리론 입장에서 경험은 우리 인식의 토대가 아니고 한계도 아니다고 보는 입장이다. 칸트도 이와 같이 가르침을 받았으며, 1760년경까지는 이것을 신뢰하고 있었다.

① 독일의 합리주의 : "라이프니츠-볼프사상"
칸트가 대학을 다녔던 당시의 지배적인 철학체계는 "라이프니츠-볼프사상"이었다. 이 사상은 아주 간단히 정리한다면 합리론, 그것도 독단적 합리론이라 할 수 있다.
② 합리론 : 내 이성(정신, 코기토)에 내재하는 진리
합리론이란 내 이성이 세계에 관해 말해주는 것이 곧 진리라고 보는 이성철학이다. 그에 따르면, 우리는 (본유적인) 이성적 원리를 근거로 해서 세계에 대한 올바른 상을 도출할 수 있으며, 이때 경험의 도움은 전혀 필요하지 않다. 합리론 입장에서 경험은 우리 인식의 토대가 아니고 한계도 아니다.
③ 형이상학에 대한 독단적 믿음
따라서 합리론자들의 관점에서는 모든 경험을 초월하는 초감성적인 것에 관한 학문인 형이상학의 가능성을 의심할 근거가 전혀 없다. 실제로 합리론자들은 그러한 형이상학적 체계를 제시하기도 했다. 그런데, 이때 합리론자들은 독단적인 태도를 보였다. 다시 말해 이들은 실제로 이성이 경험과 무관하고 경험을 초월하는 인식, 무조건적인 확실성을 갖는 그런 인식을 제공할 능력이 있는지에 관해 먼저 비판적 검토를 해보지 않았다.
④ 칸트의 초기 믿음
물론 칸트도 볼프주의자였던 스승 크누첸에게서 배운 라이프니츠-볼프사상을 1760년경까지는 의심 없이 신봉했다. (슈퇴리히, 『세계 철학사』, 597)

나. 로크와 흄의 영향
이러한 칸트의 사상체계에 로크와 흄의 영향으로 독단의 잠에서 깨어난다. 로크는 지성에는 감성에 의해 미리 주어지지 않은 것이란 전혀 없다. 오직 경험만이 우리 인식의 원천이며, 그 한계이기도 하다. 그래서, 초감성

적인 것에 관한 학문으로서의 형이상학이란 불가능하다. 왜냐면 초감성적인 것에 관해서는 경험이 아무런 토대도 제공할 수 없기 때문이다. 흄은 로크의 학설을 토대로 확실한 지식의 가능성에 회의적인 입장을 보였는데, 그의 영향도 지대하였다.

① 독단의 잠에서 깨어난 칸트
그러나 그의 사유체계에서 심대한 변화가 일기 시작했다. 칸트는 마침내 ;독단의 잠'에서 깨어난 것이다. 이는 무엇보다 영국의 경험론 철학자 존 로크의 영향이었으며, 또한 로크의 학설을 토대로 해서 확실한 지식의 가능성에 회의적 입장을 보인 데이비드 흄의 영향도 지대했다.
② 경험이 없는 지성의 한계를 말한 로크
로크의 견해에 의하면, 지성에는 감성에 의해 미리 주어지지 않은 것이란 전혀 없다. 이것을 철저한 경험론의 입장이다. 오직 경험(외적 경험은 감성에 의해 주어지고, 내적 경험은 의식의 자기반성 활동에 의해 주어진다)만이 우리 인식의 원천이며 그 한계이기도 하다.
③ 형이상학에 대한 불가지론
그러한 경험론의 입장에서 보면, 초감성적인 것에 관한 학으로서의 형이상학이란 불가능하다. 왜냐하면 초감성적인 것에 관해서는 경험이 아무런 토대를 제공할 수 없기 때문이다. (슈퇴리히, 『세계 철학사』, 598)

로크는 과학적 법칙의 발견과 관련하여 관념을 매우 중시했는데, 이 관념이 없이 과학적 발견은 존재하지 않는다. 그런데, 경험되지 못한 것들, 곧 도덕이나 형이상학적인 것들은 보이지 않는 것이기 때문에 관념을 제공해 줄 수 없다. 따라서 이들의 세계의 원리를 규명하는 것은 불가능하다는 것이다.

다. 『유령을 보는 사람의 꿈』을 통한 논쟁 : 이성의 한계를 설정
『유령을 보는 사람의 꿈』에서 그는 스웨덴보리와의 논쟁을 계기로 '몽상적

1장 임마누엘 칸트의 생애

인' 독단적 형이상학과는 관계를 끊기에 이르렀다. 그는 스웨덴보르그를 주제로 한 이 책에서, 그들이 제시하는 가정은 생각하기 불가능한 것은 아니지만 그들의 견해는 미친 사람들의 망상과 많은 공통점을 가지고 있다고 하였다.

그렇다고 하여서 그러한 신비주의자들의 주장이 근거 없는 것이라는 말은 아니었다. 여기에도 어느 정도의 이점은 있는데, 첫 번째는 탐구하는 마음이 혹시라도 사물의 숨겨진 성질들을 엿보기도 하는데, 그러나 그것은 이내 실망을 안겨주었다. 그리고 또 하나는 형이상학은 인간 이성의 한계에 관한 학문이라는 것이다. 그러면서 이제 칸트는 낡은 의미의 형이상학과 궁극적으로 결별하며, 형이상학은 인간 이성의 한계만을 밝혀주는 학문이라는 규정을 최초로 발설한다.

① 스베덴보리(1688-1772)와 논쟁
이 시기에 칸트가 합리론의 정당성을 믿고 구태의연한 형이상학에 대해 의심을 품기 시작했다는 사실은 무엇보다 『유령을 보는 사람의 꿈』에서 분명히 드러난다. 친구들의 권유로 칸트는 스웨덴의 신지학자 에마뉴엘 스베덴보리(1688-1772)와 논쟁을 벌였으며, 유령을 볼 수 있다는 이 인물과의 논쟁을 계기로 '몽상적인' 독단적 형이상학과는 관계를 끊기에 이르렀다.

② 독단적 형이상학에 대한 한계설정
스베덴보리와 독단적 형이상학자들에 대한 칸트의 평가에 따르면, 이들이 제시하는 가정은 생각하기 불가능한 것은 아니지만 이들의 견해는 미친 사람들의 망상과 많은 공통점이 있다. 칸트는 우리가 - 경험의 확실한 토대를 떠나면 - 엄밀하게 논리적인 방식을 동원하는 경우에도 지극히 기이한 명제와 체계에 이를 수 있다는 점을 알려 준다. 이제 칸트가 독단론적 형이상학에서 얼마나 멀어졌는가는 볼프 철학에 대한 다음의 진술에서 분명해진다. "잡다한 상상으로 공중누각을 세우는 사람들을 보고 있노라면… 예컨대 볼프의 생각에 근거해 경험의 건축재는 내팽개

치고 슬쩍 훔쳐온 개념들을 이어 붙여… 이른바 사물의 질서란 것을 지어내는 사람들을 보고 있노라면, 이 신사분들이 언젠가 꿈에서 깨어날 때까지는 엉망진창인 그들의 견해를 참아내야 할 거라는 생각이 든다."…(슈퇴리히, 『세계 철학사』, 598)

③ 형이상학의 이점들

하지만 칸트가 자신의 논구에서 이끌어 낸 결론은 극히 진지한 것이다. "내가 숙명적으로 마음이 끌리면서도 별다른 혜택은 얻은 적이 없는 형이상학에는 두 가지 이점이 있다. 첫 번째 이점은, 탐구하는 마음이 혹시라도 사물의 숨겨진 성질들을 엿보게 된다면 이 마음이 품었던 과제가 충족된다는 점에 있다. 그러나 이런 경우 종국에는 희망이 실망으로 바뀌는 것이 예사이다."(칸트가 '입원대기자'라 부른 스베덴보리도 이런 경우에 속한다.)

"형이상학의 또 다른 이점은 인간 지성과 좀더 합치하는 성질의 것으로, 다음과 같은 점을 생각하게 만든다는 데 있다. 형이상학적 과제는 우리에게 인식 가능한 것에 의해서도 규정될 수 있는가? 그리고 우리 판단이 언제나 근거로 삼아야 할 경험개념들과 형이상학적 물음은 어떤 관계에 있는가? 이런 경우에 형이상학은 인간 이성의 한계에 관한 학문이다."

④ 이성의 한계에 관한 학문에 머물게 된 칸트의 사상

여기서 볼 수 있듯, 이제 칸트는 낡은 의미의 형이상학과 궁극적으로 결별하며 - 물론 그 자신 '마음에 끌린다'고 고백하듯, 극복은 하지 못하고 - 형이상학에 대한 새로운 규정, 즉 인간 이성의 한계에 관한 학문이라는 규정을 최초로 발설한다. 칸트는 이렇게 말을 잇는다. "물론 여기서 나는 그 한계를 정확히 규정하지는 못했다." 그 한계를 규정하는 것이 향후 칸트의 과제가 된다. (슈퇴리히, 『세계 철학사』, 599)

칸트에 의하면, 형이상학에 대한 직접적인 탐구는 어리석은 행위가 되었다. 앞으로의 과제는 인식론이라야 한다. 그 형이상학적 존재에 대한 본유

관념을 주장하는 합리론과 물 자체에 대한 인식 여부를 제시해주는 경험론을 탐구하여야 한다. 그리고 이 양자는 인간의 사유기관이 가진 구조에 반영되어 있다.

라. 칸트의 과제

기본적으로 칸트의 과제는 형이상학이었다. 다만 스베덴보리가 추구하는 형태는 낡은 방법이었다. 그는 이 형이상학을 이해하기 위해서 경험론과 합리론을 받아들이고 검증을 한다. 그는 이것을 더욱 연구하여 인간의 사유기관이 지닌 구조를 탐구함을 통해서 형이상학의 문제에 접근하고자 한다. 그 결과 나타난 것이 『순수이성비판』이었다.

① 칸트의 과제 : 인간의 사유기관이 지닌 구조탐구의 필요성
그리고 그 한계를 규정하는 것이 향후 칸트의 과제가 된다. 한편에선 합리론을 내세우고, 다른 편에서 경험론을 주장한다. 어느 편이 옳은가? 칸트에 따르면, 이에 대한 심판을 내리려면 먼저 참다운 비판적 방법을 동원하여 그 전에는 아무도 감행한 적이 없는 과제를 수행하여야 한다. 즉 전체 인간의 사유기관이 지닌 구조를 탐구해야 하는 것이다. 우리 인식의 원천인 사유기관의 작업방식은 어떤 것이고 그 효용 범위와 한계는 어떠한가에 관해 명확한 답을 얻을 때에야 우리는 형이상학이 가능한가에 관해, 그리고 만약 가능하다면 그 모습은 어떤 것이어야 하는가에 관해 정당한 판단을 내릴 수 있을 것이다.…

② 형이상학에 대한 지속적인 질문
"형이상학과 같은 것이 도대체 가능하기는 한 것인가? 만약 형이상학이 학문이라면, 어째서 다른 학문들과 달리 보편적이고 지속적인 찬동을 얻지 못하는 것일까? 만약 형이상학이 학문이 아니라면, 어째서 … 결코 사라지지도 않고 충족되지도 않는 희망들로 인간 지성을 옭아매는 것일까? 그러므로 우리의 지식을 짜내든 무지를 드러내든 간에, 학문이라 자칭하는 형이상학의 본성에 관해 한번쯤은 좀더 확실한 해명을 얻어

내야 할 것이다. 형이상학은 지금의 형편대로는 오래 버틸 수 없을 것이기 때문이다."

③ 순수이성비판의 출현

칸트가 이 문제의 해결을 위해 이후 15년 동안 혼신의 노력을 기울였다는 사실은 우리에게 시사하는 바가 많다.… 이 과제의 해결 방향은 1770년 출간된 『감성계와 예지계의 형식과 그 원리들에 관하여』에서 처음으로 암시되었다. 그러나 57세의 칸트가 『순수이성비판』으로 세상을 놀라게 하기까지는 11년의 세월이 더 필요했다.(슈퇴리히, 『세계 철학사』, 600-601)

2장 칸트의 저술과 사상

1. 자연과학에 관한 저술

 칸트의 철학은 『순수이성비판』의 저술을 기준으로 하여, 비판철학 이전 시기와 그 이후의 시기로 나누어 볼 수 있다. 비판철학 이전의 시기의 저술은 대부분 자연과학적 물음을 다루고 있다.

가. 『보편적 자연사와 천체이론』
 칸트는 신학에서 자연과학으로 그의 전공을 바꾼 후, 그는 뉴턴 물리학을 자연과학적 인식의 모범으로 삼았다.

 비판철학 이전 시기의 저술들은 대부분 자연과학적 물음을 다루고 있다. 이 저작들에서 칸트는 불과 화산, 물리적 지리학, 바람에 관한 이론, 리스본 대지진 등에 관해 서술했다. 이런 모든 논의에서 칸트 견해의 기초가 된 것은 그가 엄밀한 자연과학적 인식의 모범으로 삼았던 뉴턴 물리학이었다.(한스 요아힘 슈퇴리히, 『세계 철학사』, 박민수 역, (서울: 이룸, 2008), 594)

 이 시기의 우선 꼽을 수 있는 저술은 『보편적 자연사와 천체이론』으로 여기서 칸트는 우주의 생성과 행성운동에 관한 이론을 제시한다. 칸트에 의하면, 뉴턴은 천체 운동에 미치는 중력의 영향을 인식하고 이를 계산해 냈다. 하지만 그는 태양계 발생의 문제는 제대로 해결하지 못하고, 이 문제에는 자연법칙적 설명이 제시될 수 없다고 말했다. 뉴턴은 인력은 기계론적 방법으로 설명하였지만, 원심력은 창조주의 손길로 돌려버렸다.

 우선 꼽을 수 있는 이론은 『보편적 자연사와 천체이론』으로, 여기서 칸트는 우주의 생성과 행성운동에 관한 이론 제시한다. 일찍이 뉴턴은 천체 운동에 미치는 중력의 영향을 인식하고 이를 계산해 냈다. 하지만 그는 태양계 발생의 문제는 제대로 해결하지 못했다. 그는 이 문제에는 자연법칙적 설명이 제시될 수 없다는 견해를 분명히 했다. 뉴턴에 따르면 천체의 공전운동은 두 개의 힘, 즉 인력과 원심력이 작용한 결과이다. 여기서 인력은 기계론적 방식으로 설명될 수 있으나, 행성들이 중력에 의해 태양으로 돌진하는 것을 막아주는 원심력은 뉴턴에 의하면 다음과 같은 방식으로 밖에 설명될 수 없다. 이런 운동은 창조주가 직접 물체들에 부여한 것으로, 물체들은 이에 의해 우주 공간으로 날아가다가 일정 정도에 이르자 태양에 의해 붙잡힌 것이다.(슈퇴리히, 『세계 철학사』, 594-595)

뉴턴의 이러한 주장에 대해, 칸트는 인력과 원심력 모두가 기계론적으로 설명할 수 있다는 가설을 내놓았다. 이 가설에 의해 칸트가 주장하려 한 것은, 태초의 혼돈에서 조화로운 우주의 발생을 설명하는 데는 초자연적 힘을 가정할 필요가 없고 흡인과 충돌의 법칙만으로 충분하다는 점이었다. 물론 칸트도 공간을 채운 원초적 물질은 어떻게 해서 발생한 것인가라는 물음에 대해서는 자연적 설명을 제시할 수가 없었다. 따라서 그는 물질을 창조하고 그 물질에 일정 능력을 부여하여 원초 상태로부터 질서 잡힌 우주를 형성케 한 신을 가정할 수밖에 없다고 생각했다.

칸트는 그러한 두 가지 힘이 모두 기계론적으로 설명될 수 있는 가설을 내놓았다. 그는 물질이 미세한 분자 형태로 공간 어디에나 균일하게 퍼져 있었던 원초 상태를 가정한다. 그런데 미세한 분자들은 밀도와 인력에서 서로 차이가 있으므로 밀도가 더 높고 따라서 인력도 강한 분자들이 더 약한 것들을 끌어당기기 시작한다. 이런 인력만 작용했다면, 가벼운 분자들은 무거운 분자들을 향해 직선운동을 했을 것이며 그렇게 해서 물체 덩어리가 응결되었을 것이다. 하지만 가벼운 분자들은 무거운 분자들을 향해 직선운동을 했을 것이며 그렇게 해서 물체 덩어리가 응결되었을 것이다. 하지만 가벼운 분자들은 운동 과정에서 서로 충돌하며, 부딪힌 분자들은 본래의 방향에서 이탈하게 된다. 이렇게 해서 원래 인력의 방향과 다른 방향으로 향하는 측방 운동이 발생한다. 처음에는 운동들이 뒤섞여 혼잡을 이루지만 여기서 점차 균형 잡힌 운동이 발생하고 상호 방해 작용은 최소한으로 줄어든다. 이 균형 잡힌 운동이 바로 원주원동이다. 원주운동을 하는 분자들의 일부는 태양으로 흡수되어 태양 자체를 회전시키고, 나머지 분자들은 행성을 형성한다. 행성들은 태양에 가까울수록 밀도가 높고 크기는 작다.

이 가설에 의해 칸트가 주장하려 한 것은, 태초의 혼돈에서 조화로운 우주의 발생을 설명하는 데는 초자연적 힘을 가정할 필요가 없고 흡인과 충돌의 법칙만으로 충분하다는 점이다. 물론 공간을 채운 원초적 물질은 어떻게 해서 발생한 것인가라는 물음에 대해서는 칸트도 자연적 설명을 제시할 수가 없었다. 따라서 그는 물질을 창조하고 그 물질에 일정 능력을 부여하여 원초 상태로부터 질서 잡힌 우주를 형성케 한 신을 가정할 수 밖에 없다고 생각했다. (슈퇴리히, 『세계 철학사』, 595)

그로부터 수십년 후 프랑스의 수학자이자 천문학자인 피에르 라플라스(1749-1827)는 칸트의 가설에 관해 전혀 알지 못한 채 유사한 견해를 피력하였다. 이때부터 우주생성에 관한 이런 학설에 "칸트-라플라스 이론"이라는 명칭이 붙여졌다. (슈퇴리히, 『세계 철학사』, 596)

나. 『물리적 모나드론』

〈물리적 모나드론〉에서 칸트는 운동에 의해 우주를 발생시킨 극소분자의 본질을 더 자세히 규명하여, 이것을 "공간을 채우는 힘"이라고 정의하였다. 즉 물질의 본질을 이루는 물체성과 불가입성이 바로 힘으로 규정되는 것이다. 따라서 '질료'란 존재하지 않으며 오직 힘(에너지)만이 존재한다. 현대 물리학은, '물질'이란 에너지의 특수한 현상형식일 뿐이라고 이론적으로 가정할 뿐 아니라 물질과 에너지가 상호 전화할 수 있다고 말한다.

칸트가 미래 선취적인 자연과학 사상을 개진한 두 번째 저술은 『물리적 모나드론』이다. 제목이 말해 주듯, 이 저술에서 칸트는 라이프니츠의 모나드 개념을 염두에 두고 있다. 여기서 그는 운동에 의해 우주를 발생시킨 극소분자의 본질을 더 자세히 규명하고자 한다. 그는 극소분자의 본질을 '공간을 채우는 힘'이라고 정의한다. 즉 물질의 본질을 이루는 물체성과 불가입성이 바로 힘으로 규정되는 것이다. 따라서 '질료'란 존재하지 않으며 오직 힘(에너지)만이 존재한다.

칸트의 이 사상은 놀랍게도 현대 물리학에서 되살아났다. 현대 물리학은, '물질'이란 에너지의 특수한 현상형식일 뿐이라고 이론적으로 가정할 뿐 아니라 물질과 에너지가 상호 전화할 수 있다는 점을 실제적 응용에 의해 충분히 입증했다.(슈퇴리히, 『세계 철학사』, 596)

다. 『서로 다른 여러 인종에 관하여』

칸트의 자연과학에 관한 세 번째 저술은 『서로 다른 여러 인종에 관하여』인데, 여기에서 칸트는 진화에 대한 관념의 선구자가 되어 있다. 칸트는 여기에서 다음과 같이 말한다.

> 자연사를 통해 우리는… 지구 형태나 지구상의 여러 피조물(식물과 동물)이 자연적 변전에 따라 변화를 겪을 수 밖에 없고 또 그 결과 원종으로부터 다양한 아종이 출현하게 된다는 점을 알게 될 것이다. 또한 자연사를 통해 우리는 외관상 다양한 많은 종류의 피조물이 동일한 종속에 포함될 수 있으리라는 점을 알게 될 것이며 또 지금까지 이룩된 방대한 자연서술 체계를 지성을 위한 물리적 체계로 바꿀수 있을 것이다.(재인용: 슈퇴리히, 『세계 철학사』, 597)

2. 칸트의 세 비판서

가. 칸트 철학의 개요

칸트의 이성은 정신을 의미한다. 이 이성을 데카르트는 영혼이라고 하였으며, 생각하는 나가 여기에 해당한다. 데카르트는 이 영혼과 육체를 매개하는 송과선을 말하기까지 하였다. 로크와 같은 경험론자들은 이것을 정신이라고 말하였다. 칸트는 이 정신을 이성이라고 하였던 것이다. 한편, 헤겔은 이것을 정신이라고 지칭한다.

칸트의 공로는 이 정신의 두세 가지의 기능을 발견한 것이었다. 하나는 순수이성으로서 우리의 순수한 사유를 의미하는데, 그 순수이성이 우리 안에서 어떻게 작동을 하여서 법칙을 발견하고, 더 나아가서는 어떻게 그 법칙을 산출하는지를 발견한 것이다. 『순수이성비판』의 내용이 그것이다.

칸트는 그 순수이성을 연구하는 과정 속에서 순수이성으로 파악하지 못하는 요소를 발견하였다. 그것은 윤리와 형이상학적 명제들이었는데, 그 명제들은 우리의 순수이성의 범위를 넘어서는 것들이었다. 무엇보다도 그것들은 인과율의 지배를 받지 않았다. 그것의 특성은 인과율로부터의 '자유'였다. 그것의 명제들은 이 세상의 법칙을 벗어난 또 다른 세계로부터 흘러나오는 명제들이었다. 칸트는 여기에서 인간의 '자유'를 발견함과 동시에 예지계 존재의 필연성을 발견하였다. 칸트는 이것을 통해 영혼불멸과 신의 존재를 증명하였던 것이다. 이것은 인간의 올바른 행위와 관련한 '실천이성'의 기능이었다. 이것을 말하는 책이 『실천이성비판』이다.

그렇다면, 이 '실천이성'과 '순수이성'은 괴리되어 있는 것일까? 이 양자의 연결관계를 선험적으로 논증한 것이 판단력비판이었다. 칸트는 취미론과 목적론은 모두 반성적 판단력의 합목적성의 원리에 근거를 두고 있다고 말한다. 즉 우리가 느끼는 미적 감각 혹은 쾌의 감정은 합목적적이라는 것이다. 이것이 선험적으로 부여되어 있다는 것이다. 이 '판단력'으로 인해 '실천이성'과 '순수이성'의 통일성이 확보된다. 그것이 곧 『판단력비판』이다.

이 외에도 칸트는 1793년 『순수한 이성의 한계 안에서의 종교』라는 책을 썼다. 1797년에는 『도덕형이상학』을 썼다. 그는 종교를 도덕 내지는 순수한 이성의 한계 내에서 규정하고자 했던 것이다.

나. 법칙을 산출하는 '순수이성' : 『순수이성비판』

칸트의 『순수이성비판』은 위의 데카르트 합리주의 철학과 로크 등의 경험주의 철학의 종합이라고 일컬어진다. 데카르트의 정신의 기능에 경험적 요소들이 통과를 하면서 그 관념이 어떠한 변화를 거쳐 법칙으로 산출되는지를 규명하고 있기 때문이다. 강성률은 이것의 개략을 다음과 같이 요약한다. (참조: "④이성 : 법칙의 이해와 산출"은 필자가 추가)

① 대륙 합리주의와 영국 경험론의 영향
처음에는 라이프니츠-볼프의 합리주의를 연구했다. 그러나 영국 경험론의 영향을 받아 영혼, 세계, 신, 자유 등에 관한 합리주의적 형이상학에 의심을 품고 학문적인 인식의 범위를 경험 세계에만 한정하고자 했다. 칸트는 우리 인간의 인식 줄기를 세 가지로 들었다.
② 감성 : 외부대상의 수용 도구
먼저 '감성(感性)'인데, 이것은 밖의 대상이 우리에게 작용함으로써 일어나는 우리 자신 속에 있는 어떤 능력을 말한다. 이 감성에 의해 우리는 외부의 대상을 받아들인다.
③ 오성 : 인식 성립을 위한 직관형식에 의한 종합
이 받아들여진 재료를 버무려 종합하는 능력이 '오성(悟性)'이다. 시간과 공간의 직관 형식에 의해 주어진 인식의 재료를 우리의 감성이 수용했지만, 참다운 인식이 성립되기 위해서는 그 대상이 오성에 의해 사유되지 않으면 안 된다. 결국 참다운 인식은 감성의 수용성과 오성의 자발성이 결합함으로써 이루어진다. (강성률, 『위대한 철학자들은 철학적으로 살았을까』, 평단문화사)
④ 이성 : 법칙의 이해와 산출
우리 안에 있는 정신의 진정한 기능은 위의 오성으로 받아들인 것을 종

합하여 그것의 통일된 이론으로 종하여 제시한다. 이것이 곧 법칙성에 대한 발견이다. 이것을 칸트는 '이성'의 기능이라고 말한다. 그 중에서도 특히 자연사물에 대한 경험에서 산출된 인식에 대해 통일된 이론을 발견해내는 것을 '순수이성'이라고 한다. 이 '순수이성'으로 인간은 자연법칙을 이해하고, 이것을 또한 세계 속에 산출해 낸다.(최환열 보충)
⑤ 순수이성의 한계 : 형이상학 세계에 대한 추적
이성은 우리가 알 수 없는 세계(물자체계, 예지계)까지 알려고 든다. 여기에서 우리의 이론이성은 이율배반, 즉 철학(특히 칸트철학)에서 똑같이 정당하게 보이는 두 개의 원리 사이에 존재하는 모순에 빠지고 만다. 영혼과 세계, 신에 대한 선험적 가상(일종의 착각)이 생기는 것이다. 이 단계에서 우리는 가령 영혼이 불멸하는지 하지 않는지, 세계가 무한한지 유한한지, 신이 존재하는지 존재하지 않는지 알 수 없게 된다. 왜냐하면 그것들은 똑같은 권리를 가지고 우리에게 다가오며, 우리는 그것들을 현실적으로 경험(확인)할 수 없기 때문이다. 이제 여기에 대한 해답은 이론의 세계에서가 아니라, 실천적·도덕적 세계에서나 가능한 것으로 남아 있게 된다.(강성률, 『위대한 철학자들은 철학적으로 살았을까』, 평단문화사)

다. 정언명령을 산출하는 '실천이성' : 『실천이성비판』
우리의 순수이성(이론이성)은 영혼의 불멸이나, 신의 존재나, 특히 우리 안의 자유에 대해서는 통일된 이론을 제시하지 못한다. 그러나 우리 안에 있는 정언명령을 발하는 '실천이성'을 보았을 때, 그 윤리의 근거가 되는 형이상학적 존재들은 존재하고 있다. 우리 안에 존재하는 '실천이성'은 끝없이 우리 안에서 도덕법칙을 발하고 있다. 그리고 그 '실천이성'의 특징은 이 세상의 법칙에 해당하는 '인과율' 넘어서는 '자유'였다. 칸트는 이와 같이 하여서 우리 영혼의 본질로서의 '자유'를 발견하였던 것이다.
한편, 칸트의 『실천이성비판』의 내용은 먼저 우리의 정신 속에 내재한 실천이성이 어떻게 자유에 기반하여 정언명령을 우리 안에서 산출하고 있는

지를 논증한다. 두 번째로는 도덕행위(=실천)의 결과로서 실현되어야 할 목적을 제시하는데, 그것은 바로 최고선(das höchste Gut)으로 간주된다. 그리고 이 최고선을 확보할 필수적 전제로서 영혼의 불멸성, 신의 현존 같은 요청들이 도출된다. 칸트는 이것을 통해 이성 신앙의 근거를 마련한다. 박정하는 이러한 내용을 다음과 같이 요약한다.

① 윤리성의 원천탐구에 대한 전통적 시도들에 대한 한계지적
윤리학의 역사에서 보면 칸트는 도덕, 혹은 윤리성의 새로운 기초를 마련함으로써 실천 철학을 변혁시킨 이론가로 종종 평가된다. 윤리성의 원천을 자연이나 공동체의 질서, 행복에의 희구, 신의 의지 혹은 도덕적 감정 등에서 찾던 것이 칸트 이전의 전통적 시도들이라면, 칸트는 『실천이성 비판』에서 이러한 방식으로는 윤리성의 객관적 타당성이 주장될 수 없음을 보여주려고 했다. …
② 도덕의 원천 : 자율과 자유
도덕의 원천은 자율(Autonomie), 즉 의지의 자기 입법성에 있다. 자율은 자유(Freiheit)를 의미한다. 그러므로 근대를 이해하는 단서가 되는 핵심 개념인 자유는 칸트에 의해서 철학적 토대를 얻으며 그 점에서 『실천 이성 비판』은 바로 근대 철학의 기초를 닦은 저작으로 평가된다. …
③ 실천 영역에서의 철학적 탐구
실천 영역에서 이에 대한 철학적 탐구가 『실천 이성 비판』에서는 크게 보면 두 단계에 걸쳐 진행된다.
④ 첫째 단계, 정언명령의 확립
첫째 단계는 우리는 자유로운 존재이며, 이에 기반하여 도덕 법칙에 의해서만 의지를 규정할 수 있음을 확인하여 정언 명령(kategorischer Imperativ)을 확립하는 작업이다.
⑤ 둘째 단계, 도덕적 의지의 전체적 대상을 규정
둘째 단계는 첫째 단계의 결과를 바탕으로 도덕적 의지의 전체적 대상

을 규정하는 작업, 즉 도덕행위(=실천)의 결과로서 실현되어야 할 목적을 제시하는 작업이다. 칸트가 둘째 단계에서 제시하는 실천이성의 전체적·무제약적 대상은 바로 최고선(das höchste Gut)이다. 그리고 이 최고선을 확보할 필수적 전제로서 영혼의 불멸성, 신의 현존 같은 요청들을 끄집어냄으로써 이성 신앙으로 넘어간다. (박영하, 서울대학교 철학사상연구소)

결국 칸트의 이러한 작업은 '두 세계론'의 당위성이 입증된다. 즉 도덕의 세계의 전모가 드러난 셈이다. 존재의 세계, 즉 '이미 있는 것'은 우리 인식의 대상으로서 과학의 영역에 속한다. 그러나 당위의 세계는 도덕의 세계에 속한다. (박영하, 서울대학교 철학사상연구소)

라. 감성계에 대한 판단력 비판 : 『판단력비판』

칸트 스스로가 밝히고 있는 바에 따르면 『판단력비판』은 본래 '자연'과 인간 정신의 '자유' 사이에 놓인 커다란 심연을 매개하고자 하는 의도에서 쓰여졌다. 칸트는 『순수이성비판』을 통해 인식을 감성계로 제한하였다. 그는 이런 제한을 통해 사변이성으로 하여금 경험의 한계를 넘지 않도록 하는 것이었다. 이것은 동시에 도덕 영역의 확보라는 효용도 획득할 수 있다고 하였다. 그러나 칸트의 이러한 주장은 결국 세계를 엄밀한 과학 법칙이 적용되는 합법칙성으로서의 감성계와 자유개념에 기초한 도덕법칙이 적용되는 초감성계로 분리하는 결과를 초래했다. 따라서 감성계와 초감성계의 매개가 요청되는데, 바로 이런 요청에 부응하여 양자의 매개 원리를 밝히고자 쓰여진 것이 『판단력비판』이며, 이 매개의 원리가 합목적성이었다. 우리의 인식능력은 쾌의 감정에 의해 매개되고 있었는데, 이 미감적 합리성의 근거로서 이미 반성능력이 그 안에 자리잡고 있었던 것이다. 즉, 순수이성으로 어떤 자연법칙을 발견한다면, 그것의 인식장치가 이미 쾌의 감정 속에 '판단력'으로 선재해 있었던 것이다.

① 합목적성의 원리 : 취미론과 목적론
합목적성의 원리에 따라 고찰되는 학은 두 가지인데, 그 하나가 바로 미학(Ästhetik)이며, 다른 하나는 전 자연의 존재자들을 목적들의 체계로 볼 수 있음을 주장하는 목적론(Teleologie)이다.… 칸트는 취미론과 목적론은 모두 반성적 판단력의 합목적성의 원리에 근거를 두고 있다고 말한다. 특히 합목적성의 원리는 대상을 반성함에 있어서 주관이 느끼는 감정, 즉 쾌의 감정과 결합된다.…
② 상상력에 의한 쾌의 감정과 합목적적 질서
이 쾌감은 자연의 합목적적 질서를 발견하였을 때 느끼는 쾌감을 염두에 둔 것으로 생각된다. 즉 자연에 대한 주관적 표상을 지성의 직무(자연질서의 발견)와 이성의 관심(체계의 통일)과 성공적으로 결합시켰을 때 발생하는 쾌감이다.… 선이나 쾌적에 의한 만족과는 달리 상상력에 의한 쾌의 감정은 합목적성의 원리와 직접적으로 결부되어 있다.
③ 관조
칸트는 대상이나 객관에 관한 인식은 아니지만, 인식능력들의 합치나 조화가 또한 그 자체로 쾌감을 불러일으킬 수가 있다고 생각한다. 특히 인식능력의 일치나 조화를 객관과 무관하게 오직 반성적으로만 감지하는 경우, 그 쾌감은 매우 강렬하며, 오랫동안 지속되는데, 칸트는 이를 관조(Kontemplation)라고 한다.
④ 감성적 판단
이와 같이 그 발생적 측면에서 본다면, 대상에 대한 표상에서 비롯하였지만 그 표상들에 대한 판정을 대상과 무관하게 오직 주관의 내적 관조를 통해서만 내리는 경우를 칸트는 대상에 대한 감성적(미감적) 판단이라 부른다.
⑤ 감성적 판단 : 취미판단과 숭고판단
감성적(미감적) 판단은 상상력과 지성의 일치로서의 순수한 감성적(미감적) 판단 즉 취미판단과 상상력과 이성의 일치로서의 숭고 판단으로 구분된다. 취미판단은 대상에 대해 주관적·형식적 합목적성을 판정하고,

숭고 판단은 형식적인 측면에서는 몰형식적이고 반목적적이지만 주관의 인식능력들의 일치라는 측면에서는(특히 이성의 이념을 일깨운다는 측면에서는) 합목적성을 지닌다. 그래서 칸트는 『판단력비판』 제 1부인 '감성적(미감적) 판단력의 비판'에서 취미판단과 숭고판단의 두 부분을 다루고 있는 것이다.

⑥ 쾌의 감정에 의해 매개되고 있는 인식능력

…합목적성의 원리와 쾌의 감정이 결합한다고 하는 것에는 두 가지 의의가 있다. 우선 칸트 철학의 체계 내적 일관성의 문제와 관련된 것으로, 판단력이 지성(자연)과 이성(자유)를 매개한다고 할 때, 이는 마음의 전체 능력과 관련하여 본다면, 인식능력과 욕구능력이 쾌·불쾌의 감정에 의해 매개됨을 의미한다.

⑦ 미감적 합리성의 근거로서의 반성능력

그러나 다른 한편으로 이는 통상 감성적인 것이 주관적인 것에 불과하다는 통념에 새로운 관점을 심어주는 내용으로 볼 수 있다. 다시 말해 어떤 종류의 감성은 합목적성의 원리와 결부되어 있기 때문에 합리성을 주장할 수 있다는 의미가 된다. 다시 말해 감성적(미감적) 합리성은 감정의 합리성이며, 칸트가 합목적성의 원리를 반성적 판단력에 위치지운 다음 이를 쾌감과 결합시켰다는 것은 감성적(미감적) 합리성을 근거 짓는 토대 중 하나가 바로 우리의 반성능력임을 의미한다.(김상현, 『칸트의 판단력비판』, 서울대철학사상연구소, 15-19)

3. 기타의 주요 저술

가. 이성으로의 신앙 : 『이성의 한계 내에서의 신앙』

칸트의 『이성의 한계 내에서의 신앙』(1793)은 도덕철학과 종교의 관계를 다룬 저작이다. 칸트는 전통적인 교회 권위나 계시 종교가 아니라, 순수이성이 허용하는 범위 안에서 가능한 종교를 탐구한다. 다시 말해, 종교를 도덕철학의 연장선에서 이해하려는 시도였다. 종교는 도덕적 이성의 실천적 요청을 보완하는 방식으로만 정당화될 수 있다고 보았던 것이다. 이에 대한 일반적인 정리(챗GPT)는 다음과 같다.

① 인간의 악의 뿌리
칸트는 인간 안에 근본악이 있다고 말한다. 이는 특정 행위의 타락이 아니라, 도덕법칙보다 자기 이익을 앞세우려는 성향이 인간 본성 속에 뿌리박혀 있다는 것이다. 따라서 인간은 도덕적으로 자율적이지만, 동시에 악으로 기울 수 있는 존재로 규정된다.

② 도덕과 종교의 관계
종교의 핵심은 도덕법칙을 최고 원리로 받아들이는 것이다. 즉, 종교란 "모든 의무를 신의 명령으로 인식하는 것"에 다름 아니라고 칸트는 정의한다. 따라서 진정한 종교는 도덕과 분리될 수 없고, 도덕을 떠난 종교는 미신이나 의식에 불과하다고 비판한다.

③ 교회와 '도덕적 공동체'
칸트는 "윤리적 공동체"(도덕적 공동체) 개념을 제시한다. 신앙 공동체도 결국 도덕적 이상을 실현하는 '인류 보편의 교회'(unsichtbare Kirche, 보이지 않는 교회)여야 한다고 주장한다. 역사적 교회 제도나 교리, 의식은 부차적인 것이며, 도덕적 이상을 향한 인류의 진보라는 목적에 종속돼야 한다고 본 것이다.

④ 기독교의 역할
칸트는 역사적 맥락에서 기독교를 높게 평가하지만, 초자연적 교리(예수의 신성, 기적 등)에 의존하지 않고 예수의 도덕적 모범을 강조한다. 예수는 도덕적 이념의 전형적 구현으로 이해되며, 인간이 도덕적 개선을 추구하도록 고무하는 상징적 역할을 한다.(챗GPT, 이성의 한계 내에서의 신앙, 2025.9.9.)

『이성의 한계 내에서의 신앙』은 종교를 도덕적 이성 안에서 정당화하려는 시도이자, 합리적 종교철학의 정초로 평가된다. 종교를 신비적·교리적 차원에서 벗겨내고, 인간의 도덕적 자율성과 연결한 점에서 계몽주의적 색채가 강하다. 동시에 인간 본성에 내재한 '근본악' 개념을 통해 칸트는 인간학적·실천적 차원에서 신학을 새롭게 전개하려 했다. 즉, 칸트는 이 책에서 "종교=도덕의식의 보편적 확장"으로 정의하면서, 전통신학을 합리적 윤리학의 틀 안으로 재구성하려 했다고 볼 수 있다.

나. 칸트의 『영구평화론』

『영구평화론』(1795)은 칸트가 국제 정치와 법, 도덕을 연결해서 "전쟁 없는 세계"를 구상한 대표적인 정치철학적 저술이다. 18세기 말 유럽은 프랑스혁명과 대륙 전쟁으로 혼란스러웠다. 칸트는 국가 간의 전쟁이 끊임없이 반복되는 현실을 넘어, 이성이 허용하는 '영구적 평화'의 조건을 탐구하려 했다. 제목은 당시 여관에 있던 묘비명("영구평화 – 죽은 자의 평화")을 풍자적으로 차용했다. 칸트는 그저 전쟁 없는 '묘지적 평화'가 아니라, 도덕적·법적 질서로 보장되는 평화를 구상했다. 칸트는 논문을 '예비조항'과 '확정조항'로 나누어 체계적으로 제시한다. 이에 대한 일반적인 정리(챗GPT)는 다음과 같다.

① 예비조항 – 전쟁 방지를 위한 기본 조건
(a) 비밀 조약 체결 금지, (b) 독립국가의 합병 금지, (c) 상비군의 점진적 폐지, (d) 국가 채무를 전쟁 목적으로 사용 금지, (e) 다른 국가의 내정 간섭 금지, (f) 적대행위(암살자·독살자 등) 금지
즉, 전쟁을 유발하거나 지속시키는 관행들을 차단하는 최소 조건이다.
② 확정조항 — 영구평화를 위한 제도적 조건
(a) 공화적 정치체제: 국민의 동의에 기반한 헌정질서라야 한다. 그러면 전쟁에 신중해진다. (b) 국제법에 따른 자유로운 국가들의 연맹(평화연맹): 세계정부는 아니지만, 전쟁을 막는 법적 구속력을 갖춘 국가들의 연합체를 구성하여야 한다. (c) 세계시민법 : 타국민에 대한 보편적 환대권을 주어 국제 교역과 교류를 통해 평화 증진시켜야 한다.

③ 철학적 핵심
칸트는 평화가 단순히 현실적 타협의 산물이 아니라, 이성의 규범적 요구라고 보았다. 즉, 평화는 "있을 수 있는 것"이 아니라 "있어야만 하는 것"으로 제시된다. 여기서 칸트의 도덕철학(정언명령)과 국제정치론이 연결된다. 국가도 개인처럼 보편적 도덕법칙에 따라야 한다는 것이었다.
④ 현대적 의의
『영구평화론』은 훗날 국제연맹, 국제연합(UN), 국제법 질서 형성의 사상적 원류로 평가된다. 국제관계 이론에서 칸트의 구상은 자유주의적 평화론(공화제 국가들 사이에는 전쟁이 적다)의 기초가 됐다. 오늘날 "민주평화론"이나 "글로벌 거버넌스" 논의도 칸트에서 뿌리를 찾을 수 있다.
(챗GPT, 영구평화론, 2025.9.9.)

칸트의 『영구평화론』은 전쟁을 금지하는 조건(예비조항)과, 평화를 제도적으로 보장하는 조건(확정조항)을 제시한 책이다. 평화는 이상이 아니라, 도덕적·법적 필연성으로서 인류가 추구해야 할 과제라고 강조하였다. 국제연합, 인권법, 국제법, 민주평화론 등 현대 정치·법제도의 뿌리가 되었다.

4. 칸트 철학이 후대에 미친 영향

칸트 철학은 그 자체로 완결된 체계이기도 하지만, 동시에 이후 철학의 거의 모든 흐름을 가로지르는 출발점이 되었다. 후대에 칸트 못지않은 영향력을 행사한 이가 헤겔인데, 결국 헤겔의 철학도 칸트의 철학을 확장시킨 것이라고 볼 수 있다.

① 독일 관념론의 출발점
피히테는 칸트의 '실천이성'과 '자율성'을 발전시켜 자아의 무한한 활동을 강조하였다. 셸링은 칸트의 자연철학적 단초를 이어받아, 자연과 정신의 동일성을 추구하였다. 헤겔은 칸트의 "이성과 역사"의 긴장을 변증법적

으로 극복하려 하며 절대정신의 자기전개라는 거대한 체계를 세웠다. 칸트의 "이성의 한계"는 후대 관념론자들에게 극복해야 할 과제로 작용했다.
② 현대 윤리학과 정치철학에 끼친 영향
자율성과 정언명령은 현대 윤리학(의무론, 계약론)과 민주주의, 인권 사상의 기초가 되었다. 롤스(John Rawls)의 『정의론』, 하버마스의 담론윤리 등은 칸트적 보편주의를 현대적으로 계승한 것이다. 오늘날 국제법과 인권법, 자유주의적 정치질서 논의의 뿌리에도 칸트의 도덕철학이 놓여 있다.
③ 비판철학의 유산
칸트의 "이성 비판"은 19-20세기 사상 전반에 방법론적 기준을 남겼다. 현상과 본체(물자체)를 구분하는 사고틀은 현상학(후설), 실존철학(하이데거), 분석철학의 언어비판까지 연결된다. …
④ 자연과학 및 인식론 전통에의 영향
칸트의 선험적 인식론은 "과학적 지식이 어떻게 가능한가?"라는 문제의식에 응답했다. 이 질문은 현대 과학철학(쿤, 포퍼, 라카토스 등)까지 이어진다. 그래서 과학 패러다임, 검증/반증 가능성 논의의 기초가 된다. 특히 "인간 인식의 조건"을 묻는 전통은 분석철학과 인지과학에도 잔존하고 있다.
⑤ 종교·역사·문화 이해의 지평
칸트의 『영구평화론』은 국제질서, 평화연맹(UN의 사상적 선구자) 논의로 발전한다. 『이성의 한계 내에서의 종교』는 종교를 도덕적 이성의 범주 안에 두어, 신학·종교철학의 근대적 방향을 제시한다.

칸트 철학은 고대 플라톤 철학이 고대와 중세의 사상사 전체에 영향을 미쳤듯이, 칸트의 철학은 근현대 철학 전체에 영향을 미쳤다. 칸트 철학의 기반 하에서 각종 철학이 전개되기 시작하였다.

2부 순수이성비판

1장 『순수이성비판』의 탐구주제

1. 선험성을 기반으로 한 형이상학 탐구

가. 이성의 한계로 인해 버림받은 노부가 된 형이상학적 인식

칸트는 그의 『순수이성비판』 1판 머리말에서 인간의 이성은 형이상학적 인식에 대해서는 한계를 지니고 있다고 말한다. 말하자면 인간의 이성은 그 자체의 본성을 좇아서 무엇인가를 인식한다. 그런데, 그 어떤 종류의 인식은 그것 자체가 이성의 능력을 초월해 있다. 그래서 이성이 인식하고 언급하는 것에는 무엇인가 오류가 숨어있다. 이것을 추측할 수 있다. 그러나 드러낼 수는 없다. 지금 형이상학적 주제는 이 논쟁의 싸움터가 되어 있다. 형이상학이 모든 학문의 여왕이라 칭해졌던 시대가 있었다. 그 주제가 매우 중요해서 마땅히 그러한 존칭을 받을 만했다. 그러나 이제 와서는 형이상학에 대하여 온갖 경멸을 표하는 것이 시대의 유행이 되어 버렸다. 그래서 형이상학은 추방되고 버림받은 노부처럼 되어 버렸다.

① 이성의 형이상학적 인식과 이에 대한 한계
인간의 이성은 어떤 종류의 인식(필자: 형이상학적 인식)에 대해서는 특수한 운명을 지니고 있다. 말하자면 그것은 이성 자체의 본성에 주어진 것이므로 거부할 수 없으며, 또한 인간 이성의 능력을 초월해 있기 때문에 그 답을 얻지도 못할 문제들로 괴로움을 피할 수 없는 운명에 처해있다. …
② 경험의 한계를 초월해 있는 이성이 사용하는 원칙
물론 이성은 그 근저 어딘가에 분명히 오류가 숨어 있음을 추측할 수는 있으나 그것을 드러낼 수는 없다. 왜냐하면, 이성이 사용하는 원칙은 모든 경험의 한계를 초월해 있으므로, 이성은 경험에 의한 비판을 이미 인정하지 않기 때문이다. 이 끝없는 논쟁의 싸움터를 곧 형이상학이라 일컫는다.

③ 학문의 지위를 상실한 형이상학

형이상학이 모든 학문의 여왕이라 칭해졌던 시대가 있었다. 만일 의지를 그대로 행위로 해석할 수 있다면 형이상학은 의지하는 대상이 매우 중요하기 때문에 마땅히 그러한 존칭을 받을 만했다. 그러나 이제 와서는 형이상학에 대하여 온갖 경멸을 표하는 것이 시대의 유행이 되어 버렸다. 그래서 추방되고 버림받은 이 노부, 즉 형이상학은 마치 '헤쿠바'처럼 "나는 얼마 전까지도 많은 사위와 자식들에 둘러싸여 만인 중 최고의 권력자이며 지배자였으나… 이제 조국에서 추방되어 어쩔 수 없이 끌려가고 있다"고 탄식한다.(칸트, 『순수이성비판』 1판 머리말, 이명성 역, 8-9)

칸트에 의하면, 형이상학이라는 주제는 매우 중요하다고 말한다. 그럼에도 불구하고 형이상학은 이성의 한계로 인해 버림을 받았다고 말한다. 그럼에도 불구하고 형이상학이라는 주제에 대한 관심은 이성 자체의 본성에 속한다. 그 주제를 떨쳐 버릴 수는 없는 것이다.

나. 형이상학을 대체할 새로운 학문 : '이성능력 일반에 대한 비판'

칸트에 의하면, 당시에 형이상학적 인식을 위하여 갖가지 방법들이 시도되었으나 모두 무위로 돌아갔다고 말한다. 그래서 이제 학문에서의 형이상학적 주제는 '무관심' 곧 '혼돈과 암흑의 모체' 속으로 빠져들어갔다고 말한다. 칸트에 의하면, 이러한 형이상학적 무관심은 성숙한 판단력의 결과이다. 이때 칸트는 새로운 방법을 제시하는데, 그것은 바로 이성에 대한 '자기인식'을 통한 형이상학적 세계에 대한 규명이었다. 그는 이것을 "이성의 임무 중 가장 어려운 자기인식이라는 과업을 새로이 떠맡아 이에 필요한 법정을 설치할 것을 요구한다"고 말한다. '이성의 자기인식' 곧 '이성능력 일반'을 비판의 법정에 세운다는 것이다. 이 "이성능력 일반"을 비판함을 통해서 형이상학적 세계를 규명한다는 것이다. 그리고 그것이 바로 '순수이성비판'이라는 것이다.

1장 『순수이성비판』의 탐구주제

① 형이상학적 인식에 무위로 돌아간 갖가지 방법들
오늘날 갖가지 방법들이 시도되었으나 무위로 돌아갔다. 따라서 학문을 지배하는 것은 권태와 '무관심'으로, 이 무관심이 곧 혼돈과 암흑의 모체였다. 그러나 학문이 잘못된 노력으로 하여 암흑과 혼란에 빠지고 아무 쓸모없는 것이 되어버렸다면, 오히려 무관심은 머지않아 학문이 개조되고 개명될 근원, 아니 적어도 그 서막은 될 것으로 예측할 수 있다.…
② 형이상학적 무관심은 성숙한 판단력의 결과
물론 이들 무관심은 경박한 사려에서 생겨난 결과가 아니다. 이미 사이비 지식에 의해서는 속일 수 없는 현대의 성숙한 '판단력'의 결과이다.
③ 새로이 떠맡은 이성의 자기인식이라는 과업 : 순수이성비판
또한 이성의 임무 중 가장 어려운 자기인식이라는 과업을 새로이 떠맡아 이에 필요한 법정을 설치할 것을 요구한다. 곧 이성의 정당한 주장들에 대해서는 안전하게 보호하고, 반대로 근거 없는 부당한 주장들에 대해서는 강압적인 명령에 의하지 않고 이성의 영구불변한 법칙에 따라 명쾌하게 제거할 수 있는 법정설치를 요구하는 것이다. 이 법정이 바로 '순수이성비판'이다.
④ 비판 : 이성능력 일반에 대한 비판
내가 여기서 말하는 비판이란, 책이나 체계에 대한 비판을 뜻하는 것이 아니다. 이성이 '일체의 경험과 상관없이' 추구할 수 있는 모든 인식에 관한 이성능력 일반에 대한 비판이다. 따라서 이 비판은 형이상학 일반의 가능, 불가능을 결정하고 형이상학의 원천과 범위와 한계를 규정하지만, 물론 그 모든 결정과 규정은 원리에 의해야 한다.
⑤ 모든 오류를 제거한 '비판'
나는 유일하게 남아 있던 '비판'이라는 길을 택함으로써 지금까지 이성이 경험을 떠나서 사용된 경우 스스로 모순에 빠졌던 모든 오류가 제거되었다고 자부한다. (칸트, 『순수이성비판』 1판 머리말, 9-11)

칸트는 '이성능력에 대한 비판'을 통해서 형이상학적 인식을 대체하겠다고 말한 것이다. 여기에서 논리학이 출현한 것이다. 이제 논리학이 형이상학을 대체하게 된 것이다.

다. 확실성과 명확성의 '선험성'에 대한 탐구

칸트는 어떻게 '이성능력에 대한 비판'을 통해서 형이상학적 인식을 규명하려고 하나? 칸트는 우리의 이성 안에 주어진 '선험성' 곧 선천적으로 부여된 능력을 통해 그 무엇인가의 보이지 않는 것들을 규명하려고 하는 것이다. 선천적으로 부여된 능력은 내 안에서 출현하여 나오기 때문에, 그것 스스로가 자신을 입증한다. 칸트는 '이성자체'와 '순수사유'만을 문제로 삼는데, 여기에서 나타나고 있는 선험성을 고찰하겠다는 것이다. '선험성'이란 그 스스로 그것 자체가 어떤 능력으로 나타나고 있기 때문에 그것 스스로 그것의 옳음을 입증한다. 그래서 그것은 마치 경험과도 같이 완전성으로 우리에게 주어진다. 그것은 의심할 여지가 없이 확실하며 명료하다.

① '이성자체'와 '순수사유'만을 문제로 하는 '순수이성비판'

내 주장은, 영혼의 단일성이나 '세계 최초의 시작'에 대한 필연성 등을 증명한다고 하는, 통속적인 계획을 세우는 사람들의 주장과는 비교가 되지 않을 만큼 온건하다. 그들은 인간에게 가능한 경험의 한계를 넘어서까지 인간의 인식을 확장시키려 하는 반면, 나는 솔직하게 내 능력 밖의 일임을 인정하기 때문이다. 그러한 시도 대신 나는 이성자체와 순수사유만을 문제로 한다. 그렇기 때문에 이성에 대한 면밀한 앎을 구하기 위해 나를 멀리 벗어날 필요가 없다. 내 안에서 그러한 것들을 만날 수 있기 때문이다.

② 완전성 : 확실성과 명료성

낱낱의 목적을 이룰 때의 완전성, 그리고 전체 목적을 함께 이룰 때의 면밀함 두 가지를 우리에게 부과하는 것은 비판적 탐구의 소재로서의 인식 자체의 본성이다. 그리고 '확실성'과 '명료성'이라는 두 요소는 인식의 '형식'에 관계되는 것으로, 위험한 기획을 무릅쓰는 사람에게 마땅히 부과해야 할 본질적인 요구이다.
③ 선험성으로 인한 확실성
확실성에 대해서는 나는 다음과 같은 판단을 내렸다. 곧, 이런 유의 고찰에서는 결코 억측이 용납되어서는 안 되고, 조금이라도 가정과 비슷한 설정은 금제되어야 하며, 그러한 것이 발견되는 즉시 취소되어야 한다. 선험적으로 확실한 인식은 무조건 필연적임을 인정해 줄 것을 스스로 주장하기 때문이다. 또한 그것은 모든 필연적(철학적) 확실성의 기준이고 범례여야 하는 바, 일체의 순수한 선험적 인식의 규정에 대해서는 더 한층 그러하다.
④ 오성의 능력 구명에서 나타난 확실성
우리가 오성의 능력을 구명하고, 또한 그 사용규칙과 한계를 규정하는 데에는, 내가 〈선험적 분석론〉 제2장 '순수오성개념의 연역'에서 행했던 것만큼 중요한 연구는 없다고 생각한다. 이 연구는 나에게 많은 노고를 치르게 했다. 그러나 나는 이 노고가 무익한 것으로 끝나지는 않을 것임을 믿어 의심치 않는다.
깊이 있고 기초가 튼튼한 이 탐구는 두 측면을 가지고 있다. 그 하나는 대상에 관한 것으로서 선험적인 순수오성 개념의 객관적 타당성을 설명하고 이해시키려는 의도를 가진 것이며, 따라서 내가 본질적 목적으로 삼는 면이다. 다른 하나는 순수오성 자체를 그 가능 여부와 기초에 존재하는 인식능력을 고찰하는 것으로, 순수오성을 주관적으로 고찰하는 측면이다. …
⑤ 명료성
끝으로 명료성에 대하여 독자들은 우선 개념에 의한 추론적 명료성을, 그 다음에는 직관에 의한, 다시 말해 예증이나 또는 구체적 설명의 의한 직관적(감성적) 명료성을 요구할 권리가 있다. …(칸트, 『순수이성비판』 1판 머리말, 12-13)

2. 경험을 넘어서는 선험적 인식

가. 오성(사유능력) 그 자신의 형식만을 다루는 논리학

칸트는 『순수이성비판』 머리말에서 이 책은 논리학이라고 말한다. 일반적으로 형이상학은 어떤 외부의 대상을 탐구하며, 논리학은 이 대상을 인식하는 인식주체에 대한 탐구를 한다. 제1판 서론에서, 칸트는 철학의 분과 중에서 형이상학은 이제 '학문의 여왕'이라는 자리를 상실했다고 말한다. 오히려 이 형이상학 일반의 가능, 불가능을 결정하고 형이상학의 원천과 범위와 한계를 규정하는 "이성능력에 대한 비판으로서의 논리학"이 훨씬 더 유용한 시대가 되었다고 말한다.

칸트에 의하면, 논리학은 "감성에 대한 사유능력으로서의 오성 그 자신"과 "그 자신의 형식"만을 다룬다. 추정과 종합의 형이상학으로 나아가는 이성으로까지 그 범위를 확장시키지 않는다.

① 논리학의 성공 : 스스로 한계를 설정한 제한성 때문
'논리학'이 이러한 확실한 길을 고대로부터 걸어왔다는 것은 이 학문이 아리스토텔레스 이래 한 걸음도 후퇴하지 않았다는 사실을 살펴보더라도 명백한 일이다.… 논리학이 이처럼 훌륭하게 성공을 거둘 수 있었던 것은 이 학문이 스스로의 한계를 온전히 설정할 제한성 때문이다.…
② 오성 그 자신의 형식만을 다룬 논리학
그러므로 논리학에서 오성[1]은 그 자신과 그 자신의 형식 이외에는 아무 것도 다룰 필요가 없다.
③ 이성의 범위의 광범위함

---

[1] 오성(understanding)은 실재를 개념적으로 파악하는 인간의 능력이라는 점에서 이성과 동일하지만, 칸트는 오성과 이성을 엄격히 구분했다. 오성은 주관이 선천적으로 가지고 있는 형식, 즉 범주의 도움으로 감성의 대상을 사유하는 능력이다. 그에 반해 이성은 우주·영혼·신 등 초경험적 대상을 사유하는 능력이다. 칸트에 따르면 오성은 객관적이고 보편타당한 진리를 낳지만 이성은 오류를 낳는다. 일반적으로 오성과 이성은 감성과 구별되는 인간의 정신활동이라는 동일한 의미로 사용된다. (브리태니커 사전)

그러나 이성의 경우 그 자체 뿐만 아니라 대상까지 규명해야 하기 때문에 학문으로서의 확실한 길을 걷기란 매우 어렵다. 그런 이유로 논리학은 예비학으로서 여러 학문의 관문이 된다.…"(칸트, 『순수이성비판』 2판 머리말, 이명성 역, 17)

나. 논리학의 범위 : 이성 중에서 선험적인 요소를 탐구

칸트에 의하면, 이성의 인식 안에는 이론적 인식과 실천적 인식이 있는데, 이들 두 인식 안에 포함되어 있는 순수한 부분, 즉 선험적으로 주어져 있는 그 부분을 우선 논한다. 다른 기원에서 유래된 것들과 뒤섞이게 해서는 안 된다. 그리고 이렇게 선험적으로 주어진 것은 확실한 것이기 때문에 이제 그것을 논하면 된다. 그렇게 해서 도출된 형이상학은 스스로가 선천적으로 옳음을 인정한 셈이 된 것이다.

① 이성 안에 작동하고 있는 선험적 인식
학문에 이성이 작용하는 이상 그것들에는 무엇인가 선험적 인식이 행해져야 한다. (이때 선험적 인식이란 다음과 같다.)
② 이성의 인식 : 이론적(개념) 인식과 실천적 인식
이성의 인식은 두 가지 방법 중 어느 것에 의해서든 관계를 맺어야 하는데, 먼저는 대상과 외부에서 주어진 개념을 다만 '규정'하며, 그 다음은 이것을 더욱 '현실화'하거나 한다. 전자는 이성이 가지는 '이론적 인식'이며, 후자는 '실천적 인식'이다.
③ 우선 논구되어야 하는 선험적 부분
그 다소를 불문하고 이들 두 인식에 포함되어 있는 '순수한' 부분, 곧 이성이 선험적으로 객체를 규정하는 부분이 우선 논구되어야 한다. 다른 기원에서 유래된 것들과 뒤섞이게 해서는 안 된다.(칸트, 『순수이성비판』 2판 머리말, 18)

다. 인식의 코페르니쿠스적 전환

칸트 철학

칸트에 의하면, 우리에게는 '인식의 가능성'이 우리 안에 선험적으로 내재하고, 그리고 '인식대상'이 있다. 그 동안 우리는 이 '인식대상'을 좇아서 그 형이상학적 실체를 규명하려 하였다. 이것이 기존의 형이상학이었다. 그런데, 이제는 거꾸로 하여 그 '인식대상'을 인식해내는 '인식의 가능성'을 추적하자는 것이다. 우리에게 선험적으로 존재하는 '직관능력의 성질'을 먼저 규명한다는 것이다.

이때 우리가 알 수 있는 것은 내가 대상을 규정하는 데 사용한 '개념' 역시 대상에 의존되어 있다고 상정한다. 또 거꾸로 대상 또는 대상에 의해서만 인식되는 바의 '경험'이 이들 개념들에 따른다고 상정해 보자. 그렇다면, 이제 둘중의 하나를 규명하면 나머지 하나가 자동적으로 규명된다. 이때 대상으로 직접 나아가 규명할 경우, 우리는 또 다시 전과 같은 곤혹스러움에 빠지게 된다. 이와는 반대로 경험 그 자체가 나에게 아직 대상이 주어지기 이전, 내 안에 선험적으로 전제되어 있는 것이라면, 바로 그 선험적인 개념을 추적하면 되는 것이다.

① 인식의 가능성(선험적인 인식) vs 인식 대상
형이상학에서는 선험적인 인식, 즉 대상이 우리에게 주어지기 전에 대상에 대하여 무엇인가 결정하는 인식의 가능성이 요구되며, 또한 앞서의 상정은 그것만으로도 벌써 이러한 요구와 보다 잘 일치하고 있다.
② 코페르니쿠스적 전환
이것은 코페르니쿠스의 주요사상과 같다고 할 수 있다. 코페르니쿠스는 천체가 관찰자의 둘레를 회전한다고 상정하면 천체운동의 설명이 제대로 되지 않으므로, 반대로 천체를 정지시키고 관찰자로 하여금 그 둘레를 회전하도록 하는 것이 옳다고 생각해서 그러한 방법으로 시도했다.
③ 감관의 대상 vs 우리 직관능력의 성질
한편, 형이상학에서도 우리가 대상을 직관하는 경우에 이와 같은 방법으로 시도해 볼 수 있다.… 감관의 대상으로서의 대상이 우리의 직관 능력의 성질을 따라야 한다면, 나는 우리가 선험적으로 대상의 성질에 대

하여 무엇을 알 수 있는지 그 가능성을 충분히 직관할 수 있다. 그러나 직관된다고 할 경우 나는 이러한 직관에만 머물러 있을 수 없다. 표상으로서의 이들 직관을 대상으로서의 어떤 것에 관계시키고, 또 이 대상을 표상에 의하여 규정지어야 한다.
④ "대상을 규정한 개념"과 "대상에 의해 인식된 경험" 상호간의 의존성
그렇게 되면 나는 대상의 규정에 대해서 두 가지 방법만을 상정할 수 있다. 즉, 첫째는 내가 대상을 규정하는 데 사용한 개념 역시 대상에 의존되어 있다고 상정한다. 둘째는 대상 또는 대상에 의해서만 인식되는 바의 '경험'이 이들 개념들에 따른다고 상정한다. 전자의 경우, 나는 그 대상에 대하여 무엇인가를 선험적으로 알 수 있는 방법에 대하여 또 다시 전과 같은 곤혹스러움에 빠지게 된다. 이와는 반대로 후자의 경우에는 경험 그 자체가 오성이 필요한 일종의 인식방법이 되는 한편, 이 오성의 규칙은 나에게 아직 대상이 주어지기 이전, 내 안에 선험적으로 전제되어 있는 것으로서 경험의 모든 대상이 필연적으로 오성개념에 따라서 규정되고, 이들 개념과 일치하는 선험적인 개념으로 나타나므로 보다 쉬운 해결방법이 있다는 것을 곧 알게 된다. …(칸트, 『순수이성비판』 2판 머리말, 22-23)

결국 논리학은 형이상학과 짝을 이루고 있다. 논리학을 규명함을 통해 형이상학을 규명하는 것이다. 이것이 또한 철학사에서의 코페르니쿠스적 전환이 된 것이다.

라. 경험을 넘어서는 것 : 신, 자유, 불사

칸트에 의하면, 대상 중에는 이성이 생각하는 대로는 경험에 주어지지 않는 것들이 있다. 이러한 것의 경우 "선험적인 인식능력의 연역"만 했을 경우, "매우 불리하고도 기이한 결론"이 나오는 경우가 존재한다. 이러한 결론은 우리의 선험적인 인식 능력에 의해서는 가능한 경험의 한계를 도저히 넘어설 수 없다는 것을 말한다. 그래서 결국 "사변적 순수이성은 그러한 학

문의 외적한계를 그어준다."

한편, 이에 대해 어떤 사람들은 이것을 "순수이성사용의 배제 혹은 축소"라고 생각할 수 있는데, "이것은 오히려 역으로 매우 중요한 효용을 가진다." 왜냐면, 이러한 구분은 우리의 "이성의 실천적 사용을 확신하게 하기 때문"이다. 여기서 "실천적 사용"이란 실천이성을 의미하는 데, 이러한 순수이성의 한계 인식으로 인하여, "신, 자유, 불사"와 같은 실천이성적 주제들을 새로운 관점에서 탐구할 수 있게 되는 것을 말한다. 결국 이 내용은 "신, 자유, 불사"와 같은 형이상학적 주제에 대해 사변적 이성을 통해 나타난 "지식"은 폐기하고, 오히려 이것은 실천이성을 통해 나타난 "신앙"을 통해 수용되어야 한다는 것을 의미하였다. 그 내용은 다음과 같다.

① 순수이성의 한계와 그 효용

이 책을 잘못 읽은 사람은, 사변적 이성으로는 경험의 한계를 결코 넘어서지 않으려는 것이 이 책의 효용으로, 그것은 전적으로 소극적인 효용에 불과하다고 생각할지도 모르겠다. 그러나 이것이야말로 실제로 형이상학의 가장 주요한 효용이다. 이러한 효용은 사변적 이성이 자기 한계를 넘어서려고 할 때 사용하는 원칙들이 실제로 그가 본래 속해 있는 감성의 한계를 넘어서서 '확장하며', 그리하여 순수이성의 사용을 배제하려고까지 한다. 그러므로 자세히 고찰함으로써 우리의 이성 사용 '축소'라는 필연적인 결과에 도달함을 알게 될 때, 그것은 곧 적극적 효용이 된다.

② 실천이성의 요청

그러므로 이 비판은 사변적 이성에 제한을 가하는 점에서 보면 과연 '소극적'이라고 할 수 있다. 그러나 다른 한편 이성의 실천적 사용을 제한하거나 또는 실천적 사용을 부정하려고 노리는 장애를 제거하기 때문에 실제로는 '적극적'이고, 따라서 매우 주요한 효용을 가진다. 그리하여 우리는 순수이성의 절대적이고도 필연적인 실천적 사용을 확신함과 동시에 이 사용에 의하여 순수이성은 감성의 한계를 넘어서서 자기를 확장

1장 『순수이성비판』의 탐구주제

함을 확신하게 된다. …
③ 물 자체, 신, 자유, 불사 등
만일 비판이 우리에게 물자체에 대해서는 결코 알 수 없다는 것을 가르쳐주지 않았다면, 또 우리가 이론적으로 인식할 수 있는 모든 것을 오직 현상에만 제한시키지 않았다면 이것은 성립되지 않았을 터이다. … 요컨대 사변적 이성으로부터 경험을 초월하여 인식하려는 지나친 생각을 '(없애지) 않는 한' 나는 '신' '자유' '불사(不死)'를 나의 이성의 필연적인 실천적 사용을 위해 상정할 수 없다. … 이 원칙이 경험의 대상이 될 수 없는 것에 적용되면 사실상 이러한 초경험적인 것을 언제나 형상으로 바꾸어서 순수이성의 '실천적 확장'을 불가능한 것이라고 선언하게 된다. 그리하여 나는 '신앙'을 수용할 여지를 마련하기 위해 '지식'을 제거하지 않을 수 없었다. 따라서 형이상학의 독단론, 즉 순수이성을 비판하지 않고 형이상학에서 성과를 거두려는 편견은 언제나 도덕성에 위배되는 일체의 불신의 원천이 되며, 언제나 심히 독단적이다. (칸트, 『순수이성비판』 2판 머리말, 27-30)

3. 『순수이성비판』의 주요개념들

칸트에게서 비판의 의미는 오늘날처럼 '판정'이라는 의미를 갖는 것이 아니라, '면밀한 검사'나 '검증' '한계규정' 등의 의미로 사용된다. 먼저 칸트는 『순수이성비판』 서론에서 중요한 개념들을 소개한다. 그 개념들을 개략적으로 살펴보면 다음과 같다.

가. '순수 인식'과 '경험적 인식'의 차이에 대하여

우리가 의식하는 인식은 일반적으로 '경험적 인식'으로서 "인상+인식능력"으로 구성된다. 우리의 인식이 경험에서 비롯된다 하더라도, 모든 인식은 인상(직관)과 우리 자신의 인식능력 자체로부터 주어지는 것과의 결합이다. 그런데, 경험과 감각적 인상으로부터 독립된 인식으로서 '선험적 인식'도

존재한다. 우리가 선험적 인식이라는 말을 사용할 때에는 낱낱의 경험과는 관계가 없는 인식으로서가 아니라 모든 경험에서 절대적으로 독립하여 성립되는 인식을 의미한다. 그리고 이 중에서도 경험적인 것을 조금도 갖지 않는 인식을 순수인식이라고 한다. 예를 들어 "변화는 모두 그 원인이 있다"는 명제는 선험적인 명제이기는 하지만 순수한 것은 아니다. 왜냐하면, 변화라는 개념은 전적으로 경험으로부터만 이끌어 낼 수 있는 것이기 때문이다.

① 경험인식 : 인상 + 인식능력에서 주어지는 것
우리의 인식이 경험에서 비롯된다 하더라도, 모든 인식이 반드시 경험으로 일깨워지는 것만은 아니다. 우리의 경험인식 까지도 우리가 인상(직관)에 의해 받아들이는 것과 우리 자신의 인식능력 자체로부터 주어지는 것과의 결합이기 때문이다. …

② 경험과 감각적 인상으로부터 독립된 인식의 존재여부 : 선험적 인식
경험으로부터 독립되고 모든 감각적 인상으로부터도 독립되는 인식이 실제로 존재하느냐 하는 문제는 적어도 정밀한 연구가 필요하며 즉시 해결될 수 있는 것이 아니다. 이런 인식은 일반적으로 선험적(a priori)이라 불리고 경험적 인식과 구별되며, 또한 경험적 인식의 원천을 '후천적(a posteriori)'이라고 함은 그 원천이 경험 속에 있음을 말한다. …

③ 선험적 인식 : 경험에서 독립하여 성립되는 인식
우리가 선험적 인식이라는 말을 사용할 때에는 낱낱의 경험과는 관계가 없는 인식으로서가 아니라 모든 경험에서 절대적으로 독립하여 성립되는 인식을 의미한다. …

④ 순수인식 : 경험적인 것을 조금도 갖지 않는 인식
한편 선험적 인식 중에서도 경험적인 것을 조금도 갖지 않는 인식을 순수인식이라고 한다. 따라서 예를 들어 '변화는 모두 그 원인이 있다'는 명제는 선험적인 명제이기는 하지만 순수한 것은 아니다. 왜냐하면, 변화라는 개념은 전적으로 경험으로부터만 이끌어 낼 수 있는 것이기 때

문이다. (칸트, 『순수이성비판』 서론, 39-40)

나. 분석적 판단과 종합적 판단의 차이에 대하여

우리의 언어에는 선험성이 존재한다. 그리고 이 언어로 구성된 명제를 분석함을 통해서 이것을 알 수 있다. 이것을 위해서 먼저 명제의 종류를 구분해 보아야 하는데, 명제에는 "분석적 판단의 명제와 종합적 판단의 명제"가 존재한다. 명제는 주어와 술어의 관계에 의해서 성립되는데, 분석적 판단의 명제는 주어 속에 술어의 개념이 이미 존재하는 명제이며, 종합적 판단의 명제는 주어 속에 술어의 의미가 존재하지 않는다. 따라서 종합적 판단의 명제는 경험을 통해서 주어지는 명제이다. 이에 대해 칸트는 다음과 같이 말한다.

① 분석적 판단과 종합적 판단
모든 판단에서는 주어와 술어의 관계를 생각할 수 있는데, 이 관계는 두 가지 방식으로 가능하다. 즉, 술어 B가 주어 A라는 개념 속에 잠재적으로 포함되어 있는 것으로서 주어 A에 속하여 있거나, 또는 B는 A와 결부 되어 있기는 하지만 전혀 A라는 개념 밖에 있다. 나는 전자의 경우의 판단을 분석적, 후자 경우의 판단을 종합적이라고 한다. 분석적 판단은 주어와 술어의 결합이 동일성에 의하여 결합되었다고 생각되는 판단이며, 이와는 반대로 동일성이 없는 결합이라고 여겨지는 판단은 종합적 판단이라고 할 수 있다. 또한 전자는 설명적 판단이라고 도 할 수 있으며, 후자는 확장적 판단이라고도 할 수 있다.
② 분석적 판단
전자는 술어에 의해 아무것도 주어개념에 부가할 수 없으며, 다만 이 주어개념을 분석해 자신 속에 이미 생각되고 있던 몇 개의 부분적 개념으로 분해할 뿐이기 때문이다. 이와는 달리 후자는 주어 개념을 분석하더라도 이끌어 낼 수 없었던 술어를 주어개념에 부가한다. 예컨대 내가 '모든 물체는 연장적(延長的)'이라고 말할 때, 이것은 분석적 판단이다.

연장이라는 개념이 이 물체의 개념에 결부되어 있음을 알기 위해 나는 물체라는 주어와 결부되어 있는 개념 밖으로 나올 필요가 없으며, 다만 물체의 개념을 분석하기만 하면 되기 때문이다.… 이것은 분석적 판단이다.
③ 종합적 판단
이와는 반대로 '모든 물체는 무게를 가진다'고 말하는 경우,… 물체에 이러한 술어를 부가함으로써 종합적 판단은 성립된다. 경험판단은 그 본질상 모두 종합적이다.… 물체일반의 개념에 무게라는 술어를 전혀 포함하지 않음에도 불구하고 물체의 개념은 경험의 일부분을 이룸으로써 무게라는 경험 대상을 구성한다.… 이 무게도 술어로서 물체의 개념에 종합적으로 부가시킬 수 있다. 그러므로 무게라는 술어를 물체의 개념과 종합시킬 수 있는 근거는 경험이다.…(칸트, 『순수이성비판』 서론, 45-47)

다. 선험적 종합판단

그런데 이제 칸트에게 중요한 것은 "선험적 종합판단"이다. "종합판단"의 명제는 경험을 통해서만 알게 되는데, 이 "종합판단의 명제"를 우리가 "선험적"으로 알고 있는 것이었다. 그 대표적인 예로서 "생성하는 것은 모두 그 원인을 가진다"는 명제이다. "생성하는 것"에 대한 주어를 아무리 분석해도 그 주어 속에서 "원인"이라는 술어는 도출되지 않는다. 분석적 판단은 이끌어 낼 수 없다. 그리고 우리는 이것을 경험하지 않았음에도 불구하고 이 명제를 이해하고 있는 것이다. 칸트는 이러한 "선험적 종합판단"이 우리에게 존재한다고 말한다.

선험적 종합판단과 관련하여… 예컨대 "생성하는 것은 모두 그 원인을 가진다"는 명제를 살펴보자. 생성한다는 개념에 의해서 나는 물론 그에 앞서 시간이 존재한다는 등의 또 다른 존재를 생각하게 되며, 그러한 것에서 분석적 판단을 이끌어 낼 수 있다. 그러나 원인이라는 개념은 생성한다는 개념 밖으로 벗어나 있으며, 또 생성하는 것과는 다른 어떤 것을 나타내고 있다. 그러므로 원인의 개념은 생성하는 표상 속에는 전혀 포함되지 않는다.… 그것은 경험일 수는 없다. 왜냐하면, "생성하는 것은 모두 그 원인을 가진다"는 원칙은 광범한 보편성 뿐만 아니라 필연성이라는 표현으로서 선험적인 순수개념 만에 의해 원인의 표상을 생성하는, 표상에 부가하는 것이기 때문이다.…(칸트, 『순수이성비판』 서론, 47-48)

칸트에 의하면, 분석적 판단은 개념을 명확화하는 데에 유용하지만, 지식의 확장을 위해서는 이 "(선험적) 종합적 판단이 참으로 새로운 소득을 위해서 필요하다"고 말한다. 칸트는 우리의 모든 이론학은 "선험적인 종합판단"이다고 말한다.

라. 이성에 의한 모든 이론학 : 선험적인 종합판단

칸트에 의하면, "이성에 의한 모든 이론학에는 선험적인 종합판단이 원리로서 포함되어 있다"고 한다. 그 중에 "첫 번째, 수학적 판단은 모두 종합적이다"고 하고, "두 번째, 자연과학(물리학)은 선험적 종합판단을 원리로서 자기 속에 가지고 있다"고 하며, "세 번째, 형이상학에도 당연히 선험적인 종합적 인식이 함유되어 있어야 한다"고 말한다. 그 내용은 다음과 같다.

① 수학적 판단은 모두 종합적

첫 번째, 수학적 판단은 모두 종합적이다.… 우선 주의할 것은 수학적 명제란 본래 경험으로부터 도출해낼 수 없는 필연성을 띠고 있기 때문에 언제나 선험적 판단일 뿐 결코 경험적 판단이 아니라는 점이다.… 7+5=12 라는 명제는… 이들 두 수를 하나의 수로 결합했다는 사실 이외에 아무것도 아니라는 사실을 알 수 있다. 또한 이에 의해서는 이들 두 수를 총괄하는 12가 어떠한 수인가에 대해서는 전혀 생각할 수 없다는 것을 알게 된다.… 이렇게 가산의 개념을 아무리 분석하여 보더라도 거기에서 12라는 수를 찾아낼 수는 없다.… 이와 마찬가지로 순수기하학의 원칙에서도 분석적인 것은 하나도 없다. '직선은 두 점 사이의 최단거리이다'하는 명제는 종합적 명제이다. 직선이라는 개념은 양에 대한 어떤 것을 뜻하지 않고, 단지 질 만을 의미하기 때문이다. 최단이라는 개념은 전적으로 부가된 것이며, 그것은 직선이라는 개념을 아무리 분석하더라도 이끌어 낼 수 없다. 따라서 여기서도 직관이 원용되지 않으면 안 되며, 이러한 직관에 의해서만 종합이 가능하다.…
② 자연과학(물리학)은 모두 선험적 종합판단
둘째, 자연과학(물리학)은 선험적 종합판단을 원리로서 자기 속에 가지고 있다. 이에 대하여 두 개의 명제를 예로 들려고 한다. 즉, '물체계의 모든 변화에서 물질의 양은 불변이다.' 또는 '운동 일체의 전달에서 작용과 반작용은 언제나 서로 같아야 한다.'는 명제가 그것이다. 이들 두 명제는 모두 필연성, 따라서 선험적인 기원을 가지고 있을 뿐만 아니라 또한 종합적인 명제임도 명백하다. 왜냐하면, 물질이라는 개념 가운데서 생각하는 것은 지속성이 아니라 물질이 점유하고 있는 공간 속에 현존하는 것 뿐이기 때문이다. 불질이라는 개념에서 생각하지 않았던 어떤 것을 선험적으로 이 개념에 부가하여 생각하기 위해서는 사실상 물질의 개념을 뛰어넘지 않으면 안 된다. 따라서, 이 명제는 분석적 명제가 아니라 종합적 명제이며, 또한 선험적으로 사유된 것이다.…
③ 형이상학
형이상학은 인간이성의 본성에 의하여 빼놓을 수 없는 학문임에도 불구하고, 지금까지 다만 시도해 본 데 불과한 학문으로 생각되어 왔다. 그러나 이 형이상학에도 당연히 선험적인 종합적 인식이 함유되어 있어야 한다. 그러므로 형이상학에서 중요한 것은 우리가 사물에 대해 선험적으로 구성하는 개념들을 단순히 분석함으로써 이들 개념을 분석적으로 설명하는 것이 아니라, 우리의 선험적 인식을 확대하는 것이다.… 우리는 선험적 종합명제에 의해 이 개념을 뛰어넘는 것이므로, 경험 자체는 이미 부수될 수 없는 것이다. 예컨대, '세계에는 반드시 시초가 있지 않으

면 안 된다.' 등의 명제와 같은 경우라 하겠다. 이와 같이 형이상학은 적어도 그 '목적으로 보아' 선험적인 종합명제로부터 비로소 성립된다. (칸트, 『순수이성비판』 서론, 48-52)

마. 순수이성의 일반적 과제 : 순수이성비판
 칸트에 의하면 순수이성 본래의 과제는 "선험적 종합판단이 어떻게 가능한가?"의 문제이다. 칸트에 의하면, 형이상학이 지금까지 극히 불확실하고 모순이 많은 상태였던 까닭은 일찍이 사람들이 이 과제는 물론 다분히 '분석적' 판단과 '종합적' 판단의 구분조차 전적으로 생각하지 않았기 때문이다고 말한다. 이 과제를 해결하는 것이 결정적이다. 그런데, 그것은 '순수수학'이나 '순수자연과학'도 마찬가지이다. 결국 형이상학에서 실패한 이유는 경험에서 원리를 얻지 못했기 때문이었다. 이에 대한 대안으로 칸트는 "이성에 대한 비판이 마침내는 학문에 이른다"고 말한다. 이런 형태의 학문은 무한히 다종다양한 이성의 대상들을 논하지 않고 곧바로 이성 자신을 논한다. 그래서 그 과제는 온전히 이성의 내부로부터 나온 것으로서, 이성과는 별개인 사물의 성질에 의해서가 아니라 이성 자신의 본성에 의해 제출된다. 실제로 이성이 경험에서 맞게 되는 대상에 대해 자기 자신의 능력을 미리 알 수 있다면 모은 경험의 한계를 넘어서 시도되는 이성사용의 범위나 한계를 완전하고 확실하게 규정하는 일이 용이해질 것은 틀림없을 것이기 때문이다. 이에 대해 칸트는 다음과 같이 말한다.

① '선험적 종합판단'은 어떻게 가능한가?
 그리하여 순수이성의 본래의 과제는 다음과 같은 물음을 포함하고 있다. 즉, '선험적 종합판단이 어떻게 가능한가?'
② 분석적 판단과 종합적 판단의 구분의 필요성
 형이상학이 지금까지 극히 불확실하고 모순이 많은 상태였던 까닭은 일찍이 사람들이 이 과제는 물론 다분히 '분석적' 판단과 '종합적' 판단의 구분조차 전적으로 생각하지 않았기 때문이다. 이 과제를 해결하든가,

그렇지 않으면 이 과제를 해명할 가능성이 전혀 없음을 충분히 증명하든가 하는 것에 형이상학의 존망이 달려있다.…
③ '순수자연과학은 어떻게 가능한가?'
위에 든 과제를 해결하는 것은 동시에 대상에 대한 이론적이고 선험적인 인식을 포함하는 모든 학문의 기초를 확립하고 또 완성하기 위하여 순수하게 이성을 사용할 수 있는 가능성, 곧 다음의 문제도 함께 해결하는 일이다.
'순수수학은 어떻게 가능한가?' 그리고 '순수자연과학'은 어떻게 가능한가? 이들 여러 학문은 현실적으로 존재하므로, 이제 이들 학문이 어떻게 가능한가를 묻는 것은 당연한 일이다. 이러한 학문이 가능해야만 한다는 사실은 그것이 현실적으로 존재하고 있다는 사실에 의해 증명될 수 있다.
④ 형이상학에서 실패한 이유 : 경험에서 원리를 얻지 못했기 때문
그러나 형이상학에 대해서는 지금까지 실패를 반복해 왔기 때문에 지금까지 논술된 어떠한 형이상학에 대해서도 본질적으로 목적에 대한 한 그것이 실제로 존재한다고 말할 수 없었다. 그러므로 누구나 그 가능성에 대해서는 의심할 수밖에 없었다. 이러한 '종류의 인식'도 어떤 의미에서는 역시 주어져 있다고 할 수 있다. 형이상학은 학문으로서가 아니라도 '자연적' 소질로서는 실제로 존재한다. 인간의 이성은…자기 자신의 요구에 몰려서 이성의 경험적 사용이나 경험에서 얻은 원리로는 도저히 답할 수 없는 문제까지 끊임없이 추구하기 때문이다. 그러므로 이성의 발달로 하여 사변하게 되면, 어느 시대에나 곧 인간은 어떠한 종류이든 형이상학을 하게 마련이며, 그것은 또한 앞으로도 계속 존재할 터이다.…
⑤ 마침내 학문에 이르는 이성에 대한 비판
이성에 대한 비판은 마침내는 학문에 이른다. 그러나 비판없는 이성의 독단적 사용은 근거 없는 주장에 따라 회의주의로 이끌린다. 그리고 이러한 주장에 대해서는 비슷한 주장을 대립시킬 수 있다. 비판의 학문은

광범위하다는 이유로 사람들을 놀라게 하지 않는다. 이 학문은 무한히 다종다양한 이성의 대상들을 논하지 않고 곧바로 이성 자신을 논하며, 그 과제는 온전히 이성의 내부로부터 나온 것으로서, 이성과는 별개인 사물의 성질에 의해서가 아니라 이성 자신의 본성에 의해 제출되기 때문이다. 실제로 이성이 경험에서 맞게 되는 대상에 대해 자기 자신의 능력을 미리 알 수 있다면 모든 경험의 한계를 넘어서 시도되는 이성사용의 범위나 한계를 완전하고 확실하게 규정하는 일이 용이해질 것은 틀림없다.(칸트, 『순수이성비판』 서론, 52-55)

앞에서 언급한 인식의 '코페르니쿠스적 전환'이 여기에서 논의된다. 인식 대상을 논하는 것이 아니라, 인식주체의 인식능력을 논하는 것이다. 내 안에서 움직이고 있는 사유활동, 그 순수이성을 비판하는 것이다. 그러면 그 대상으로서의 형이상학이 출현한다.

칸트는 이러한 철학을 시도한 결과, 우리 안에 수학적 이해가 내재되어 있으며, 자연법칙을 이해하는 능력이 있음을 알게 되었는데, 우리 안에 이미 그 자연법칙이 내재하여 있었다. 이것은 다른 말로 우리가 자연법칙의 산출자라는 이야기가 되는 것이다.

라. 순수이성비판이라는 이름의 특수한 학문의 의도와 구분

칸트에 의하면, 순수이성비판은 "이성이 어떤 선험적 인식의 원리를 공급하는 능력"인데, 이러한 "순수이성의 기관을 평가하는 것"이다. 그래서, "순수이성의 원천과 한계를 단순히 판단하는 학문"으로서, "이성을 오류에 빠지지 않게 하는 학문"이다. 이러한 체계에서 대상이 되는 것은 "사물의 성질이라는 무제한적인 것이 아니라 그 성질을 판단하는 오성(悟性, Verstand : 이해력, 사고력, 지력)"이다. 그런데, 결국은 선험철학은 전적으로 "사변적인 순수이성에 의한 세계지(世界知)"이다. 우리 내부에 새겨진 외부의 사물에 대한 인식능력을 통해서 세계를 이해하는 것으로 발전되어 진다.

① 순수이성비판 : 이성의 선험적 인식의 원리 파악
상술한 바에서 순수이성비판이라고 칭할 수 있는 하나의 특수한 학문의 구상이 분명해 진다. 그렇게 될 수 있는 것은 이성이 선험적 인식의 원리를 공급하는 능력이기 때문이다. 따라서 순수이성이란 어떤 것을 완전히 선험적으로 포함한다. 순수이성의 기관(器官, Organon)이란 모든 선험적인 순수인식이 그에 의해 획득되고 또 실제로 성립되는 원리의 총괄이다고 할 것이다. 그러기 위해서는 많은 수고가 필요하고, 또 이 경우에도 일반적으로 우리의 인식을 확장시킬 수 있는지, 또 확장이 가능하다면 어떠한 경우에 인지가 불확실하다. 그러하기 때문에 위는 순수이성의 평가, 즉 순수이성의 원천과 한계를 단순히 판단하기만 하는 학문을 순수이성 체계를 위한 예비학으로 볼 수 있다. 이 예비학은 순수이성의 학설이 아니라 다만 그 비판이라고 불러야 할 것이다. 그리고 이 비판의 효용에 대해서는 사실 전적으로 부정적이며, 우리의 이성을 확장하는데 도움이 되는 것이 아니다. 다만, 그것의 순화에 도움이 될 뿐이며, 이성을 오류에 빠지지 않도록 지킬 것이다. 이것만으로도 얻는 바는 매우 크다. 나는 대상에 대해서가 아니라 대상을 인식하는 방식이 선험적으로 가능한 한에서 일반적으로 관여하는 모든 인식을 선험적이라고 한다. 이러한 여러 개념의 체계를 선험적 철학이라고 할 수 있다.…
② 순수이성비판의 대상 : 오성
이러한 체계에서 대상이 되는 것은 사물의 성질이라는 무제한한 것이 아니라 그 성질을 판단하는 오성(悟性, Verstand : 이해력, 사고력, 지력)이다. 이 오성 또한 선험적 인식에 대해서만 대상이 되는 것으로서, 그 내용 역시 밖에서 구할 필요가 없기 때문에 우리에게 감추어질 수 없다. 그리고 그 범위가 좁아 우리는 그것을 완전히 드러내어 그 가치와 무가치에 따라 판단하며 정당한 평가를 할 수가 없다. 여기서 순수이성에 대한 서적의 비판이나 그 체계에 대한 비판을 기대해서는 안 된다. 기대할 수 있는 것은 순수이성능력 그 자체에 대한 비판이다.…

③ 선험철학 : 사변적인 순수이성에 의한 세계지

그러므로 선험철학은 전적으로 사변적인 순수이성에 의한 세계지(世界知)이다.…(칸트, 『순수이성비판』 서론, 56-59)

『순수이성비판』의 구성을 보면 먼저 원리론과 방법론의 두 개 부문으로 구성되어 있으며, 원리론은 감성론과 논리학으로 나누어져 있다. 감성론은 감성의 형식인 시간과 공간을 원리적으로 고찰한 것이며, 논리학은 또 분석론과 변증론으로 나누어져 있다. 다음에서는 "선험적 감성론"과 "선험적 분석론", 그리고 "선험적 변증론(순수이성에 대하여)"의 세 가지 주제로 하여서 정리하고자 한다.

2장 선험적 감성론

1. 감성론 : 어떻게 대상을 인식하는가?

칸트는 "우리가 대상을 어떻게 인식하는가"의 문제를 탐구한다. 그에 의하면, 우리의 "사유는 직관을 통해서 인식하는데, 감성이 이 직관을 가능하게" 해준다. 그리고 "이러한 인식 후에 오성으로부터 그 인식을 토대로 하여서 개념이 생겨난다". 칸트는 이때 우리가 어떻게 인식하는가의 문제를 먼저 탐구한다.

가. 감성

칸트는 "경험적 직관의 막연한 대상을 현상(phenomenon, 現象)"[2]이라고 하는데, 이때 현상의 다양한 내용에 질서를 주는 것을 현상의 형식(Form)이다. 즉, 우리가 대상을 바라보면 우리 안에 그것의 직관, 표상, 현상이 생겨나는 것이다. 그리고 우리의 정신, 마음, 혹은 오성은 그 표상을 바라보는 것이다. 칸트는 이 표상을 일으키는 능력을 감성이라고 한다.

우리의 사유기능과 대상의 사이에서 우리의 인식이 이 양자 사이에서 매개기능을 한다. 이때 우리의 모든 사유가 수단으로 삼는 것은 직관 혹은 떠오른 표상이다. 그런데, 이 직관은 우리 안에 심의(心意, 마음이나 생각)를 촉발함으로써 생겨난다. 우리가 대상에 의해 촉발되는 방식을 통하여 표상을 얻게 되는 능력을 감성(感性)이라 한다. 따라서 감성을 매개로 하여 우리에게 대상이 주어지며, 감성만이 우리에게 직관을 가능하게 해 준다. …

① 인식 : 양자(대상과 사유수단)의 직접적 매개

---

[2] 현상: 이마누엘 칸트는 '현상'을 종종 'Erscheinung'으로 번역했는데, 칸트가 쓴 이 용어는 감각적 직관의 직접적 대상, 곧 실체와 원인 범주를 통해 해석될 때만 하나의 대상이 되는 단순한 경험자료를 가리키는 말이다. 칸트는 현상을 본체(noumenon)와 대비해 사용했는데 후자는 현상이라는 범주를 적용할 수 없는 물자체(物自體)를 가리켰다.

어떤 방식으로 연관되든지 대상에 관계하는 경우 인식은 양자의 직접적인 매개가 되고,
② 직관 : 사유가 수단으로 삼는 것
모든 사유가 수단으로 삼는 것은 직관이다.
③ 감성 : 직관 곧 표상을 얻게 되는 능력
그러나 직관은 대상이 우리에게 주어지는 한에서만, 적어도 우리 인간에게는 대상이 어떤 방식으로 심의(心意, 마음이나 생각)를 촉발함으로써 가능하다. 우리가 대상에 의해 촉발되는 방식을 통하여 표상을 얻게 되는 능력을 감성(感性)이라 한다.
④ 대상은 감성을 매개로 하여 우리에게 주어지는 것
따라서 감성을 매개로 하여 우리에게 대상이 주어지며, 감성만이 우리에게 직관을 가능하게 해 준다.…(칸트, 『순수이성비판』, 61)

나. '현상(표상)' 속에 존재하는 '순수직관'
개념은 오성으로부터 생겨나는데, 그 이전에 대상은 직관의 현상으로서 표상으로 내 마음 속에 출현한다. 그리고 그 표상 속에 개념이 담겨있다. 대상이 내 안에 직관으로 들어왔을 때, 내 안의 현상의 형식이 그 직관을 받아서 현상하여 표상으로 출현시킨 것이다. 이때 경험으로 들어온 직관 외에 내 안의 현상 형식에 의해 주어진 현상 혹은 표상 속에 섞여 있는 그 무엇이 있다. 이것을 가리켜서 칸트는 '순수직관' 혹은 '순수표상'이라고 한다. 즉, 사물을 보았을 때, 우리 안에 생성된 현상에는 외부로부터 주어진 직관과 내부의 현상 형식으로부터 주어진 그 무엇이 존재한다는 것이다. 이때 내 안의 현상 형식으로부터 주어진 그 어떤 것은 경험적이지 않고 선험적이다.

① '오성'으로부터 생성되는 '개념'
이에 반해 오성으로부터는 '개념'이 생겨난다.
② 직관(표상, 감성)에 관계된 모든 사유

그러나 모든 사유는 단적이든 우회적이든 어떤 징표를 매개로 하여 궁극에는 직관에 관계하며, 따라서 우리 인간에게는 감성에 관계되게 마련이다.
③ 대상이 주어지는 방법은 경험에 의해 얻어지는 직관과 현상
그 이외의 방법에 의해서는 어떠한 대상도 우리에게 주어지지 않기 때문이다. 우리가 대상에 의하여 촉발 되는 경우 대상에 관계하는 직관을 경험적이라고 일컫는다. 또한 경험적 직관의 막연한 대상을 '현상'이라고 일컫는다.
④ 현상과 현상을 일으키는 형식
현상에서 감각에 대응하는 것을 나는 현상의 '질료'라 하고, 이에 반하여 일정한 관계 안에서 현상의 다양한 내용에 질서를 주는 것을 현상의 형식이라고 한다.
⑤ 현상의 형식 : 직관으로 주어진 감각에 질서를 주어 현상
감각에 질서를 주고, 일정한 형식으로 정리하는 것은 그 자체가 감각이 아니기 때문이다.
⑥ 현상의 형식은 선험적(선천적)
그래서 모든 현상의 질료는 우리에게 후천적으로 주어지지만, 현상의 형식은 감각을 수용하면서 이미 우리 안에 선험적으로 존재하므로, 이것은 일체의 감각과는 구별되어 고찰되지 않으면 안 된다.
⑦ '순수직관' : 표상에 섞여 있는 '순수 직관'
감각에 속하는 어떤 것도 가지지 않은 표상을 나는 '순수'라고 한다. 그러므로 감성적 직관일반의 순수형식은 우리의 심성에 선험적으로 주어져 있으며, 일체의 현상에서 다양한 것은 이 형식에 의하여 어떠한 관계에서 직관된다. 감성의 이런 순수형식은 또한 그 자체를 '순수직관'이라고 할 수도 있다. …(칸트, 『순수이성비판』, 61-62)

다. [보충] 표상, 직관, 현상의 관계
칸트의 『순수이성비판』에서 표상(Vorstellung), 직관(Anschauung), 현상

(Erscheinung)은 서로 긴밀히 연결되어 있으면서도 층위가 다르다. 이에 대한 일반적인 정리(챗GPT)는 다음과 같다.

① 표상 (Vorstellung)
가장 넓은 개념으로서 의식 속에 어떤 것이 주어져 있는 상태를 총칭한다. 감각적이든, 개념적이든, 심지어 상상 속의 것이든 모두 포함한다. 따라서 직관도, 개념도, 현상도 모두 '표상'의 한 종류이다. 칸트는 마음에 들어오는 모든 인식 내용의 '형식'을 통틀어 '표상'이라 부른다.

② 직관 (Anschauung)
표상의 하위 범주로, '직접적'이고 '개별적'으로 주어지는 표상이다. 칸트에게 직관은 시간과 공간이라는 선험적 형식 안에서 감각을 통해 주어진다. 경험 직관(감각적 직관)은 감각을 통해 외부 사물(예: 나무)을 직접 지각하여 제시하는 것을 말한다. 순수 직관은 감각 경험 없이도 선험적으로 가능한 직관이다, 즉 시간과 공간 자체인데, 그 직관을 시간과 공간을 통해 제시한다. 직관은 개념처럼 '일반성'을 갖지 않고, 항상 개별적 대상을 직접적으로 제시한다.

③ 현상 (Erscheinung)
현상은 "사물이 우리에게 어떻게 나타나는가"라는 차원을 말한다. 사물이 자체로 있는 것(물자체, Ding an sich)이 아니라, 우리의 감성의 형식(시간·공간)과 감각적 내용을 통해 주어진 것이다. 즉, "현상 = 감각적 재료 + 시간·공간이라는 직관의 형식"으로 존재한다. 따라서 현상은 객관적 사물이 아니라, 우리의 인식능력 구조에 의해 주어진 "대상처럼 보이는 것"이다.

④ 세 가지의 관계
표상은 가장 포괄적인 틀로서, 의식 속에 있는 모든 것이다. 직관은 그 안의 "직접적 주어짐"의 방식이다. 시간과 공간 안에서 개별적·직접적으로 주어지는 표상이다. 현상은 직관을 통해 우리에게 나타나는 대상이다. 직관이 형성하는 세계, 즉 "우리에게 나타나는 것(물자체와 구분)"을

말한다.(챗GPT, 직관, 현상, 표상의 관계, 2025.9.12.)

라. 감성적 직관 일반의 순수형식 : 공간과 시간을 만들어내는 능력

칸트는 이와 같은 "감성적 직관 일반의 순수형식"을 다음과 같이 말하며, 이와 같은 "감성의 선험적 원리에 대한 학을 선험적 감성론"이라고 하며, 이 "순수형식은 선험적 인식의 원리는 공간과 시간의 존재"였다. 우리 안에 생성된 표상들을 정리하는 방식은 다름 아닌 "공간적, 시간적 통일의 방식으로 질서를 부여"하였던 것이다. 우리에게 선험적으로 존재하는 양식은 '공간과 시간'을 만들어내는 능력이다. 외부 표상이 오면 이것을 공간과 시간의 틀 속에서 만들어 낸다.

① 순수직관 : 표상 속의 경험적 직관 외의 심성에 생긴 다른 것
내가 어떤 물체의 표상으로부터 오성이 사유하는 것, 곧 실체·힘·가분성 등을 분리시키고, 동시에 감각에 속하는 것, 곧 불가입성(不可入性)·경도·색깔 등을 분리시킨다 하더라도 나에게는 이러한 경험적 직관 이외에 다른 어떤 것, 크기나 형태가 남겨져 있다. 이러한 크기나 형태는 순수직관에 속하며, 순수직관이란 감관이나 감각의 현실적 대상으로 존재하지 않는다 해도 감성의 단순한 형식으로서 선험적으로 심성에 생긴다.

② 선험적 감성론
이와 같은 선험적 원리에 대한 학을 나는 선험적 감성론이라고 한다.…

③ 감성이 선험적으로 제공하는 것 : 공간과 시간
선험적 감성론에서 우리는 먼저 경험적 직관만을 남기기 위하여 오성이 자기 개념에 의해 사유하는 모든 것을 분리시킴으로써 감성을 고립시킨다. 이어서 이 경험적 직관으로부터 감각에 속하는 모든 것을 분리시켜 순수직관, 즉 현상(現象)의 단순한 형식만을 잔류하게 한다. 이것이야말로 감성이 선험적으로 제공할 수 있는 유일한 것이다. 이 연구에 의해서 감성적 직관의 두 가지 순수형식이 선험적 인식의 원리로서, 공간과

시간이 존재함을 알게 될 것이다.(칸트, 『순수이성비판』, 62-63)

2. 공 간

가. 공간 개념의 형이상학적 구명

　외부로부터 어떤 대상을 목격하였을 때, 그것은 우리 안에 표상으로 나타난다. 그런데, 이때 그 표상에는 공간과 시간이 존재한다. 그 외부로부터 받은 직관에다 공간과 시간의 개념을 부착하여서 표상을 한 것이다. 그렇다면, 이 공간과 시간은 어디에서 왔다는 말인가? 대상에서 나왔나? 칸트는 내 안의 감관능력이 그것을 부여하였다고 말한다. 그러면서 그 공간을 구명하고자 하는 것이다.

① 공간 안에 있다고 표상
우리는 외적 감관을 매개로 하여 대상을 우리 밖에 있는 것으로 표상하며, 또한 이들 대상 모두 공간 안에 있다고 표상한다.
② 공간 안에서 대상을 규정하여 표상
공간 안에서 대상의 형태, 크기 및 상호관계가 규정되어 있으며, 그리고 그 안에서만 규정할 수가 있다.
③ 내적 감관이 영혼에 직관을 주지 않음
우리의 심성은 내적 감관을 매개로 하여 심성 자체나 내적 상태를 직관할 수 있는데, 내적 감관은 하나의 객관으로서의 영혼 자체에 직관을 주는 것은 아니다.
④ 내적 감관은 영혼에게 표상을 줌
그것은 역시 그것에 의해서만 직관이 가능한 영혼의 내적 상태를 나타내는 일정한 형식이다. 따라서 내적 규정에 속하는 모든 것은 시간과의 관련에서 표상된다.
⑤ 시간과 공간 속에서 표상을 줌
시간이 외적으로 직관되지 않는 것은 공간이 우리의 내적인 어떤 것

로 직관되지 않는 것과 마찬가지이다.
⑥ 표상 속에 생성된 시간과 공간은 무엇인가?
그러면 공간과 시간은 무엇인가? 다만 현실적으로 존재하는 것인가? 그것이 사물의 규정이나 또는 관계에 지나지 않는다 하더라도 사물 자체는 직관 될 수 없으니, 물자체에 속하는 규정이나 관계란 말인가?
⑦ 직관 형식에서 나오는 공간과 시간
그렇지 않다면, 단지 직관의 형식에 고착된 규정, 그것 없이는 공간과 시간이라는 술어가 어떠한 사물에도 부가시킬 수 없는 우리 심성의 주관적 성질에만 고착되어 있는 규정이란 말인가?
⑧ 공간 개념의 구명
이것을 밝히기 위하여 우리는 먼저 공간이라는 개념을 구명하고자 한다. 우리가 '구명(究明; expositio)'이라는 말로 의미하고자 하는 것은, 하나의 개념에 속하는 내용을 명석하게 진술해 내는 것을 말한다.(칸트, 『순수이성비판』, 63-64)

나. 공간 개념의 형이상학적 구명

먼저 칸트는 공간이라는 개념이 "직관 형식에 고착된 규정"으로서 "우리의 심성의 주관적 성질에 고착되어 있는 규정"이다는 것을 구명(究明)한다. 칸트에 의하면, 첫째, 공간은 경험적 개념이 아니고, 공간이라는 표상이 이미 감각의 근저에 있으며, 이 표상에 의해 비로소 감각이 가능케 된다. 둘째, 공간은 외적 직관의 근저에 있는 필연적인 선험적 표상으로서 현상을 가능케 하는 조건이다. 셋째, 공간은 일반사물 관계에 대한 추론적인 개념이 아니라 하나의 순수직관이다. 다섯 번째, 공간은 무한한 양으로 표상된다. 이에 대해 칸트는 다음과 같이 말한다.

① 공간에 관한 형이상학적 구명
구명의 개념이 '선험적으로 주어진' 것으로서 설명하려고 하는 것을 포함하는 경우 그것을 '형이상학적 구명'이라고 할 수 있다.

2장 선험적 감성론

② 공간은 외적 경험이 아닌 이미 내적 감관형식의 근저에 있음
첫째, 공간은 여러 외적 경험에서 추상된 경험적 개념이 아니다. 어떤 감각이나 외적인 사물 - 내가 그 속에 존재하고 있는 공간과는 다른 장소에 있는 사물 - 에 관계하도록 하기 위해서는, 또한 내가 이러한 감각을 서로 분리 또는 병존하는 것으로서, 그러므로 단지 서로 다른 것으로서만이 아니라 다른 장소에 있는 것으로서 표상하기 위해서는, 공간이라는 표상이 이미 그 근저에 있지 않으면 안 된다. 그러므로 공간이라는 표상은 경험에 의해 외적 현상의 관계들로부터 빌려온 것이 아니라, 오히려 외적 경험이 그 자신, 위에서 말한 공간이라는 표상에 의해 비로소 가능하게 된다.
③ 공간은 직관의 근저에 있는 필연적인 선험적 표상
둘째, 공간은 모든 외적 직관의 근저에 있는 필연적인 선험적 표상이다. 우리는 공간 속에 대상이 전혀 없다고 생각할 수는 있으나, 공간 그 자체가 전혀 존재하지 않는 표상을 생각할 수는 없다. 따라서 공간은 현상에 의존해서 규정되는 것이 아니라 현상을 가능케 하는 조건이며, 외적 현상의 근저에 필연적으로 존재하는 선험적인 표상이다.
④ 순수직관으로서의 공간
셋째, 공간은 사물일반의 관계에 대한 추론적인, 또는 일반적 개념이 아니라 하나의 순수직관이다. 왜냐하면, 우리는 하나의 유일한 공간을 표상할 수 있기 때문이며, 비록 여러 공간에 대하여 말하는 경우에도 그것은 동일하고 유일한 공간에 앞서서, 이른바 그 구성요소 - 그것으로부터 공간이 함성될 수 있는 - 로서 선행할 수는 없으며, 오히려 각 부분은 전체 공간 속에서만 존립하는 것으로 생각할 수 있다. 공간은 원래 유일한 것이며, 공간에서의 다양함 또는 공간들 일반에 관한 일반개념은 전적으로 이 유일한 공간을 제한함으로써 성립된다. 여기에서 귀결되는 것은 공간이라는 직관에 대해서는 선험적 직관이 일체의 공간개념의 근저에 존재한다는 사실이다.
⑤ 선험적 직관 속에 선험적으로 내재해 있는 기하학적 원칙

그러므로 모든 기하학적 원칙도, 예를 들면 "삼각형의 두 변의 합은 나머지 한 변보다 크다"는 원칙 같은 것도 선이나 삼각형이라는 일반적 개념으로부터는 결코 이끌어 낼 수 없다. 이들 원칙은 오직 직관으로부터 나오며, 그것도 선험적 직관으로부터 필연적 확실성을 가지고 도출할 수 있다.

⑥ 우리 안에 무한으로 자리잡은 '공간'

넷째, 공간은 '주어진' 무한의 양으로 표상된다. 사실 개념이란 서로 다른 가능한 여러 표상 속에 - 그것들에 공통된 특징으로서 - 포함되어 있고, 따라서 그 표상의 무리를 포함하고 있는 표상으로 생각되어야 한다. 그러나 어떠한 개념도 개념 그 자체로는 무한한 표상의 무리를 자기 속에 포함하는 것으로 생각될 수는 없다. 그럼에도 불구하고, 공간은 무한히 많은 표상을 자기 안에 지니고 있는 것으로 생각된다. - 왜냐하면, 무한히 분할하더라도 공간의 분할된 모든 부분은 동시에 병존하기 때문이다 - 그러므로 공간이라는 근원적 표상은 선험적 '직관'으로서의 개념이 아니다.(칸트, 『순수이성비판』, 64-65)

다. 기하학 : 공간개념의 선험적 구명

칸트는 우리의 심성 속에 내재하는 외적 직관력(공간에 대한 직관력)은 선험적 종합명제라고 한다. 즉 분석명제가 아닌 그 무엇을 우리 심성은 선험적으로 안다는 것이다. 그것은 공간에 대한 이해력이다. 이것은 선천적으로 타고 났는데, "삼각형 두변의 합은 다른 한 변보다 크다", "공간의 3차원을 가진다"와 같은 종합명제에 대한 이해력은 공간 이해력으로서, 분석명제가 아닌 데도 우리는 이해하고 있다. 이것은 우리의 심성 속에 기하학의 학문 가능성이 선험적으로 존재하며, 이미 기하학을 모두 알고 있는 것이다. 이 기하학의 선험성은 순수 직관적 지식이다. 우리는 그곳에 대해 설명을 하지만, 그것을 어떻게 아는 지에 대해서는 해명할 수 없다. 선험적으로 주어져 있기 때문이다.

① 기하학 : 공간에 대한 선험적 종합명제
기하학은 공간의 성질을 종합적으로, 그리고 선험적으로 규정하는 학문이다. 공간에 대하여 그러한 인식이 가능하려면, 공간이라는 표상은 어떠한 것이어야만 하는가? 이를 위해 공간은 근원적 직관이어야 한다. 단순한 개념으로부터는 개념을 뛰어넘을 수 있는 명제를 이끌어낼 수 없으나, 기하학에서는 이것이 가능하기 때문이다.
② 기하학의 선험성 : 순수직관적 지식
그러나 이 직관은 선험적으로, 즉 대상에 대한 일체의 지각에 앞서 우리 안에 존재하며, 따라서 경험적이 아닌 순수직관이어야 한다. 기하학적 명제는 모두 필연적이고, 그 필연성의 의식과 결합되어 있기 때문이다. 예를 들면, "공간의 3차원을 가진다"는 명제가 그러하다. 이 명제는 경험적 판단 또는 경험판단이 아니며, 그런 것으로부터 추론해 낼 수도 없다.
③ 우리 심성에 내재한 외적직관 : 공간에 대한 직관
객관 그 자체에 앞서 존재하며 객관의 개념이 그것에서 선험적으로 규정될 수 있는 외적 직관은 어떻게 해서 우리 심성에 내재하는가? 그것은 확실히 외적 직관이 객관에 의해 촉발되며, 이 촉발에 의해 객관의 '직접적 표상', 다시 말해 '직관'을 얻게 된다는 주관의 형식적 성질로서, 따라서 다만 외적 감관일반의 형식으로서 외적 직관이 주관 속에 존재하는 한에서만 그러하다.
④ 선험적인 종합인식 : 해명되지 않는 설명방식
그러므로 설명만이 선험적인 종합적 인식으로서의 기하학 가능여부를 해명할 수 있다. 이렇게 해명되지 않는 설명방식은, 비록 그것이 외견상 우리의 설명과 약간 닮은 점은 있다 하더라도, 이들 특징을 보건대 어느 것이나 우리의 설명과 확실하게 구별할 수 있다. (칸트, 『순수이성비판』, 66-67)

라. 보충 : 외적직관과 내적직관

칸트 철학

『순수이성비판』에서 직관은 외적 직관과 내적직관으로 구분된다. 외적 직관은 우리의 감성이 외부 대상을 '공간'이라는 순수 형식 안에서 직접적으로 받아들이는 방식이다. 그리고 내적 직관은 '시간'이라는 순수 형식의 방식이다. 이에 대한 일반적인 정리(챗GPT)는 다음과 같다.

① 직관의 구분
칸트는 직관을 크게 두 가지로 나눈다: 외적 직관은 감각을 통해 외부 대상을 "바깥에서" 지각하는 것을 말하며, 내적 직관은 자기 내면의 상태(감정, 사고, 의지 등)를 "시간 안에서" 지각하는 것을 말한다. 즉, 외적 직관은 공간 안에서 외부 대상이 주어지는 방식이다.
② 외적 직관의 형식: 공간
칸트는 "감성의 순수 형식"을 시간과 공간으로 구분했다. 외적 직관은 공간이라는 순수 형식을 통해 성립한다. 예컨대, "내가 앞에 있는 책상을 본다"는 감각(시각 정보)이 "공간적 배열" 속에 들어오면서 외적 직관으로서 책상이라는 대상이 나타난 것이다.
③ 외적 직관의 특징
(a) 대상성(objectivity): 외적 직관은 "나의 외부에 있는 것"으로 경험된다. 책상, 나무, 건물 등은 모두 나와 떨어져 외부에서 지각된다.
(b) 공간적 성격: 모든 외적 직관은 반드시 공간 안에 놓인다. 공간은 "경험에서 나온 것"이 아니라, 선험적으로 주어진 형식이다.
(c) 현상과 연결: 외적 직관을 통해 우리는 "사물 자체"를 아는 게 아니라, "공간 안에 나타나는 현상"을 인식한다. (챗GPT, 외적직관과 내적직관, 2025.9.13.)

라. 공간개념으로부터의 결론
칸트는 "공간은 물 자체는 아니다"고 한다. 칸트에게서 '물 자체'란 "인간의 인식 형식(시간·공간, 감성·지성의 범주)에 의해 구성되기 이전의 사물, 즉, 우리가 경험 속에서 접하는 현상(Erscheinung)의 근거이지만, 직접 인

2장 선험적 감성론

식할 수는 없는 것, 존재 자체"[3]를 말한다. 다시 말해, 대상 그 자체에 고착하여 있으므로 직관의 제약이 모두 제거된다 하더라도 의연히 남게 되는 물자체의 성질과는 다르다.

공간은 외적 감관이 가지고 있는 모든 현상의 단순한 형식에 지나지 않는다. 바꾸어 말하면, 공간은 감성의 주관적 조건이며, 우리에게는 이 조건에서만 외적 직관이 가능하다. 즉, 공간이라는 술어는 사물이 우리에게 현상될 때에만, 즉 감성의 대상이 되는 한에서만 사물에 적용된다.

① 공간은 물자체는 아니다.

먼저, 공간은 결코 어떤 물자체의 성질을 나타낸 것이 아니며, 또 물자체의 상호관계를 나타내는 것도 아니다. 다시 말해, 대상 그 자체에 고착하여 있으므로 직관의 제약이 모두 제거된다 하더라도 의연히 남게 되는 물자체의 성질과는 다르다. 절대적이거나 또는 상대적일지라도 그것이 성질인 이상 그 성질이 귀속하여 있는 사물의 존재에 앞선다면 선험적으로 직관할 수 없기 때문이다.

② 공간은 감성의 주관적 조건이다.

두 번째, 공간은 외적 감관이 가지고 있는 모든 현상의 단순한 형식에 지나지 않는다. 바꾸어 말하면, 공간은 감성의 주관적 조건이며, 우리에게는 이 조건에서만 외적 직관이 가능하다. 그런데 주관(필자: 인식주체, 인식의 작용을 수행하는 것)은 대상에 의해 촉발되는 수용성을 가지지만, 이 수용성은 대상에 대한 일체의 직관보다도 먼저 존재하므로 모든 현상의 형식이 일체의 현실지각에 앞서 선험적으로 심성 속에 주어질 수 있는가. 그리고 하나의 순수직관 안에서 모든 대상은 규정되는데, 이들 현상의 형식이 순수직관으로서 모든 경험에 앞서 대상의 관계원리를 포함할 수 있는가 하는 점을 이해할 수 있다.

---

[3] 물 자체란 존재 자체를 의미하는데, 이론적으로는 물 자체를 알 수 없지만, 도덕 실천에서는 자유·신·영혼 불멸 같은 개념을 물 자체적 차원에서 요청하게 된다. 기독교 신앙에서 여호와가 "존재하는 자"의 의미를 가지고 있다. 여호와는 모든 존재를 스스로 발산해 낸다.

③ 공간은 우리의 인식시 사물에 적용되는 것임

그러므로 우리는 한 인간의 입장에서만 공간이나 연장물(필자: 공간 속에서 크기와 모양을 가지고 존재하는 것) 등에 대해 말할 수 있다. 만일 우리가 외적 직관을 획득할 수 있는 조건, 즉 대상에 의하여 촉발되는 주관적 조건을 제외하면 공간이라는 표상은 전혀 그 의미를 가지지 못한다. 공간이라는 술어는 사물이 우리에게 현상될 때에만, 즉 감성의 대상이 되는 한에서만 사물에 적용된다. 우리가 감성이라고 칭하는 이 감수성의 항구불변한 형식은 모든 관계의 필연적 조건이요, 이 조건 아래서 대상은 우리 밖에 있는 것으로 직관되는데, 이들 대상을 제거하면 공간이라는 이름을 가지는 순수직관을 만든다. 우리는 감성의 특수한 조건을 사물을 가능케 하는 조건이 아니라, 다만 사물의 현상을 가능케 하는 조건이 되도록 할 수 있다. 그러므로 우리는 "공간은 우리에 대하여 외부에 있는 것으로 현상하는 일체의 사물을 포함한다"고 말할 수 있다. 그러나 "물 자체에 대해서는 그것이 직관되든 안 되든 또는 어떠한 주체에 의해 직관되든 안 되든 공간은 이것을 포함한다"고 말할 수는 없다. 이 경우 우리 이외에 사유하는 존재의 직관에 대해서는 그것이 우리 직관을 한정하고 보편적으로 타당한 제약에 의해 제약되어 있는가 그렇지 않은가를 판단할 수 없기 때문이다.…(칸트, 『순수이성비판』, 67-68)

3. 시 간

가. 시간개념의 형이상학적 구명

칸트는 공간과 마찬가지로 시간 개념도 또한 선험적이다고 한다. 그는 시간 개념도 또한 공간 개념과 똑같이 형이상학적 구명을 한다. 칸트는 시간은 사물과 같은 외부에 존재하는 것보다, 오히려 우리 심성 안에 존재한다고 말한다.

먼저, 시간은 어떤 경험으로부터 추상된 경험적 개념이 아니며, 시간이라는 표상이 선험적으로 그 근저에 있다. 두 번째, 시간은 모든 직관의 근저에 있는 필연적인 표상이다. 세 번째, 시간은 시간일반에 대한 공리의 가능성을 나타내며, 여러 시간은 동시적이 아니라 계시적(繼時的)이다. 네 번째, 시간은 감성적 직관의 순수형식이다. 다섯 번째, 시간이라는 근원적 표상은 무한한 것으로 주어져 있다. 이에 대해 칸트는 다음과 같이 말하고 있다.

① 시간에 대한 능력은 선험적이다
첫째, 시간은 어떤 경험으로부터 추상된 경험적 개념이 아니다. 만일 시간이라는 표상이 선험적으로 그 근저에 있지 않다면, 존재하든가 계속한다든가 하는 것은 지각되지도 않을 것이기 때문이다. 시간이라는 표상을 전제로 해서만 우리는 약간의 사물이 동일한 시간에 존재한다거나 다른 시간에 존재함을 표상할 수 있다.
② 시간은 모든 직관의 근저에 있는 필연적인 표상이다.
둘째, 시간은 모든 직관의 근저에 있는 필연적인 표상이다. 우리가 현상을 시간으로부터 제거하는 데에는 어떤 곤란도 받지 않는다. 그렇지만 현상일반에 대해 시간 자체를 제거할 수는 없다. 그러니까 시간은 선험적으로 주어진다. 시간에서만 현상의 현실성은 전적으로 가능하다. 현상은 모두 소멸될 수 있으나 시간 그 자체는 제거될 수 없다.
③ 시간의 계시적(繼時的) 일차원성
셋째, 시간에 대한 선험적 필연성에 근거하여 시간관계에 대한 필연적 원칙이나 시간일반에 대한 공리의 가능성이 나타난다. 시간은 1차원만을 갖는다. 그러므로 별개인 여러 시간은 동시적이 아니라 계시적(繼時的)이다. 이 원칙은 경험으로부터 끌어낼 수 없다. 왜냐하면, 경험은 엄밀한 보편성도 필연적인 확실성도 주지 않기 때문이다. 우리는 다만 "통상적인 지각에 의하면 그러하다"고 말할 수 있을 뿐, "그렇지 않으면 안 된다"고 말할 수는 없다. 이러한 원칙은 그것에 의해 일반적으로 경험이 가능하게 되는 규칙으로 간주되며, 경험 이전에 우리에게 가르쳐 주는

것이지, 경험에 의해 가르쳐 주는 것은 아니다.
④ 감성적 직관의 순수형식으로서의 시간
넷째, 시간은 추론적 또는 일반적 개념이 아니며, 감성적 직관의 순수형식이다. 상이한 여러 시간이란 사실 동일한 시간의 부분에 불과하다. 그러나 유일한 대상에 의해 주어지는 표상은 직관이다. "별개의 시간은 동시에 존재할 수 없다"는 명제도 일반적 개념으로부터 이끌어낼 수 없다. 이 명제는 종합적인 것으로서, 개념으로서는 도출될 수 없다. 따라서 이 명제는 시간의 직관 및 시간의 표상 속에 직접 포함되어 있다.
⑤ 시간의 무제한성
다섯째, 시간의 무한성이란 시간의 모든 한정된 길이가 그 근저에 있는 유일한 시간을 제한함으로써만 가능하다는 사실을 의미한다. 그러므로 시간이라는 근원적 표상은 무제한한 것으로 주어져 있어야 한다.…"(칸트, 『순수이성비판』, 70-71)

나. 시간 개념의 선험적 구명

칸트는 앞 절의 셋째의 내용, 곧 "시간의 계시적(繼時的) 일차원성에 대하여"에 대해 논의를 부가한다. 칸트는 변화와 운동의 개념은 시간표상에서만 가능하다. 동일한 대상에 대해 시간표상 선험적 직관으로만 변화의 개념이 술어로 결합할 수 있다. 그래서 우리 안에 있는 시간개념만이 선험적 종합적 인식의 가능성을 설명해 주고 있다.

① 시간표상에서만 가능한 변화와 운동의 개념
나는 변화의 개념 및 이와 더불어 운동의 개념이 시간표상에 의해서만, 그리고 시간표상에서만 가능하다는 것을 부가하고자 한다.
② 대상에 대해 시간표상 선험적 직관으로만 변화의 개념 결합
가령 시간표상 선험적 직관이 아니라면, 어떠한 개념도 그것이 변화의 개념, 즉 모순대상 관계를 이루는 술어를 동일한 대상에서 결합시킬 수 있는 가능성 - 예컨대, 한 장소에 어떤 것이 있다는 것과 그 장소에 바

로 그 사물이 없다는 것 - 을 이해시킬 수는 없다. 시간에서만 모순대상 관계를 이루는 두 개의 규정이 하나의 사물에서, 즉 계시적으로 존재하는 것은 가능하다.
③ 시간개념 : 선험적 종합적 인식의 가능성을 설명
우리의 시간개념은 매우 유익한 일반역할이 제공하는 바의 선험적인 종합적 인식의 가능성을 설명해 준다.(칸트, 『순수이성비판』, 71-72)

[보충] 시간의 신 : 크로노스
　시간에서 어떤 변화가 나온다. 그리스 신화에 의하면, 시간이 크로노스인데, 우라노스(하늘)의 아들이다. 성경 창세기 1장 5절에서 '하늘'은 '궁창'으로 묘사될 수 있는데, 이것을 '공간'의 창조라고 해석할 수도 있다. '시간'의 창조와 관련해서는 1장 16절에 두 큰 광명을 만들어 "계절과 날과 해"를 주관하게 하는데, 이것을 '시간'의 창조로 해석하는 사람도 있다. 혹은 그 이전에 "첫째 날, 둘째 날… 등"으로 이어지는 것을 '시간'의 창조로 해석하기도 한다. 이 시간과 공간 위에서 창조가 이루어졌다고 말하고 있는 것이다.
　한편, 그리스 신화에서 이 '크로노스(시간)'은 창조자 중 하나이다. 이 시간이 흘러가면서 모든 씨앗들이 자라나며 꽃피어나는 것이다. 마치 시간이 어떤 사물에 양분을 주는 것과 같다. 시간에 의해서 변화와 운동이 일어난다. 그래서 크로노스의 시간을 창조의 구성원 중 하나라고 말한다.

다. 본질 1 : 물자체에 부속된 성질로서의 시간
　칸트에 의하면, 시간은 그 자체로 존재하는 것이 아니다. 그렇다고 사물에 부속하여 있는 것도 아니다. 이 시간은 사물을 직관할 때 주관적 조건을 제거하면 사라진다. 시간은 현실의 대상이 없어도 존재한다. 그러나, 시간은 물자체에 부속된 성질이기 때문에 대상에 앞서 존재할 수는 없다. 즉 주관(어떤 판단하는 정신)이 사물을 직관할 때 존재한다. 시간은 우리 속에 일체의 직관을 가능케 하는 주관적 조건이다.

칸트 철학

① 그 자체로 존재하지 않으며, 사물의 성질도 아닌 시간
(a) 시간은 그 자체로 존재하는 어떤 것이 아니며, 사물에 객관적인 성질로서 부속하여 있는 어떤 것도 아니다.
② 사물을 직관할 때 주관적 조건을 제거하면 사라짐
따라서 우리가 사물을 직관하는 경우의 모든 주관적 조건을 제거하더라도 남는 어떤 것이 아니다.
③ 현실의 대상이 없어도 존재
왜냐하면, 첫 번째 경우 시간은 현실의 대상이 없어도 현실적으로 존재하는 어떤 것이 된다.
④ 물자체에 부속된 성질로서 대상에 앞서 존재할 수 없음
그러나 두 번째의 경우에는 시간은 물 자체에 부속된 성질 또는 질서이기 때문에 대상을 성립시키는 조건으로서 대상에 앞서 존재할 수 없으며, 또한 종합적 명제에 의해 선험적으로 인식되거나 직관 될 수도 없다.
⑤ 시간이 우리 속에 일체의 직관을 가능케 하는 주관적 조건
이에 반하여, 만일 시간이 우리 속에 일체의 직관을 가능케 하는 주관적 조건에 지나지 않는다면 이런 일은 충분히 성립될 수 있다. 그러한 경우 시간이라는 내적 직관의 형식은 대상에 앞서며, 따라서 선험적으로 표상될 수 있다.(칸트, 『순수이성비판』, 72)

[사견] 물자체의 부속물로서의 시간
칸트의 위의 언급들에 의하면, 시간은 물 자체 혹은 존재자에게 부속하여 있다. 이것을 신학자의 관점에서 재해석 할 수 있다. 칸트의 물 자체는 기독교의 존재자 혹은 신을 말한다. 특히 여호와의 이름의 의미가 존재자라는 의미이다.
이 존재자는 대상들을 있게 할 때, 시간을 발산하면서 대상들을 있게 한다. 그리고 이 존재자의 정신을 이어받은 우리 인생들이 사물을 인식할 때 시간을 발산하면서 인식한다. 이렇게 만물은 정신에 의해 서 있는 것이다.

2장 선험적 감성론

절대자의 정신이 발산하는 것은 시간이며, 이 시간 안에 만물이 서있다.
 버클리는 정신이 모든 만물을 붙들고 있다고 말하는데, 이때 이 정신은 신의 정신이었다. 신의 관조가 모든 만물을 붙들고 있다는 것이다. 그리고 그것의 내용물은 시간인 것이다. 시간은 물자체의 부속물이며, 정신에서 발산된다. 그리고 우리 인간의 정신도 이 시간을 발산한다.

라. 본질 2 : 시간은 내적 감각기관의 형식

우리가 어떤 대상을 바라볼 때 표상이 일어나는데, 이 표상은 어떤 시간 위에 순차적으로 나타난다. 그래서 칸트는 시간 자체의 표상이 곧 직관이라고 한다. 우리가 어떤 사물을 바라볼 때, 그것이 우리 심상 안에 이미지로 표상이 되는데, 그 이면이 시간이라는 것이다. 시간이 곧 정신의 관조일 수 있다.

① 내적 감각기관의 형식으로서의 시간
(b) 시간은 내적 감각기관의 형식에 불과하다. 왜냐하면, 시간은 외적 현상의 어떠한 성질도 아니기 때문이다. 시간은 형태나 위치에 속하지 않으며, 오히려 우리의 내적 상태에서의 표상관계를 규정한다.
② 시간의 1차원적 직선 위에 표상
이 내적 직관은 어떠한 형태도 주지 않으므로, 그 결함을 유추에 의해 보충하고자 한다. 다시 말해, 우리는 시간의 계속을 무한히 진행하는 하나의 직선에 의해 표상한다. 이 선에서는, 다양한 것이 1차원에 의해서만 존재하는 하나의 계열을 구성한다. 그리고 우리는 이 선의 성질로부터 시간의 모든 성질을 추론한다. 단지 선의 부분은 동시적이지만 시간의 부분은 언제나 계시적이라는 사실만이 다르다.
③ 시간 자체의 표상은 직관
이러한 사실에서 시간 자체의 표상은 직관이라는 것이 명백해진다. 왜냐하면, 모든 시간관계는 외적 직관에 의해 표현되기 때문이다.(칸트,『순수이성비판』, 72-73)

마. 본질 3 : 시간은 모든 현상일반의 선험적인 형식적 조건

시간은 모든 현상일반의 선험적인 형식적 조건이다. 그래서 시간이 존재하지 않으면 현상을 해낼 수 없다. 오히려 공간이라는 외적직관도 이 내적 직관 위에 서있다. 감관의 모든 대상은 시간관계 안에서 존립한다. 정신이 무엇을 표상할 때, 시간을 발산하면서 그 안에서 표상행위를 한다. 시간 속에 정신의 그 무엇인가가 내재해 있다.

① 시간은 모든 현상일반의 선험적인 형식적 조건
(c) 시간은 모든 현상일반의 선험적인 형식적 조건이다. 그러나 공간은 모든 외적직관의 순수형식이므로, 선험적 조건으로서는 외적 현상에만 한정된다.
② 표상은 내적 상태
이에 반하여 일체의 표상은 외계의 사물을 대상으로 하든지 않든지에 관계없이 그 자체로써 심성을 규정하므로 내적 상태에 속한다.
③ 시간에 속한 내적상태
이 내적 상태는 내적 직관의 형식적 조건, 따라서 시간에 속하는 것이기 때문에 시간은 모든 현상 일반의 선험적 규정으로, 이는 내적인 - 우리 영혼의 - 직접적 규정이요, 이로 말미암아 간접적으로는 외적 현상의 직접적 조건이 된다.
④ 감관의 모든 대상은 시간관계 안에 존립
만일 "모든 외적 현상은 공간 안에 있으며 공간의 관계에 따라 선험적으로 규정되어 있다"고 할 수 있다면, 나는 내적 감관의 원리에 의거하여 보편적으로 "모든 현상일반, 곧 감관의 모든 대상은 시간 안에 있으며, 필연적으로 시간관계 안에 존립한다"고 말할 수 있다.(칸트, 『순수이성비판』, 73)

바. 주관을 떠나서는 무(無), 그러나 경험적으로는 실재인 시간

2장 선험적 감성론

칸트에 의하면, 시간은 주관(인식주체, 정신)을 통해서만 존재한다. 주관을 떠나면 시간은 무이다. 그럼에도 불구하고, 일체의 현상, 따라서 경험에서 우리에게 나타나는 일체의 사물에 대해 시간은 필연적으로 객관적이다.

① 주관을 떠나서는 무(無)인 시간
만일 우리가 우리 자신을 내적으로 직관하는 '우리의 방식' 및 내적직관을 매개로 하여 표상력에서 모든 외적 직관도 파악하려고 하는 우리의 방식을 제거하고, 따라서 그 대상을 그 자체로 파악한다면 시간이란 무(無)이다. 시간이란 오로지 현상에 대해서만 객관적으로 인정되는 것에 지나지 않는다. 왜냐하면, 현상이란 본래 "우리가 우리 감관의 대상"으로서 상정하는 사물이기 때문이다. 그러나 우리의 직관이 가지는 감성, 우리에게 고유한 표상방식이 제거되고 '사물일반'이 문제되는 경우에는 시간은 이미 객관적인 것이 아니다. 따라서 시간은 전적으로 우리(인간) 직관의 주관적 조건이다. 그리고 주관을 떠나 그 자체로는 무이다.

② 시간의 경험적 실재성
그럼에도 불구하고, 일체의 현상, 따라서 경험에서 우리에게 나타나는 일체의 사물에 대해 시간은 필연적으로 객관적이다. 우리는 "모든 사물은 시간 안에 있다"고 말할 수는 없다. 왜냐하면, 사물일반의 개념에 사물을 직관하는 모든 방식은 제거되어 있으나, 이 직관이야말로 시간이 대상의 표상에 속하기 위한 본래의 조건이기 때문이다.
만일 조건이 개념에 부가되어 "모든 사물은 현상으로서 시간 안에 있다"고 말한다면, 이 원칙은 충분한 객관적 타당성과 선험적 보편성을 가지게 된다. 그러므로 우리 주장은 우리의 감관에 주어지는 일체의 대상에 대하여 "시간의 경험적 실재성". 다시 말하면 객관적 타당성을 지닌다는 것을 가르쳐 준다. 그리고 우리의 직관은 언제나 감성적이므로, 시간의 제약을 받지 않는 대상은 경험에서는 결코 우리에게 주어지지 않는다. 우리는 절대적 실재성, 다시 말해 시간이 우리의 감성적 직관의 형식과는 상관없이 단적으로 사물에 대하여 그 조건 또는 성질로서 부속되어 있는 그러한 절대적 실재성에 대한 일체의 요구를 시간에 대하여 거부한다. 물자체에 귀속되어야 할 이러한 성질은 감관에 의해서는 결코 우리에게 주어지지 않는다. 그러므로 이러한 점에 시간의 선험적 관념성이 있으며, 이것에 의해 우리가 감성적 직관의 주관적 조건을 제거하는 한 시간은 전적으로 무이고, 대상 그 자체에는 실체로서나 속성으로서나 귀속시킬 수 없다. 이 관념성은 마치 공간의 관념성이 그러하지 않았던 것처럼 감각과 맞바꾸어 동일시하여서는 안 된다. 왜냐하면, 감각의 경우 이들 감각적 술어가 부속하여 있는 현상 그 자체에 대하여 객관적 실재성을 지닐 것이 전제되어 있기 때문이다.

③ 주관에 의해서만 객관적 실재성을 갖는 시간과 공간

공간이나 시간의 경우, 이러한 객관적 실재성은 그것이 단지 경험적인 경우가 아니면, 다시 말해, 대상 자체를 다만 현상으로서 보는 경우가 아니면 전적으로 소멸되어 버린다.(칸트, 『순수이성비판』, 73-74)

4. 선험적 감성론의 일반적 주해

가. 감성적 인식일반의 근본성질 : 주관이 구성한 현상의 세계

칸트에 의하면, 우리에게 우선 필요한 것은 감성적 인식일반의 근본성질을 명료하게 하는 것이다고 말한다. 우리의 직관은 어떤 사물의 현상에 대한 표상이다. 이때 현상은 무엇인가? 사물 그 자체가 모두 나타난 것이 아니라, 우리 방식대로 구성되어 나타난 사물이다. 즉, 어떻게 보면 우리 주관(정신적 인식주체)의 방식대로 재구성한 것이다. 예컨대, 이 세계의 원래 모습, 즉 물자체는 알 수 없다. 다만, 우리가 그것을 이렇게 규정했으며, 그렇게 나타났을 뿐이다. 이때 우리 주관은 시간과 공간의 틀 안에서, 여기에 의미를 부여하면서 이것을 구성하였다. 그래서 우리 주관이 사라지면, 시간과 공간도 사라지고, 이 모든 현상도 사라져 버린다. 현상으로서의 세계가 사라져 버리는데, 그렇다고 물자체가 사라지는 것은 아니다.

2장 선험적 감성론

① 감성적 인식일반의 근본성질
우선 필요한 것은 우리의 견해에 대한 모든 오해를 막기 위해 감성적 인식일반의 근본성질에 대하여 우리 견해가 어떠한 관점을 가지는가를 가능한 명료하게 설명하는 일이다. 우리가 언급하고자 하는 것은 다음의 사실들이다.
② 현상에 대한 표상으로서의 직관
모든 직관은 현상에 대한 표상에 지나지 않는다는 사실,
③ 현상과 사물 그 자체는 다름
우리가 직관하는 사물 그 자체로서는 우리가 직관하는 그대로의 것이 아니며 이들 사물의 관계도 그 자체로 우리에게 현상되는 그대로의 성질을 갖는 것이 아니라는 사실,
④ 우리 안에서만 존재할 수 있는 현상
그리고 만일 우리가 우리의 주관을, 또는 감관일반의 주관적 성질만이라도 제거한다면, 공간과 시간에서의 대상의 모든 성질, 모든 관계는, 아니 공간과 시간까지도 소멸해 버릴 것이며, 그들은 현상에 불과하므로 그 자체로는 존재할 수 없고 오로지 우리 안에서만 존재할 수 있을 뿐이라는 사실들이다.
⑤ 대상 자체는 알 수 없고, 대상을 지각하는 독특한 방식만 이해
우리 감성의 이러한 수용성으로부터 완전히 이탈하여 대상이 그 자체로서는 어떠한 상태에 있는가 하는 점은 전혀 알 수 없다. 우리가 알 수 있는 것은 대상을 지각하는 우리의 독특한 방식뿐이다. 그것은 개개인이 예외 없이 가지고 있기는 하나, 존재자 각자에게도 필연적인 것은 아니다. (칸트, 『순수이성비판』, 78-79)

나. [보충] "주관이 사라지면 현상도 사라진다"의 의미
칸트는 현상의 세계와 물자체를 구분하고 있다. 이 세계는 현상의 세계인데, 이것을 마치 우리 주관이 구성해 낸 것처럼 말한다. 그래서 "주관이 사라지면 현상도 사라진다"고 한다. 이때 현상은 현상의 세계라고 해도 좋을

것 같다. 이때 현상의 세계를 현재 상태의 세계라고 말하는 것이 좋을 것 같다. 이에 대한 일반적인 정리(챗GPT)는 다음과 같다.

① 현상은 "주관적 조건"에 의존한다.
칸트에게 현상은 "사물 자체"가 아니라 우리의 인식 구조(주관적 조건)를 통해서만 성립한다.
우리의 심성 가운데 존재하는 감성의 형식은 시간과 공간으로 배열하는 능력인데, 모든 대상은 시간과 공간 속에서 나타난다. 그리고 우리 안에 있는 지성은 이것을 인과성, 실체성, 가능성 등의 범주를 적용해서 나타난 것을 이해할 수 있도록 구성한다. 따라서 우리가 "보는 세계"는 단순히 외부 사물이 그대로 들어온 게 아니라, 우리의 주관적 인식 형식이 결합된 산물이다.

② "주관이 제거되면 현상도 제거된다"의 의미
이 말은 칸트의 '선험적 관념론'을 표현하는 것이다: 현상은 인간의 인식 능력(주관) 없이는 성립하지 않는다. 즉, 주관적 조건(시간·공간·범주)을 제거하면, "사물이 우리에게 나타나는 방식" 자체가 사라진다. 남는 것은 오직 물자체일 뿐인데, 그것은 우리가 결코 알 수 없다.

③ 예시
현상적 세계는 "사과가 빨갛다, 무겁다, 떨어진다"는 것은 모두 시간·공간·인과성 속에서 인식된 현상이다. 만약 인간 주관의 시간·공간·인과성 형식이 사라진다면, 사과의 '빨갛다' '무겁다' '떨어진다'라는 모습도 사라진다. 그러면 "사과가 있다"는 현상적 진술 자체가 성립하지 않고, 단지 알 수 없는 '무언가(물자체)'만 남게 된다.

④ 의미 요약
"주관이 제거되면 현상도 제거 된다"는 현상은 세계 그 자체가 아니라, 인간 인식 구조가 작동한 결과라는 뜻이다. 따라서 현상은 객관적 실재가 아니라, 주관적 조건과 분리 불가능한 경험적 실재이다. 이 때문에 칸트는 "우리는 사물을 있는 그대로가 아니라, 우리에게 나타나는 대로

만 안다"고 강조한다.(챗GPT, 주관이 사라지면 현상도 사라진다, 2025.9.13.)

만일 이 세계 속에서 인생이라는 정신적인 존재가 사라진다면, 이 현상세계는 물체 덩어리만 덩그러니 남은 채 모두 사라질 것이다. 따라서 현상세계로서의 이 세계는 주관(정신적인 존재로서의 인간)에 의해 존재하는 것이다.

다. 공간과 시간의 성질이 반영된 학문 "수학"

칸트는 선험적 감성론을 통하여 "수학의 가능성"을 설명한다. 먼저, "기하학이 우리에게 성립되는 이유는 공간에 대한 선험성으로 말미암았다"고 말한다. 그리고 만일 그것이 선험적 종합명제라면 그것은 하나의 학문이라고 말할 수 있다. 특히 기하학은 공간에 대한 선험적 종합명제이다. 그 내용은 다음과 같다.

① 공간과 시간이 객관적이며, 물자체의 가능 조건일 경우
먼저 공간과 시간이 그 자체로서 객관적이며, 물자체의 가능한 조건이라고 가정해 보자.
② 공간과 시간에서 출현하는 선험적 종합명제들
그렇게 되면, 우선 이들 양자에 대하여 선험적으로 필연적이고 종합적인 명제가 다수 생기는데, 특히 공간에서 더욱 그러하다.
③ 공간에서 출현하는 선험적 종합명제로서의 기하학
여기서는 공간을 예로 들어 고찰해 보고자 한다. 기하학의 명제는 선험적·종합적인 것으로 필연적 확실성을 가지고 인식되므로 다음과 같이 묻는다. '여러분은 어디에서 이러한 명제를 얻는가? 또 이와 같이 단적으로 필연적인, 그리고 보편적으로 타당한 진리에 도달하기 위해 우리의 오성은 무엇에 의거해야만 하는가?' 그것은 개념에 의하거나 또는 직관에 의하거나 둘 중 하나이다. 그러나 이 양자는 모두 선험적으로 주어

지거나 후천적으로 주어지는 것으로서 존재한다.…

④ 직관으로 이해하는 기하학

여러분은 언제나 기하학이 언제나 행하고 있는 바와 같이 직관을 원용할 수밖에 없다는 것을 알게 될 것이다. 따라서 여러분은 하나의 대상을 직관에서 보게 될 것이다. 그러면 이 직관은 어떠한 종류의 것인가? 그것은 선험적 순수직관인가, 혹은 경험적 직관인가? 만일, 후자라면 보편적으로 타당한 명제는 거기서부터는 결코 나타나지 않을 것이다. 왜냐하면, 경험은 결코 이러한 명제를 제공하지 않을 것이기 때문이다. 따라서 여러분은 여러분의 대상을 선험적으로 직관하고 이 대상에 여러분의 종합적 명제의 기초를 세우지 않으면 안 된다.…"(칸트, 『순수이성비판』, 82-83)

한편, 칸트는 다른 곳에서 산수의 선험적 종합명제로서의 성질을 말한다.

라. [보충] '시간'에서 출현한 산수

"시간에서 산수가 출현하였다"는 말은 칸트의 『순수이성비판』 초월적 미학과 산수학·기하학의 선험적 기초 논의와 밀접하게 연결된다. 이에 대한 일반적인 정리(챗GPT)는 다음과 같다.

① 칸트의 전제: 수학은 선험적 종합판단이다.

칸트는 "수학 명제는 단순히 분석적(개념만 풀어내는)" 것도 아니고, "경험적(실험으로만 확인되는)" 것도 아니라고 말한다. "선험적 종합판단"이라고 규정한다. 경험 이전에 성립하지만, 단순 개념이 아니라 새로운 종합적 지식을 제공한다는 것이다. 예를 들어, "7 + 5 = 12"에서 "12"는 "7"과 "5"의 개념 속에 이미 들어있지 않는다. 그러나 경험이 아니라 직관 속에서 선험적으로 알 수 있다.

② 수학의 토대 : 직관 형식으로서의 시간과 공간

기하학은 공간이라는 선험적 직관 형식에 근거한다. 산수학은 시간이라는 선험적 직관 형식에 근거한다. 왜냐면 수의 나열, 더하기·곱하기 같은 "연속적 생성과정"은 순전히 시간적 직관을 통해 가능하기 때문이다.
③ 시간에서 산수가 출현한다는 것
칸트의 주장을 풀어쓰면, 수(數)를 세고 더하는 과정은 '순차적 계열'을 필요로 한다. 예컨대, "1, 2, 3, 4 …"라고 할 때, 우리는 이전 수에 다음 수를 순서대로 더해가며 직관한다. 이 순서성, 계열성은 시간의 연속성에서 나온 것이다. 따라서 산수학은 '시간적 직관'을 토대로 출현한 순수한 학문이라는 것이다.
④ 예시: 7 + 5 = 12
'7'과 '5'의 개념만 분석하면 "12"는 결코 나오지 않는다. 우리는 "7에 단위 하나씩 5개를 더해가는 과정"을 시간적으로 직관 속에서 구성한다. 즉, 시간이라는 형식을 통해 7과 5를 "순차적으로 합쳐서" 12라는 새로운 수를 산출하는 것이다. 이것이 칸트가 말하는 산수가 시간에서 출현한다는 의미이다.(챗GPT, 시간에서 산수가 출현한다, 2025.9.13.)

산수학은 단순히 머릿속 기호 조작이 아니라, 시간이라는 순수 직관 형식 덕분에 가능하다. 그래서 칸트는 "산수는 시간에서, 기하학은 공간에서 나온다"라고 정리한다. 이 말은 수학이 경험에 의존하지 않으면서도 확실한 지식을 제공할 수 있는 이유를 설명하는 근거가 된다. "시간에서 산수가 출현한다"는 말은 수의 생성과 계산이 시간적 직관(순차적 계열성)에 의존한다는 칸트의 인식론적 입장을 뜻한다.

3장 선험적 분석론

1. 인식의 두 근원, 감성과 오성

가. 칸트의 '표상'에 대한 이해

우리가 어떤 대상(사물)을 바라보면, 그 사물이 우리 안에 인상을 통해 우리 마음에 주어진다. 이때 우리는 이것을 다시 내 안에 심상으로 표현해 내는데, 그것을 표상이라고 한다. 그런데, 이때 이 표상은 외부에서 받은 인상만 있는 것이 아니라, 그것을 떠올릴 때 개념도 함께 그 안에서 표상된다. 따라서 우리에게 나타난 표상은 인상과 개념으로 구성되어 있다. 이것이 흄이 말하는 인식구조이다. 흄은 우리의 인식을 "인상(Impression)과 관념(Idea)"으로 구성된다고 하였다.

이에 대해 칸트는 표상(Vorstellung)은 의식 속에 대상이 나타나는 모든 방식을 뜻한다. 그래서 표상은 여러 층위를 가진다. 결국 칸트의 표상은 "감각+직관+개념+판단"으로 구성된다. 우리 안에 떠오른 표상 속에는 이 모두가 다 존재한다.

(a) 감각(Empfindung): 외부 자극이 의식에 주는 인상.
(b) 직관(Anschauung): 감각이 시간·공간 형식 속에서 배열된 것.
(c) 개념(Begriff): 직관들을 종합·통일하여 사고하는 것.
(d) 판단/추론: 개념들을 연결하여 더 높은 차원의 인식 형성.

즉, 인식은 단순히 인상에 개념을 붙이는 게 아니라, 시간·공간이라는 형식과 범주를 통해 구성되는 것이다.

나. "인식의 두 근원"에 대한 개략

칸트에 따르면, 우리의 인식은 두 가지 근원에 의존한다. 그것은 감성과 지성이다. 여기에서 감성의 주된 기능은 외부 대상으로부터 인상(직관)을 수용하는 것이다. 이것이 또한 우리 안에서 심상에 떠올라 표상이 되는데, 이때 지성(오성)이 이 인상에 개념을 삽입하여 표상한다. 이에 대한 일반적인 정리(챗GPT)는 다음과 같다.

① 감성(Sinnlichkeit, 감각성)
감성이란 사물이 우리에게 주어지는 방식이다. 우리는 외부로부터 자료(직관)를 받아들인다. 그 받아들이는 형식은 "시간과 공간"이라는 형식이다. 이 감성은 수동적 능력으로서 '받아들인다(Gebenlassen)'라는 성격을 지니고 있다.

② 지성(Verstand, 오성)
사물이 우리에게 사고되는 방식이 지성 혹은 오성이다. 감성을 통해 주어진 자료를 개념과 범주로 종합하여 생각한다. 이것은 능동적 능력으로서 판단하고 통일하는 힘이다.

③ '직관'과 '개념'의 구분
감성이 제공하는 것은 직관(Intuition)이다. 시간·공간 속에서 "이것"이라고 주어지는 대상이다. 그리고 지성이 제공하는 것은 개념인데, "무엇인가"라고 사고하게 해주는 범주이다.
칸트는 "생각 없는 직관은 공허하고, 직관 없는 생각은 맹목적이다"고 말한다. 즉, 두 근원은 서로 결합되어야만 '인식'이 성립한다.
우리가 '나무'를 본다고 할 때, 감성은 시각적 직관 속에서 녹색·형태·크기 등을 준다. 지성은 그것을 '나무'라는 개념으로 파악하고, 인과성·실체성 같은 범주로 질서화 한다. 감성만 있으면 그냥 "색채와 형태의 집합"일 뿐이고, 지성만 있으면 "추상적 개념놀이"일 뿐이다. 이 양자가 결합하여야 한다. 둘이 결합할 때 비로소 우리는 "저기에 나무가 있다"는 인식을 얻게 된다.

④ 철학적 의미
칸트는 전통 철학(특히 합리론 vs 경험론)을 조정하려고 한다. 경험론에서는 모든 인식은 감각에서 시작한다.(로크, 흄) 합리론은 참된 인식은

이성·개념에서 나온다.(데카르트, 라이프니츠) 칸트는 모든 인식은 감성에서 시작하지만, 감성만으로 충분하지 않고 지성의 종합을 필요로 한다. 그래서 칸트 철학은 흔히 "비판적 조정" 또는 "초월론적 관념론"이라고 불린다.

⑤ 요약

인식의 두 근원은 "감성(직관: 시간·공간) + 지성(개념: 범주)"이다. 감성은 자료를 제공하고, 지성은 이것을 종합한다. 둘이 결합해야만 "객관적 인식"이 성립 된다. 이 조합이 칸트 철학 전체를 떠받치는 기본 구조이다.(챗GPT, 인식의 두 근원, 2025.9.13.)

다. 인식의 두 근원

논리학은 결국 인식론인데, 우리의 인식은 "감성과 오성(혹은 지성)"의 두 근원에서 발생한다. 우리의 인식이 형성하는 절차에 대해 칸트는 다음과 같이 말하면서, 감성의 일반규칙의 학으로서의 감성론과 오성규칙일반의 학으로서의 논리학을 구별한다.

① 인식 : 감성(인상, 직관) + 오성(대상인식과 개념구성)
우리 인식은 마음의 두 근원에서 발생한다. 그 첫째 근원은 표상을 받아들이는 능력(인상에 대한 감성)이며, 둘째 근원은 이러한 표상을 통하여 대상을 인식하는 능력과 개념을 구성하는 자발성이다.
② 인상에 의해 대상이 주어지고, 마음이 사유
전자에 의해 우리에게 대상이 주어지며, 후자에 의해 대상이 이러한 표상(마음의 단순한 규정으로서)과의 관계에서 사유된다. …
③ 감성(표상 받아들이는 감수성)과 오성(인식을 삽입하여 표상산출)
우리의 마음이 어떤 방식으로 유발될 때 표상을 받아들이는 감수성을 '감성'이라고 한다면, 이에 대하여 표상을 스스로 산출하는 능력, 곧 인식의 자발성을 오성(혹은 지성)이라고 한다.
④ 직관(감성적 직관)과 사유의 상호의존성

직관이 감성적 직관 이외의 것일 수 없음은…우리의 자연적 본성의 필연적 방식이다. 이에 반하여 감성적 대상을 '사유하는 능력'은 오성이다. 이 두 성질은 그 어느 하나가 우월하다고 할 수 없다. 감성 없이는 우리에게 어떠한 대상도 주어지지 않고, 오성 없이는 어떠한 대상도 사유되지 않는다. 내용 없는 사상은 공허하며, 개념 없는 직관은 맹목이다.
⑤ 인식의 성립 : 인식의 두 근원
따라서 자기의 개념을 감성화하는 일이 필요함과 동시에 직관을 오성화하는 일, 곧 개념 아래 포섭하는 일도 필요하다. 이러한 두 능력 또는 두 성능은 그 기능을 서로 바꿀 수도 없다. 오성은 아무것도 직관할 수 없고 감관은 아무것도 사유할 수가 없다. 양자가 결합할 때만 인식은 성립된다.…그러한 이유에서 우리는 감성의 일반규칙의 학으로서의 감성론과 오성규칙일반의 학으로서의 논리학을 구별한다.(칸트, 『순수이성비판』, 89-90)

라. [정리] 감성과 오성의 협력

이러한 "감성과 오성(지성)의 협력"으로서의 "인식의 원리"와 "초월적 논리학"의 주제에 대해서 한스 요아힘 슈퇼리히가 정리하는데, 그 내용은 다음과 같다.

고로 인식작용에서는 감성과 지성이 협력한다. 감성 내에서 그 선험적 형식들이 감각들을 정리하는 것과 마찬가지로, 지성은 감성이 제공하는 원료를 더욱 가공한다. 즉 지성은 이 원료를 개념으로 발전시키고 또 개념들을 결합하여 판단을 이루어낸다.
지성의 두 번째 활동, 즉 결합 활동은 주지하다시피 논리학의 대상이며, 우리는 논리학의 창시자인 아리스토텔레스를 다룰 때에 이미 살펴보았다. 아리스토텔레스의 논리학은 그 시대 이후로 크게 변한 것이 없다. 칸트 역시 이 논리학을 본질적인 점에서 답습한다. 하지만, 칸트의 정신을 사로잡은 것은 일반 논리학의 문제, 즉 '올바른 판단이나 결론 등에 도달하려면 개념들을 어떻게 결합해야 하는가?'라는 문제가 아니었다. 칸트에게 중요한 것은, '우리의 지성은 어떻게 해서 개념에 도달하는가?' 다시 말해 '특정한 대상과 결부되고 그 대상과 일치하는 개념들을 우리 지성이 어떻게 해서 형성할 수 있는가?'라는 물음이었다. 그리고, 바로 이것이 칸트가 서술하는 초월적 논리학의 주제이다. (한스 요아힘 슈튈리히, 서양철학사)

2. 개념의 분석론

가. 개념의 분석론 : 오성능력 분석을 통한 선험적 개념 가능성 고찰

칸트는 이제 "오성능력 자체의 분석"을 통하여서 "선험적 개념의 가능성"을 고찰하려고 한다. 칸트는 오성에 대하여 전적으로 탐구하며, 오성의 순수한 사용을 분석함을 통해서 이것을 고찰하려고 한다. 이에 대해 칸트는 다음과 같이 말하고 있다.

① 일반적 개념의 분석론 : 주어진 개념들을 분석하는 것
내가 개념의 분석론이라고 하는 것은 주어진 개념들을 그 내용면에서 분석하여 명료하게 하는 개념의 분석, 다시 말해 철학적 연구에서 보통 행하고 있는 방법을 의미하지 않는다.
② 칸트의 개념 분석론 : 오성능력 자체 분석
그것은 아직 거의 시도된 적이 없는 '오성능력 자체의 분석'을 의미하며, 그럼으로써 선험적 개념의 가능성을 고찰하려고 한다.
③ 오성에 존재하는 선험적 개념 가능성고찰
그 방법은 선험적 개념의 가능성을 오성에 대하여 전적으로 탐구하며, 오성의 순수한 사용을 분석한다.
④ 칸트의 철학은 선험적 철학 : 오성에서 나오는 순수개념 추구
사실 이러한 작용 자체가 선험적 철학의 독자적인 임무이다. 그 밖의 일은 철학일반에서의 개념들을 논리적으로 처리하는 일이다. 따라서 순

수개념을 인간 오성에서의 최초의 맹아(萌芽)와 소질에 이르기까지 추구할 것이다.
⑤ 경험을 기회로 전개되는 순수개념
순수개념은 이러한 맹아와 소질의 형태로 이미 존재하고 있으며, 그것이 마침내는 경험을 기회로 하여 전개된다. 이와 같은 오성에 의해 자신에게 부착되어 있는 경험적 조건들로부터 해방되어 자기의 순수한 모습을 나타내는 것이다.(칸트, 『순수이성비판』, 99)

칸트는 경험을 기회로 전개되는 오성에서 나오는 순수개념이 무엇인지를 탐구하려고 한다. 외부 대상이 우리 안에 들어오고, 이것이 우리 심상에 표상될 때 그 안에는 내 심상이 토해내는 개념이 섞인다. 그것이 순수개념인데, 그것이 무엇인지를 알고자 한다는 것이다.

나. 오성 : 개념을 통한 인식능력
칸트에 의하면, 어떤 대상에 대하여 우리의 감성 곧 직관에 의해 촉발된 것을 오성의 기능이 이것을 우리 안에 개념으로 산출한다. 개념이란 여러 표상을 공통된 하나의 표상 아래 모아 질서를 주는 작용의 통일성을 말한다. 그리고 이것이 사유이며 개념은 사유의 자발성에 기초를 둔다. 따라서 오성은 "일반적으로 판단하는 능력"이라고 생각할 수 있다. 그리고 만일 우리가 판단에서 통일의 기능을 완전히 제시할 수 있다면, 오성의 모든 기능을 남김없이 찾아 낼 수 있을 것이다. 이에 대해 칸트는 다음과 같이 말한다.

① 오성 : 비감성적인 인식능력으로서 개념을 통한 인식능력
오성은 앞에서 비감성적인 인식능력으로서 다만 소극적으로 설명되었다. 그런데 우리는 감성을 떠나서는 어떠한 직관도 받아들일 수 없으므로 오성은 직관의 능력이 아니다. 직관 외에 다른 인식방법으로는 개념을 통하는 경우가 있을 뿐이다.

② 오성인식 : 개념에 의한 인식이며 추론
최소한 인간의 오성인식은 개념에 의한 인식이며 추론이다.
③ 직관은 감성에 의해, 개념은 기능에 의해 발생
모든 직관은 감성적인 것으로서 촉발에 의해 발생되며, 개념은 기능(Function)에 의해 발생된다.
④ 기능 : 여러 표상을 모아 질서를 주는 작용의 통일성
한편, 내가 기능이라고 말하는 것은, 여러 표상을 공통된 하나의 표상 아래 모아 질서를 주는 작용의 통일성을 말한다. 따라서 개념은 사유의 자발성에 기초를 두며, 이것은 마치 감성적 직관이 인상의 감수성에 기초를 두는 것과 같다.…
⑤ 판단 : 모든 표상들을 통일하는 기능
판단은 모든 표상들을 통일하는 기능이다. 다시 말해, 대상이 인식되려면 직접적인 표상이 아니라 이들과 많은 표상을 상호 포괄하는 보다 고차적인 표상이 사용되며, 많은 가능한 인식이 이것에 의해 하나의 인식으로 총괄된다.
⑥ 오성의 작용 : 판단하고 사유하는 능력
우리는 오성의 작용을 판단에 귀착시킬 수 있으므로 오성은 '일반적'으로 '판단하는 능력'이라고 생각할 수 있다. 왜냐하면 오성은 사유하는 능력이기 때문이다.
⑦ 사유란 개념에 의한 인식
사유란 개념에 의한 인식이며, 개념은 가능한 판단의 술어로서 아직 규정되어 있지 않은 대상에 대한 표상에 관계한다. 그리하여 물체라는 개념은 그 개념에 의해 인식되는 어떤 것, 예컨대 금속을 의미한다. 개념이 개념으로 될 수 있는 이유는 그것에 다른 표상들이 포함되어 있기 때문인데, 이들 표상들에 의해 대상들에 관여할 수 있다. 따라서 물체라는 개념은 가능한 판단, 예를 들면 '금속은 모두 물체이다.'하는 판단에 대한 술어가 된다.
⑧ 판단의 통일기능을 찾아서 오성의 기능 파악

3장 선험적 분석론

만일 우리가 판단에서 통일의 기능을 완전히 제시할 수 있다면 오성의 모든 기능을 남김없이 찾아 낼 수 있다.…(칸트, 『순수이성비판』, 100-101)

칸트에 의하면, 우리는 외부 사물을 직관으로 받아들이면서, 이것을 내 심상에 표상을 할 때, 그곳에 이미 개념부여 작용을 하였다. 즉 받아들인 인상을 분류하고 통일시켜서 개념화 작용을 하여 표상을 한다는 것이다. 우리 안에 오성에는 이러한 분류작용을 하는 범주가 자리잡고 있다. 칸트는 이렇게 하여 우리 안의 범주를 발견한다. 아리스토텔레스는 이 범주를 사물 속에서 발견하였는데, 칸트는 우리 내부에서 그 범주를 발견한 것이다. 외부 세상의 모든 범주와 내 안의 범주가 일치하고 있다.

다. 판단에서 오성의 논리적 기능

칸트는 아리스토텔레스가 발견한 기존의 일반 논리학을 열거한다. 그런데, 이 둘의 차이점은 아리스토텔레스와 일반논리학자들은 이것을 외부세계를 보면서 열거하였고, 이 동일한 것을 칸트는 자신의 내부 오성형식의 범주 기능에서 발견하고자 한다.

① 오성형식에서 발견하는 사유기능 : 4개의 강목과 3개의 계기
판단일반의 모든 내용을 제외하고 오로지 판단에서의 단순한 오성형식 만을 주의해 본다면, 판단에서의 사유기능은 4개의 강목으로 나누어지며, 그 각각이 3개의 계기를 가지고 있음을 알 수 있다. 이것을 다음과 같이 표시할 수 있다.

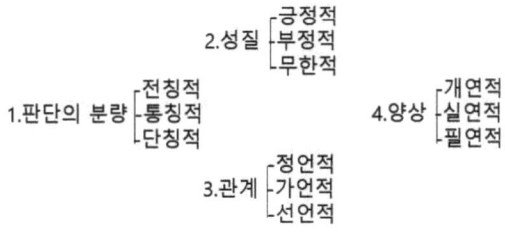

② 일반논리학자들과의 차이

이 분류는 본질적으로는 그렇지 않지만 몇 가지 점에서 논리학자들이 보통 채용하고 있는 방법과는 다르게 보이므로, 오해를 막기 위하여 주의를 해둔다.

(ㄱ) 논리학자들이 삼단논법에서 판단을 사용하는 경우, 단칭판단을 전칭판단과 같이 취급할 수 있다고 주장하는 것은 옳다. …

(ㄴ) 이와 마찬가지로 일반 논리학에서는 무한판단을 긍정판단에 포함시키며, 분류상 특수한 별항을 구성하지 않는다. 하지만 선험적 논리학에서 무한판단은 역시 긍정판단과 구별되어야만 한다. …

(ㄷ) 판단에서 사유의 모든 관계는, (a)주어와 술어와의 관계, (b)이유와 귀결과의 관계, (c)구분된 인식과 구분의 모든 선언지와의 상호 관계등이다. …

(ㄹ) 판단의 양상은 전적으로 판단의 특수한 기능으로서, 어떤 판단의 내용에 기여하는 것이 아니며, 다만 사유일반에 관한 계사(繫辭: Copula, 주어와 술어를 묶어주는 결속사, 'is')의 가치에 관계할 뿐이라는 특이성을 가진다. …(칸트, 『순수이성비판』, 102-105)

라. 순수오성 개념, 즉 범주

칸트는 오성에 있어서의 그 기능을 선험적이라고 말한다. 즉 사물의 표상들을 한데 모아 공통표상의 개념으로 종합할 수 있는 능력은 선험적이라고 하며, 이것을 범주라고 칭한다. 우리 안에 선험적으로 갖추어진 오성의 기능을 순수오성이라고 하며, 이것을 범주라고 칭하고 있는 것이다. 이 발언에는 상당한 의미를 내포하고 있다. 인간 안에는 만물을 인식할 수 있는 기능이 미리 갖추어져 있는 것이다. 마치 만물을 미리 알기나 한 것처럼. 이제는 이 기능에 재료만 제공되면 되면, 개념들이 산출된다. 이것이 우리 안에 존재하는 순수오성개념이며 범주이다. 여기서 "순수오성개념"이란 얘기는 이미 개념이 경험하기 이전에 먼저 우리 안에 존재한다는 것이다.

3장 선험적 분석론

먼저, 칸트는 지금까지의 일반논리학에서 한 걸음 발전된 선험적 논리학을 얘기한다. 일반논리학에서는 "표상이 외부로부터 주어질 것을 기다려 개념으로 바꾼다"고 단순하게 말하는데 비하여(아리스토텔레스의 범주는 여기에 해당), 선험적 논리학에서는 "제공되는 감성의 다양한 것이 선험적으로 주어져 있으며, 이로써 순수오성개념(칸트의 범주)에 질료를 준다"고 말한다. 즉 선험적으로 오성은 그 사물의 표상이 이미 주어져 있었으며, 여기 (순수오성)에 질료가 주어진 것이고, 이제 이 순수오성은 사유작용을 통하여 개념을 산출한다는 의미이다. 순수오성개념이란, 여러 표상을 단순한 종합으로 통일을 주는 기능이다. 그 개념은 어떤 표상을 분석하여 생긴 것이 아니라, 선험적으로 알고 있기 때문에 종합적으로 생성된 것이다. 그 내용은 다음과 같다.

① 일반논리학 : 외부로부터 주어진 것을 개념으로 전환, 분석적
일반논리학에 의하면 인식의 모든 내용을 제외하고(언급하지 않고), 표상이 외부로부터 주어질 것을 기다려 개념으로 바꾼다. 이는 우선 표상을 개념으로 변환시키기 위한 것으로, 그것은 분석적으로 행해진다.

② 선험적 논리학 : 사유의 자발적 종합
이에 반하여 선험적 논리학은 선험적 감성론에 의해 제공되는(공간과 시간에 표상된 것) 감성의 다양한 것이 선험적으로 주어져 있으며, 이로써 순수오성개념(즉 범주)에 질료를 준다. 이 질료 없이는 선험적 논리학은 모든 내용을 상실하므로 완전히 공허하게 된다. 대체로 시간과 공간은 선험적 순수직관의 다양한 것을 포함하고 있으나, 그럼에도 불구하고 우리 심성의 감수성 조건에 속한다. 이 조건에서만 대상의 표상은 감수되며, 따라서 이 조건은 언제나 대상의 개념을 촉발하는 것이라야 한다. 사유의 자발성은 이 당연한 것이 먼저 일정한 방식으로 통관되고 수용되며 결합되어 하나의 인식을 구성할 것이 요구된다. 이러한 '사유' 작용을 나는 종합이라고 한다.

③ 종합 : 다른 표상을 서로 결합하고 하나의 인식으로 파악하는 작용

그러나 여기서 '종합'이라고 하는 것은 가장 일반적인 의미이며, 여러 다른 표상을 서로 결합하고 그 다양함을 하나의 인식으로 파악하는 작용을 뜻한다.

④ 선험적으로 이루어지는 종합
다양함이 경험적이 아니라 선험적으로 주어지는 경우 이러한 종합은 순수이다. 모든 표상의 분석에 앞서 먼저 표상이 주어져 있어야 하며, 어떠한 개념도 내용면에서 보면 분석적으로 생기는 것이 아니다.…

⑤ 종합의 기능을 하는 영혼의 구상력
종합은 일반적으로 우리가 앞으로 볼 수 있는 바와 같이 구상력의 작용이다. 구상력은 영혼의 없어서는 안 될, 그러나 맹목적인 기능이며, 이것 없이는 전혀 인식을 가질 수 없다. 일반적으로 표상된 순수종합은 순수오성개념을 주는 것으로, 여기서 말하는 순수종합이란 선험적인 종합적 통일에 기초를 둔 종합을 의미한다.

⑥ 분석이 아닌, 표상의 순수종합이 선험 논리학
다른 여러 표상은 분석에 의해 하나의 개념 아래 포괄된다. 이에 반하여 표상이 아니라 표상의 순수종합을 개념이 될 수 있도록 하는 것이 선험 논리학이다.

⑦ 순수직관의 다양함→구상력에 의한 종합→표상의 통일
대체로 대상을 선험적으로 인식하기 위하여 전제되어야 하는 것은 '순수직관의 다양함'이다. 그 다음에는 구상력에 의해 이 다양함을 종합한다. 그러나 이것만으로는 인식이 될 수 없다. 이 순수종합에 통일을 주고 또한 전적으로 이 필연·종합적 통일의 표상을 본질로 하는 개념이 주어지는 대상을 인식하기 위한 제3의 요소를 이루고 또한 이것은 오성에 기초를 둔다.

⑧ 순수오성개념 : 여러 표상을 단순한 종합으로 통일을 주는 기능
하나의 판단에서 여러 표상에 통일을 주는 것과 같은 기능이 하나의 직관에서 여러 표상의 단순한 종합으로 통일을 주며, 이 기능은 일반적으로 순수오성개념이라고 한다. 오성은 분석적 통일에 의하여 개념에서 판

단의 논리적 형식을 완성하는데, 바로 이런 작용에 의해 직관일반에서의 다양함을 종합적으로 통일하여 자기의 표상에 선험적 내용을 가져오도록 하는 작용을 한다. 이 작용을 순수오성개념이라고 하며, 이것은 선험적으로 대상에 관계한다."(칸트, 『순수이성비판』, 106-107)

마. 판단에서 오성의 논리적 기능

아리스토텔레스는 개별자(사물)에 대한 가장 최고류에 있는 술어를 범주라고 하였다. 그래서 모든 개별적 존재자는 이 범주를 통해서 묘사된다. 그런데, 이제 칸트는 이 개별자에게 존재하는 범주의 개념을 고스란히 우리 안의 내면적인 오성의 기능으로 편입한다.4) 칸트가 이렇게 할 수 있었던 이유는 사물의 범주를 인식하는 기능이 우리 안에 고스란히 존재한다고 보았기 때문이다.

칸트에 의하면, 우리가 외부로부터 직관에 따라 표상들을 받는다. 그리고 이것을 범주화(Kategorien, 구분)하여 표상을 하는데, 이미 그 안에서 구분(범주화, Categorize)하여 다 이루어졌다. 이 구분 자체가 개념인 것이다. 그런데, 그 구분은 순수한 오성의 작용이다. 무엇을 분석하여 귀납적으로 행한 것이 아니다. 오성이 개념화하여 표상한 것이다. 이미 그 사물에 대한 모든 것이 선험적으로 심상 안에 존재하였던 것이다. 단지 경험으로 깨어났을 뿐이다. 분류는 판단능력에서 체계적으로 산출한 것일 뿐이다. 이것이 선험적 범주의 기능이다.

① 대상일반에 선험적으로 관계하는 순수오성개념5)

---

4) 범주: 존재자에 대한 가장 보편적인 술어(述語). 아리스토텔레스는 무수한 개물(個物)들을 포섭하는 최고 유개념(最高類概念)으로서의 범주를 말한다. 그는 범주로서 실체·분량·성질·관계·장소·시간·위치·능동·수동·소유의 10개를 들고 있다. 칸트(I. Kant)는 인식의 형식(감성과 오성, 직관과 사유)과 질료(質料)를 구별하여 사유의 선천적 형식(순수 오성형식)을 범주라고 하였다. [네이버 지식백과] (교육학용어사전, 1995. 6. 29., 하우동설)

5) "순수 오성 개념"과 "범주"는 사실상 같은 개념을 가리킨다. 다만 강조점이나 맥락에 따라 표현이 달라진다. 순수 오성 개념은 오성(지성)이 경험 이전에 가지고 있는 순수한 개념이다. 경험에서 추출된 것이 아니라, 경험을 가능하게 하는 조

칸트 철학

앞에서 언급한 표(4개의 강목과 3개의 계기)에서 모든 가능한 판단에서의 논리적 기능이 예시된 것과 같은 순수오성개념이 생기게 되며, 이것이 직관된 대상일반에 선험적으로 관계한다. 이러한 개념을 아리스토텔레스를 따라 '범주'라고 하려한다.
② 오성은 순수오성 : 오성이 선험적으로 행한 것이기 때문
이것은 오성이 선험적으로 포함하고 있는 종합에 관해 근원적으로 순수한 개념 전체를 표시한 것으로서, 이것이 있기 때문에 오성은 바로 순수오성일 수 있다. 오성은 이런 순수개념에 의해서만 직관의 다양함에 대하여 무엇인가를 이해할 수 있다. 곧, 직관의 대상을 사유할 수 있다.
③ 분류는 판단능력에서 체계적으로 산출한 것
이 분류는 하나의 공통원리, 다시 말해 판단능력에서 체계적으로 산출한 것으로, 순수개념을 쉽게 찾아내어 단편적으로 구성하는 것이 아니다. 오로지 귀납법에 의해 이들 순수개념의 완전한 열거를 추리한 것으로는 이 열거의 완전성을 확신할 수 없다.…"(칸트, 『순수이성비판』, 107-108)

3. 순수오성개념의 선험적 연역 : 자연법칙의 선재

가. 종합일반의 가능성에 대하여

외부로부터 어떤 표상들이 주어진다. 이 표상들을 우리의 오성은 자발적으로 종합하여 결합을 한다. 이렇게 결합된 것이 표상되는데, 이때 중요한 것이 있다. 그것은 모든 결합에 앞서서 선험적으로 통일성이 있다는 것이다. 우리는 통일을 질적 단일성으로서 보다 높은 데서 구하지 않으면 안 된다. 이것이 선험적으로 우리 안에 먼저 존재한다는 것이다. 이것이 없으면

건으로서 지성 자체에서 나온다. 칸트는 이것을 "선험적 개념"이라고 부르기도 한다. 범주는 아리스토텔레스 이후 전통적으로 사물을 규정하는 기본 개념들을 뜻한다. 칸트는 이 전통 용어를 받아와서, 오성의 선험적 개념들을 "범주"라고 이름 붙인다. 즉, 순수 오성 개념이 구체적으로 배열된 목록이 바로 범주표이다. 범주와 순수오성개념은 모두 내부에 있는 선험적 능력을 지칭한다.

표상들이 하나로 통일되지 않을 것이다.

① 표상에서의 직관의 역할
표상은 다양한 것으로서 직관에 의해 주어지나, 직관은 다만 감성적인 것에 불과하다. 그리고 직관의 형식은 선험적으로 표상능력에 속해 있으나, 그것은 주관이 촉발되는 방식 이외의 어떤 것도 아니다.
② 주어진 표상들의 결합 : 표상력의 자발적 작용으로서 오성
한편, 일반적으로 다양한 것의 결합은 결코 감관에 의해 생기는 것이 아니며, 감성적 직관의 순수형식에 동시에 포함되어 있을 수도 없다. 결합은 표상력의 자발적 작용이기 때문이다. 또한 이 자발성을 감성과 구별하여 오성이라고 해야 할 것이므로 모든 결합은 오성의 작용이며, 이것을 일반적으로 결합이라고 한다.
③ 결합된 것이 표상됨 : 결합은 주관에 의해 수행됨
다시 말해, 우리가 미리 결합한 것이 아니면 어떤 것도 대상 속에 결합된 것으로 표상할 수 없다. 결합은 오성의 자기활동 작용이므로, 모든 표상간 결합이란 대상에 의해서는 주어지지 않으며, 다만 주관 자신에 의해 수행되는 유일한 표상임을 명확하게 하기 위한 것이다.…
④ 결합 : 다양한 것이 종합적으로 통일되는 것
그런데 결합이란 다양이라고 하는 것과 다양의 종합이라고 하는 것 외에, 다양의 통일이라는 것도 수반한다. 따라서 결합이란 다양한 것이 종합적으로 통일된다는 것을 의미한다. 결국 통일이라는 표상은 결합으로부터 생기는 것이 아니며, 그것은 오히려 다양이라는 표상에 부가됨으로써 결합이라는 것을 가능케 한다.
⑤ 모든 결합에 앞서서 선험적으로 있는 통일
모든 결합에 앞서서 선험적으로 있는 이 통일은, 이른바 저 단일성의 범주는 아니다. 왜냐하면, 모든 범주는 판단에서의 논리적 기능에 기초를 두지만, 판단에서는 이미 주어진 개념의 결합, 곧 통일이 고려되어 있기 때문이다. 따라서 범주는 이미 결합을 전제로 하고 있다. 그러므로

우리는 통일을 - 질적 단일성으로서 - 보다 높은 데서 구하지 않으면 안 된다.(칸트, 『순수이성비판』, 120- 122)

나. '통각'의 근원적·종합적 통일 : '나는 생각한다'의 의식
칸트는 외부로부터 나에게 주어진 다양한 표상들을 근원적으로 하나로 종합적 통일을 이루어내는 것을 '통각'이라고 하는데, 이것은 '나는 생각한다'는 인식 속에서 작동한다. 이것은 경험과는 무관한 선험적 통일로서 순수통각이다. 이 통각의 원칙이 인간의식에서 최고원칙이다.

① 순수통각 : '나는 생각한다'는 의식
'나는 생각한다'는 인식이 모든 나의 표상에 수반되어야 한다. 그렇지 않다면 전혀 생각할 수도 없는 것이 표상되기도 하고, 표상이 불가능하게 되거나 무(無)가 되는 것을 의미하기 때문이다. 따라서 직관의 모든 다양은 주관에서 '나는 생각한다'는 의식과 필연적인 관계를 가진다. 그러나 이 표상은 자발성의 작용으로, 감성에 속하는 것으로 볼 수는 없으며, 이를 경험적 통각과 구별하기 위하여 순수통각이라고 한다.
② 근원적 통각 : 통각의 통일이루는 자각의 선험적 통일
또한 나는 이것을 근원적 통각이라고 하고자 한다. 이것은 '나는 생각한다'고 하는 다른 모든 표상에도 수반되어야 하며, 모든 의식에서도 동일한 표상을 산출한다. 나는 또한 선험적 인식이 가능함을 예시하기 위하여 이 통각의 통일을 자각의 선험적 통일이라고 한다.…
③ 양자의 종합을 통해 의식의 동일성을 스스로 표상
따라서 이 관계는 각 표상을 의식하는 것만으로는 성립되지 않고, 하나의 표상에 다른 표상을 부가하여 양자의 종합을 의식함으로써 성립된다. 그러므로 주어진 다양을 하나의 의식에 결합함으로써만 이러한 표상에서 의식의 동일성을 스스로 표상할 수 있다. 바꾸어 말하면, 통각의 분석적 통일을 전제할 때만 가능하다.…
④ 직관을 종합적으로 통일하는 작용의 선험성

따라서 직관의 다양을 종합적으로 통일하는 작용이 선험적으로 주어져 있어서 그것에 의거하여 명확한 사유에 선험적으로 앞서는 통각의 동일성 자체가 성립된다. 그러나 결합은 대상에 있는 것이 아니며, 또한 대상으로부터 지각에 의해 받아들여져 비로소 오성 그 자체는 선험적으로 결합하여 주어진 표상의 다양을 통각의 통일 아래 포섭하는 능력에 불과하다.

⑤ 통각의 원칙이 인간의식에서의 최고원칙

따라서 이 통각의 원칙이야말로 모든 인간의식에서의 최고원칙이라고 할 수 있다.

⑥ 다양한 표상을 하나의 표상으로 구성

우리의 오성은 단지 사유할 수 있을 뿐이며, 직관은 이를 감성 속에서 구해야 한다. 따라서 나는 직관에서 나에게 주어진 다양한 표상에 관하여 동일한 자기를 의식한다. 그러한 표상을 통틀어 나는 나의 표상이라고 하는데, 이들은 하나의 표상을 구성한다. (칸트, 『순수이성비판』, 122-124)

다. 통각의 종합적 통일의 원칙은 모든 오성 사용의 최고원리

지금까지의 이야기를 종합해 보면, 직관을 위한 감성의 최고원칙은 공간과 시간이라는 형식적 조건이다. 직관을 위한 오성의 최고원칙은 통각의 종합적인 통일이다. 즉, 주어진 것의 표상과 통각의 작용을 통해 인식이 이루어진다. 오성은 일반적으로 말하자면, 인식의 능력인데, 그것은 표상을 결합하고 종합하여 의식의 통일 통해 하나로 표상하는 것이다. 그러므로 최초의 오성인식은 통각의 근원적·융합적 통일의 원칙이다. 칸트는 "통각의 종합적 통일의 원칙은 모든 오성 사용의 최고원리이다"고 말한다. 그 내용은 다음과 같다.

① 직관을 위한 감성의 최고원칙 : 공간과 시간이라는 형식적 조건

감성에 대하여 모든 직관을 가능하게 하는 최고 원칙은, 선험적 감성론

에 따른다면 직관의 모든 다양이 공간과 시간이라는 형식적 조건에 속한다는 것이었다.

② 직관을 위한 오성의 최고원칙 : 통각의 종합적인 통일

마찬가지로 모든 직관이 가능하기 위한 오성에 관한 최고 원칙은 직관의 모든 다양이 통각의 근원적이고 종합적인 통일의 조건에 속한다.

③ 주어진 것의 표상 + 통각의 작용

직관의 모든 다양한 표상은 그것이 우리에게 주어진다는 점에서는 전자의 원칙에 따르며, 그것이 하나의 의식에 결합되어야 한다는 면에서는 후자의 원칙에 따른다. 주어진 것의 표상만으로는 '나는 생각한다'고 하는 통각의 작용을 공유하지 못하며, 따라서 하나의 자각으로 통합되지 않으므로, 의식에서 결합되지 않으면 어느 것도 표상 만에 의해서는 생각될 수도, 인식될 수도 없다.

④ 오성 : 표상을 결합하고 종합하여 의식의 통일 통해 하나로 표상

오성은 일반적으로 말한다면 인식의 능력이다. 인식은 주어진 표상이 대상에 관해 명확한 관계를 가짐으로써 성립되지만, 대상이란 주어진 직관의 다양이 결합되어 그 개념을 이룬다. 표상이 결합되기 위해서는 언제나 표상을 종합하는 의식의 통일이 필요하다. 의식의 통일은 그것만이 많은 표상을 하나의 대상에 관여시키는 것, 또한 표상을 객관적으로 인정되는 것으로 하고, 나아가 인식되도록 하며, 오성을 가능케 하는 것까지도 그것에 기초를 둔다.

⑤ 최초의 오성인식 : 통각의 근원적·융합적 통일의 원칙

그러므로 다른 오성사용이 모두 그것에 의거하며, 동시에 감성적 직관의 조건으로부터 완전히 독립한 최초의 오성인식은, 통각의 근원적·융합적 통일의 원칙이다. 한편, 외적·감성적 직관의 단순한 형식인 공간은 아직은 어떠한 인식도 아니다. 공간은 다만 가능한 인식에 대하여 선험적 직관의 다양성을 줄 뿐이다. 그러나 공간에서 선을 인식하기 위해서는 선을 그어야 한다. 다시 말해, 주어진 다양의 이정한 결합을 종합적으로 성취해야만 한다. 그렇게 하면 행위의 통일은 동시에 의식의 통일이며,

3장 선험적 분석론

그에 의해 비로소 대상(일정한 공간)은 인식된다.…(칸트, 『순수이성비판』, 124-125)

라. 통각의 선험적 통일 : 직관의 다양을 객관의 개념으로 결합

통각의 선험적 통일이란 직관에서 주어진 다양을 객관의 개념으로 결합하는 것을 말한다. 이 통일은 객관적이라고 칭한다. 그런데, 의식의 주관적 통일은 직관의 다양이 경험적으로 주어진 것을 말한다. 그래서 그러한 것들을 결합시키는 소재를 제공한다. 이에 반하여 시간에서의 직관의 순수형식은 주어진 다양을 포함하는 직관 일반이기 때문에 의식의 근원적 통일에 종속한다. 통각의 그러한 선험적 통일만이 객관적으로 타당하다.

① 통각의 선험적 통일: 직관에서 주어진 다양을 객관의 개념으로 결합
통각의 선험적 통일이란 직관에서 주어지는 모든 다양을 객관의 개념으로서 결합한다. 그러므로 이 통일은 객관적이라고 칭하며, 의식의 주관적 통일과는 구별될 수밖에 없다. 의식의 주관적 통일은 내적 감관의 규정으로서, 이것에 의해 직관의 다양이 경험적으로 주어진다. 또한 주관적 통일은 그러한 것들을 결합시키는 소재가 된다.
② 의식의 경험적 통일 : 표상의 연상을 통해 현상에 관계
내가 다양을 경험적으로 의식함에서 그것을 동시적으로 의식하는가, 또는 계시적(繼時的)으로 의식하는가 하는 점은 경험적 조건에 의한다. 그러므로 의식의 경험적 통일은 표상의 연상에 의해 현상에 직접 관계하는 것으로서 전적으로 우연적이다.
③ 오성의 선험적 통일만이 객관적으로 타당
이에 반하여 시간에서의 직관의 순수형식은 주어진 다양을 포함하는 직관 일반이기 때문에 의식의 근원적 통일에 종속한다. 그리고 그것은 오로지 직관의 다양이 '나는 생각한다'고 하는 의식에 필연적으로 관계함으로써만 가능하며, 선험적으로 종합의 근저에 있는바 오성의 순수종합에 의한다. 통각의 그러한 선험적 통일만이 객관적으로 타당하다. 통각

의 경험적 통일은 우리가 고찰하고자 하는 것이 아니며, 주어진 구체적 조건 아래 선험적 통일로부터 도출되는 것으로서 단지 주관적 타당성을 갖는데 불과하다.(『순수이성비판』p126)

마. 판단 : 주어진 인식에 통각의 객관적 통일을 주는 방식

그렇다면, "칸트가 말하는 판단"이란 무엇인가? 칸트는 "모든 판단의 논리적 형식의 의미는 판단에 포함된 개념에 통각의 객관적 통일을 주는 데 있다"고 말하며, "판단이란 주어진 인식에 통각의 객관적 통일을 주는 방식이다"고 말한다. 칸트는 다음과 같이 말한다.

논리학자들은 판단이란 두 개념간의 관계를 표상하는 것이라고 한다. 그러나 이 설명은 겨우 정언적 판단에만 합치할 뿐 가언적 판단이나 선언적 판단에는 합치하지 않는다.… 각 판단에서 주어진 인식의 관계를 세밀하게 연구하여… 구별한다면, 판단이란 주어진 인식에 통각의 객관적 통일을 주는 방식에 지나지 않음을 알 수 있다.…(칸트, 『순수이성비판』, 127)

바. 대상일반에 대한 범주의 적용에 대하여

우리 안에 감각을 통해 어떤 직관이 주어졌을 때, 내가 통각행위 곧 생각하는 것에 의지를 품었다고 하자. 이때부터 이 감각에서 나온 직관들에 대해 범주가 적용되기 시작한다. 즉 직관들을 종합하고 통일하기 위해 범주가 작동을 하는 것이다. 즉 대상일반에 대해 범주가 적용되기 시작하는 것이다. 그렇게 해서 통일된 인상으로서의 최종적인 표상이 성립되어 떠오른다. 즉, 우리 안에 있는 순수오성개념 곧 범주는 직관일반의 대상(내 안에 떠오른 상들)에 관계한다. 순수오성개념 곧 범주는 우리의 사고형식 속에 내재해 있다. 이 사고형식이 우리 안에 들어온 여러 가지 상들에 대해 다양한 종합을 이룬다. 이것은 선험적 통각에 의해 이루어진다. 이렇게 해서 직관으로 주어진 현상에 범주가 적용하여 객관적 실재성을 얻는다. 즉 범주가

쏟아내는 형상적 종합인 것이다.

  형상적 종합은 "구상력(構想力)의 선험적 종합"이라고 하는데, 구상력이란 "대상이 현존하지 않더라도" 직관에 대상을 표상할 수 있는 능력을 말한다. 이 구상력은 오성개념에 대응하는 직관을 줄 수 있다. 이 직관을 보면서 범주는 형상적 종합을 해내는 것이다. 이것이 감성에 대한 오성의 최초 적용이다.

① 직관일반의 대상에 관계하는 순수오성개념(범주)
순수오성개념은 단순한 오성에 의해 직관일반의 대상에 관계한다. 직관이 감성적인 것이기만 하면 그것이 우리의 직관이든, 다른 어떤 직관이든 그것은 문제되지 않는다.
② 순수오성개념(사고형식)에 의한 다양한 종합
그렇기 때문에 순수오성개념은 하나의 '사고형식'에 불과하며, 그것만으로는 아직 명확한 대상은 인식되지 않는다. 순수오성개념에 의한 다양의 종합, 다시 말해 다양의 결합은 오로지 통각의 통일에 관계하며, 그것에 의해 오성에 기초를 둔 선험적 인식을 가능케 하는 근거가 된다. 그러므로 선험적일 뿐만 아니라 또한 순수하게 지성적이기도 하다. 그러나 우리에게는 선험적 감성의 직관적인 형식이 근저에 있고, 자발성으로서의 오성은 주어진 표상의 다양에 의하여 통각의 종합적 통일로써 내적 감관을 규정할 수 있다.
③ 직관의 다양을 종합적으로 통일하는 선험적 통각
그리고 감성적 직관의 다양을 선험적으로 통각이 종합적 통일을 이루도록 하는 것을 우리(인간) 직관의 대상이 필연적으로 따라야 할 조건이라고 할 수 있다.
④ 직관으로 주어진 현상에 적용하여 객관적 실재성을 얻는 범주
그리하여 단순한 사고의 형식으로서의 범주가 객관적 실재성을 얻으며, 직관에서 우리에게 다만 현상이기는 하지만, 주어질 수 있는 대상에 대하여 적용된다. 왜냐하면, 우리는 현상에 대해서만 선험적 직관을 가질

수 있기 때문이다.
⑤ 범주가 쏟아내는 형상적 종합
감성적 직관의 다양에 대한 '종합'은 선험적으로 가능하며 또한 필연적인데, 이러한 종합은 형상적 종합이라고 바꾸어 말할 수 있다. 그것과 구별해 직관일반의 다양에 관하여 단순한 범주에 의하여 사유되는 것을 오성적 결합(지성적 종합)이라고 한다. 이 양자는 선험적으로 '종합'을 형성할 뿐만 아니라, 다른 (선험적) 인식을 가능하게 하는 근거가 되므로 선험적이다.
⑥ 형상적 종합 : 구상력의 선험적 종합
형상적 종합은 통각의 근원적이며 종합적 통일에만, 즉 범주에 의해 사유되는 선험적 통일에 관계하는 경우에는 지성적 결합과 구별해 "구상력(構想力)의 선험적 종합"이라고 해야 한다. 구상력이란 "대상이 현존하지 않더라도" 직관에 대상을 표상할 수 있는 능력이다. 그러나 우리의 모든 직관은 감성적이기 때문에 구상력은 주관적 조건으로 하여 감성에 속하는데, 이 주관적 조건 아래서만 구상력은 오성개념에 대응하는 직관을 줄 수 있다.…
⑦ 감성에 대한 오성의 최초 적용
이러한 활동은 감성에 대한 오성의 작용이며, 우리에게 가능한 직관의 대상에 대한 오성의 최초의 적용이다.…
⑧ 내적 감관을 규정하는 것이 오성의 근원적 능력
내적 감관을 규정하는 것이 오성 및 오성의 근원적 능력이며, 이는 직관의 다양을 결합하는 것, 다시 말해 통각에 의거하도록 하는 것이다. 오성은 우리 인간에 대하여는 그 자체로서 직관의 능력이 아니며, 직관이 감성에 주어져있다고 하더라도 이른바 자기 직관의 다양을 결합할 수 있도록 직관을 자기 안에 받아들일 수는 없다.(칸트,『순수이성비판』, 132-134)

사. 범주의 경험적 사용에 대한 선험적 연역 : 자연법칙의 선재

3장 선험적 분석론

칸트는 마치 우리 안의 순수오성개념 혹은 범주에 자연법칙이 선험적으로 그려져 있으며, 이에 따라 자연 대상이 경험적으로 인식된다고 말한다. 그리고 심지어는 이것이 자연을 가능하게까지 한다고 말한다.

① 대상이 범주에 의해 선험적으로 인식되는 이유
이번에는 '우리는 직관에 나타나는' 대상이 범주에 의해,… 대상을 결합하는 법칙에 따라서 선험적으로 인식되는 이유와, 또한 자연법칙을 규명할 뿐만 아니라 자연을 가능하게 할 수 있는 까닭을 설명해야 한다. 왜냐하면, 범주가 이러한 활동을 하지 않는다면 우리의 직관에 우리의 직관에 나타날 수 있는 모든 것이 오성으로부터만 발생되는 선험적인 법칙에 따르지 않을 수 없는 이유가 밝혀지지 않기 때문이다.…
② 선험적 형식과 현상의 다양에 대한 지각의 종합
우리는 공간 및 표상에 의해 외적 및 내적·감성적 직관의 선험적 형식을 가지며, 현상의 다양에 대한 지각의 종합은 항상 이런 형식에 합치해야만 한다. 종합은 그 자체가 이러한 형식에 따라서만 형성되기 때문이다. 그러나 공간 및 시간은 다만 감성적 직관과 그 자체로서, 따라서 직관에서의 다양의 통일이라는 규정을 수반하여 선험적으로 표상된다.
③ 동시에 주어져 있는 종합적 통일
따라서 본래 우리의 외적 또는 내적 다양에서 종합의 통일까지도, 공간 또는 시간에서 규정되어 표상되어야 할 모든 것이 일치해야 하는 결합도, 선험적으로 모든 지각 종합의 조건으로서 본래 직관과 더불어 동시에 주어져 있다.
④ 범주에 따르는 일체의 경험적 종합
이 종합적 통일은 근원적 의식에 주어진 일반 다양의 범주에 따른 결합의 통일이 다만 우리의 지성적 직관에 적용되었을 뿐이므로, 일체의 종합지각까지도 그에 의해 가능한 것으로서 일체의 종합은 범주에 따른다. 한편, 경험이란 지각의 결합에 의한 인식이므로 범주는 경험을 가능하게 하는 조건이며, 따라서 경험의 모든 대상에 대해서도 선험적으로 합당하

다.(칸트, 『순수이성비판』, 138-139)

아. 물의 결빙의 사례를 통한 "범주와 자연법칙의 관계"이해
칸트는 "범주의 경험적 사용에 대한 선험적 연역"을 "물의 결빙"이라는 자연현상을 통해 설명한다. 이렇게 감각으로 들어온 것을 우리 안의 범주를 통해 그것을 이해 혹은 인식했는데, 그것이 곧 자연법칙이더라는 것이다. 즉, 우리의 범주 속에는 이미 자연법칙을 이해하는 능력이 선재해 있었던 것이다. 더 나아가서는 범주 속에는 이미 자연법칙이 선재해 있었던 것이다. 이에 대한 일반적인 정리(챗GPT)는 다음과 같다.

① 감성(직관) 단계
우리가 감각하는 것은 차가운 감각, 투명한 액체의 모습, 시간이 지나면서 고체로 변하는 형태 등이다. 이것들은 공간과 시간 속에서 주어지는 감각 자료일 뿐, 아직 "인식"은 아니다.
② 지성(범주)의 개입
여기에 인과성의 범주가 작용한다. "온도가 0도 이하로 떨어졌기 때문에 물이 얼었다."를 인식한다. 여기서 "결빙"이라는 사건을 원인과 결과의 관계 속에서 이해한다.
그리고 실체성의 범주가 작용한다. "물이라는 동일한 실체가 액체 상태에서 고체 상태로 변했다." 즉, 변화 속에서도 동일한 대상(물)을 유지한다고 파악한다.
또한 양적 범주가 작용하는데, "물의 부피가 늘어났다/밀도가 달라졌다"와 같은 양적 변화로 설명을 한다.
이처럼 범주가 개입하지 않으면, 우리는 그저 "차갑다 → 단단하다"라는 감각의 연속만 가질 뿐, "물이 원인에 따라 상태를 바꿨다"라는 객관적 인식을 얻지 못한다.
③ 통각(나는 생각한다)
"물이 얼었다"는 판단은 내 의식 속에서 통일이 된다. 감각 자료(차가

움, 단단함)를 단순히 나열하는 게 아니라, "물이라는 대상이 원인에 따라 변했다"라는 하나의 인식으로 통일하는 것이다. 이 통일을 가능케 하는 것이 선험적 통각이고, 그 매개가 범주이다.

④ 의미
"물의 결빙" 현상은 단순히 감각의 연속(액체에서 고체로)으로 경험되는 것이 아니라, 범주(인과성, 실체성, 양 등)를 통해서만 "하나의 자연 현상"으로 인식된다. 따라서 범주는 경험적 인식의 조건임이 드러난다.
즉, 물의 결빙 사례를 통해 보면, 감각 자료만으로는 현상을 알 수 없고, 범주의 선험적 적용 덕분에 우리는 그것을 "자연 법칙에 따른 사건"으로 인식할 수 있다는 점이 잘 드러난다.(챗GPT, 물의 결빙사례, 2025.9.14.)

칸트는 이러한 "물의 결빙사례와 범주의 관계"를 말한다. 칸트는 "자연현상의 사상(事象, 사건의 표상)이 (인간)관계의 개념, 곧 인간 안에 내재한 범주의 개념에 따르고 있다"고 말한다. 자연법칙과 인간의 이해가 일치하고 있는 것이다. 인간은 자연의 법칙을 이해하고 있는 것이다. 칸트는 다음과 같이 말한다.

① 물의 결빙에 대한 지각
예를 들면,… 물의 결빙을 지각하는 경우 나는 액체와 고체의 상태를 시간관계상 서로 대립하는 것으로 지각한다.
② 시간 속에서 다양의 종합적 통일을 표상
그러나 '내적 직관'으로서 현상의 근저에 두는 시간에서 나는 필연적으로 다양의 종합적 통일을 표상하며, 이러한 통일이 없었다면 시간관계는 직관 속에 규정된 것으로서 주어질 수는 없다.
③ 범주의 종합적 통일
이러한 종합적 통일은 내가 직관일반의 다양을 결합하는 선험적 조건이지만, 만일 내적 직관의 항구적 형식, 다시 말해 시간을 제외하는 경우

에 그것은 원인이 범주이며, 이 범주를 감성에 적용한다면 나는 이 범주에 의해 발생하는 모든 것을 시간일반에서 그 관계에 따라 규정한다.
④ (인간)관계의 개념에 따르고 있는 이러한 사상(事象) 자체
따라서 이러한 사상(事象)에서의 지각, 또 가능한 지각으로 간주된 사상 자체는 (인간)관계의 개념에 따른다. 그 밖의 경우도 모든 것이 이와 동일하다.(칸트, 『순수이성비판』, 138-139)

자. 범주와 자연법칙 : 범주는 자연에 선험적 법칙을 규정하는 개념
칸트는 "범주란 현상에 따라 모든 현상의 총괄로서 자연에 선험적 법칙을 규정하는 개념이다"고 말한다. 그리고 더 나아가서 "자연의 모든 현상은 그 결합에서는 범주를 따르지 않을 수 없으며, 자연은 자연의 필연적인 합법칙성의 근원적 기초로서 범주에 의존한다"고 까지 말한다.

① 범주는 자연에 선험적 법칙을 규정하는 개념
범주란 현상에 따라 모든 현상의 총괄로서 자연에 선험적 법칙을 규정하는 개념이다. 문제가 되는 것은 이 법칙은 자연으로부터 도출된 것도 아니고 자연을 본보기로 하여 그에 따르는 것 또한 아니므로 자연이 이 법칙에 따라야 하지만, 이것은 어떻게 이해되어야 하는지, 다시 말하면 이 법칙이 자연으로부터 얻어지지 않고 어떻게 자연의 다양한 결합을 선험적으로 규정할 수 있는가, 나는 여기에서 이 어려운 문제를 해결하려고 한다.
② 물자체의 합법칙성
…물자체에 대한 합법칙성은 그것을 인식하는 오성이 없어도 필연적으로 주어진다.
③ 사물에 표상에 지나지 않는 현상은 범주에 의존
현상은 다만 사물의 표상에 지나지 않으며, 사물은 그 자체 무엇이냐 하는 것이 인식되지 않는 존재이다.… 한편, 모든 가능한 지각은 인지의 종합에 의존하지만, 종합 그 자체, 곧 경험적 종합은 선험적 종합과 동

시에 범주에 의존하기 때문에 모든 가능한 지각 또한 모든 경험적으로 의식할 수 있는 것, 바꾸어 말하면 자연의 모든 현상은 그 결합에서는 범주에 따르지 않을 수 없으며, 자연은 필연적인 합법칙성(형식적으로 본 자연)의 근원적 기초로서 범주에 의존한다.…(칸트, 『순수이성비판』, 141)

결국 물 자체가 아닌 자연은 현상에 불과하므로 인간의 정신 안에 내재한 범주에 종속하여 있다.

4장 순수이성의 변증적 추리

1. 순수이성의 개념

가. 순수이성의 세 가지 기능

칸트는 이성의 기능을 다음과 같이 셋으로 구분한다. 하나는 일반적인 개념으로서 오성이 산출한 개념에 통일성을 준다. 두 번째는 이성은 오성에서 나타난 자료를 통해 삼단논법으로 추리작용을 한다. 세 번째는 이성의 순수한 사용으로서 그 인식의 통일을 성취해 무제약적인 것을 찾아내려 한다고 말한다.

먼저, 칸트는 "이성능력의 일반적인 개념"을 소개하는데, 이성은 "오성에 관계하여 오성인식의 다양 개념에 대해 선험적인 통일을 주는 것이다"고 말한다.

두 번째는, "이성의 논리적 사용"에 대해서 말하는데, 이성은 "인식된 것을 대상으로 추리작용을 하는데, 삼단논법은 선험적으로 이성에 의해 행해진다"고 한다.

세 번째는, "이성의 순수한 사용"에 대해서 말하는데, "이성자체, 다시 말해 순수이성은 선험적으로 종합적 원칙 및 규칙을 포함한다"고 말한다. 즉, 이성은 삼단논법과 같은 기능을 통하여 이를 수행하여 "그 인식의 통일을 성취하기 위한 무제약적인 것을 찾아내려 한다"는 것이다. 그런데, 궁극적으로 칸트는 "'조건의 계열은 점차 확대되어서 무제약자에게까지 이른다'고 하는 원칙은 객관적 타당성을 가지는 것인가?"라고 말하며, 여기에는 오해와 기만이 들어올 수 있다고 말한다. 그리고, "선험적 변증론"에서는 이에 대해 다루고자 한다고 말한다.(필자)

나. 이성일반에 대하여

칸트는 이성능력의 일반적인 개념을 설명하는데, "이성은 처음부터 경험

4장 순수이성의 변증적 추리

또는 어떤 대상에 관계하는 것이 아니라, 오성에 관계하여 오성인식의 다양 개념에 의해 선험적인 통일을 주는 것"이다. 우리의 인식은 "감관으로부터 오성에로 나아가서 이성에 이르러 종결"된다. 칸트는 오성은 규칙의 능력, 이성은 원리의 능력이라고 말한다. 우리의 인식과 개념 속에는 원리로서 사용될 수 있는 인식이 있다. 개념들에 대한 종합적 인식이 곧 원리 명제이다. 순수오성에서는 개념들 간의 원리가 나오지 않는다. '생기하는 것은 모두 원인을 가진다'고 말하는 것은 일반적으로 생기하는 것의 개념으로부터는 결코 추론되지 않는다. 개념 만에 의한 종합적인 인식은 결코 오성이 줄 수 있는 것이 아니며, 이와 같은 개념 만에 의한 종합적 인식이야말로 본래 내가 단적으로 원리라고 부르는 것이다. 결국 오성은 현상을 통일, 이성은 오성규칙을 원리에 통일하는 능력이다. 이성은 오성인식의 다양한 개념에 선험적 통일을 준다. 이성능력의 일반적 개념은 이성적 통일이다.

① 우리의 인식 : 감관→오성→이성
우리의 모든 인식은 감관으로부터 오성에로 나아가서 이성에 이르러 종결된다. 이성보다 고차적인 것으로서 직관의 소재를 처리하여 사유 최고의 통일에 종속되게 하는 것은 우리 속에서는 찾아볼 수 없다.…(칸트, 『순수이성비판』, 254)
② 오성은 규칙의 능력, 이성은 원리의 능력
우리는 앞에서 오성을 규칙의 능력이라고 설명했다. 우리는 이성을 그것과 구별하여 원리의 능력이라고 하자.
③ 원리로서 사용될 수 있는 인식
원래 원리라는 용어는 애매하며 보통 그 자체로는, 또한 그 자체의 근원으로 보아서는 어떠한 원리도 아니다. 그럼에도 불구하고 원리로서 사용될 수 있는 인식을 의미한다. 모든 전칭명제는 설사 경험으로부터 얻어진 것이라 하더라도 삼단논법의 대전제로 사용할 수가 있다. 그러나 그렇다고 그 자체가 원리라고는 할 수 없다.… 보편적 인식은 모두 삼단논법의 대전제로 사용될 수 있으며, 오성은 이러한 선험적인 보편적

명제를 제시하는 것이므로 이들 선험적인 보편적 명제도 대체로 그 사용이 가능한 한 원리라고 할 수가 있다.
④ 개념들에 대한 종합적 인식 : 원리 명제
만일 우리가 순수오성의 이러한 원칙을 그 자체로 기원에서 고찰한다면, 이러한 원칙은 결코 개념으로부터 유래되는 인식은 아니다. 왜냐하면, 만일 우리가 순수직관에, 또는 가능한 경험일반의 조건에 도움을 구하지 않는다면, 이 원칙은 결코 선험적으로 가능하지 않을 것이기 때문이다. '생기하는 것은 모두 원인을 가진다'고 말하는 것은 일반적으로 생기하는 것의 개념으로부터는 결코 추론되지 않는다.… 따라서 개념 만에 의한 종합적인 인식은 결코 오성이 줄 수 있는 것이 아니며, 이와 같은 개념 만에 의한 종합적 인식이야말로 본래 내가 단적으로 원리라고 부르는 것이다.…
⑤ 오성은 현상을 통일, 이성은 오성규칙을 원리에 통일하는 능력
오성이 규칙을 매개로 하여 현상을 통일하는 능력이라고 한다면, 이성은 오성규칙을 원리에 통일하는 능력이다.
⑥ 이성은 오성인식의 다양한 개념에 선험적 통일을 줌
그러므로 이성은 처음부터 경험 또는 어떤 대상에 관계하는 것이 아니라, 오성에 관계하여 오성인식의 다양한 개념에 의해 선험적인 통일을 준다.
⑦ 이성능력의 일반적 개념 : 이성적 통일
이러한 통일은 이성적 통일이라고 일컬어지며, 오성에 의해서 이루어지는 통일과는 전해 별개의 것을 이룬다. 이것이 이성능력의 일반적 개념이다. (칸트, 『순수이성비판』, 255-256)

다. 이성의 논리적 사용에 대하여
이성은 "인식된 것을 대상으로 추리작용"을 하는데, 삼단논법은 선험적으로 이성에 의해 본능적으로 행해진다. 이성은 추리 작용을 통하여 극히 다양한 오성의 인식을 최소한의 원리(보편적 조건)에 귀착시켜서, 오성인식의

4장 순수이성의 변증적 추리

다양에 최고의 통일을 주려고 한다.
　우리의 인식에는 직접적으로 인식되는 것과 추론되는 것이 있다. 이 추론 중에서도 오성에 의한 직접적 추리가 있다. 오서에 의한 직접적 추리는 제3표상의 매개 없이도 앞 판단으로부터 도출할 수 있는 경우 그러한 추리는 직접적이라고 한다. 이에 반해 결론을 이끌어내기 위하여 근거가 되는 인식 이외에 또 하나의 판단이 필요한 경우 그러한 추리를 이성추리라고 한다. 삼단논법에서 대전제는 오성추리이다. 그런데 소전제를 통해 마지막으로 그 규칙의 술어가 출현하였다면, 그것은 선험적으로 이성에 의해서 행하여진것이다. 오성인식의 다양에 최고의 통일을 주는 것이다. 개념과 개념 사이의 추론이다.

① 직접적으로 인식되는 것과 추론되는 것
직접적으로 인식되는 것과 추론되는 것과는 구별된다. 세 직선에 둘러싸인 하나의 도형이 세 개의 각을 가진다고 함은 직접적으로 인식된다. 그러나 이 내각의 합이 2직각이라는 것은 추론될 뿐이다. …
② 오성추리 : 직접적 추리
어떤 추론에서도 그 근거를 이루는 하나의 명제와 또 하나의 다른 명제, 곧 앞의 명제로부터 이끌어낸 추론과 최후에 후자의 명제 진리성이 전자의 명제 진리성과 필연적으로 결합시키는 추리의 결과(귀결)가 있다. 만일 추론된 판단이 이미 앞의 판단에 포함되어 있어 제3표상의 매개 없이도 앞 판단으로부터 도출할 수 있는 경우 그러한 추리는 직접적이라고 한다. 나는 이러한 추리를 오히려 오성추리라고 하고자 한다.
③ 이성추리 : 근거 되는 인식 외에 또 하나의 판단이 필요한 경우
이에 반해 결론을 이끌어내기 위하여 근거가 되는 인식 이외에 또 하나의 판단이 필요한 경우 그러한 추리를 이성추리라고 한다. …
④ 삼단논법 내의 오성추리와 이성추리
각 삼단논법에서 우선 오성에 의한 하나의 규칙(대전제: major)을 생각할 수 있다. 그 다음에 판단력을 매개로 해서 하나의 인식을 그 규칙의

제약에 포섭한다(소전제: minor). 마지막으로 그 규칙의 술어에 의해서 나의 인식을 규정한다(결론: conclusion). 다시 말해, 이것은 선험적으로 이성에 의해서 행하여진다. 그러므로 규칙으로서의 대전제가 하나의 인식과 그 제약 사이에서 표상하는 관계가 삼단논법의 여러 종류를 구성한다. …
⑤ 이성추리 : 오성인식의 다양에 최고의 통일을 주는 것
그러므로 이성은 추리의 작용에 의해서 극히 다양한 오성의 인식을 최소한의 원리(보편적 조건)에 귀착시켜서 그것에 의해 오성인식의 다양에 최고의 통일을 주려고 하는 것임을 알 수가 있다.(칸트,『순수이성비판』, 257-258)

라. 이성의 순수한 사용에 대하여

칸트는 이성의 기능으로서 "이성의 순수한 사용"에 대해서 논한다. 이것은 경험에 의존하지 않고 오직 이성 자체의 능력만을 통해 사유하고 판단하는 방식을 가리킨다. 여기에서 순수란 경험적 요소(감각, 직관, 경험자료)로부터 벗어난, 즉 선험적(a priori)인 것을 뜻한다. 따라서 "이성의 순수한 사용"은 경험적 조건에 기대지 않고, 이성 자체가 내는 원리와 규칙에 의거한 활동을 의미한다. 그래서 여기서 이성의 순수 사용은 단순히 현상 세계를 경험적으로 정리하는 차원을 넘어, 조건들의 무제한적 통일을 추구한다.

예컨대, "세계는 '절대적 처음'이 있는가? 영혼은 불멸하는가? 자유는 존재하는가? 신이라는 최고 존재가 있는가?"의 문제들은 모두 경험을 넘어선 순수 이성의 질문들이다. 순수이성은 형이상학적 물음을 제기하지만, 그 답변은 경험적 직관에 의해 확증될 수 없으므로 '변증론적 오류'를 낳을 수 있다. 다음의 내용은 이것을 의미한다.

이성은 고립될 수 있는 것일까? 그리고 고립된 경우에도 아직 개념이나 판단의 독자적인 원천으로서, 그러한 개념이나 판단이 이성으로부터 발현되고 이들에 의해서 이성의 대상에 관계하는 것일까? 그렇지 않으면

4장 순수이성의 변증적 추리

이성은 다만 제2차적인 능력에 지나지 않으며, 주어진 인식에 이른바 논리적인 일정한 형식을 부여하고, 그것에 의해서 비교를 통해 성취되는 범위에서 오성의 인식이 다만 상호적으로 종속되고 저차(低次)의 규칙이 다른 고차적인 규칙에 종속시키는 데 지나지 않는 것일까? 이제 우리가 다루어야 할 문제이다.(칸트, 『순수이성비판』, 258-259)

칸트에 의하면, "이성자체, 다시 말해 순수이성은 선험적으로 종합적 원칙 및 규칙을 포함한다"고 말한다. 이것은 경험에 의존하지 않고 오직 이성 자체의 능력만을 통해 사유하고 판단하는 방식을 가리킨다. 즉, 이성은 삼단논법과 같은 기능을 통하여 이를 수행하여 "그 인식의 통일을 성취하기 위한 무제약적인 것을 찾아내려 한다"는 것이다.

① 경험과 무관하게 이성자체의 능력만으로 행하는 순수이성
한 마디로 문제는 '이성자체, 다시 말해 순수이성은 선험적으로 종합적 원칙 및 규칙을 포함하는가 그렇지 않은가? 그리고 이러한 원리의 본질은 무엇인가? 하는 것이다.
② 삼단논법에서 주어진 실마리
삼단논법에서 이성의 형식적이고 논리적인 절차는 순수이성에 의한 종합적 인식 안에 있는 이성의 선험적인 원리가 어떠한 원리에 의거하는지 알려질 충분한 실마리를 이미 우리에게 주었다.
③ 개념에 관여하는 삼단논법
첫째, 삼단논법은 직관을 규칙에 포섭하기 위해 직관에 관여하는 것이 아니라 개념이나 판단에 관여한다. 그러므로 설사 순수이성이 대상에 관여한다고 하더라도 그것은 대상이나 대상의 직관과 직접 관계하지는 않고, 오성이나 오성의 판단에 관여할 뿐이다. 오성이나 오성의 판단이 먼저 감성이나 감성의 직관에 관여하여 이들에 그 대상을 규정하는 것이다. 따라서 이성의 통일은 가능한 한 경험의 통일이 아니라 오성의 통일로서 가능한 경험과의 통일하고는 본질적으로 구별된다. …

④ 보편적 조건을 찾는 이성
둘째, 이성은 논리적으로 사용됨으로써 자기 판단(결론)의 보편적 조건을 찾아내려는 것이며, 이성추리란 자기의 조건을 하나의 보편적 규칙(대전제)에 포섭하는 것에 따르는 자체가 하나의 판단일 뿐이다. 이러한 규칙은 또한 이성의 동일한 시도를 겪어야 하며, 그것의 조건을 전(前)삼단논법을 매개로 하여 추구해야 한다. 그렇기 때문에 이성일반의 논리적 사용에서 독자적인 원칙이, 오성 조건이 주어진 인식에 대해 그 인식의 통일이 성취되기 위한 무제약적인 것을 찾아내는 데 있음은 우리가 충분히 알고 있는 사실이다. …

⑤ 조건계열의 확대를 통해 무제약자에게까지 이르는 순수이성
한편, '조건의 계열은 점차 확대되어서 무제약자에게까지 이른다'고 하는 원칙은 객관적 타당성을 가지는 것인가? 이러한 원칙으로부터 경험적인 오성사용에 대하여 어떠한 귀결이 생기는가? 또는 어디에도 이와 같은 객관적으로 타당한 이성명제는 존재하지 않고, 점차로 고차적인 조건으로의 상승 가운데 그러한 조건이 완전성에 접근하여, 그에 따라서 우리에게 가능한 최고의 이성적 통일을 우리의 인식에 가져다 주는 논리적인 지시가 존재하는가? 말하자면, 이성의 이러한 요구가 오해로 인해 순수이성의 선험적인 원칙으로 간주되어, 무제한적 완전성을 대상 자체에 있는 조건의 계열에 대해 요청하는 것은 아닌지? 그러나 이러한 경우, 순수이성으로부터 대전제를 이끌어 내고 경험으로부터 그 조건을 향해 상승하는 이성추리로 어떤 유의 오해와 기만이 틈입하는가?

⑥ 선험적 변증론에서 우리가 고찰하여야 할 과업
이러한 문제들이 선험적 변증론에서 우리가 고찰하여야 할 과업이다. 우리는 이제 인간 이성 깊이 감추어져 있는 그것의 원천으로부터 선험적 변증론을 전개하려고 한다. (칸트, 『순수이성비판』, 259-261)

2. 선험적 이념

가. 이념 일반에 대하여

칸트는 이념이라는 용어를 사용하는데, 굳이 자신이 새로운 용어를 만들 필요는 없다고 말한다. 그러면서 기존 선배들의 용어를 그대로 사용한다. 이때 이념을 설명하기 위하여 "플라톤의 이념(idea)"의 개념을 차용한다. 이에 대해 우리는 고대 그리스철학과 로마 플라톤주의자들의 철학을 통해서 익히 잘 알고 있는데, 이것은 "형상"을 의미하였고, 칸트는 그것을 "물자체의 원형"이라고 말한다. 이 이념은 현상을 묶는 통일보다 훨씬 더 높은 욕구를 가지고 있다. 그 내용은 다음과 같다.

① 플라톤의 이념
플라톤은 이념이라는 표현을 사용하였다. 그러나 그 용법에 의한 표현은 그 용어에 의해 감관으로부터 결코 얻어질 수 없었고, 그것과 일치되는 의미 또한 경험 속에서는 결코 찾아볼 수 없었다. 이러한 플라톤의 이념은 아리스토텔레스가 논했던 오성개념까지도 초월한 뜻이었음을 충분히 알 수 있다.

② 물 자체의 원형
'이념'은 플라톤에게서는 물 자체의 원형이었으며, 범주처럼 가능한 경험을 위한 열쇠에 그치지 않았다. 플라톤이 생각하였던 바에 의하면, 이념은 최고의 이성으로부터 나와서 인간 이성에 분여(分與) 되었다. 그러나 인간의 이성은 오래되어 이미 그 근원적 상태로는 있지 않고, 이제는 매우 흐려진 이념을 회상에 의해 힘써 불러일으키지 않으면 안 되었다. …

③ 통일보다 훨씬 높은 욕구
플라톤은 우리의 인식능력이 경험으로 하여 읽을 수 있기 때문에 다만 종합적 통일에 따라서 현상을 묶기보다 훨씬 높은 욕구를 느끼고 있었다. 또한 우리의 이성이 경험으로부터 얻을 수 있는 어떤 대상이 언젠

가는 일치하게 될 인식의 범위를 훨씬 넘어선 인식으로 그 자신 뛰어오르기도 했다. …(칸트, 『순수이성비판』, 264-265)

나. 선험적 이념에 대하여

칸트는 모든 대상들에 대한 선험적인 개념이 우리 안에 먼저 존재한다고 말한다. 즉, 이것이 존재하기 때문에 여기에 맞추어져서 오성 사용을 안내하는 범주가 등장하게 되었다는 것이다. 그리고 이제 이성의 기능은 이렇게 주어진 개념에 따라 이 인식에 보편성을 주는 데 있다.

칸트에 의하면, 우리 안의 이러한 선험적 이성개념은 삼단논법을 통하여 무제약적인 것에 이르기까지 쉬지 않는다. 이성이 활용하는 삼단논법은 연결의 추리를 형성하여 무제약적인 것에 이르기까지 쉬지 않는다. 그러나, 전 삼단논법의 연쇄 또는 계열이란 이성추리의 상승적 계열로서, 이것은 이성능력에 대하여 하강적 계열과는 그 태도를 달리할 수 밖에 없다.

① 선험적인 순수개념 : 경험에 앞서서 대상을 표상하는 것
선험적인 순수개념이라 함은 모든 경험에 앞서서 대상을 표상하는 것이며, 오히려 그것만이 대상의 경험적 인식을 가능케 하는 종합적 통일을 나타내는 것이었다.
② 범주를 낳게 한 판단의 형식
판단의 형식은 경험에서 일체의 오성사용을 안내하여주는 범주를 낳게 하였다.
③ 선험적 개념 : 경험전체에의 오성사용을 원리에 따라 규정하는 것
그와 마찬가지로 만일 우리가 삼단논법의 형식을 범주의 보기에 준거하여 직관의 종합적 통일에 적용한다면, 그 특수한 선험적 개념을 포함하리라고 우리는 기대하는 바이다. 따라서 선험적 개념을 순수이성개념 또는 선험적 이념이라고 부를 수 있으며, 이것은 모두 경험전체에서 오성의 사용을 원리에 따라서 규정하는 것이라 할 수 있다.
④ 추리에서 이성의 기능 : 개념에 따라서 인식에 보편성을 줌

추리에서 이성의 기능은 개념에 따라서 인식에 보편성을 주는 데 있다.
⑤ 삼단논법 : 조건의 전범위에서 선험적으로 규정되는 하나의 판단
삼단논법 자체가 그 조건의 전범위에서 선험적으로 규정되는 하나의 판단이다. '카이우스(사람 이름)는 죽는다.'는 명제는 오성에 의해서도 경험으로부터 만들어 낼 수 있겠지만, 나는 이 판단의 술어가 주어지기 위한 조건을 포함하는 개념 (여기서는 인간이라는 개념)을 찾아서, 그리고 그 전 범위에 걸쳐서 인정된 조건에 이 개념(인간이라는)을 포섭한 다음 (모든 사람은 죽는다고 하는), 그것에 의해서 나의 대상(카이우스)의 인식을 한정(카이우스는 죽는다고) 한다.
⑥ 삼단논법의 결론 : 하나의 술어를 일정한 대상에 제한
우리는 삼단논법의 결론에서 하나의 술어를 일정한 대상에 제한한다. 그 술어를 미리 대전제에서 일정한 조건으로 전 범위에 걸쳐 고찰한 다음 그렇게 하는 것이다. 이와 같은 조건에 관해 이렇게 완전한 외연의 분량은 보편성이라고 일컬어진다. 직관의 종합에서 이에 대응하는 것은 전체성, 곧 조건의 총체성이다. 따라서 선험적 이성개념이라 함은 하나의 주어진 피제약자에 대한 조건의 총체성 개념에 지나지 않는다.…(칸트, 『순수이성비판』, 268-269)
⑦ 무제약적인 것에 이르기까지는 결코 멈추지 않는 선험적 이성
대체로 선험적 이성개념은 언제나 조건 종합의 절대적 총체성만을 목표로 하는 것으로서, 단적으로 모든 관계에서 무제약적인 것에 이르기까지는 결코 멈추지 않는다.…
⑧ 이성통일
순수이성은 전적으로 오성개념 사용에서의 절대적 총체성을 목표로 하고, 범주에 의해서 사유되는 종합적 통일을 절대적 무제약자에까지 미치도록 하고자 한다. 이러한 통일은 현상의 '이성통일'이라고 할 수 있으며, 그것은 범주나 표현하는 통일의 '오성통일'이라고 하는 것과 같다.…
⑨ 연결추리 : 추론의 계열
한편, 각 계열은 그 지표가 주어져 있는 한 그 다음으로 계속되어 나아

간다. 그러므로 같은 이성의 작용이 연결추리를 형성하게 된다. 이것은 조건면에서이거나(전 삼단논법에 의하여), 또는 피제약자의 면에서이거나(후 삼단논법에 의하여) 그 어느 쪽으로든 무제한으로 계속되어 나아가는 추론의 계열이다.

⑩ 이성추리의 상승적 계열의 한계

그러나, 전 삼단논법의 연쇄 또는 계열이란 이성추리의 상승적 계열로서, 이것은 이성능력에 대하여 하강적 계열과는 그 태도를 달리할 수밖에 없다. 왜냐하면, 앞의 경우에는 인식이 다만 제약되어 있는 것으로서 주어져 있으므로, 적어도 계열의 모든 항, 곧 전제계열의 전체가 조건의 방면에서 주어져 있다는 전제에서가 아니면, 우리는 이성에 의해서 이러한 결론에 도달할 수 없기 때문이다.

이에 반하여, 피제약자 또는 귀결의 면에서는 다만 생성하고 있는 계열, 따라서 잠재적인 진행만이 사유된다. 그러므로 하나의 인식이 제약된 것으로 간주되는 경우에는, 이성은 상승적 계열 선상에서 조건의 계열을 완성된 것으로, 또 그것의 존재가 주어진 것이라고 여겨야 하도록 강요된다. …(칸트, 『순수이성비판』, 271-275)

다. 선험적 이념의 체계

칸트에 의하면, 순수이성개념은 모든 조건의 무제약적인 종합을 임무로 한다. 이 순수이성의 대상은 선험적 심리학, 선험적 우주론, 선험적 신학에 대한 이념을 제공한다. 그러면서 무제약자 곧 원리에 도달하고자 한다. 순수이성은 "자기자신 인식→세계의 인식→근원적 존재자 인식"으로 나아간다.

① 순수이성개념 : 모든 조건의 무제약적인 종합을 임무로 함

모든 순수개념은 일반적으로 표상의 종합적 통일을 과업으로 삼고 있으나, 순수이성개념은 모든 조건의 무제약적인 종합을 임무로 한다.

② 선험적 이념의 세 계급

따라서 모든 선험적 이념은 세 계급으로 나누어진다. 첫째 것은 사유하는 주관의 절대적 통일을 포함하고, 둘째 것은 현상의 조건 계열의 절대적 통일을 포함하며, 셋째 것은 사유일반의 모든 대상 조건의 절대적 통일을 포함한다.
③ 순수이성의 대상 : 선험적 심리학, 우주론, 신학에 대한 이념 제공
사유하는 주관은 심리학의 대상이며, 모든 현상의 총괄(세계)은 우주론의 대상이며, 사유되는 일체의 것을 가능케 하는 최고조건을 포함하는 것은 신학의 대상이다. 따라서 순수이성은 선험적 심리학(합리적 심리학)에 대하여, 선험적 우주론(합리적 우주론)에 대하여, 그리고 마지막으로 선험적 신학에 대해서도 이념을 준다. 이들 학문은 그 어느 것에 대한 단순한 구상까지도 결코 오성에서 유래하지 않는다. …
④ 무제약자 곧 원리에 도달
이와 같이 선험적 이념은 다만 조건의 계열에서의 상승에만 소용되며, 나아가서는 무제약자, 곧 원리에 도달하게 된다. …
⑤ 자기자신 인식→세계의 인식→근원적 존재자 인식
자기 자신의 인식으로부터 세계의 인식을 향해, 또한 이것을 거쳐서 근원적 존재자를 향해 나아가는 것은 매우 자연적인 진행으로서, 언뜻 보아서 전제로부터 출발하여 결론에로 나아가는 이성의 논리적 진행과 비슷한 점을 가지고 있다. …(칸트, 『순수이성비판』, 277-279)

3. 순수이성의 변증적 추리

가. 변증적 이성추리의 오류들

칸트에 의하면, 오성개념이 적용될 수 있는 대상은 반드시 가능한 경험에서 확인되고 직관될 수 있다. 그러나, 어떤 이념에 대응하는 대상에 대해서는 개연적 개념을 가질 수 있으나, 결코 지식을 가질 수는 없다. 그런데, 이때 우리의 순수이성개념은 그것의 본성상 이와 같은 이념에게로 인도되어 나아간다. 이때 우리의 "이성추리는 어떠한 경험적 전제도 가지지 않았음에

도, 피할 수 없는 가상에 의하여 그것에 객관성을 부여하는 행위"를 하게 된다. 이러한 궤변적 변증적 이성추리가 우리에게서 나타나게 되는데, "오류추리, 이율배반, 절대적 추리"의 세 종류로 나타난다. 이에 대해 칸트는 다음과 같이 말한다.

① 가상에 의해 실재성이 부여되는 이성추리, 궤변적 추리
순수이성개념이 선험적인 의미에서 실재성을 가진다는 것은 적어도 우리가 필연적인 이성추리에 의해서 이와 같은 이념에로 인도된다는 것에 기초를 두고 있다. 그러므로 어떠한 경험적 전제도 가지지 않는 이성추리, 그리고 그에 의해서 우리가 스스로 알고 있는 것으로부터 알고 있으나 피할 수 없는 가상에 의해서 그것에 객관적 실재성을 부여하게 되는 어떤 타자를 추리하는 이성추리가 존재하게 된다. 따라서 이러한 추론은 그 결과에서 보면 이성추리라고 말하기보다는 궤변적 추리라고 해야 할 것이다.

② 이성의 본성으로부터 발현한 추리
그러나 발생의 유래로 보면 충분히 이성추리의 명칭을 가질 수가 있다. 왜냐하면, 이러한 추리는 날조되어 생겨난 것이 아니고 우연히 생겨난 것도 아니며, 오히려 이성의 본성으로부터 발현한 것이기 때문이다.

③ 인간의 궤변이 아니라, 순수이성 자체의 궤변
그것은 인간의 궤변이 아니라 순수이성 자체의 궤변이며, 인간 중에서 가장 현명한 자라고 하더라도 그것을 피할 수는 없다. 많은 노력을 한 연후에 그것의 오류를 방지할 수는 있으나, 끊임없이 괴롭히고 속이는 그러한 가상으로부터 전적으로 벗어나기는 어렵다.

④ 선험적 오류추리, 순수이성의 이율배반, 절대적 통일추론
이러한 변증적 이성추리에는 세 종류가 있는데, 이는 그러한 추리가 제시하는 이념의 수와 같다. 첫째 부류의 것은 선험적 오류추리라고 부르고자 하며…, 두 번째 부류의 것은 순수이성의 이율배반이며…, 세 번째 부류의 것은 (순수이성의 이상에 관한 것으로서) 모든 조건의 절대

적·종합적 통일 추론이다. (칸트, 『순수이성비판』, 280-281)

나. 순수이성의 오류추리 : 심혼(영혼) 관련한 오류

칸트에 의하면, '나는 생각한다'고 하는 것은 합리적 심리학의 유일한 주제이며, 합리적 심리학은 이 명제로부터 그의 전 지식을 전개시켜야만 한다. 이 '나는 생각한다'는 명제는 사실상 데카르트의 명제로서, 여기에서 근세철학이 시작되었다. 이와 같이 하여 형성된 합리적 심리학의 주제는 칸트에 의하면, "①심혼은 실체이다(관계), ②심혼은 그 성질상 단순하다(성질), ③심혼은 상이한 시간 속에 존재한다 하더라도 수적으로 동일하다(분량), ④심혼은 공간 안에 있는 가능한 대상과 상호적으로 관계한다(양태)"로 표현되며, "일체의 것들을 이 주제(나는 생각한다)로부터 이끌어 내야만 한다"고 말한다. 그리고 실질적으로 합리적 심리학에서는 위의 네 가지 명제를 통해서 많은 개념들을 또 다시 이끌어 내었다. 사실 위의 4가지 요소는 실체의 구성요소이다. 즉, 합리적 심리학에서는 이 "나는 생각한다"는 명제를 통해서 "내가 실체 혹은 존재이다"라는 것을 이성추리함을 통해서 위와 같은 자아에 대한 많은 개념들을 산출하였다.

그런데, 칸트에 의하면, "나는 실체이다"라는 것은 "나는 생각한다"는 경험적 명제를 통해서 이성추리를 한 것이지, 선험적으로 증명되는 명제는 아니다. 칸트는 이에 대해 이미 앞에서 "어떠한 경험도 가지지 않는 이성추리는 가상에 의한 것으로서, 여기에 객관적 실재성을 부여하여 존재를 추리하는 것은 궤변추리이다(p280)"고 하였다. 따라서 위에서 결론으로 이끌어진 우리 영혼에 대한 4가지의 지식은 오류가 되는 것이다.

칸트에 의하면, 자아 혹은 심혼은 생각하고 있는 주체이며, 다른 외부의 대상들을 바라보는 주체이지, 그가 그 자신을 본 것은 아니다. 그래서 이러한 자아를 연구하는 '선험적 심리학'은 우리 본성에 관한 순수이성의 학은 아니다. 사유하는 존재자의 표상은 경험이 아닌 자기의식에 의해서일 뿐이다. 경험할 수 있는 객체가 아니라, 규정되는 내적직관으로서의 자아의 의식이다. 사유작용 일반은 형이상학적 연구 대상이 아니다.

① 선험적 심리학은 우리 본성에 관한 순수이성의 학인가?
선험적 심리학은 사유하는 존재자로서 우리 본성에 관한 순수이성의 학이라고 잘못 생각되고 있으나, 이 학의 네 개의 오류추리는 이러한 개념들에 개입되어 있다.…
② 사유하는 존재자 표상 : 경험이 아닌 자기의식에 의해서일 뿐
사유하는 존재자에게 내가 다소라도 표상을 가지는 것은 결코 외적 경험에 의해서가 아니며(편저자: '외부에서 내가 나를 본 것이 아니며'를 의미), 다만 자기의식에 의해서일 뿐이다. 따라서 이 대상(편저자: 내가 나를 본 것처럼 대상화시킨 것)은 나의 의식을 다른 사물(편저자: 나 자신)에 전이한 것에 불과하며, 나의 의식을 전이하게 된 사물은 이런 전이에 의해서만 사유하는 존재자로서 표상된다. '나는 사유한다'는 명제는 이 경우 개연적으로 상정되는 데 불과하다. 다시 말해, 이 명제가 현실적 존재의 지각을 포함할지도 모른다는 의미에서가 아니라, 그처럼 단순한 명제로부터 그 주어에 대하여 어떠한 성질이 생길 것인가를 알 수 있다는 점에서 개연적이라고 한다.…
③ 객체가 아니라 규정되는 내적직관으로서의 자아의 의식
내가 사유한다고 해서 어떠한 대상을 인식하는 것은 아니다. 오직 주어진 직관을 의식의 통일에 관해 규정함으로써만 대상은 인식된다. 이러한 의식의 통일에서 일체의 사유는 성립되는 것이다. 따라서 우리는 나를 생각하는 존재로 의식함으로써 나 자신을 인식하는 것은 아니다. 내가 나 자신의 직관을 사유의 기능에 관하여 규정된 것으로서 의식하는 경우 나 자신을 인식한다. 사유에서 자기의식의 모든 양상은 그 자체로는 아직 어떤 대상에 관한 오성개념이 아닌 단순한 논리적 기능에 불과하다. 그것은 사유에 대해서 어떠한 인식 대상을 주는 것이 아니며, 나 또한 인식되는 대상으로서 주어지는 것이 아니다. 규정하는 자아의 의식은 객체가 아니라 규정되는 자아의 의식, 곧 내적 직관이 대상이다.…

④ 사유작용 일반은 형이상학적 연구 대상이 아님
그러므로 사유작용일반에서 자신의 의식을 아무리 분석하여도 대상으로서의 자신의 인식에 관하여는 아무것도 얻는 것이 없다. 사유작용일반의 논리적 연구가 대상의 형이상학적 규정이라고 잘못 생각하게 된다.…"
(칸트, 『순수이성비판』, 284-288)

다. 순수이성의 이율배반 : 우주론적 오류

자연사물과 관련하여 우리의 오성은 경험을 통하여 감각한 것을 시간과 공간의 범주에 따라 인식하여 개념을 산출한다. 그러면 우리의 이성은 그 산출된 개념적 자료에 대한 추론을 통하여 갖가지 판단을 하여 명제를 산출한다. 이때 오성의 인식에는 시간과 공간이 아주 중요한 요소로 등장한다. 그런데, 문제는 우리의 이성은 경험에서 습득한 자료를 통하여 삼단논법으로 추리하여 무한히 뻗어나가는데, 시간과 공간 너머에 까지 본능적으로 이른다. 그런데, 이때 시간과 공간 너머에 대해서는 오성이 경험적인 자료를 준 적이 없다. 그럼에도 불구하고 이성은 이 세계를 추론하는 것이며, 여기에서 이성은 경험을 넘어선 가상 추리가 발생하게 되며, 이것이 오류에 해당하는 것이다. 예컨대, 우리는 공간 안에서 추리를 할 수도 있고, 공간 밖에 존재한다고 가정하고 추리를 할 수 있는데, 공간 밖에서도 우리는 공간 안에서의 경험을 바탕으로 추리를 하게 된다는 것이다. 이것이 순수이성의 이율배반으로서 '우주론적 오류'이다.

칸트는 먼저 피제약자로부터 무제약자에게 이르는 추리가 이성에게는 주어져 있다고 말한다. 오성은 개념을 발현시키지만, 이 오성개념을 확장시키는 것은 이성이다. 우리의 경험적 종합을 무제약자에게까지 전진시킨다. 우리 이성에게는 후진적 종합과 전진적 종합의 계열이 있다. 이것은 특히 우리 범주 안에 있는 공간과 시간에 관하여 그러하다. 우리의 우주론적 이념은 후진적 종합의 총체성인데, 우리는 공간에서 경험한 것을 무제약자에게까지 확장시키려 한다. 칸트는 이제 중요한 것은 "경험의 한계를 넘어서 이성을 확대하고자 하는 경우에는 궤변적인 명제가 생겨난다"고 말한다. 즉, "정립명제와 반정립명제가 모두 타당한 근거를 갖는다"는 것이다. 이것을 칸트는 "순수이성의 이율배반"이라고 한다.

① 오성의 개념 발현과 오성개념을 확장시키는 이성
순수하고도 선험적인 개념이 발현될 수 있는 곳은 오성뿐이며, 이성은 본래 아무 개념도 형성하지 않지만 '오성개념'으로 하여금 가능적 경험의 불가피한 제한으로부터 벗어나게 하고, 따라서 경험적인 것과의 관련 안에 있으면서도 그 한계 너머로 오성개념을 확장시키려 한다는 점에 주의하지 않으면 안 된다.

② 경험적 종합을 무제약자에게까지 전진시키는 이성
이러한 일이 일어나려면…범주를 선험적 이념으로 만들어 경험적 종합을 무제약자에게까지 전진시킴으로써 경험적 통일에 절대적 완전성을 줄 수 있어야 한다. 이성이 이를 요구하는 것은, '만일 피제약자가 주어져 있다면 조건의 전 총계(全 總計), 다시 말하면 절대적 무제약자도 주어져 있으며, 이것에 의해서만 피제약자는 가능하다'는 원칙이 있기 때문이다.…(칸트, 『순수이성비판』, 302)

③ 이성의 후진적 종합과 전진적 종합
가령 M,N,O라는 계열이 있다면,…그중에서 N이 M에 관해서는 제약되어 존재하지만, 동시에 O에 대해서는 조건으로서 존재한다. 이 경우 피제약자 N을 중심으로 하여서 거슬러 올라가서 M,L,K,J 등으로 나아가기도 하며, 하강하여 피제약자 O,P,Q,R 등으로 나아가기도 한다.… 이때, 나는 조건에서 계열의 종합, 다시 말해 주어진 현상에 가장 가까운 조건으로부터 시작하여 가장 먼 조건으로 나아가는 계열의 종합을 후진적 종합이라고 한다. 이에 대하여 가장 가까운 결과로부터 가장 먼 결과로 나아가는 피제약자에서의 계열종합을 전진적 종합이라 한다. 전자는 전건(前件)으로, 후자는 후건(後件)으로 나아간다.

④ 우주론적 이념 : 후진적 종합의 총체성

따라서 우주론적 이념은 후진적 종합의 총체성에 관한 것이며, 전건으로 나아가는 것이다. 만일 후건으로 나아갈 수 있다면 그것은 임의적인 문제로서, 순수이성의 필연적인 문제는 아니다. 왜냐하면, 우리가 현상에 주어져 있는 것을 완전히 파악하기 위하여 필요한 것은 이유이지 귀결이 아니기 때문이다.(칸트,『순수이성비판』, 303)

⑤ 선험적 모순론 : 궤변적인 명제의 출현
선험적 모순론이라 함은 순수이성의 이율배반 및 그 원인과 결과에 관한 연구이다. 우리는 이성을 경험의 한계를 넘어서 이성을 확대하여 적용하고자 하는 경우에는 궤변적인 명제가 생겨난다. 이러한 경우 경험에 확증을 기대할 수도 없지만 그렇다고 하여 반박을 두려워할 필요도 없다. 각각은 그 자체로서는 모순이 없을 뿐만 아니라, 이성의 본성에서 그 필연성의 조건을 발견하기 때문이다. 그러나 불행하게도, 그 반대에서도 마찬가지로 타당할 뿐 아니라, 필연적인 근거를 가지고 자기대로 주장할 수 있다.…(칸트,『순수이성비판』, 310-311)

라. 선험적 이념의 모순들

이제 칸트는 우리 안의 선험적 이념의 각종 정립명제와 반정립명제들을 그에 대한 증명과 함께 소개한다. 그 내용은 다음과 같다. 그런데, 칸트에게 더 중요한 것은 그 증명의 내용인데, 여기에서는 지면 관계상 그 증명의 내용들은 생략한다. 한편, 다음의 네 가지 모순은 "범주표에 근거하여 우리가 만들어낼 수 있는 조건들의 계열을 분량, 성질, 관계, 양태에 따라 네 가지 종류로 구별"한 것이다.

① 선험적 이념의 제1의 모순 (분량에 관한 모순)
정립적 명제로서, 세계는 시간적으로 시초가 있으며 또한 공간적으로도 한계가 있다.…(정립에 대한 증명: 계열의 순차적 종합에 의해서는 계열의 무한성에 절대 도달할 수 없다.…).
반정립 명제로서는, 세계는 시초가 없으며 공간적으로도 한계를 가지지 않으므로 시간적으로나 공간적으로나 무한하다. (반정립에 대한 증명: 시초나 한계가 존재한다면, 세계 이전의 '빈 시간', 세계 밖의 '빈 공간'을 가정해야하고, 그것은 또 다른 세계한계를 형성한다. …).

② 선험적 이념의 제2의 모순 (성질에 관한 모순)

정립명제로서, 세계에서의 복합적 실체는 단순한 부분들로 이루어져 있으며, 실제로 존재하는 것은 단순체이거나 단순체로서 합성된 것에 지나지 않는다. (정립에 대한 증명: 만약 합성된 실체들이 단순한 부분들로 이루어져 있지 않다고 가정할 때, 모든 합성을 사고에서 폐기 한다면 아무런 실체도 주어져 있지 않을 것이다. 그렇기에 일체의 합성 없이 존립하는 단순한 것이 남을 수밖에 없다. ……).

반정립 명제로서는, 세계에서의 어떤 복합물도 단순한 부분으로부터는 구성되지 않는다. 일반적으로 단순체는 세계에서 실제로 존재하지 않는다. (반정립에 대한 증명1: 만약 합성된 사물들이 단순한 부분들로 이루어져 있다면, 단순한 것은 한 공간을 차지하는데, 한 공간을 차지하는 모든 실재적인 것은 실체적인 합성체이므로, 모순이다. ……. 증명2: 즉, 단적으로 단순한 것의 현존은 외적으로든 내적으로든 경험이나 지각에 의해 밝혀질 수 없고, 그러므로 단적으로 단순한 것은 순전한 이념이므로, 이 이념의 객관적 실재성은 결코 어떤 가능한 경험에서 밝혀질 수가 없다. ……)

③ 선험적 이념의 제3의 모순 (관계에 관한 모순)

정립명제로서, 자연의 법칙에 따른 원인성은 세계의 현상이 모두 그로부터 도출될 수 있는 유일한 것이 아니다. 세계 현상을 설명하기 위해서는 또한 자유에 의한 원인성도 상정할 필요가 있다. (정립에 대한 증명: 만약 자연의 법칙에만 따른다면, 원인들은 무한 소급적으로 계속 앞선 원인을 전제하므로, 원인들의 계열에 완결성은 없다. ……).

반정립 명제로서는, 자유는 존재하지 않고, 세계에서의 모든 것은 자연법칙에 의해서 생긴다. (반정립에 대한 증명: 만약 자유가 있다고 가정하면, 이 자유는 인과법칙에 어긋나고, 이에 따라서는 아무런 경험의 통일도 가능하지 않고 어떠한 경험에도 발견되지 않는 것이기 때문에 공허한 사유물이다. ……)

④ 선험적 이념의 제4의 모순 (양태에 관한 모순)

정립명제로서, 세계에는 그 부분으로서든 또는 원인으로서든 단적으로 필연적인 존재자라고 할 수 있는 어떤 것이 존재한다. (정립에 대한 증명: 절대적으로 필연적인 어떤 것은, 만약 그것의 후속으로 어떤 변화가 실존한다면, 실존해야 한다. …생략…). 반정립명제로서는, 세계의 안에도 또 세계의 밖에도 필연적인 존재자가 세계의 원인으로서 존재하지는 않는다. (반정립에 대한 증명: 만약 세계 안에 필연적 존재자가 있다면, 그 필연적 존재자의 원인이 있어야 하기 때문에 모순되고, 만약 세계 밖에 필연적 존재자가 있다면, 그 세계 원인이 활동을 시작해야 할 것이고, 바로 그 때문에 필연적 존재자는 세계 밖에 있어선 안 된다. …생략…). (칸트, 『순수이성비판』, 314-333)

마. 순수이성의 이상 : 이성으로 도달할 수 없는 이상

칸트는 플라톤 철학을 익숙하게 알고 있었으며, 플라톤의 이데아론을 대거 수용하고 있는 것으로 보인다. 그는 오성과 오성의 선천적 형식으로서의 범주(순수오성개념)와 관련하여서는 아리스토텔레스의 논리학을 대거 수용하였지만, 이제 이성에 이르러서는 플라톤 철학의 이데아론을 수용한다. 그는 논리학에서는 유명론자일 수 있지만 형이상학에 있어서는 실재론자이다. 이데아를 이념이라고도 표현할 수 있는데, 칸트에 의하면 우리의 이성은 이 이념을 추구한다. 그리고 더 나아가 이 이념들의 원형이라고 할 수도 있는 이상을 추구하는데, 이 이상은 신을 의미한다.

칸트는 "이상일반"에 대해서 정리한다. 먼저, 우리에겐 개념이 있는데, 이 "개념은 순수오성개념(범주)이 현상(객관적 실재성)에 적용되어 나타났기 때문에 구체적으로 표시될 수 있다." 두 번째는, 우리에겐 이념이 있는데, "원래 이념은 '신적오성'으로서 현상 안에 있는 모든 모상의 근거"인데, 이것이 이성에 주어져 있다. 따라서 우리 안에 있는 "이념은 순수오성개념(범주)보다 객관적 실재성으로부터 멀리 떨어져있다." 이때 칸트는 "우리 안의 이성은 이들 이념에 의해서 체계적인 통일만을 의도하고 경험적으로 가능한 일을 여기에 접근시키려 하지만, 아직까지 완전히 이에 도달한 일은 없다"고 말한다. 또한, 더 나아가 우리 안의 이성은 이념의 원형에 해당하는 "이상"을 추구한다. 그래서 이성은 이상에 대하여 "비록 도저히 거기에 도달할 수는 없다고 하더라도 자신을 그것과 비교하고, 그로써 판단하는 어떤 행위의 기준으로 삼는다"고 말한다. 이성과 이념과 이상의 관계를 칸트는 다음과 같이 소개한다.

① 범주-이성-이념 : 멀리 떨어져 있는 이념
이념은 범주보다 더 멀리 객관적 실재성으로부터 떨어져 있다.… 이념은 어떠한 가능적 인식도 거기에 도달할 수 없는 일종의 완전성을 포함하고 있으며, 이성은 이들 이념에 의하여 오직 체계적 통일만을 의도하고 경험적으로 가능한 통일을 여기에 접근시키려고 시도한다. 하지만, 아직까지 완전히 이에 도달한 일은 없다.
② 이성-이념(신적 오성, 신의 관조)-이상6)
그러나 내가 이상이라고 하는 것은 이념보다 더 객관적 실재성으로부터 먼 것같이 생각된다.… 이념이라고 하는 것은 플라톤에게서는 '신적 오성'이었다. 이것은 신적오성의 순수직관에서의 유일한 대상으로서 모든 종류의 가능한 존재자 중의 가장 완전한 것이며, 현상 안에 있는 모든 모상의 근거였다. 그러나 그렇게 높이 올라가지 않더라도 우리는 인간의 이성이 이념뿐 아니라 이상도 포함하고 있다는 것을 인정하지 않을 수 없다. 그리고, 그 이상이란 과연 플라톤의 그것과 같이 창조력을 가지는 것은 아니지만 실천적인 힘을 가지고 있으며, 어떤 종류의 행위를 완전하게 해주는 가능성의 근거가 된다.…
③ 원형으로서의 이상

---

6) 이념은 이성이 반드시 사유하게 되는 초경험적 개념들의 체계이고, 이상은 그 가운데 하나가 완전한 표상으로 구체화된 규범적 모델을 말한다.

4장 순수이성의 변증적 추리

이념이 규칙을 주듯이 이상은 이러한 경우에 모상을 완전히 규명하는 원형으로서 이바지한다.

④ 이상을 응시하는 이성

그리고 우리는 비록 도저히 거기에 도달할 수는 없다고 하더라도 자신을 그것과 비교하고, 그로써 판단한다. 그렇게 함으로써 자신을 보다 훌륭하게 하는 기준으로 우리 속에 있는 이 신적인 인간의 태도 이외에 우리는 어떠한 행위의 기준도 가지고 있지 않다.

⑤ 이성의 기준이 되는 이상

이러한 이상은, 우리가 객관적 실재성(실존재)을 인정할 수는 없다고 해도 그 때문에 망상의 산물이 되는 것이 아니라 오히려 이성에게 없어서는 안 될 기준을 준다. 이성은 불완전함의 정도와 결점을 평가하고 판단하기 위한 척도로서 그 종류에 따른 완전무결한 개념이 필요하다.

⑥ 이상을 이성이 알아내는 것을 불가능

그러나 이상을 하나의 보기로서, 곧 현상 안에 실현시키려고 하는 것은 소설에서 현자를 그려내듯이 실제로는 불가능한 일이다. …

⑦ 이상 : 모든 사물의 원형

따라서 이상이란 이성에 대한 모든 사물의 원형이며, 사물은 불완전한 모형이므로 그 가능성을 위한 소재를 이 원형에서 구한다. … 따라서 이성의 이상이 단지 이성 안에서만 발견되는 대상은 '근원적 존재자'라고 하고, 자기 위에 아무것도 가지고 있지 않는 한도에서 '최고의 존재자'라고도 하며, 모든 존재자가 제약된 것으로 그 아래 종속된 한에서 모든 '존재자 중의 존재자'라고도 한다. …"(칸트, 『순수이성비판』, 409-414)

바. 신 존재의 "존재론적 증명"에 대한 비판

칸트는 "신존재의 존재론적 증명"에 대해 비판을 한다. 이 부분은 변증론 중 '신의 이념' 논의에서 핵심을 차지한다. 이에 대한 일반적인 정리(챗GPT)는 다음과 같다.

① 존재론적 증명 개요
존재론적 증명의 대표적인 형태는 안셀무스, 라이프니츠 등에 의해 전개되었는데, 그 논리 구조는 다음과 같다. "(a)신은 가장 완전한 존재(ens realissimum)이다. (b)존재(existentia)는 완전성의 하나이다. (c)따라서 신 개념 속에는 존재가 포함된다. (d)그러므로 신은 존재한다."즉, 개념 정의 자체로 실재를 보장하려는 논증이다. (필자 : 신은 완전한 존재를 일컫는데, 개념으로 있는 것보다 실제로 존재하는 것이 더욱 완전함을 의미한다. 그러므로 신은 존재한다.)
② 칸트의 비판 핵심
칸트는 이 증명이 개념과 존재의 구별을 무너뜨린 오류라고 지적한다.
(a) "존재는 술어가 아니다" : "존재"는 어떤 개념에 내용을 추가하는 성질이 아니라, 그 개념이 실제로 대상에 대응하는가를 말해주는 표지일 뿐이다. 예컨대, "100달러 개념"과 "실제로 주머니 속의 100달러"는 개념상 동일하다. 실제 존재한다고 해서 개념에 새로운 속성이 더해지는 건 아니다. 단지 그 개념이 실재적 대상과 일치하는지 여부가 바뀌는 것이다. 따라서 "존재를 술어(perfectio, 완전하다)로 삼아 개념을 완전하게 만든다"는 존재론적 증명의 전제가 무너진다.
(b) "개념에서 실재를 도출할 수는 없다" : 순수 개념만으로는 경험적 직관이 결여되어 있다. 칸트는 "직관 없는 개념은 공허하다"고 말한다. 신의 개념이 아무리 무모순적이고 완전하다 해도, 그것만으로는 실재를 확정할 수는 없다.
(c) 이성의 자연적 환상 : 이성은 모든 조건들의 총체를 요구하기 때문에, "궁극적이고 필연적 존재"를 상정하게 된다. 하지만 이는 규제적 이념일 뿐, 구성적 대상이 아니다. 따라서 이를 실제로 존재한다고 단정하면 이성의 환상에 빠지게 된다.
③ 칸트의 결론
존재론적 증명은 '존재'를 술어로 오해한 데서 비롯된 오류이다. 결국 순수이성으로는 신의 존재를 증명할 수 없다. 신은 오직 실천이성의 영역

4장 순수이성의 변증적 추리

(도덕철학)에서 실천적 이념으로 정당화될 수 있을 뿐, 이론이성으로는 증명 불가하다는 결론으로 귀착된다.
칸트의 존재론적 증명 비판은 "존재는 술어가 아니므로, 개념으로부터 실재를 끌어낼 수 없다. 따라서 순수이성의 존재론적 증명은 불가능하다."라고 정리할 수 있다.(챗GPT, 신 존재의 '존재론적 증명'에 대한 비판, 2025.9.17.)

위의 내용을 칸트는 다음과 같이 말한다. 칸트는 완전한 실재성으로서의 존재자라는 상정에는 문제점이 있다고 지적한다. 경험내용으로 늘어나는 지각인데, 순수사유로만은 그 지각이 늘어나지 않는다. 개념을 아무리 강화해도 그 한계는 여전히 존재한다. 개념으로 실제를 확장할 수 없다는 것이다. 즉, 개념의 순수이성, 순수사유, 개념만의 확장으로는 절대자를 인식할 수 없다는 것이다. 칸트는 결론으로 실천이성을 그 대안으로 제시한다.

① 완전한 실재성으로서의 존재자라는 상정의 문제점
최고의 완전무결한 실재성으로서의 하나의 존재자를 생각한다고 해도 그것이 실제로 존재하느냐 존재하지 않느냐 하는 문제는 여전히 남는다. 왜냐하면, 하나의 사물일반의 가능한 실재적 내용에 관한 나의 개념에는 아무런 결함이 없지만, 그래도 나의 사유의 전 상태에 대한 관계에서는 역시 무엇인가가 결여된, 곧 그 객체를 인식하는 것은 후천적으로도 가능하다는 사실이 결여되어 있기 때문이다. (칸트, 『순수이성비판』, 428)
② 경험내용으로 늘어나는 지각인데, 순수사유로만은 늘어나지 않음
원래 전 경험의 내용과 결합함으로써 대상의 개념은 조금도 늘어나지는 않지만, 우리의 사유는 경험내용에 의하여 지각을 더 얻게 되기 때문이다. 이와 반대로, 만일 우리가 실재적 존재를 순수범주만으로 사유하려고 한다면, 그것을 단순한 가능성과 구분할 아무런 징표도 제시할 수 없다고 하여 조금도 놀랄 것은 없다. (칸트, 『순수이성비판』, 429)
③ 개념을 아무리 강화해도 그 한계

그러므로 대상에 관한 우리의 개념이 아무리 많은 것을 내용으로 포함하고 있더라도 개념에 실재적 존재를 부여하기 위해서는 개념의 바깥으로 나갈 수 밖에 없다. 감관의 대상에서는 경험적 법칙을 좇아서 그 어떤 지각과 관련함으로서 이루어진다. 그러나 순수사유의 객체에 대해서는 객체의 현실적 존재를 인식하기 위한 수단이 전혀 없다. 왜냐하면, 그 객체는 선천적으로 인식되어야만 하는데, 우리가 모든 실재적 존재를 의식하는 것은 어디까지나 경험의 통일에 의해서이다. 또 이러한 경험의 범위 외에 실재적 존재는 물론 단적으로 불가능하다고 선언할 수는 없지만, 우리가 어떠한 것으로도 정당화시킬 수 없는 하나의 가정이다.(칸트, 『순수이성비판』, 429)

④ 개념으로 실제를 확장할 수 없음

최고의 존재자라고 하는 개념은 여러 가지 점에서 매우 유익한 이념이기는 하다. 그러나 단순한 이념이라고 하는 바로 그 이유로 해서 그것만을 매개로 하여 실제로 존재하는 것에 관한 우리의 인식을 확장할 능력을 가지지는 못하였다. 이념은 우리에게 가능성에 대해서는 결코 가능성 이상의 것을 가르쳐주지는 않는다. 가능성의 분석적 표징은 단순한 정립(실재성)이 아무런 모순도 나타내지 않는다고 하는 데 있지만, 이 표징이 물론 최고 존재자의 개념에 있다고 함은 논의의 여지가 없다. 그러나 하나의 사물에서 실재적인 성질의 종합이므로, 그 가능성에 대해서 우리는 선험적으로 판단할 수가 없다. 이들 실재성은 우리에게 특별히 주어진 것은 아니기 때문이며, 또 가령 특수하게 주어졌다 하더라도 종합적 인식 가능성의 표징은 언제나 경험 가운데서 찾아내야 하지만, 이념의 대상은 경험에 속하지 아니하므로 거기에는 전혀 판단이 성립하지 않기 때문이다. (칸트, 『순수이성비판』, 429)

사. 신 존재의 "우주론적 증명"에 대한 비판

칸트는 "신존재의 우주론적 증명"에 대해 비판을 한다. 이에 대한 일반적인 정리(챗GPT)는 다음과 같다.

4장 순수이성의 변증적 추리

① 우주론적 증명의 전통적 구조

우주론적 증명은 주로 토마스 아퀴나스나 라이프니츠적 전통에서 사용된 논증이다. 핵심 논리는 다음과 같다:

(a) 세계 속에는 우연적 존재들이 있다. (b) 우연적 존재들의 원인을 계속 거슬러 올라가면, 무한히 연쇄될 수는 없으므로 필연적 존재에 도달해야 한다. (c) 이 필연적 존재가 곧 신이다. 즉, 경험 세계(우연적 존재들)에서 출발해 궁극적 필연자(신)에 도달하려는 증명이다.

② 칸트의 비판 요지

칸트는 이 증명이 표면적으로는 경험에서 출발하는 듯 보이지만, 실제로는 존재론적 증명에 의존한다고 지적한다.

(a) "필연적 존재" 개념의 공허함 : 우주론적 증명은 "필연적 존재가 반드시 있어야 한다"고 주장한다. 하지만 그 필연적 존재가 무엇인지는 전혀 설명하지 못한다. 단지 "어떤 필연적 존재가 있어야 한다"는 주장일 뿐, 그것이 왜 곧 "신(ens realissimum)"이어야 하는지는 논증되지 않는다.

(b) 존재론적 증명에의 환원 : 우주론적 증명은 필연적 존재가 실제로 있다고 주장하려면, 결국 "존재론적 증명"을 호출한다. 즉, "가장 완전한 존재가 곧 필연적 존재이며 따라서 존재한다"라는 식으로 넘어가야 한다. 따라서 우주론적 증명은 독립적이지 않고, 결국 "존재론적 증명의 뒷문"에 의존한다. 칸트는 이것을 "우주론적 증명은 몰래 존재론적 증명의 문을 통하여 들어온다"고 말한다.

(c) 경험과 초월 사이의 불합리한 도약 : 출발은 "경험 세계의 우연성"에서 하는데, 결론은 "경험 밖의 초월적 존재"로 나아간다. 그러나 범주(원인, 필연성 등)는 경험 세계에만 정당하게 적용될 수 있다. 초월적 존재(신)에 이를 적용하는 순간, 이성은 경험의 한계를 넘어선 오류에 빠진다.

③ 칸트의 결론

우주론적 증명은 경험을 출발점 삼아 초월적 존재를 입증하려는 시도지만, 사실상 존재론적 증명으로 귀결될 뿐이다. 결국 존재론적 증명이 무너지면, 우주론적 증명 역시 성립하지 않는다. 따라서 순수이성은 결코 신의 존재를 입증할 수 없다. 신 개념은 인식적 대상이 아니라 규제적 이념으로만 쓸 수 있다.

칸트의 우주론적 증명 비판은 "우주론적 증명은 경험에서 출발하는 듯 보이나, 결국 존재론적 증명에 의존하며, 따라서 자립적이지 못하다."고 압축할 수 있다.(챗GPT, 신 존재의 '우주론적 증명'에 대한 비판, 2025.9.17.)

칸트는 "신의 존재에 관한 우주론적 증명"의 네 가지 사례를 소개하며, 그것에 대한 한계를 다음과 같이 말한다.

우주론적 증명에는 다음과 같은 것이 있다. 첫째로, 우연적인 것으로부터 하나의 원인에로 추론하는 선험적 원칙이 있다. 이 원칙은 감성계에서만 의미를 갖는 것으로, 감성계 밖에서는 아무 의미도 가지지 못한다.… 둘째로, 감성계에서는 원인으로부터, 또 그 원인으로 점점 거슬러 오르는 여러 원인이 무한한 계열은 불가능하다는 것으로부터 제1원인을 추론하려는 추리가 있다. 그런데 경험에서 이성사용의 원리자체는 이러한 추론을 할 수 있는 권리를 우리에게 주지 않는다. 더욱이 이 원칙은 경험을 넘어서까지 확장할 수 없다. 셋째로, 이 계열의 완결에 관한 이성의 그릇된 자기만족이 있다. 이 자기만족이 생기는 까닭은 그것 없이는 어떠한 필연성의 개념도 생길 수가 없는 모든 조건을 마침내 제거해 버리고, 그 이상 아무것도 파악할 수 없게 되어 이러한 제거를 개념의 완성으로 간주하는 데서부터 온다. 넷째로, 모든 하나로 된 실재성이라는 개념을 만드는 것이 논리적으로 가능하다는 점과 그것이 선험적으로 가능하다는 점을 혼동한 것, 또 선험적으로 가능하기 위해서는 그러한 종합이 이루어질 수 있는 원리가 필요한데, 이러한 원리는 또한 가능한

경험의 영역에서만 통용될 수 있다는 점 등등이다.(칸트, 『순수이성비판』, 435)

아. 신 존재의 "목적론적 증명(자연신학적 증명)"에 대한 비판
칸트의 "신존재의 목적론적 증명 비판"의 내용은 다음과 같다. 이 부분은 흔히 '설계론적 증명'이라고도 불리는 전통적 논증에 대한 비판이다. 이에 대한 일반적인 정리(챗GPT)는 다음과 같다.

① 목적론적(설계론적) 증명 개요
목적론적 증명은 고대 스토아학파에서 시작하여, 중세 신학을 거쳐, 근대 뉴턴주의(자연의 질서 강조)에 이르고 있다. 그 기본논리는 다음과 같다. (a) 자연세계에는 질서, 조화, 목적성이 존재한다. (b) 이러한 정연한 질서는 지성적 설계자를 전제하지 않고는 설명하기 어렵다. (c)따라서 세계는 신이라는 설계자에 의해 만들어졌다. 즉, 경험적 자연의 질서에서 출발해 지성적 설계자의 존재를 주장하는 방식이다.
② 칸트의 비판 요지
(a) 설계자 개념은 경험적 개연성일 뿐이다 : 자연의 질서와 목적성을 근거로 '설계자'의 개연성은 인정할 수 있다. 그러나 이로부터 곧바로 절대적이고 필연적인 존재(ens realissimum, 신)를 도출할 수는 없다. 설계론은 가장 강력한 감동을 주는 증명이지만, 논리적 확실성은 결여되어 있다.
(b) 무한에서 유한으로의 불합리한 비약 : 자연의 질서를 설명한다고 해서, 그것이 곧 절대적이고 무한한 존재로 귀결되지는 않는다. 최대한 도달할 수 있는 결론은 "매우 강력한 기술을 가진 세계 건축자"일 뿐, 이는 전통적 의미의 창조주 신과는 동일하지 않다.
(c) 존재론적·우주론적 증명으로의 의존 : 설계론은 독립적으로는 신의 필연적 존재를 보장할 수 없다. 결국 "그 설계자가 필연적 존재이며, 모든 현실성을 포함한 존재"임을 주장하려면, 우주론적 증명으로 넘어가야

하고, 다시 존재론적 증명에 의존하게 된다. 칸트는 "목적론적 증명은 우리를 필연적 존재 개념으로 이끌 뿐, 그것을 보증하지는 않는다"고 말한다.

③ 칸트의 결론

(a)목적론적 증명은 신존재 증명 중 가장 설득력이 있지만, 논리적 엄밀성은 부족하다. (b) 그것은 단지 우리를 "필연적 존재 개념"으로 안내할 뿐, 독자적 증명이 될 수 없다. (c)따라서 존재론적 증명이 무너지면, 우주론적 증명도, 목적론적 증명도 다 무너진다. (d)신 개념은 인식적 대상이 아니라, 이성의 규제적 이념으로만 정당화된다.

칸트의 목적론적 증명 비판은 "자연의 질서에서 설계자를 추론할 수는 있지만, 그것은 어디까지나 유한한 건축자 개념일 뿐이다. 이를 참된 신의 필연적 존재로 끌어올리려면 결국 다른 증명(우주론적·존재론적)에 의존해야 하므로, 독립적 증명으로서는 실패한다"고 정리할 수 있다.(챗GPT, 신 존재의 '목적론적 증명'에 대한 비판, 2025.9.17.)

칸트는 '목적론적 증명'을 '자연신학적 증명' 중 하나로 보고 있다. 이에 대해 칸트는 다음과 같이 말하고 있다. 그 내용들 중에서 의미 있는 부분들을 발췌하면 다음과 같다.

① 경탄을 주는 목적론적 세계

현 세계는 우리에게 다양성과 질서와 합목적성과 미 등과 같은 측량할 수 없는 연극을 보여주고 있다. 우리는 이러한 것들을 무한한 공간에서, 또는 공간의 무제한적인 한 부분에서 추구할 수 있을지도 모른다. 그래서 우리의 연약한 오성이 그에 관하여 얻을 수 있었던 지식에 의해 생각해 보더라도 너무나 많은, 그리고 예상할 수 없이 큰 경이로움에 대해서는 모든 언어가 그 힘을 잃고, 모든 수(數)가 그 헤아림을 잃으며, 우리의 사고마저도 모든 한계를 잃어버릴 정도이다. 그리하여 세계 전체에 관한 우리의 판단은 무언의, 그러나 더욱더 웅변적인 경탄으로 변할 수밖에 없다.

② 도처에서 발견되는 합법칙성

우리는 도처에서 결과와 원인, 목적과 수단의 연쇄, 그리고 생성과 소멸의 합법칙성을 본다. 그리고 아무것도 제 스스로 현상태에 이르게 된 것은 없으므로, 이 상태는 점점 더 거슬러 올라가 그 원인으로서의 다른 사물을 지시하고, 원인은 바로 같은 물음을 필연적으로 발하게 된다. 그 결과, 이 무한한 우연적인 것 밖에서 그 자신 근원적이며 독립적으로 존재하여 우연적인 것을 지지하고, 근원의 원인으로서 동시에 우연적인 것에 그 지속을 보증하는 어떤 것이 상정되지 않는다면, 모든 것은 이와 같은 무의 심연으로 빠지지 않을 수 없다.(칸트, 『순수이성비판』, 444)

③ 자연과학적인 증명

이 자연과학적인 증명은 언제나 존경으로써 지목할만한 가치가 있다. 그것은 가장 오래 되고 가장 명백한 상식에 가장 적합하니, 자연연구에 활기를 주고, 그 자신 자연연구에 관하여 자기의 현실적 존재를 바치며, 그럼으로써 더욱더 새로운 힘을 얻는다. 목적과 의도를 우리의 관찰자로서는 스스로 발견하지 못할 곳까지 미치게 하고, 자연의 밖에 그 원리를 가지고 있는 특수한 통일을 길잡이로 해서 우리의 자연인식을 확대한다. 그러나 이 지식은 다시 그 원인, 다시 말해 이 지식을 생기게 한 이념에 영향을 끼치고 최고창시자에 대한 신앙을 불가항력적인 확신에까지 증대한다. 따라서 이 증명의 명성을 손상시키려 함은 가망 없는 일일 뿐만 아니라, 전혀 무익한 일이다. … (칸트, 『순수이성비판』, 444-445)

④ 그러나 경탄이 명확한 개념을 주는 것은 아니다.

…이들 원인의 통일성은 교묘한 건축물의 여러 부분처럼 세계 여러 부분에 걸친 상호관계의 통일로부터 추론되지만, 우리의 관찰이 미치는 건축물에 대해서는 확실하게 그 이상이 되면 유비의 원칙에 따라서 개연적으로 추론된다.… 이 추론에 의하면, 이렇게 많은 자연적 조직이 가지

는 합목적성은 단지 형식의 우연성을 증명하는 것으로 질료, 곧 세계 실체의 우연성을 증명함은 아님을 알 수 있다.… 그리하여 자연신학적 추론은 세계에서 이와 같이 어디서나 관찰될 수 있는 질서와 합목적성, 곧 전혀 우연적인 조직으로부터 출발해서, 그에 '상응하는 원인'의 현실적인 존재로 추론해 나간다. 그러나 이 원인의 개념은 우리에게 원인에 관해서 아주 '명확한' 어떤 것을 인식시켜 주는 것이어야 한다. 따라서 이 개념은 전지·전능 등, 한 마디로 말해서 모든 것을 충족시키는 존재자로서의 완전성을 가지고 있는 존재자의 개념 이외에 아무것도 아니다. 왜냐하면, 아주 위대하다든지 경탄할 만하다든지 헤아릴 수 없는 힘이라든지 탁월하다든지 하는 따위의 술어는 어떤 명확한 개념을 주는 것이 아니고, 또 사물자체가 무엇임을 말해주는 것도 아니다. 오히려 세계의 관찰자가 자기 자신 및 자기의 이해력과 그 대상을 비교하여 대상의 크기를 상관적으로 표상한 것에 불과하며, 이러한 표상은 설사 그 대상을 보다 크게 하든지 또는 관찰하는 주체를 대상에 비하여 작게 만들든지에 상관없이 마찬가지로 대상을 찬양한 결과가 된다. 물일반의(완전성의) 크기가 문제가 될 때에는 이러한 전체의 가능한 완전성을 포괄하는 개념 이외에 명확한 개념은 없다. 그리고 실재성의 전체는 오직 이 개념 가운데서 완전히 규정된다.(칸트, 『순수이성비판』, 446-448)

⑤ 최고의 세계 원인에 관해 명확한 개념을 주지 못하는 자연신학

…그러므로 자연신학은 최고의 세계 원인에 관해 아무런 명확한 개념을 주지 못하며, 따라서 다시금 종교의 기초를 이루어야 할 신학의 원리에 대해서 충분한 것이 못된다. 절대적 전체성에 이르기 위해서는 경험의 방법으로는 도저히 불가능하다.…(칸트, 『순수이성비판』, 448)

자. [평가] 칸트의 신 존재증명에 대한 또 다른 견해

칸트는 우리의 순수이성으로는 신 존재에 대해 추론 혹은 아주 객관적인 추론은 가능하지만, 이것을 경험적으로 확인하는 것은 불가능하다고 한다. 그리고 궁극적으로 이 신 존재에 대한 확인이 경험적으로 되지 않기 때문

4장 순수이성의 변증적 추리

에 신 지식을 강화시키거나 확대시킬 수 없다고 말한다. 이에 대한 기독교 신학에서는 다음과 같이 말한다.

먼저, 기독교 혹은 성경에서의 신존재 증명은 "순수이성(사유)+표적(믿음)"을 통해서 이루어진다. 어떤 신에 대한 각종의 사유가 존재한다. 이때 일반적으로 신에 대한 사유는 꿈이나 환상을 통해서 주어지고, 혹은 예지력의 추정에 의해서 이루어진다. 그러다가 어느 날 그 사유에 합당한 기적 혹은 표적이 나타난다. 이것은 개인적으로 일어나며, 혹은 집단적으로도 일어난다. 이 표적이 곧 경험이다.
그 다음, 이 신지식과 경험이 개인 혹은 집단적으로 주어졌을 때, 이것이 성경으로 기록이 되며 공동체적으로 이어진다. 그러면, 그 성경에 기록된 그 신에 대한 진술과 표적이 그 후대들에게 믿음으로 자리잡게 된다. 그리고 이 믿음은 고스란히 그들에게도 기적으로 재현되어 나타난다. 기독교인들은 이러한 신에 대한 경험을 기도를 통해서 하고 있다.
이렇게 표적으로서의 경험이 나타나면, 그 동안 지식으로 주어졌던 신지식이 확정이 된다. 그리고 이에 근거하여서 더 다양한 신지식의 확장과 강화가 이루어진다. (필자)

칸트는 신에 대한 순수이성의 무용론을 주장하지만, 이와 같은 다른 견해가 풍성하게 존재하고 있다는 것을 유념하여야 한다.

3부 실천이성비판

1장 실천이성비판의 개략

1. '실천이성'의 개념

가. 『실천이성비판』에 나타난 칸트의 비전

칸트는 우리 안에 존재하는 이성 안에 '순수이성'이 존재한다는 것을 말하며, 이 '순수이성'에서 '자연법칙'을 인식할 수 있는 '범주'가 선재적으로 존재하고 있는 것을 발견하였다. 그리고는 이어서 이러한 우리의 이성이 곧 '법칙제정자'라고 선포하기에 이르렀다. 우리 안에 하나님의 법칙이 먼저 디자인되어 있었고, 이것이 우리의 관찰과 경험을 통하여 밖으로 드러나기 시작했으며, 이것이 당시의 과학적 발견의 실체였다는 것을 알게 되었기 때문이었다. 그런데, 칸트는 순수이성의 한계를 또한 알게 되었는데, 특히 경험되지 않는 도덕적·형이상학적 세계에 대해서는 그것을 확인하거나 강화하거나 확장할 길이 없다는 것을 알게 되었다. 그러면서 그 형이상학적 세계는 우리의 실천이성과 연결되었음을 확인하기에 이르렀다.

칸트는 우리 안에 "행위를 위한 의지를 규정"하는 '실천이성'을 발견하고, 우리의 행위와 관련한 '법칙'이 우리 안에 존재하는 지를 규명하기에 이른다. 순수이성에서 '자연의 법칙'을 발견한 것처럼, 우리의 실천이성을 규명함을 통해서 우리 이성 안에 '실천적 법칙'이 존재하는지를 알고자 하였던 것이다. 그리고 궁극적으로 칸트는 우리 안에서 '실천적 법칙'이 존재하는 것을 발견하고 증명해 내었다. 이것이 곧 『실천이성비판』에 나타난 칸트의 비전이었다.

칸트는 이러한 차원에서 먼저 이성 안에 존재하는 "실천·행위 혹은 의지와 관련한 법칙"을 발견하고, 이어서 이러한 도덕법이 법칙이 되기 위해서는 '자유의지'가 전제되어야 함을 발견한다. 이 '자유'의 발견은 사실은 '순수(사변)이성'으로는 규명 불가한 것이었다. 정작 인류가 추구하는 '이념'의 세계에만 진입하면 우리의 '사유'는 이율배반 속에 빠졌던 것이다. 이때 등장하는 개념이 '자유'의 문제였으며, '신'의 문제였고, '영혼불멸'의 문제였다.

칸트는 우리의 이성 안에 '자유'가 존재한다는 것을 발견하게 되었으며, 이 발견은 또한 자연스럽게 '하나님의 존재'와 '영혼불멸의 존재'에 대한 증명으로 이어지게 되었다. 『실천이성비판』은 이런 주제로 논의를 전개하고 있다.

나. '실천이성'의 개념

칸트의 『순수이성비판』은 이성의 이론적 사용에 관한 것으로서 '이성 안에 있는 순전한 인식 능력(순수이성)'만을 대상으로 삼았다. 그런데 인간은 인식할 뿐 아니라, 행동하는 존재로서, 이성에는 실천적 기능이 존재한다. 『실천이성비판』에서는 '이성의 실천적 능력(실천이성)'을 다루는데, 이것은 "이성 안에 있는 의지를 규정하는 근거들"을 다루는 것을 의미한다.[7] 이때, 의지는 "표상에 대응하는 대상들을 낳는 능력(목적을 실현하는 능력)"이거나, 이런 "대상들을 낳도록 자기를 규정하는 능력(목적을 실현하도록 결의하게 하는 능력)"이거나이다. "실천이성의 개념"에 대해서 칸트는 다음과 같이 말한다.

① 순수이성 : 순수한 인식능력, 즉 사유
이성의 이론적 사용은 단지 인식능력의 대상을 연구하였으며, 이런 사용에 관한 이성의 비판은 원래 순수한 인식능력에만 관계하였다.…
② 실천이성 : 의지를 규정하는 근거들
실천적 사용에서는 이성은 의지를 규정하는 근거들을 다룬다.
③ 표상에 대응하는 대상들을 낳는 능력
의지는 표상에 대응하는 대상들을 낳는 능력(목적 실현의 능력)이거나,
④ 자신의 원인성을 규정하는 능력
이런 대상들을 낳도록 자기를 규정하는 능력 즉 자신의 원인성을 규정하는 능력(목적을 실현하도록 결의하게 하는 능력)이거나이다.

---

7) 순수이성비판이 인간이성의 인식과 개념형성과 관련한 "지적인 측면"을 탐구하고, 실천이성비판이 인간이성의 실천적인 측면(행동)과 관련한 "의지적인 측면"을 탐구하며, 판단력비판이 인간이성의 미적 감각과 관련한 "정적인 측면"을 탐구한다.

⑤ 이성의 실천적인 사용

이는 실천적인 사용에 있어서는 이성은 적어도 의지를 규정하기에 족한 까닭이요, 의욕만을 문제로 삼는다면 또한 항상 객관적 실재성을 갖는 까닭이다.(칸트, 『실천이성비판』, 최재희 역, 14)

다. 『실천이성비판』의 머리말에 나타난 17가지 주제

『실천이성비판』 머리말(1788)을 아카데미판 기준으로 문단별로 짚으면서, 그것을 17항으로 정리할 수 있다. 머리말은 사실상 "사변이성이 무력했던 초월적 개념들(자유, 신, 불멸)을 실천이성이 도덕법칙을 통해 정당화한다"는 점을 반복적으로 변주하면서 17개의 세부 논점을 전개하고 있다. 그 내용은 다음과 같다.

① 《순수이성비판》과의 연속성

"이 책은 이미 출간된 순수이성비판의 보충이다." 《실천이성비판》은 독립 저술이지만, 《순수이성비판》의 연장선에 놓인다.

② 비판의 공통 목적

"이성의 능력은 비판 없이는 방종과 혼란에 빠진다." 사변적 이성뿐 아니라 실천적 이성도 비판을 필요로 한다.

③ 사변이성의 한계

"사변이성은 자유, 불멸, 신에 대한 긍정적 지식을 산출하지 못한다." 즉, 초월적 대상에 대한 인식은 불가능하다.

④ 실천이성의 등장

"그러나 실천이성은 그 자체의 법칙을 통해 이 개념들을 정당화한다." 사변이성이 막힌 자리를 실천이성이 채운다.

⑤ 자유의 요청

"자유는 실천이성의 법칙을 통해 확고히 입증된다." 자유는 경험적으로 증명되지 않지만, 도덕법칙에 의해 필연적으로 요청된다.

⑥ 도덕법칙의 자명성

"도덕법칙은 사실(Faktum)로서 주어진다." 감각 경험이 아니라 이성 그 자체의 명령이다.
⑦ 실천이성의 독립성
"실천이성은 외부 경험에 의존하지 않는다." 자기 입법적·자율적 능력이다.
⑧ 사변과 실천의 구분
"사변이성은 단지 가상을 생산할 뿐이나, 실천이성은 현실적 확실성을 제공한다." 같은 이성이지만, 두 사용 방식은 다르다.
⑨ 최고선(Summum Bonum)의 제시
"최고선은 도덕과 행복의 조화다." 실천이성은 도덕적 행위와 행복을 하나의 궁극적 지향으로 묶는다.
⑩ 신의 요청
"최고선의 가능성은 신의 존재를 가정하지 않고는 설명될 수 없다." 신은 실천적 이성의 필연적 가정(postulat)이다.
⑪ 영혼 불멸의 요청
"완전한 도덕과 행복의 조화를 위해서는 영혼의 불멸이 요청된다." 인간의 유한한 삶만으로는 최고선이 달성될 수 없기 때문이다.
⑫ 사변과 실천의 역전
"사변이성이 실패한 곳에서 실천이성이 성공한다." 도덕은 형이상학의 기초가 된다.
⑬ 형이상학의 전환
"형이상학은 이제 실천적 관점에서만 정당화될 수 있다." 이성 비판의 구조적 전환점이다.
⑭ 도덕철학의 기초 확립
"이 책의 목적은 도덕철학의 토대를 선험적으로 세우는 것이다." 경험적 윤리학이 아닌 "순수 실천철학"이 목표이다.
⑮ 비판 방법론
"비판은 모든 독단을 방지한다." 실천이성의 분석 역시 선험적 비판 방

법으로 진행된다.

⑯ 비판의 보편적 필요성

"도덕조차 무비판적이면 독단이나 감성주의에 빠진다." 감상적 도덕주의(센티멘털리즘)나 경험주의적 윤리학을 경계한다.

⑰ 비판철학의 완결

"사변과 실천의 비판이 합쳐져 이성 전체의 체계가 완결된다." 즉, "《순수이성비판》+《실천이성비판》= 이성의 전체 기획"이다.

위 내용 중 중요하다고 판단되는 사항을 정리해서 살펴보면 다음과 같다.

2. 실천이성비판의 대상

가. 실천이성(양심)의 존재를 증명

칸트는, 『실천이성비판』의 이름은 '실천이성 일반의 비판'이라고 하며, 이것은 순수한 실천이성비판이 아니다고 말하며, 이렇게 이름을 붙인 이유는 오로지 우리 안에 '실천이성이 있음'을 명시하려는 것 뿐이라고 한다. 여기에서 실천이성은 무엇인가? 양심을 의미한다. 칸트에 의하면, 이 양심은 도덕적 명령이 흘러나오는 예지계(도덕적·신적 세계)와 직접적으로 맞닿아 있다. 이것만 해도 놀라운 가치가 있다. 이러한 '실천이성의 존재'를 증명하기 위해 '실천적 능력 전체(실천이성일반)'를 비판하고자 한다는 것이다.

칸트는 우리 안에 "실천적 이성이 있음"만을 증명하려 하고 있으며, 더 나아가서는 "실천이성의 선과 악에 대한 개념"이 있음을 증명하려한다. 양심은 스스로 작동을 하고 있다는 것이다. 그래서 "실천적인 가능성에 반대하는 모든 궤변(필자: 기독교의 '이신득의'를 의미)은 헛된 것"이라는 것을 증명하고자 한다. 이때, 칸트는 "순수한 실천능력 자체"를 비판할 필요가 없는데, 이것은 본령을 넘어서는 것이기 때문이었다. 칸트의 이 말은 당시 기독교의 '이신칭의' 교리의 남용으로 인한 도덕적 해이에 대한 반론이었다.

① 우리 안에 존재하는 "순수한 실천이성"
나는 이 비판 책에 "순수한 실천이성의 비판"이란 이름이 아니라, 단지 "실천이성 일반의 비판"이라는 이름을 붙였다.…내가 이런 이름을 붙인 까닭은 이 책의 논술 자체가 충분히 증명해 줄 것이다. 우리의 진술은 "순수한 실천이성이 있음"을 오로지 명시하려고 하고, 이러한 목적을 위해서 "이성의 실천적 능력 전체(일반)"를 비판하고 있다.
② '순수한 실천능력' 자체, 곧 '양심의 능력' 등을 비판할 필요는 없음
이 점에 관해서 내 논술이 만일 성공하는 것이라면, 이성이 제 분수에 지나친 소위 '순수한 능력'에 의해서 자기의 본령을 넘어서지나 않는가 하는 것을 감시하고자, (이런 일이 사변이성에서는 확실히 나타났다), 이 비판은 '순수한 (실천)능력' 자체를 비판할 필요가 없다.
③ 양심은 스스로 우리 안에서 기능을 함으로 스스로 증명하고 있음
왜냐하면, 이성이 순수한 이성으로서, 사실상 실천적(의지를 규정하는 것)이라면, 이성은 자기(양심)의 실재성과 자기 개념(선과 악)의 실재성을 행실을 통해서 증명하겠고, 실천적인 가능성에 반대하는 모든 궤변은 헛된 것이기 때문이다.(칸트, 『실천이성비판』, 1)

칸트는 우리 안에 양심이 존재하는 것만을 말하고자 한다. 이것의 능력 - 예컨대, 우리가 선을 행할 수 있는가 없는가의 논의 - 을 논할 필요는 없다고 말한다. 이미 우리 안에서 양심이 자신의 기능을 하고 있다. 선과 악을 알려주고 있다.
한편, 기독교 내에서 '이신칭의'의 원리는 우리 안에 의(양심)에 대한 '실천적 능력"은 전혀 없다고 주장한다. 그래서 할 수 있는 도덕적 행위마저 무시되고 있다. 칸트는 이러한 '실천적 능력'까지는 말하고 싶지 않고, 자신은 다만 우리 안에 '실천적 가능성(양심을 좇을 수 있는 가능한 능력)'은 존재하며, 이것을 반대하는 궤변은 헛된 것임을 증명하고자 한다는 것이다. 기독교 내에 편만하여 있는 바와 같이, '도덕적 양심'을 좇아 행할 수 있는데도, 이것을 도무지 행치 않으면서 '이신칭의'를 말하는 것은 옳지 않다는

것이다. 이에 따라 『실천이성비판』은 도덕적 회복에 큰 영향력을 끼친 책이 되었다. 『실천이성비판』은 우리 이성 안에 존재하는 '양심' 곧 '도덕법칙'을 증명한다.

나. '자유(의지)'의 발견

우리의 이성 안에 존재하는 '양심'이라는 '도덕의 법칙'은 '자유(의지)'라는 필연적인 전제가 없으면 성립될 수 없는 것이었다. 칸트는 "자유가 없으면 도덕법은 인간에게서 전혀 발견될 수 없다"고 말함을 통해서, '도덕의 법칙'의 발견은 '자유의지의 발견'으로 필연적으로 귀착되었던 것이다.

이것은 『순수이성비판』의 '이념'에 관한 주제에 있어서 발생하였던 '순수이성'으로는 더 이상 해결할 수 없었던, 즉 순수이성이 '인과론'을 적용할 시에 나타났던 '이율배반'의 문제에 대한 해답을 제공해 준다. 순수이성(이론이성, 사변이성)이 '이념'의 단계에 이르러서 '무제약자'를 생각하려할 즈음에 그것은 반드시 '이율배반'에 빠졌다. 이때 사변이성은 자유의 개념을 단지 있을 수 있는 것으로만 제시할 수 있었고, 자유개념의 객관적 실재성을 확보하지는 못했다. 그러던 '자유'가 이제 여기에서 발견된 것이었다. 이에 따라 칸트는 다음과 같이 말한다.

① 선험적인 자유를 증명하는 실천이성의 능력
이 순수한 (실천이성의) 능력과 함께, '선험적인 자유'도 이제야 확고한 것이 된다. 여기에 확고하게 되는 선험적 자유란, 사변이성이 원인성의 개념을 사용할 때에, 이율배반에 빠지지 않고자, 필요로 했던 그러한 절대적 의미의 것이다.
② 사변이성의 한계 : 무제약자 이율배반
사변이성은 인과적인 결합의 계열에 있어서 무제약자를 생각하려 할 즈음에, 그것은 반드시 이율배반에 빠졌다. 사변이성은 자유의 개념을 단지 있을 듯이 생각할 수 있는 것으로만 제시할 수 있었고, 자유개념의 객관적 실재성을 확보하지는 못했다. …(칸트, 『실천이성비판』, 1)

③ 자유(인과율의 지배를 벗어나는 것)의 개념의 출현
그런데 자유의 개념은 그것의 실재성이 실천이성의 의심할 나위 없는 법칙에 의해서 증명되는 한에서, 순수이성의, 사변이성까지의 전체계의 요석이다. …(칸트, 『실천이성비판』, 1)

[보충] 무제약자 사유시 발생하는 이율배반
칸트가 말한 "사변이성은 인과적인 결합에 있어서 무제약자를 생각하려 할 즈음에, 그것은 반드시 이율배반에 빠졌다"는 구절은 순수이성비판의 「이율배반론」 맥락을 가리키는 말이다. 즉 "이성이 인과적 사슬에서 절대적 근거(무제약자)를 찾으려는 순간, 서로 모순되는 명제를 동시에 도출하게 되고, 따라서 필연적으로 이율배반에 빠진다"는 의미이다. 이에 대한 일반적인 정리(챗GPT)는 다음과 같다.

① 문제의 배경: 인과성과 무제약자
칸트에 따르면, 우리의 (순수)이성은 단순히 경험 속에 주어진 현상만 생각하는 데 그치지 않고, '조건들의 연쇄'를 완결하려는 성향을 지닌다. 즉, 어떤 현상 A가 있으면 그것의 원인 B를 묻고, 다시 그 원인 C를 묻는 식으로 "조건의 조건"을 끝없이 추적해 나가려 한다.
그런데 이성은 여기서 만족하지 않고, "그 무한한 조건의 사슬이 어디서 끝나는가?"라는 질문을 던진다. 다시 말해, 조건들의 사슬을 더 이상 거슬러 올라가지 않아도 되는 '무제약자(Unbedingte)', 즉 최종적이고 절대적인 원인을 추구한다.
② 이율배반이 생기는 이유
칸트가 지적한 것은, 이 무제약자를 생각하려는 순간, 이성이 스스로 모순에 빠진다는 점이다. 예컨대, 정명(Thesis)으로서, 인과적 사슬에는 무조건적인 제1원인이 있어야 한다. 무한히 계속될 수는 없다. 그런데, 반명(Antithesis)이 있는데, 인과적 사슬은 무한히 이어질 수밖에 없다. 즉, 최초 원인을 상정할 수는 없다.

이 두 명제는 모두 순수이성의 요구에서 나온 것이며, 각각 그럴듯한 논증을 갖추고 있다. 그런데 둘은 서로 정반대라서, 동시에 참일 수 없다. 이것이 바로 '이율배반(Antinomie)'이 발생하는 지점이다.

③ 의미

따라서 칸트가 말한 문장은 요약하면 이렇다. 사변이성(순수이성)은 "인과적 결합" 즉 조건과 원인의 연쇄를 끝까지 추적하려는 성향 때문에, 필연적으로 무제약자(절대적 최초 원인)를 사유하려 한다. 그러나 그렇게 사유하는 순간, 이성은 "있다/없다"라는 정반대의 명제를 동시에 도출해 내며, 자기 모순(이율배반)에 빠진다. 이율배반은 단순한 오류가 아니라, 이성 자체의 구조에서 불가피하게 발생하는 모순이다.

④ 칸트의 해결

칸트는 여기서 "이율배반"을 통해 중요한 결론을 끌어내려 했다. 우리가 이율배반에 빠지는 이유는, 현상세계(경험적 인과율)와 물자체(초월적 무제약자)를 혼동하기 때문이다. 인과적 사슬은 경험의 범위 안에서만 유효하며, 물자체에까지 적용될 수는 없다. 따라서 무제약자를 경험적 사물로서 증명하려는 시도는 실패할 수밖에 없다.(챗GPT, 무제약자 이율배반, 2025.9.18.)

즉, 인과율을 벗어나는 자유의 세계가 존재하는 것이다. 이곳은 물 자체의 세계로서 이 세계에서는 인과율이 적용되지 않는다. 그래서 이율배반도 존재하지 않는다.

다. '하나님' '영혼불멸'에 대한 증명

또한, '자유'의 발견은 순수이성으로 더 이상 생각할 수 없었던 '이념'의 또 다른 주제들인 '하나님'과 '영혼불멸'의 실재에 대한 또 다른 증명이 되었다. 순수이성(사변이성)으로는 '하나님'과 '영혼불멸'에 대한 것은 증명할 수가 없었는데, 이제 이렇게 하여서 이러한 형이상학적 문제에 대한 증명을 할 수 있게 된 것이다.

① 자유에 의해 증명되는 하나님과 영혼불멸의 개념

아무런 지지도 받음이 없이 한갓 이념으로 사변이성 중에 남았던 모든 다른 개념(하나님과 영혼불멸의 두 개념)은 이제야 자유의 개념에 연결되고, 그 개념과 함께 또 그 개념을 통해서, 비로소 존립하게 되며 객관적인 실재성을 얻는 터이다. 다시 말하면, 다른 개념들의 (실재) 가능성은 자유가 현실로 존재하기 때문에 증명되는 것이다. 이는 도덕법이 자유의 이념을 알려주기 때문이다.(칸트, 『실천이성비판』, 2)

② 선험적 이념으로서의 '자유'

그러나 자유는 또한 사변이성의 모든 이념 중에서도, 그것의 가능성을 (대상적으로) 우리가 통찰하는 것은 아니나, 선천적으로 아는 바, 단 하나의 이념이다. 왜냐하면, 자유는 우리가 잘 아는 도덕법의 조건이기에 말이다.(칸트 주: 자유가 도무지 없으면 도덕법은 인간에게 전혀 발견될 수 없겠기 때문이다.)

③ 도덕법의 필연적인 조건으로서 하나님과 영혼불멸

이에 대해서, 하나님과 영혼불멸의 이념은 도덕법의 조건들인 것이 아니라, 오직 도덕법에 의해 결정된 의지의 필연적인 객관의 조건들이다. 따라서 우리는 이 두 이념에 관해서도, 그것들의 현실성은 말할 필요도 없고, 그것들의 가능성까지라도 인식하며 통찰한다고 주장할 수는 없다. 그러나, 이 두 이념은 도덕적으로 규정된 의지를, 이 의지가 선천적으로 가지는 대상(최고선)에 적용하는 조건이다. 따라서 이 두 이념의 가능성은 실천적(도덕적)인 관점에서 가정 될 수 있고 또 가정되지 않을 수 없다. 비록 그 가능성을 이론적으로 인식하고 통찰하지는 못할망정. 이러한 가정의 요구에 대해서는 실천적 관점에서 이 두 이념이 아무런 내적 불가능성(모순)도 포함하지 않는다고 하는 그것으로써 족한 것이다.… 따라서 이성의 실천적 사용이 이성의 이론적 사용의 요소들과 조화하게 된다.

④ 이러한 요구는 필연적 법칙적 요구

그리고 이런 요구는 사변의 임의적인 의도에서 오는 가언적인 요구가 아니라, 필연적으로 법칙적인 요구이다. 그 무엇(하나님과 영혼불멸성)이 아예 있으므로 해서, 사람은 그의 행동목적으로서 반드시 있어야 할 것(최고선 혹은 최상선)이, 비로소 생길 수 있는 것이다.(칸트,『실천이성비판』, 3)

3. 독립적 존재로서의 '실천이성' : 자유

가. 도덕법칙의 자명성 : 실천이성의 존재 입증

머리말의 여섯 번째 주제는 도덕법칙의 자명성이다. 즉, "도덕법칙은 사실(Faktum)로서 주어진다"는 것이다. 감각 경험이 아니라 이성 그 자체의 명령인데, 이것이 우리 안에 독립적 존재로서 발견된다.

우리가 순수이성으로 우리 안의 어떤 존재를 판단할 수 있다. 그런데, 순수이성의 경우 경험되지 않으면, 그 존재를 입증해 내지 못한다. 그런데, 우리 안에 도덕법칙이 출현하고 있는 것을 경험적으로 발견한다. 이것은 순수이성의 경험과는 그 양태가 다르다. 그 무엇인가로부터 도덕법칙이 흘러나오는데, 흘러나온 것을 경험적으로 인식할 수 있다. 이 도덕법칙을 흘려보내는 그 주체를 실천이성이라고 하는 것이다. 도덕법칙은 실천이성의 존재를 이렇게 입증하고 있다.

칸트에 의하면, 순수이성은 초감성적인 것의 실재성을 거부한다. 그러나 실천이성은 그 초감성적인 것의 실재성을 용인한다. 예컨대, 선과 악의 객관적 사용의 실재성을 인정하는 것이다. 그것은 선천적으로 나타나는 그 선과 악의 결의(결정과 의지)를 보면 알 수 있다. 그러면 그 실재성에 대한 의혹은 사라진다. 우리는 우리 안에서 '(인과율로부터의) 자유'[8]에 대해서

---

[8] 인과율로부터의 자유 : 우리는 배가 고파 굶어죽을 지경이어서 도둑질을 했다고 말한다. 아무리 인과율을 들어서 나를 설득하려 해도, 그래도 내 안의 실천이성은 그 '인과율'의 제약을 받지 않고, "그것은 도둑질이다"고 말한다. 이 말을 하는 존재가 실천이성인 것이다. (필자)

실재성을 부여하고 있는 실천이성을 발견할 수 있는 것이다. 그래서 결국 사고하는 내 주관까지도 이제는 그 실천이성의 존재를 인정하게 된다. 결국 도덕법칙의 자명성은 우리 안에 실천이성의 존재를 입증하고 있는 것이다.

① 순수이성은 초감성적인 것의 실재성을 거부, 실천이성은 인용
여기에 비로소 비판(철학)의 수수께끼가 설명된다. 즉 "어째서 우리가 사변에서는 범주들 (최고의 오성개념들, 가령 원인성의 개념이나 실체성의 개념)의 초감성적인 사용에 대하여 그 객관적 실재성을 거부했으면서도, 순수한 실천이성의 객관(선과 악)들에 관해서는 그 사용의 실재성(타당성)을 인용할 수 있느냐"하는 수수께끼가 설명된다.
② 선천적으로 나타나는 결의를 보면 그 의혹은 사라짐
이런 말은 (이성의) 실천적 사용을 그저 명목상으로만 알고 있는 동안, 우선은 반드시 전후가 당착하는 것처럼 생각될 것이다. 그러나 이제 (이성의) 실천적인 사용의 완전한 분석을 통해서, 여기에 말한 실재성이 범주를 이론적으로 규정하는 것에 귀착하지도 않으며, 인식을 초감성적인 것으로 확장하는 것에 귀착하지도 않고, 그 실재성이 지적하는 바가, 오직 실천적인 관점에서 범주들에 객관이 언제나 귀속한다는 뜻인 것을 우리가 알고만 보면, - 왜냐하면 (실천적 관점에서) 범주들은 필연적인 결의 중에 선천적으로 포함되어 있거나, 혹은 결의의 대상(선악의 개념)과 불가분적으로 결합하여 있기 때문에 - 전후가 당착한다는 저 의혹은 저절로 소멸하여 버린다. 이는, 우리가 이런 개념 (범주)들에 관하여 사변이성이 요구하는 사용과는 다른 사용을 하고 있는 까닭이다.
③ 자유에 대해 실재성을 부여하고 있는 실천이성이 발견됨
이에 대해서, 이제야 사변적 비판의 당착 없는 사고방식의 - 뜻밖이면서도 무척 만족할 만한 - 확인이 나타난다. 즉, 사변적 비판은 경험의 대상 그것들을 단지 현상들이라고 생각하고, 그럼에도 초감성적인 것을 가상물로 보지 않고, 모든 초감성자의 개념을 내용상 허무한 것으로 보지 않음을 가르쳐 주었고, 그러므로, 이제야 실천이성은 독자적으로, 사변

이성과 아무런 협의 없이, 원인성이란 범주의 초감성적인 대상, 즉 자유에다 실재성을 부여하며, (이런 자유는 실천적인 의미로서 오직 실천적으로만 사용되는 것이로되), 따라서 사변이성의 비판에서는 단지 생각될 수만 있었던 것(자유)을 실천이성은 (양심)의 사실에 의해서 확증하고 있다. (이 점에 실로 당착 없는 사고방식의 확인 나타나는 바이다.)
④ 사고하는 주관까지도 그 실재성을 인정하고 있음
그런데, 이 즈음에 사고하는 주관까지도 내적인(심리적인) 직관에 있어서는 그 주관 자신의 한갓 현상에 불과하다는, 사변이성의 비판이 내인, 기이하나마 부정할 수 없는 주장은, 그와 동시에 실천이성의 비판에 있어서 실로 완전한 인정을 받는 터이다. 그리고 이런 인정은, 사변이성의 비판이 가령 그러한 주장의 명제를 증명하지는 않았다 치더라도, 그런 인정에 도달하지 않을 수 없을 그만큼, 의당한 것이다.(칸트, 『실천이성비판』, 3-4)

나. 실천이성의 독립성 : 외부경험에 의존하지 않고 자율적 작동

머리말의 일곱 번째 주제에서 칸트는, "실천이성은 외부 경험이나 조건에 기대지 않고, 스스로의 법칙을 통해서만 작동한다"고 강조한다. 실천이성은 그 자체의 법칙을 통해 의지를 규정한다. 이것은 곧 자율개념으로 이어진다. 사변이성은 대상을 인식하기 위해 감각 자료에 의존해야 하지만, 실천이성은 도덕법칙이라는 내적 원리만으로 의지를 규정한다. 이 독립성이 보장되기 때문에, 실천이성은 인간이 자유로운 존재임을 보여주는 근거가 된다.

칸트에 의하면, 인간 안에 있는 "도덕법에 있어서의 자유"는 인간 안에 있는 본질 자체의 그것이다. 왜냐면, 그것은 외부의 자연법칙에 의한 경험적 현상에 영향을 받지 않기 때문이다. 칸트는 이러한 실천이성(양심)의 존재를 발견한 것이다. 실천이성(양심)은 본질 자체의 그것이며, 이것을 부인하고는 이성을 설명할 길이 없다. 사실 이것이 칸트『실천이성비판』의 최고의 업적이다. 칸트는 그 내용을 다음과 같이 설명하고 있다.

① 도덕법에 의한 자유로서의 원인성 : 본질 자체의 그것

자유로서의 원인성과 자연적 기계성으로서의 원인성과의 조화는 (이 중의 전자는 도덕법에 의해서, 후자는 자연법칙에 의해서, 그러면서도 동일한 주관 안에, 즉, 인간 안에 엄존하는 것이다.) 인간을 전자에 관해서는 "본질 자체 그것"으로서, 후자에 관해서는 반대로 "현상"으로서 생각함이 없으면, 바꾸어 말하면 전자는 '순수'한 의식 중에서 후자는 '경험적'인 의식 중에서, 생각함이 없으면, 불가능한 일이다. 이런 처리가 없고 보면, 이성의 자기자신과의 모순을 도저히 피할 수 없다.

② 순수이성이 주는 가상체를 거부하고, 실천적 인식에서는 주장

이상으로써, 나는 또한 지금까지 내가 봉착한, 비판철학에 대한 가장 눈에 뜨이는 비난들이, 두 요점을 중심삼아 있는 이유를 양해한다. 두 요점이란 한편에서 가상체들에[9] 적용된 범주들의 객관적 실재성을 내가 이론적인 인식에서는 거부했으면서, 실천적인 인식에서는 그것을 주장하고 있다는 것과, 다른 편에서는 자기를 자유의 주체로서는 가상체(혹은 본체)라고 하면서 그와 동시에 (신체적) 자연에 관해서는 자기 자신의 경험적 의식 중의 현상체라고, 역리인 듯한 요구를 하고 있다는 것이다.

③ 자유와 도덕성이 준 개념

무릇, 자유와 도덕성에 관해서 아무런 확고한 개념도 가지지 않았던 동안은, 한편 소위, 현상의 근저에 무엇이 가상체로서 두어질 것인가, 다른 편 애초에 순수한 오성의 모든 개념(범주)들을 그 이론적 사용에서 오로지 현상에만 적용했다면, 가상체를 일반적으로 과연 생각이라도 할 수 있는 것인가, 이런 것들을 사람은 예측도 할 수가 없었기에 말이다.

④ 실천이성비판(철학)의 가장 큰 공적

---

[9] 가상체(Schein): 인식능력(사변이성)이 감당할 수 없는 대상(자유, 신, 불멸)에 대해 "있는 것처럼" 보이게 하는 환상을 말한다. 거짓이 아니라, 이성이 구조적으로 생성해내는 "피할 수 없는 착각"이다. 실천이성의 독립성은 바로, 이 가상체에 의존하지 않고, 스스로의 도덕법칙을 통해서만 확실성을 갖는 데 있다. (챗GPT, 가상체, 2025.9.19)

오직 실천이성의 자세한 비판만이 이런 모든 오해(즉, 비난)를 없앨 수 있으며, 또 비판철학의 가장 훌륭한 공적인 바, 당착 없는 사고방식을 밝혀 낼 수 있다.(칸트, 『실천이성비판』, 5)

다. 사변과 실천의 구분

칸트는 머리말 여덟 번째 주제로서 우리 안에 사변이성과 실천이성을 구분한다. 순수이성과 실천이성은 같은 이성이지만, 두 사용 방식은 다르다. 칸트는 그리고 그 양자를 나란히 놓고, 그 효과를 비교한다. 결국 사변이성은 자유·신·불멸에 대해 단지 가상체를 낳을 뿐이지만, 실천이성은 그것이 도덕법칙을 통해 실재적으로 드러난다. 특히 자유(인과율로부터 자유)의 개념에서 나타나고 있는 실재성은 그 어느 누구도 부인할 수 없다.

① 자유, 영혼불멸, 신에 대한 고찰 비교
…앞에서 말한 (세 가지 : 자유, 영혼불멸, 신) 개념들에 관해서, 우리는 이성을 사변이성 비판에서 사용한 것과는 아주 다른 사용에로 옮겨서 고찰하기에 말이다. 그러나, 이런 옮김(전이)은 새 길을 옛 길과 구별하는 동시에, 양자의 관련을 깨닫게 하고자, 옛적 사용과 새 사용을 비교함을 필요로 한다.
② 순수이성의 가상체가 실천이성에서는 실재적으로 드러남
그러므로, 독자는 이런 종류의 고찰들을 그 중에도 특히 순수이성의 실천적인 사용에서 다시 한 번 자유의 개념을 향해서 하여진 고찰을, 사변이성의 비판적인 체계의 결함들을 보충하기 위해서만 - 비유해서 말하면 서둘러서 지어진 건축에 흔히 생기듯이, 나중에 새삼스러이 지주(支柱)와 측주(側株)들을 가져오기 위해서만 - 유용한 터인, 끼어넣은 잡물로 보지 말 것이다. (사변이성의 체계는 그 자신의 관점에서 봐서 완전한 것이니까.) 저 사변이성비판에서 단지 있을 듯하다고 생각되었던 개념들을, 이제야 실천이성비판에서 실재적이라고 표현하여, 그런 개념들을 통찰하기에 이르고자, 독자는 우리의 고찰을 전체 체계의 연관을

밝히는 참된 지절(脂節)처럼 보아야 할 것이다.
③ 특히 자유(인과율로부터 자유)의 개념에서 나타나고 있는 실재성
이러한 주의는 특히 자유의 개념에 관계하고 있는 것이다.… 자유의 개념은 모든 경험론자들에 대해서는 그들을 엎어지게 하는 돌이지만, 비판적인 도덕론자들에게는 그들이 가장 숭고한 실천원칙들에 도달하는 열쇠이다. 후자는 자유의 개념에 의해서 자기들이 반드시 이성론적인 방법을 취해 가야 할 것을 통찰한다. (칸트, 『실천이성비판』, 5-6)

4. 실천이성의 지향점 : 신의 존재와 영혼불멸

가. 최고선(Summum Bonum)의 제시

머리말 아홉 번째에서는 실천이성이 "무엇을 지향하는가"라는 질문으로서 "최고선의 제시"이다. 실천이성은 도덕법칙을 통해 단순히 행위를 명령하는 데 그치지 않고, 도덕성과 행복의 조화를 이루는 '최고선'을 궁극적 지향으로 제시한다. 이 최고선을 지향하는 것이 인간 실천이성의 가장 원초적인 본능이다. 인간은 행복하려고 도덕을 추구하는 것이다. 이에 대한 일반적인 정리(챗GPT)는 다음과 같다.

> 칸트는 실천이성의 궁극적 지향을 '최고선'이라고 부른다. 이는 단순히 도덕적 선행이 아니라, 도덕성과 행복의 조화를 뜻한다. 도덕법칙은 무조건적 의무를 명령하지만, 인간은 동시에 행복을 추구하는 존재이기도 하다. 따라서 실천이성은 이 두 요소가 최종적으로 조화롭게 일치해야 한다고 요구한다. (챗GPT, 최고선의 제시, 2025.9.19.)
> 칸트에 따르면 최고선은 ①도덕적 덕성(완전한 도덕성)과 ②행복이 조화롭게 일치한 상태를 말한다. 단순히 덕성만으로는 완전하지 않고, 단순히 행복만으로도 최고선이 되지 않는다. 덕성은 최고선의 "조건"이고, 행복은 그 조건에 비례해 분배되는 것이다. 즉, "행복이 덕성에 합당하게 배분된 상태"가 바로 최고선이다. (챗GPT, 최고선, 2025.9. 19)

1장 실천이성비판의 개략

칸트는 순수한 실천이성에 관하여 이 『비판』에서 전개된 체계가 1785년에 나온 『도덕의 형이상학 원론』(『도덕철학서론』)을 전제로 하고 있다고 말한다. 한다. 칸트는 이 『도덕철학서론』에서 선의지(Guter Wille) 혹은 최고선의 개념을 중심으로 논의를 전개한다. 이 『실천이성비판』은 이 최고선의 실천적 능력을 본성 가운데서 발견하려는 것이라고 말한다.

① 『도덕의 형이상학 원론』(1785)을 전제로 한 『비판』
순수한 실천이성에 관하여 이 『비판』에서 전개된 체계가 무엇보다도 『비판』의 전 모습을 정당하게 표현할 수 있게 하는 올바른 관점을 잃지 않고자, 과연 어느 정도의 노력을 기울였는지, 나는 이런 종류의 저술을 잘 아는 인사들의 비판에 맡기지 않을 수 없다. 이 체계는 확실히 이전(1785년)에 나온 『도덕의 형이상학 원론』(이하에서 『도덕철학서론』으로 약칭)을 전제로 한다. …

② 최고선을 제시하는 『도덕철학서론』
『도덕철학서론』에서는, "도덕의 새 원리가 아니라 오직 새 표현공식이 세워져 있을 따름이라"고 말함으로써, 그 책을 비난하는 말을 하려고 한 비평가가 있다. 그러나, 이 비평가는 자기 자신의 예상보다도 더 잘, 꼭 맞는 말을 하였다. 누가 도대체, 모든 도덕성의 새로운 원칙을 가져와서, 마치 이전의 세상 사람이 의무의 무엇임을 알지 못했거나 혹은 그릇 생각했던 것처럼, 도덕을 이제와서 처음으로 발견하려고 했단 말인가? (나는 그런 일을 도무지 하지 않았다.) 수학자에 대해서 그 문제를 풀고자 마땅히 해야 할 것을 아주 엄밀히 규정하여 그릇치는 일이 없게 하는 공식이 얼마나 중대한가 하는 것을 아는 사람이면, 누구나, 모든 의미일반에 관해서 같은 작용을 하는 공식을, 무의미하며 무용하다고 생각하지는 않을 것이다.

③ 『비판』은 최고선의 실천적 능력을 본성 가운데서 발견하려는 것
그 외의 다른 점에서는 이 (제2비판)체계는 자체적으로 성립한다. 그리

고 모든 실천적인 과학의, 사변이성이 했음과 같은 완전한 분류가 함께 붙여져 있지 않은 데 대한 정당한 근거는, 실천적인 인식능력의 본성 가운데서 발견되는 바이다. 왜냐하면, 의무들을 분류하기 위해서 인간의 의무로서의 여러 의무를 특히 규정(분류)할 수 있음은, 오직 이러한 규정의 주체가(즉 인간이) 현실로 갖추고 있는 (유한한) 성질이, 비록 의무 일반에 관하여 필요한 한도 내에서라도, 먼저 알려져 있을 때뿐이기 때문이다. …(칸트, 『실천이성비판』, 6-7)

나. 신의 존재 요청

머리말 10번째에서는 "최고선은 신의 존재를 요청한다"는 주제로 말한다. "도덕을 행함으로써 행복을 누린다"는 최고선의 명제는 신의 존재를 가정하지 않고는 성립될 수 없는 명제이다. 이것은 즉 신의 존재는 실천적 이성의 필연적 가정(postulat)이다. 그 내용은 『실천이성비판』 제2장의 분석론에 나타난다. 먼저, 머리말의 열 번째 주제는 다음과 같다.

『도덕철학서론』에서는 선의 개념이 도덕의 원리보다도 먼저 확립되어 있지 않다고 항의함에 의해서, 진리를 사랑하고 두뇌가 명석하며 따라서 언제나 존경할 만한, 그 책 비평가의 말에 대해서, 나는 이 책 "분석론의 제2장"에서 충분한 대답을 해두었을 줄로 믿는다. 그 외에 또 진리의 발견을 명심해 있는 뜻을 알아보게 하는 인사들로부터, 내가 직접 받은 다른 여러 항의에 관해서도, 나는 역시 돌보아서 마지 않았다.(칸트, 『실천이성비판』, 7)

위의 내용을 이해하기 위해서 우리는 《실천이성비판》 제1부 '분석론' 제2장을 살펴보면 다음과 같다. 이 장의 정식 명칭은 "제2장. 순수실천이성의 대상에 대하여"이다. 이때 칸트는 그것을 '선' 혹은 '최고선'이라고 하였는데, 도덕철학자들에게는 그것이 바로 '신'이다. 플라톤도 '최고선'을 '신의 본성'으로서 '신'이라고 하였다. 그래서 신을 추구하는 자는 그 본능상 "도덕 혹

1장 실천이성비판의 개략

은 덕"을 추구하는데, 그것이 곧 신이기 때문이며, 여기에서 최고의 행복을 누린다. 그들은 신과의 결합을 추구하는데, 그 결합에서 최고의 행복을 누린다.

① 문제 제기
사변이성에는 대상(Objekt)이 "인식될 수 있는 것"이라는 규정이 있었듯, 실천이성도 "대상"이 무엇인지 정립해야 한다. 즉, "실천이성이 지향하는 고유의 대상은 무엇인가?"이다.

② 순수실천이성의 대상
칸트에게 순수실천이성의 대상은 선(善, das Gute)이다. 여기서 선이란 "도덕법칙에 의해 의지와 합치되는 것"을 뜻한다. 따라서 "선은 도덕법칙에서 나온다"는 원리가 세워진다. 우리가 먼저 어떤 것을 "좋다"라고 경험적으로 정의하는 게 아니라, 도덕법칙이 무엇을 명령하는가에 따라 그것이 선이 된다.

③ 선과 악의 정의
선(Gut)은 도덕법칙에 합당한 것이며, 악(Böse)은 도덕법칙을 위반하는 것이다. 이 정의는 결과론적(행복, 효용) 기준이 아니라, 의무와 합치되는가 아닌가라는 기준으로 결정된다.

④ 최고선과의 연결
이 장에서 칸트는 바로 최고선(Summum Bonum)의 개념으로 넘어간다. 순수실천이성의 궁극 대상은 단순한 선행이 아니라, 도덕과 행복의 조화이다. 그러나 이 최고선이 가능하려면, 행복이 도덕적 합당성에 따라 분배되어야 하므로, 신과 불멸의 요청이 뒤따르게 된다.

⑤ 이 장의 의의
이 장은 "선의 정의"를 뒤집는다. 고대·중세 도덕철학(아리스토텔레스, 스콜라 철학 등)은 보통 "선이 먼저, 법칙은 그 다음"이라고 봤다. 하지만 칸트는 정반대로, "법칙이 먼저, 선은 그에 종속"이라고 말한다. 즉, "선은 도덕법칙의 산물"이라는 혁명적 정의가 제시된 곳이다.

쉽게 말하자면, "사변이성의 대상은 인식 가능한 세계, 실천이성의 대상은 도덕법칙에 의해 규정된 '선'이다."

[보충] 기독교 "이신득의"와의 조화
위의 내용은 도덕 혹은 율법의 중요함을 말하고 있다. 이것은 기독교와 어떻게 조화를 이루는가? 기독교는 이 도덕 혹은 율법의 발원자를 1위 하나님, 혹은 하나님 아버지라고 말한다. 이때 이 하나님 아버지의 요구를 우리가 어떻게 이루는가? 그것은 우리가 예수 그리스도를 믿음을 통해서 이룬다. 예수 그리스도와 온전히 결합을 할 때, 그리스도의 선의 본성이 나를 지배하여 그 율법을 이룬다는 것이다. 내 힘과 의지로 도덕이 성취되지 않는다. 즉, "예수 그리스도를 믿음"으로, 더 나아가서는 "예수 그리스도의 믿음"으로 율법을 이룬다는 것이다.

다. 영혼 불멸의 요청

머리말 11번째 주제는 영혼불멸에 대한 요청인데, 칸트에 의하면, "완전한 도덕과 행복의 조화를 위해서는 영혼의 불멸이 요청된다"는 것이다. 인간의 유한한 삶만으로는 최고선이 달성될 수 없기 때문이다. 즉, 칸트에 의하면, "최고선의 가능성을 위해, 도덕적 완성을 향한 무한한 진보가 필요하며, 이를 위해 영혼의 불멸이 요청된다"는 것이다. 사실 이 내용은 변증론에 나타난다. 이에 대한 일반적인 정리(챗GPT)는 다음과 같다.

> 최고선(Summum Bonum)은 도덕적 완성(덕성)과 행복의 합치로 이루어지는데, 인간은 유한한 생애 안에서 완전한 도덕적 성취(성인의 단계)에 이르기 어렵다. 따라서 도덕적 완성을 향한 무한한 진보 과정이 전제되어야 하고, 이 과정이 가능하려면 인간의 존재는 죽음으로 끝나지 않고 영혼의 불멸을 통해 계속 이어져야 한다. 사변이성으로는 "영혼이 불멸한다"는 것을 증명할 수 없지만, 실천이성은 최고선의 가능성을 보존하기 위해 불멸을 필연적으로 요청한다.

1장 실천이성비판의 개략

칸트는 머리말에서 짧게 언급하지만, 본문 '변증론(Dialektik)'에서 신, 불멸, 자유를 실천이성의 3대 요청으로 체계적으로 정리한다.(챗GPT, 머리말 11번째, 2025.9.20.)

한편, 위의 내용을 칸트는 그의 머리말 열한 번째에서는 다음과 같이 말한다.

> 인간마음의 특수한 능력을, 그것의 원천들·내용들·한계들에 따라서 규정함이 문제이다. 이 때에, 우리는 확실히 인간 인식의 본성에 의해서, '인간마음'의 부분들부터 다루기 시작하고, 이런 부분들의 엄밀·완전한 진술부터 시작하지 않을 수 없다. 그러나 이 보다는 한층 더 철학적 건축술적인 둘째의 유의가 있다. 이것은 전체의 이념을 정당하게 파악하는 것이다. 이런 이념에 기본해서, 상관해 있는 모든 부분들을 전체라는 개념에서 유도하면서 순수한 이성능력에 의해서 고찰하는 일이다.…(칸트, 『실천이성비판』, 9)

[보충] 기독교의 하늘나라와의 비교
일반적으로 기독교의 가르침은 하늘나라는 이 모든 것의 완성이 이루어진 곳이다. 그런데, 칸트의 위의 말이 기독교의 하늘나라의 개념 속에 들어갈 수도 있다.

5. 실천이성의 역전

가. 사변과 실천의 역전

머리말의 12번째 주제는 형이상학 세계에서 일어난 사변이성에 대한 실천이성의 역전을 말하고 있다. "형이상학의 경우, 사변이성이 실패한 곳에서 실천이성이 성공한다." 그리고 이때 도덕이 기초가 되어 이것이 이루어 진다. 그래서 도덕은 형이상학의 기초가 된다. 이에 대한 일반적인 정리(챗

GPT)는 다음과 같다.

> 사변이성은 자유·신·불멸을 증명하려다 오히려 이율배반과 가상에 빠진다. 따라서 형이상학을 사변적 길로는 정당화할 수 없다. 그런데, 실천이성은 도덕법칙(Faktum)을 토대로, 같은 개념들(자유·신·불멸)을 필연적으로 요청(postulieren)한다. 이 요청은 단순한 가상이 아니라, 실제적·실천적 확실성이다. 따라서 이제 형이상학은 사변이성이 아니라 실천이성에 근거해 정당화된다. "도덕은 형이상학의 기초다"라는 전환적 선언이 바로 머리말의 이 대목이다.
> 머리말의 열두 번째 주제는: "사변이성이 실패한 자유·신·불멸을, 실천이성이 도덕법칙을 통해 성공적으로 정당화하면서, 형이상학의 기초는 사변이성이 아니라 실천이성에 의해 세워진다." 칸트의 비판철학에서 사변과 실천의 우위가 뒤바뀌는 결정적 전환점이다.(챗GPT, 열두 번째 주제, 2025.9.20.)

나. 형이상학의 전환

머리말 13번째 주제는 "형이상학은 이제 실천적 관점에서만 정당화될 수 있다." 이성 비판의 구조적 전환점이다. 칸트는 그것을 다음과 같이 말한다.

> 이처럼 하여, 이제야 인간 심성의 두 능력, 즉 인식능력과 욕망능력의 선천적인 원리들이 발견되었고, 그런 능력 사용의 조건들·범위·한계 등이 규정되었으며, 이로써 (엄밀한) 학으로서의 체계 있는 이론철학과 실천철학에 대한 기초가 놓여졌다.(칸트, 『실천이성비판』, 10)

즉, 12번째 주제에서 칸트는 "형이상학의 기초가 사변이성이 아니라 실천이성 위에 놓여야 한다"는 전환을 선언했다. 그 다음 13번째 주제에서는 그 전환이 의미하는 바를 구체적으로 정리한 것이다. 즉 도덕에서 출발하는 새로운 형이상학을 말한 것이다. 이에 대한 일반적인 정리(챗GPT)는 다음과 같다.

전통적인 형이상학(플라톤, 아리스토텔레스 이후 스콜라 철학, 라이프니츠-볼프학파 등)은 사변이성에 기반하여 신·자유·불멸을 다뤘다. 그러나 칸트에 따르면, 이것은 결국 독단이나 공허한 논증, 또는 가상(Schein)에 머물 수밖에 없다.
이제 형이상학이 진정한 학문으로 성립하려면, 사변이성이 아니라 실천이성의 법칙 위에 정초되어야 한다. 즉, 도덕법칙이라는 '이성의 사실(Faktum der Vernunft)'을 출발점으로 삼아야 한다.
이 새로운 형이상학은 더 이상 추상적·사변적 체계가 아니라, 실천적·규범적 체계이다. 따라서 형이상학은 이제 "도덕철학에 의해 정당화된 형이상학", 곧 실천이성의 형이상학이 된다.
머리말의 열세 번째 주제는: "형이상학은 이제 사변적 이론에서 출발하는 것이 아니라, 도덕법칙을 기초로 하는 실천적 관점에서만 정당화될 수 있다."는 것을 말한다. 즉, 12번째 주제에서 "실천이성이 사변이성을 대체한다"는 선언이 있었다면, 13번째 주제에서는 그 결과 형이상학 자체의 성격이 바뀐다는 점을 분명히 한 것이다.(챗GPT, 13번째 주제, 2025.9.20.)

다. 도덕철학의 기초 확립

머리말 14번째의 주제는 이 책의 목적을 말하고 있다. 즉 "이 책의 목적은 도덕철학의 토대를 선험적으로 세우는 것이다"라고 말한다. 경험적 윤리학이 아닌 "순수 실천철학"이 목표이다. 앞에서 13번째 주제는 "형이상학은 이제 도덕법칙을 기초로 한 실천적 형이상학으로 전환되어야 한다"는 선언이었다. 그 뒤를 잇는 14번째 주제는 이 전환을 바탕으로 도덕철학의 기초 확립을 명확히 밝히는 대목이다.

그러나 이런 나의 능력에 대해 어떤 사람이, 선천적 순수이성의 인식이란 일반적으로 도무지 있기 않고, 또 있을 수도 없다고 뜻밖인 발견을 했을 때만큼, 좋지 못한 항의에 나는 부닥치지는 않았을 것이다.…
이제 철학의 핵심 과제는, 경험에 기대는 윤리학이 아니라, 도덕법칙에 근거한 순수한 도덕철학, 곧 도덕형이상학을 세우는 것이다. 도덕철학은 단순히 실천 규칙이나 경험적 지침이 아니라, 형이상학의 토대 그 자체를 이루게 된다. 다시 말해, "실천이성의 분석 = 도덕철학의 기초 작업"이 된다.

칸트는 《실천이성비판》의 임무에 대해, 머리말에서 이 책의 목적을 분명히 밝힌다. 즉, "도덕철학의 확고한 기초를 선험적으로 마련하려는 것"이다. 따라서 이 책은 단순히 비판을 넘어서, 도덕철학을 위한 정초 작업이다.

머리말의 열네 번째 주제는: "실천이성의 비판은 도덕철학의 선험적 기초를 확립하려는 작업이며, 경험적 윤리학을 넘어서 도덕형이상학의 토대를 세우려는 것이다"라고 말할 수 있다.(챗GPT, 14번째 주제, 2025. 9. 20.)

라. 『실천이성비판』의 방법론적 지향 등

《실천이성비판》 머리말의 마지막 부분, 15-17번째 주제를 한 번에 정리하며 다음과 같다. 이 부분은 책 전체의 "방법론적 지향과 최종적 의의"를 요약하는 자리이다. 이에 대한 일반적인 정리(챗GPT)는 다음과 같다.

① 15번째 주제: 비판 방법론의 유지
칸트는 《순수이성비판》에서 확립한 "비판적 방법" 즉, 독단주의 비판, 선험적 분석을 그대로 실천이성에도 적용한다고 밝힌다. 도덕법칙은 자명한 Faktum이지만, 그것을 둘러싼 개념들(자유, 신, 불멸)을 사변적으로 오해하지 않도록 비판적 틀 속에서 다루어야 한다. 요컨대, 실천이성의 분석도 선험적 비판이라는 방법을 따른다.
② 16번째 주제: 비판의 보편적 필요성

도덕조차도 무비판적으로 다루면 독단적 도덕체계나 감상적 윤리학(센티멘털리즘), 또는 단순한 경험윤리학에 빠질 위험이 있다고 경고한다. 따라서 도덕법칙의 순수성을 보존하려면, 반드시 비판적 점검이 필요하다. 이로써 비판은 단순히 사변이성의 문제가 아니라, 인간 이성 일반의 보편적 과제가 된다.

③ 17번째 주제: 비판철학의 완결

마지막으로 칸트는, 《순수이성비판》과 《실천이성비판》을 합쳐 이성 전체의 비판이 완결된다고 선언한다. 사변이성이 인식 능력을 점검했다면, 실천이성은 행위 능력을 점검하여 서로 보완합니다. 이로써 이성은 스스로를 독단이나 환상으로부터 보호하면서, 이성 전체의 체계적 자기인식을 달성하게 됩니다.

④ 종합 요약 (15-17)

15번째 머리말은 "실천이성의 분석도 선험적 비판 방법론을 따른다"이며, 16번째 머리말은 "도덕철학조차 무비판적이면 독단이나 감상주의에 빠지므로 비판이 보편적으로 필요하다"이고, 17번 째 머리말은 "《순수이성비판》 + 《실천이성비판》이 결합해 비판철학 전체가 완결된다"는 내용이다. (챗GPT, 15-17번째 주제, 2025. 9.20.)

2장 순수한 실천이성의 원칙

1. 실천원칙들 : 준칙과 법칙

가. '실천원칙들' : 준칙들과 법칙들

칸트에 의하면, 우리의 의지에 보편적인 규정을 하는 명제를 '실천원칙'이라고 하는데, 이 원칙 아래에는 '다수의 실천적인 규칙들'을 갖는다. 그리고 이 원칙은 그 '주관성'과 '객관성'에 따라서 '준칙'과 '법칙'으로 나뉜다.

① 준칙과 법칙들
실천원칙들은 의지의 보편적 규정을 포함하는 명제들이다. 그리고 의지의 이러한 규정은 자신 안에 실천규칙들을 가지고 있다. 실천원칙들은, 주관이 제약을 주관의 의지에 대해서만 타당한 것으로 본다면, 주관적이다. 즉, 준칙들이다. 그러나 주관이 제약을 객관적으로 타당한 것으로, 다시 말하면 모든 이성존재자의 의지에 대해서 타당한 것으로 인식한다면, 실천 원칙들은 객관적이다. 즉 실천법칙들이다.

② 주석(사례)
순수한 이성이 실천적이기에, 즉 결의케 하기에, 충분한 근거를 자신 중에 포함할 수 있음을 우리가 가정한다면, 실천법칙들은 존재하는 것이요, 그렇지 못하면 모든 실천원칙은 준칙일 뿐이다. 이성존재자의 감각에서 촉발된 의지에 있어서는, 이성존재자 자신이 인식한 실천법칙들에 대해서, 준칙들의 반항이 생길 수 있다. 예를 들면, "어떠한 모욕이든 앙갚음하지 않고 참는 일이 없음"을 누구든지 자기의 준칙으로 삼을 수 있다. 그러나 그와 동시에 누구나 통찰할 수 있는 것은, 그같은 일이 실천법칙이 되지 않고, 오직 그 사람의 준칙임에 불과하며, 따라서 준칙과 반대로 그런 일을 모든 이성 존재자의 의지에 대한 규칙으로 한다면, 그로 인해서 동일한 준칙 중에 자기 모순이 생길 수 있다는 것이다.(칸트, 『실천이성비판』, 19-20)

2장 순수한 실천이성의 원칙

나. 가언적 명령과 정언적 명령

실천원칙 혹은 실천규칙들 중에서 '주관, 혹은 욕망능력의 특수한 성질'에 따라 정해진 규칙은 '준칙'인데, 이것은 스스로 마련한 원칙이므로 사람이 이것에 지배받지는 않는다. 이것은 목적을 위한 수단으로서의 행위를 지시하는 까닭이다.

그런데 의지 규정의 근거가 이성만이 아닌 다른 존재자인 경우에는, '행위의 객관적인 강제'를 뜻하므로 '명령'이다. 이것은 준칙과는 아주 다른 것이다. 이러한 명령은 두 가지로 나뉘는데, 하나는 '가언명령'으로서 '오직 하나의 결과와 그 결과를 낳는데 충분한 점'에 관해서만 규정하는 차원의 명령으로서 이것은 '훈계'이다.

① 자연인식의 규정 : 자연의 법칙들
자연인식에 있어서는, 예를 들면, 운동전달에서의 작용과 반작용의 상등 원리처럼, 발생하고 있는 현상의 원리들이 동시에 자연의 법칙들이다. 왜냐하면, 이성의 사용이 여기서는 이론적이요, 객체의 성질에 의해서 규정되는 까닭이다.

② 실천적 인식은 반드시 법칙들일 수는 없음
실천적인 인식 즉 의지의 규정근거들을 문제 삼는 인식에 있어서는, 사람이 마련한 원칙들이, 그렇다고 해서 사람이 반드시 그 지배를 받지 않을 수 없는 법칙들일 수는 없다. 이성은 실천적인 것에 있어서는 주관을 즉 욕망능력을 문제 삼고, 이 욕망능력의 특수한 성질에 따라서 규칙은 가지각색으로 변할 수 있기 때문이다. 실천규칙은 항상 이성이 낳은 것이다. 어째서냐 하면 실천규칙은 목적으로서의 결과에 대한 수단으로의 행위를 지시하는 까닭이다.

③ 어떤 규칙들은 명령적
그러나 이런(어떤) 규칙은, 이성만이 의지의 규정근거가 아닌 존재자에 대해서는 명령이다. 다시 말하면 행위의 객관적 강제를 뜻하는 당위에 의해 표시되는 규칙이다.… 그러므로 명령들은 객관적으로 타당하고, 주

관적인 원칙으로서의 준칙과는 아주 다른 것이다.

④ 가언적 명령과 정언적 명령

그러나 명령들은 작용하는 원인으로서의 이성존재자의 원인성이란 제약들을, 오직 하나의 결과와 그 결과를 낳는데 충분한 점과에 관해서만 규정하거나, 혹은 오직 의지만을 그것이 하나의 결과를 낳는데 충분하고 안함을 묻지 않고 단적으로 규정하거나, 이 둘 중의 어느 것이다. 전자는 가언적 명령들이겠고, 단지 숙달의 훈계들을 포함하겠다. 후자는 반대로 정언적이겠고, 이것만이 실천법칙(무상명령)들이겠다. (칸트, 『실천이성비판』, 20)

다. 실천법칙으로서의 정언명령

확실히 준칙들은 명령들은 아니다. 그리고 명령들 중에서도 욕망의 결과에 상관해서만 의지를 규정하는 조건적 명령도 이것은 훈계이지 명령은 아니다. 그런데 정언적 명령은 이성 자신만을 전제조건으로 가지며, 의지를 위해 다른 어떤 조건을 가지지 않는다. 오직 의지 자체에만 관계하고, 의지의 원인성에 대해서는 불문한다. 정언적 명령은 다른 사람들이나 그 무엇과 상의해서 나오는 것이 아니라, 그 스스로의 실천이성에서 출현하여 나온다. 이제 어떤 사람에게 그가 결코 거짓을 약속해서는 안 된다고 말한다고 하면, 이것은 오직 그의 의지에만 관계하는 하나의 규칙이다. 이것이 실천법칙이기 때문이다. 그 양심으로부터 나오는 소리이다. 이것을 발하는 존재가 우리 안에 실제적으로 존재한다는 것이다. 이 '정언명령'이 '실천법칙'이다. 이 '정언명령'에 속하는 것은 '도덕법'[10]인데 이것은 시간이나 상황에 관계없이 무차별적으로 우리 내부에서 명령을 한다.

---

10) 예컨대, 십계명과 같은 경우가 여기에 속하는데, "도둑질하지 말라"는 계명이 있다고 하자. 우리의 준칙은 여러 가지 불가피한 상황(예: 굶어죽을 수 있는 상황)을 '인과율'에 근거하여서 '다르게' 말할 수 있다. 그럼에도 불구하고, 우리의 '순수실천이성'은 여전히 이것을 명령한다. '인과율'은 여기에서 전혀 힘을 발휘하지 못한다. 이것이 곧 '실천법칙'이다.

2장 순수한 실천이성의 원칙

① 준칙들은 원칙이지만 명령들은 아님
따라서, 준칙들은 확실히 원칙들이기는 하되, 명령들은 아니다. 그러나 명령들 자신은 만약 그것이 조건적이라면, 즉 의지를 단적으로 의지로서 규정하지 않고 욕망된 결과에 상관해서만 의지를 규정한다면, 다시 말하면 가언적 명령들이라면, 그것은 확실히 실천적 훈계들이기는 하나 결단코 법칙들은 아니다. …

② 법칙은 정언적
법칙은 따라서 정언적(절대적)이다. 그렇지 않으면 그것은 법칙이 아니다. 왜냐하면, 훈계에는 이러한 필연성이 없기 때문이다. 필연성은, 그것이 실천적이어야 한다면, 감각적인 조건에서, 따라서 의지에 우연히 붙어 있는 조건에서 독립해 있는 것이다.

③ 훈계로서의 준칙
가령 누구에게 노년에 고생하지 않고자 청년시절에 노력을 많이 해서 저축해 두어야 한다고 말한다고 하자. 그러면, 이것은 의지의 정당하고도 중대한 실천적인 하나의 '훈계'이다. 그러나 우리가 이윽고 알 수 있는 것은, 의지는 여기서 어떤 다른 것의 지시를 받으며, 이 다른 것에 의해 무엇을 욕망함을 예상한다는 것이다. …이런 욕망들 중의 어느 것을 택하는가는, 모두 행위 당사자에게 맡겨져 있다.

④ 이성의 법칙수립에는 그 자신만을 전제로 함 : 선험적이기 때문
이성이 법칙을 수립하고자(할 때) 요구되는 것은, 이성이 오직 이성 자신만을 전제하는 것을 필요로 한다는 것이다. 왜냐하면 규칙은, 그것이 우연적인 주관적 조건들 없이 타당할 적에만, 객관적·보편적으로 타당한 것이기 때문이다. 이제 (여러 분이) 어떤 사람에게 그가 결코 거짓을 약속해서는 안 된다고 말한다고 하면, 이것은 오직 그의 의지에만 관계하는 하나의 규칙이다. 사람이 가질 수 있는 의도들은 그 사람에 의해서 달성될 수도 있고, 안될 수도 있다. 그러나 (거짓을 약속해서는 안 된다는) 규칙에 의해서 아주 선천적으로 규정되어야 하는 것은, 순전한 의욕일 따름이다. 그런데 이런 규칙이 실천적으로 정당한 것임이 알려지

면, 그것은 법칙이다. 왜냐하면 이런 규칙은 하나의 무상명령이기 때문이다. 그러므로, 실천법칙은 오직 의지에만 관계하고, 의지의 원인성에 의해서 무엇이 수행되는가는 불문이다. 실천법칙을 순수히 가지고자, '의지의 원인성'을 우리는 멸시할 수 있다. (칸트, 『실천이성비판』, 20-21)

2. 세 가지 정리들 : 정언명령의 도출

가. 세 가지 정리들

《실천이성비판》 제1부 분석론, 제1장 "순수한 실천이성의 원칙에 대하여"에는 칸트가 세 가지 정리를 제시한다. 이것은 순수실천이성의 핵심 원리이자, 도덕법칙의 성격을 규정하는 논리적 토대이다.

① 제1정리 : "순수한 이성은 실천적이다."
즉, 순수이성은 단순히 인식 기능만 있는 것이 아니라, 의지를 규정하는 실천적 능력도 지닌다. 따라서 이성은 우리에게 도덕법칙을 "명령"할 수 있다. 이는 "순수실천이성이 가능하다"는 가장 기본적인 선언이다.

② 제2정리 : "모든 실천이성은 선험적 법칙에 의해 규정되어야 한다." "모든 실천이성은 어떤 대상이나 경험적 동기에 의해 규정되지 않고, 오직 법칙에 의해 규정되어야 한다." 경험적 동기(쾌락, 행복, 효용 등)는 조건적이고 상대적이므로 도덕의 보편성과 필연성을 보장하지 못한다. 따라서 실천이성의 유일한 원리는 보편적 법칙이다. 이 정리는 후에 정언명령(Kategorischer Imperativ)으로 공식화된다.

③ 제3정리 : "정언명령"
"의지는 오직 그 준칙이 스스로 보편적 입법의 원리가 될 수 있는 경우에만 순수실천이성에 의해 규정된다." 이 정리는 앞의 두 정리를 결합해, 실천이성의 원칙을 구체적으로 정식화한 것이다. 즉, 내가 어떤 행위를 할 때, 그 행위의 준칙(maxim)이 보편적 입법 원리로 성립할 수 없다면, 그 행위는 도덕적이지 않다. 이는 곧 "정언명령의 법칙 형식"

2장 순수한 실천이성의 원칙

그 자체이다.(챗GPT, 세 가지 정리, 2025.9.20.)

제1정리는 "순수이성은 실천적이다." 이것은 순수실천이성 가능성을 말한다. 제2정리는 "실천이성의 원리는 경험적 동기가 아니라 법칙이다"이며, 제3정리는 "의지는 자신의 준칙이 보편적 입법 원리일 때만 도덕적이다(=정언명령)"이다. 이것은 "순수이성도 실천적이다 → 실천이성은 법칙만 따른다 → 그 법칙은 정언명령의 형식으로 나타난다."로 표현될 수 있다.

나. 정리1 : 순수 실천이성의 가능성

우리는 우리의 이성에는 '인식력'만 있다고 생각해 왔다. 그런데, 칸트에 의하면, 이 이성에는 '실천적 명령'의 기능도 있다는 것이다. 이것이 칸트의 위대한 발견이었다. 이것을 우리는 "순수 실천이성의 가능성"이라고 부르고자 한다. 우리는 "정리 1 : 순수이성은 실천적이다"에 대한 개략을 먼저 이해할 필요가 있다. 이에 대한 일반적인 정리(챗GPT)는 다음과 같다.

이 명제는 순수이성(pure reason)이 단순히 이론적·사변적 기능만 있는 것이 아니라, 스스로 의지를 규정하는 능력을 가지고 있음을 선언하는 것이다. 즉, 순수이성은 단순히 "알아내는 능력"이 아니라, "행위를 명령하는 능력"이기도 하다는 것이다.
《순수이성비판》에서 칸트는 이성이 "사변적" 사용에서는 신·자유·불멸을 증명하지 못한다고 밝혔다. 하지만 《실천이성비판》에서는 같은 이성이 실천적 차원에서는 자유로운 의지를 규정할 수 있음을 보여준다. 이때 그 근거가 되는 것이 바로 도덕법칙(Faktum der Vernunft)이다.
만약 순수이성이 실천적이지 않다면, 도덕법칙은 경험이나 외부 동기에 의존해야 하고, 도덕은 보편성과 필연성을 잃게 된다. 하지만 순수이성이 실천적이기 때문에, 도덕법칙은 선험적, 무조건적, 보편적인 명령으로 우리에게 주어진다.
이 정리로 칸트는 순수실천이성의 가능성을 가장 먼저 확립한다. 즉, 도덕철학이 "경험적 윤리학"이 아니라 "선험적 형이상학"으로 세워질 수 있는 출발점이 된다. 정리 1은, "순수이성은 그 자체로 의지를 규정하는 능력을 가지고 있으며, 따라서 도덕법칙을 실천적 현실로 제시할 수 있다"로 정리된다. (챗GPT, 정리1, 2025.9.20)

칸트에 의하면, 욕망능력의 객관(실질)을 의지의 규정근거로 전제하는 모든 실천원리, 즉 준칙은 '경험적'이며 '선험적인 필연성이 아니기 때문'에 법칙은 아니라고 한다. 선천적 원리만 실천법칙를 낸다. 이것은 우리의 순수이성에 이와 같은 실천명령을 내는 기능이 있다는 것이다. 그 내용은 다음과 같다.

① 객관(외부, 욕망)에서 나오는 실천원리는 실천법칙들이 아니다
욕망능력의 객관(실질)을 의지의 규정근거로 전제하는 모든 실천원리는, 통털어서 경험적이요, 결코 실천법칙들을 내 줄 수 없다.
② 욕망능력의 실질은 경험적인 원리
나는 욕망능력의 실질이란 말로써, 우리가 실현화하기를 욕망하는 대상을 의미한다. 이러한 대상에 대한 열망이 실천규칙에 앞서고, 실천규칙을 원리로 삼는 조건일 때에는, 나는 (첫째로) 이 경우에 이러한 원리는 항상 경험적이라고 말한다. 왜냐하면 자의를 결정하는 근거는 이 경우에는 객관의 관념과 이 관념의 주관에 대한 관계요, 이런 관계에 의하여 욕망능력은 객관을 실현하도록 규정되기 때문이다.
③ 현실적 쾌에서 나온 원리
(관념의) 주관에 대한 이러한 관계란, 대상의 현실에 대한 쾌를 말하는 것이다. 그러므로 이런 쾌가 자의를 결정할 수 있는 조건으로서 전제되지 않을 수 없다. 그러나 대상(목적)의 관념에 관해서는 어떠한 관념이건 간에, 그것이 쾌 또는 불쾌를 낳을는지… 우리는 결코 선천적으로 인식할 수 없다. 따라서 이런 경우의 자의의 규정근거는 항상 경험적이 되지 않을 수 없으며, 이러한 규정근거를 조건으로 전제하는 실천적인

실질적 원리도 역시 그렇지 않을 수 없다.
④ 선천적 원리만 실천법칙
그런데 쾌 · 불쾌의 감수성이라고 하는 주관적인 조건에만 기인하는 원리는,… 선천적으로 인식되어야 하는 객관적인 필연성이 이 원리에는 없기 때문에 법칙으로서 쓰일 수는 없다. 그러므로, 이러한 원리는 결코 실천법칙을 내줄 수 없다.(칸트, 『실천이성비판』, 21-22)

다. 정리2 : "실천이성의 원리는 경험적 동기가 아니라 법칙이다"
정리2는 "모든 실천이성은 경험적 동기나 대상에 의해 규정되지 않고, 오직 법칙에 의해서만 의지를 규정한다."는 내용이다. 이에 대한 일반적인 정리(챗GPT)는 다음과 같다.

칸트는, 실천이성이란 의지를 규정하는 능력인데, 그 규정 원리가 경험적 동기(쾌락, 욕망, 효용)가 아니라 보편적 법칙이라는 점을 선언한다. 따라서 "순수실천이성의 원리 = 도덕법칙"이다. 다시 말해, 도덕적 행위의 근거는 "무엇을 얻느냐(결과)"가 아니라 "무엇을 따라 행위하느냐(법칙)"이다.
인간은 감각적 충동과 욕망("경향성", Neigung)에 쉽게 지배된다. 만약 도덕이 이런 경험적 동기에 의존한다면, 도덕은 상대적이고 조건적일 수밖에 없다. 그러나 칸트는 도덕이 보편성과 필연성을 가지려면, 경험을 넘어서는 선험적 법칙에서 근거해야 한다고 주장한다.
즉, 경험적 동기(쾌락 · 행복 · 효용 등)는 조건적, 상대적인데, 이것은 도덕적 필연성으로는 불가능하다. 그러나 보편적 법칙(정언명령)은 무조건적, 보편적이며, 도덕적 필연성이 가능하다. 따라서 실천이성은 오직 법칙에 의해 의지를 규정해야 한다.
정리 2는 사실상 정언명령의 토대를 세우는 단계이다. 모든 실천이성의 원리를 "보편적 법칙"으로 한정함으로써, 도덕적 행위의 형식(법칙성)이 강조된다. 결과적으로 도덕은 결과론적 · 경험론적 기초 위가 아니라, 선험적·형식적 법칙 위에 서게 된다.
정리 2는 "실천이성은 의지를 규정할 때 경험적 동기(행복·쾌락 등)에 의존하지 않고, 오직 보편적 법칙을 통해서만 규정한다"고 정리할 수 있다. 정리 1이 "순수이성도 실천적이다"라는 가능성 선언이었다면, 정리 2는 그 실천성이 "경험적 동기가 아니라 법칙에 의해 작동한다"는 점을 확정짓는 단계이다. (챗GPT, 정리2, 2025. 9. 20)

칸트에 의하면, "실천이성의 원리는 경험적 동기가 아니라 법칙이다." 그런데, '준칙', 혹은 '실질적인 실천 원리'의 근저에 있는 본질은 '사애' 혹은 '자기행복의 보편적인 원리'이다. 이 원리는 '쾌의 욕망능력이 규정되는 동안만 실천적'이므로 '행복의식'이며, '자기행복의 원리'이다. 따라서 이러한 모든 '실질적인 실천규칙'은 의지의 규정근거를 '저급한 욕망능력'에 두는 것이다. 그러나 역으로 실천이성의 원리는 경험적 동기가 아니라 내부에서 선험적인 명령으로 나타나는 법칙이다.

① 모든 실질적인 실천원리 : 사애
모든 실질적인 실천 원리는 자체상으로는 전혀 동일한 종류요, 사애(私愛) 즉 자기행복의 보편적인 원리에 속한다. 사물의 실존이라는 관념에서 생기는 쾌는 그것이 사물에 대한 욕망을 규정하는 근거이어야 하는 한에서 주관의 감수성에 기인하는 것이다. 왜냐하면, 쾌는 현존에 의존하기 때문이다.… 이에 쾌는 주관이 대상의 현실에서 기대하는 쾌적감이 욕망능력을 규정하는 동안만, 실천적이다. 그런데 이성존재자의 전 현존에 끊임없이 수반되는 쾌적한 삶이라는 의식은 행복의 의식이다. 그리고 이 행복을 자의를 규정하는 최고 근거로 삼는 원리는, 사애의 원리이다. 따라서 자의를 규정하는 근거를 대상의 현실에서 느껴질 쾌 혹은 불쾌에다 두는 모든 실질적인 원리는, 그것이 죄다 사애 혹은 자기행복의 원리에 속하는 한에서, 전혀 동일한 종류라고 할 것이다.
② 실질적인 실천규칙 : 저급한 욕망능력

2장 순수한 실천이성의 원칙

모든 실질적인 실천규칙은 의지의 규정근거를 저급한 욕망능력에다 두는 것이다. 그리고 의지(자체)를 족히 규정하는 바, 의지의 순형식적 법칙들이 아주 없다면, 고급한 욕망능력도 용납될 수 없을 것이다.…(칸트, 『실천이성비판』, 22-23)

③ 고급한 욕망능력 : 순수한 이성의 실천적인 것
자기 행복의 원리는 의지에 대해서 그 저급한 욕망능력에 적합하는 근거 이외의 아무런 다른 규정근거를 포함하지 않을 것이다. 이러하므로 고급한 욕망능력이 아주 존재하지 않거나, 그렇지 않으면, 순수한 이성이 단독으로 실천적이게 되지 않을 수 없다.

④ 실천규칙이 내는 고급한 욕망능력
다시 말하면, 순수한 이성은 아무런 감정의 전제도 없이, 따라서 언제나 원리들의 경험적인 제약인 "욕망능력의 실질"로서의 쾌적이나 불쾌적의 관념 없이, 실천규칙의 형식만에 의해서 의지를 규정하지 않을 수 없다. 이때에야말로 이성은, 그것이 애착에 봉사하지 않고 오직 자신만으로 의지를 규정하는 한에서, 참으로 고급한 욕망능력이요, 이 능력에, 감각에서 규정되는 욕망 능력이 종속한다.…

⑤ 순수한 이성이 내는 실천적 법칙
실천법칙에 있어서는 이성은 직접 의지를 규정하고, 이성과 의지의 양자 사이에 들어오는 쾌와 불쾌의 감정에 의해서 (의지를) 규정하지 않으며, 실천법칙에 붙어서 생기는 감정에 의해서도, (의지를) 규정하지 않는다. 이성이 '순수한 이성'으로서 실천적일 수 있는 것만이, 이성으로 하여금 법칙을 수립할 수 있도록 한다.

⑥ 진정한 쾌락
행복하다는 것은, 이성적이며 유한한 존재(인간)의 누구나가 필연적으로 요구하는 것이요, 따라서 그런 존재의 욕망능력을 불가피하게 규정하는 근거이다.…현존에 만족한다는 것은 인간의 유한한 본성 자체에 의해서 인간이 걸머진 (미결의) 문제이다. 이런 까닭은, 인간이 부족한 것이기 때문이다. 이런 부족성은 그의 욕망능력의 실질에 상관한다. 이 실질은,

주관의 밑바닥에 있는 쾌·불쾌의 감정에 관계하는 그 무엇이다.(칸트, 『실천이성비판』, 25-26)

⑦ 실천법칙의 조건

일치하는 (자연)현상들의 규칙들까지라도, 그 규칙들이 사실 선천적으로 인식되는 경우에나, 혹은 우리의 통찰이 더 깊어 갈 때에는 결국 객관적인 근거들에서 선천적으로 인식됨이 가정되는 경우에만 자연법칙이라고 일컫게 된다. 그러나, 다만 주관적인 실천원리들에 있어서는, 그 기초에 선택에 대한 개관적인 조건들이 아니라, 선택에 대한 주관적인 조건들이 있다는 것, 따라서 그런 원리들은 항상 준칙에 대한 주관적인 조건들이 있다는 것, 따라서 그런 원리들은 항상 준칙이라고 생각되지마는, 결코 실천법칙으로 생각될 수는 없다는 것, 이런 것들이 맹백히 (그런 원리들의) 조건으로 된다.(칸트, 『실천이성비판』, 28)

[보충] 실천법칙이 주는 쾌락

아리스토텔레스의 『니코마쿠스의 윤리학』에서는 윤리에서 나오는 쾌락을 설명하고 있다. 그리고 이곳 『실천이성비판』에서는 이 '실천법칙'에서 나오는 쾌락을 설명하고 있다. 이것은 세상의 쾌락에서 주어지는 저급한 욕망과 비교할 수 없다.

기독교인들이 추구하는 쾌락이 바로 이 쾌락이다. 한편, 기독교인들은 이 윤리적 완성을 예수 그리스도와의 연합 혹은 결합에서 찾는다. 기독교인들은 의의 화신으로 불리우는 예수 그리스도와 결합함(혼인)을 통해서 이 쾌락 속으로 들어간다.

라. 정리3 : 정언명령의 법칙 형식

《실천이성비판》 분석론 제1장 세 번째 정리는 "의지는 오직 그 준칙이 동시에 보편적 입법의 원리로 될 수 있을 때에만 순수실천이성에 의해 규정된다."는 내용이다. 이에 대한 일반적인 정리(챗GPT)는 다음과 같다.

2장 순수한 실천이성의 원칙

이 정리는 사실상 정언명령(Kategorischer Imperativ)의 기본 형식을 공식화한 것이다. 즉, 어떤 행위가 도덕적으로 옳은지 아닌지는, 그 행위의 개별적 준칙이 보편적 입법 원리로 될 수 있는가에 따라 판별된다.

이 정리3의 논리구조는 앞에 언급한 정리 1,2와 연결선상에 있다. 〈정리 1〉은 "순수이성은 실천적이다. 즉 실천이성이 우리의 의지를 규정할 수 있다"는 것이다. 〈정리 2〉는 "실천이성은 경험적 동기나 대상이 아니라 오직 법칙을 통해서만 의지를 규정한다"는 것이다. 〈정리 3〉은 "그 법칙이란 '보편적 입법 원리'로 타당해야 한다"인데, 이것이 바로 정언명령의 형식이다.

준칙(maxim)은 "개인이 어떤 상황에서 따르는 주관적 원리"이다. 법칙(Gesetz)은 "모든 이성적 존재자에게 보편적으로 타당한 원리"이다. 정리 3의 요지는, 준칙이 단순히 개인적 선택을 넘어, 보편법칙으로 성립 가능해야 한다는 점이다. 이 정리를 통해 칸트는 도덕법칙의 형식을 "보편적 입법"으로 정식화한다. 이것은 이후 《도덕형이상학 정초》에서 더 자세히 다루는 정언명령의 제1공식(보편화 정식)과 사실상 같은 구조이다. 따라서 제3정리는 실천이성의 원리를 완결적으로 정리하는 단계라 할 수 있다.

쉽게 말하면, 제3정리는: "네가 따르려는 원리가 모든 이성적 존재자에게 보편법칙으로 입법될 수 있는가?" 이 질문이 곧 도덕판단의 기준이라는 선언이다. (챗GPT, 정리3, 2025.9.20)

칸트는 "실천원리의 실질"과 "실천원리의 형식"을 구분한다. 여기에서 "실천원리의 실질"은 행위 원리가 의도하는 '무엇을 위해'라는 구체적 목적(쾌락, 행복, 이익 등)을 말한다. 칸트는 이것이 아니라, "실천원리의 형식", 즉 "보편적 입법 가능성"만이 도덕의 정당한 근거가 될 수 있다고 말한다. 여기에서 '정언명령'이 쏟아져 나온다. 각자에게 이익과 행복을 가져오는 준칙이 아무리 보편성을 가진다고 하더라도, 그것은 실천법칙이 아니다.

① 실천적인 보편법칙들은 아닌 준칙들
이성존재자가 그의 준칙들을 실천적인 보편법칙들이라고 생각해야 한다면, 그는 준칙들을 실질상으로가 아니라 단지 형식상으로, 의지의 규정근거를 포함하는 원리로 생각할 수 있을 뿐이다.
② 실천원리의 실질은 실질법칙이 아님
실천원리의 실질은 의지의 대상이다. 이 대상은 의지의 규정근거이거나 혹은 아니거나이다. 그것이 의지의 규정근거이며, 의지의 규칙은 경험적인 조건에 예속하고 따라서 아무런 실천법칙도 아니겠다.
③ 실천법칙이게 하는 실천원리의 형식
우리가 법칙으로부터 모든 실질을 즉, 규정근거로서의 의지의 모든 대상을 내버릴 때에, 이 법칙에서 남는 것은 "보편적인 법칙수립"이라는 형식 뿐이다. 그러므로 이성존재자는 그의 주관적인 실천원리들 즉, 준칙들을 주관적인 동시에 보편적인 법칙으로 전혀 생각할 수 없거나, 그렇지 않으면 준칙들을 보편적인 법칙수립에 적합하게 하는 바, 준칙들의 형식만이 홀로 준칙들을 실천법칙이게 하는 것으로, 이성존재자는 가정하지 않을 수 없다.…
④ 실천법칙 : 보편적인 법칙수립의 바탕을 가져야 함
내가 실천법칙이라고 인정하는 실천법칙은, "보편적인 법칙수립"의 바탕을 가져야 한다. 이것은 동일명제요, 따라서 자체상으로 명백하다. 이것은 동일명제요, 따라서 자체상으로 명백하다.
⑤ 실천법칙 아래 서있다는 것의 의미 : 준칙의 배제
내가 이제, 내 의지가 실천법칙 아래 서있다고 말한다면, 나는 나의 애착을 보편적인 실천법칙이 되기에 적합한 "의지의 규정근거"라고 지적할 수는 없다. 왜냐하면, 그것(준칙)은 보편적인 법칙수립에 적합하기는커녕, 만약 그것을 보편적 법칙의 형식으로 삼으면, 도리어 자기 자신을 말살하지 않으면 안 되기 때문이다.
⑥ 준칙의 객관은 보편적 법칙은 아님

그러므로, 행복에 대한 열망이, 따라서 또한 모든 사람이 행복을 그 의지의 규정근거로 삼는 준칙이, 보편적임은 사실이나, 그렇다고 하여 그것을 보편적인 실천법칙이라고 지적함을, 어떻게 해서 명민한 사람들이 생각해 냈는지, 기이한 바이다. 왜냐하면 다른 경우이면 보편적인 자연법칙은 모든 것을 조화롭게 하지마는, 우리가 이제 준칙에다 법칙의 보편성을 주려고 하면, 조화의 극반대 즉 준칙 자신과 그 의도와의 최악의 항쟁 및 (양자의) 전적인 파멸이 생기는 까닭이다. 즉, 이때에는 모든 사람의 의지는 동일한 객관을 가지지 않고, 각인이 저마다 자기의 객관(즉, 자기 자신의 안전을 노리는 것)을 가진다.
이 객관은 확실히 우연적으로 다 같이 이기적인 타인의 목적들과 조화할 수 있으나, 어지간해서 법칙이 될 만한 정도는 못된다.…
⑦ 애착의 조화는 법칙이 아니다
이같은 상태에서 생기는 조화는 서로 행복을 파괴하는 부부 양인의 마음의 조화에 관한 어떤 풍자시가 '어허, 놀라운 조화여, 그 남자가 노리는 것을 그 여자도 노린다'고 묘사한 조화에서 비슷하다. 혹은 프랑스의 프란츠 1세가 독일의 카알 5세에게 행한 맹세에서 '나의 형제 카알이 가지려는 땅을 나도 역시 가지려 한다'고 전해지는 조화에 유사하기도 하다.… 이에 여러 애착을 모두 전면적으로 조화시키는 그러한 조건 아래서 지배하는 법칙을 발견하는 것은 절대로 불가능하다. (칸트, 『실천이성비판』, 28-30)

3. 실천이성의 과제 : 정언명령을 내는 실천이성

가. 과제 1 : 순수실천이성의 가능성 입증

칸트는 "첫 번째 과제는, 순수한 이성이 실제로 실천적일 수 있는가, 즉 경험적 조건 없이도 의지를 규정할 수 있는가를 보여주는 것이다."《순수이성비판》에서 순수사변이성(인식 능력)이 한계를 가졌다는 것이 증명되었다. 그렇다면 이제 질문은: "경험과 무관하게, 순수이성이 스스로 행위를 규정할 수 있는가?" 즉, 순수실천이성의 가능성을 입증하는 것이 첫 번째 과제이다. 칸트는 다음과 같이 말한다.

[과제1] 준칙들의 '법칙수립적인 한갓 형식'만이 의지의 충분한 규정 근거인 것을 전제하고, 그런 형식에 의해서만 규정될 수 있는 의지의 성질을 발견하는 것이 첫 번째 과제이다.(칸트,『실천이성비판』, 30)

칸트는 과제1의 해결을 위해 먼저 도덕법을 전제하고, 우리의 의지가 이에 대해 자유(자율)임을 제시한다. 우리 안에 있는 실천이성이 이 도덕법을 자율적으로 발산하는 것이다. 이것이 곧 우리 안에 실천이성이 존재하여 작동하고 있음에 대한 증거인 것이다.

① 법칙의 순전한 형식은 감관의 대상이 아님
[답] 법칙의 순전한 형식은 단적으로 이성에 의해서만 생각될 수 있고, 따라서 감관들의 대상이 아니며, 그러므로 또한 현상들에 속하지 않는다. 이에, 의지의 규정근거로서의 형식이란 관념은, 인과법칙에 따르는 자연사상의 모든 규정근거와는 다른 것이다. 왜냐하면, 자연사상(事象)에 있어서는 규정하는 근거들 자신이 반드시 현상들이기 때문이다. 그러나 오직 저 보편적인 법칙수립의 형식 이외의, 의지의 어떠한 다른 규정근거도 의지에 대해서 법칙으로 쓰일 수 없다면, 이러한 의지는 현상들 사이에 관한 자연법칙 즉, 인과성의 법칙에서 아주 독립하는 것으로 생각되어야 한다.
② 자유
그런데, 이러한 독립성이, 가장 엄밀한 의미에서, 즉 선험적인 의미에서 '자유'이다.
③ 자유의지 : 법칙수립적인 순수형식
그러므로 준칙의 '법칙수립적'인 순수형식만을 법칙으로 삼을 수 있는 의지가 곧 자유의지이다.(칸트,『실천이성비판』, 30)

[보충] 형식에 의해서만 규정될 수 있는 의지의 성질이 있는가?
'순수이성'에서, 자연법칙의 형식은 곧 범주였다. 즉, 어떤 대상이 우리의 감각기관을 통해 현상으로 인식될 때, 우리 안에 있는 범주라는 틀은 여기에서 개념을 산출하고, 또 추상능력을 통해 이 개념들을 연결하여 자연법칙을 산출해 내었다. 이때, 이 범주라는 '형식'이 곧 자연법칙과 일치하였기 때문에 나타난 현상이었다. 이 '범주'라는 '틀(형식)'은 경험의 요소들을 재료로 하여 '법칙'을 산출해 낼 수 있는 '순전한 형식'이었던 것이다.

그렇다면, 이제 이러한 법칙을 산출해 내는 '순전한 틀(형식)'이 실천이성 혹은 의지에도 존재하느냐가 칸트의 과제였다. 그리고 이제 이 '형식' 혹은 '틀'이 존재한다면, 그곳에서 어떤 의지에 관련하여 '행위 관련한 법칙'이 산출되어 나타날 것이기 때문이다. 그리고 만일 그렇다면 우리의 실천이성은 이제 '도덕법칙의 제정자'가 되는 것이다. 이러한 '순수 형식의 틀'이 실천이성에 존재하느냐를 물었던 것이다.

이에 대해, 이것은 먼저 '범주'와 같은 '틀, 혹은 형식'인데, 이 '틀'에 어떤 의지와 관련한 요소가 들어가면 이때 '법칙'이 산출되기 때문이다. 그런데, 이러한 '형식'은 선험적이어야 한다. 우리의 실천이성 안에 이러한 선험적인 틀이 존재하여야 하는 것이다. 그렇다면 우리의 실천이성 가운데에 선험적인 것은 무엇인가?

법칙수립적인 의지를 산출하는 형식을 일단은 전제하고, 의지에서 이러한 성질을 가지고 있는 것은 무엇일까? 이에 대해 칸트는 그것은 '자유 의지'라고 말한다. 법칙수립적인 의지를 산출하는 형식(틀), 곧 '법칙의 순전한 형식'은 후험적이어서는 안 되는데, 다른 말로 '현상 이후에 나타나는 것'이어서는 안된다. 경험이전에 선천적으로 먼저 존재하는 어떤 것이어야 한다. 그리고 선험적인 것의 특성은 '인과성(자연법칙)'에 벗어나 있는 것이다. 예컨대, 실천이성의 기능 중에서 '준칙'은 경험을 통해서 나타난다. 이렇게 실천이성 중에서 선험적인 것은 무엇이 있는가? 이에 대해 칸트는 '자유의지'

라고 말한다. 이것은 이미 '순수이성비판'에서 밝혀진 것이었다. 칸트에게 '자유'는 이미 순수이성을 초월한 영역이었다. (필자)

나. 과제2 : 그 원리는 실질이 아닌 정언명령의 형식

과제2는 "순수실천이성이 만약 가능하다면, 그 원리는 무엇인가?"이다. 즉 단순히 "가능하다"는 사실을 넘어서, "그 원리가 무엇이며, 어떤 형식으로 작동하는가?"를 밝혀야 한다. 이에 대한 칸트의 대답은 "그 원리는 경험적 '실질'(행복, 쾌락)이 아니라, 오직 형식, 즉 정언명령(보편적 입법의 형식) 이다"고 말한다.

[과제2] 의지가 자유임을 전제하고, 의지를 필연적으로 규정하는 데에 쓰이는 유일의 법칙을 발견하는 것이다.
① 자유의지는 경험적인 것에 독립적
[답] 실천법칙의 실질[11], 즉 준칙의 대상은 틀림없이 경험적으로만 주어질 수 있으되, 그러면서도 자유의지는 경험적인(즉 감성계에 종속하는) 제약에서 독립하는 것으로서, 규정될 수 있는 것이어야 한다.
② 자유의지는 법칙수립의 형식
이러므로, 자유의지는 법칙의 실질에 의존하지 않으면서, 규정근거를 법칙 중에 발견해야 한다. 그러나, 법칙의 실질 이외에 법칙 중에 포함되는 것은, 다름 아닌 법칙수립적인 형식이다. 따라서, '법칙 수립적인 형식(즉, 도덕법)'은, 그것이 준칙 안에 포함되어 있는 한에서, 자유의지를 규정하는 근거일 수 있는 유일의 것이다. (칸트, 『실천이성비판』, 31)

[보충] 의지를 필연적으로 규정하는 법칙(혹은, 형식)이 있는가?
첫 번째 과제로서 의지 중에 선험적인 것으로서 '자유'를 발견한 후 이것을 전제로 삼은 후에, 두 번째 과제로서 "의지를 필연적으로 규정하는 데에

---

11) 이 '실질'을 백종현은 '질료'라고 번역을 한다. 이것을 재료로 해서 준칙이 나타나기 때문이다.

쓰이는 유일의 법칙(혹은 형식)이 존재하는가"라고 말한다. 즉, "우리 안에 선험적인 어떤 법칙이 존재하는가?"라고 묻는 것이다. 즉, 우리 안에 있는 이 법칙은 인과율로부터 '자유'로워야 하는데, 이러한 '인과로부터 자유로운 어떤 법칙'이 존재하는가라는 질문인 것이다.

만일 우리의 '실천이성' 속에 이러한 '법칙' 혹은 이러한 '순수형식'이 존재한다면, 우리의 '실천이성' 속에는 이러한 '법칙'을 산출하는 기능이 존재한다는 것이 된다. 그렇게 되면, 이제 우리의 '자유의지'는 모든 의지의 규정 근거를 '법칙' 중에서 발견하게 된다. 우리의 내면에 존재하는 이 '법칙'은 이제 우리의 모든 의지규정에 대해 '법칙수립적인 형식'이 된 것이다. 이제 우리 안에 있는 '자유의지'는 어떤 의지를 규정해야할 사항이 발견될 경우, '경험과 무관하게 선험적'으로 그 행위를 위한 '법칙'을 산출해 내는 것이다. 이것이 '양심의 소리'를 통해서 내면에서 들려온다. 결과적으로, 실천이성 안에 있는 '자유'와 우리 내면에 존재하는 '도덕법의 형식'이 모든 행위에 대해 '도덕법'을 산출하고 있는 것이다. 이 '자유의지가 산출하는 도덕법'은 경험 후에 나타나는 '실천법칙의 실질(행복의 원리)'에 근거하여 세워진 '준칙'에 전혀 영향을 받지 않는다. '준칙'은 경험 후에 주어지는 것으로서 '자연법칙'과 유사하나, 이 '도덕법'은 이 '자연법칙'을 초월하여 존재하는 '초월적 자유'의 세계에 속하기 때문이다. (필자)

다. 자유와 도덕법칙의 선후관계

이렇게 실천이성 내에 존재하는 선험적인 것 두 가지 요소가 등장하였다. 즉 '자유'와 '법칙수립적인 형식으로서의 도덕법, 혹은 무조건적인 실천법칙'이 등장한 것이다. 이 둘은 어떤 관계인가? 특히 이 둘 중에서 무엇이 우선한 출발점인가를 칸트는 문제 삼고자 한다. 우리의 생각에는 '자유'가 우선인 것 같이 보이지만, 칸트는 '도덕법'이 먼저 나타난다고 한다.

칸트는 "자유와 도덕법칙의 선후관계"를 다음과 같이 말한다. 칸트는 자유와 무조건적 실천법칙의 예상관계가 있다고 말한다. 즉 '조건없이 실천적인 것'은 어디서 출발하는가? 자유인가, 실천법칙인가? 도덕법에서 출발하여 자유의 개념에 도달한다.

① 자유와 무조건적 실천법칙의 예상관계
그러니, 자유와 무조건적 실천법칙과는 서로 예상하는 관계에 있다. 그런데, 이 둘이 사실은 서로 다른지 혹은 무조건적 법칙은 단지 순수한 실천이성을 자각함이요, 이런 실천이성은 자유의 적극적인 개념과 전혀 동일한지, 이런 것을 나는 여기서 문제삼지 않는다. '조건 없이 실천적인 것'에 대한 우리의 인식이 애초에 어디서 출발하는가, 즉 그것이 자유에선가 혹은 실천법칙에선가, 이것을 나는 문제삼고자 한다.

② '조건없이 실천적인 것'은 어디서 출발하는가? 자유? 실천법칙?
'조건없이 실천적인 것'에 대한 우리의 인식이 애초에 어디서 출발하는가, 즉 그것이 자유에선가 혹은 실천법칙에선가, 이것을 나는 문제삼고자 한다. 그런데 '조건없이 실천적인 것'의 인식이 자유에서 기시할 수는 없다. 왜냐하면, (하나는) 자유에 대한 최초의 개념은 소극적이기 때문에, 우리는 자유를 직접으로는 의식할 수 없기에 말이요, (또 하나는) 경험은 우리로 하여금 오직 현상들의 법칙을, 따라서 자유의 정반대인 기계적인 자연을 인식하게 하기 때문에, 경험으로부터 우리가 자유를 추리할 수 없기에 말이다. 따라서 (사람이 그 자신의 의지의 준칙들을 생각해 내자마자) 사람이 직접으로 의식하는 것은 실로 도덕법이다. 도덕법이 먼저 우리에게 나타난다.

③ 도덕법에서 출발하여 자유의 개념에 도달
이성이 도덕법을 어떠한 감성적 제약에 의해서도 극복할 수 없는 규정근거, 아니 그러한 제약에서 독립한 규정근거라고 표시함으로써, 도덕법에서 (출발하여) 다름 아닌 자유의 개념에 도달하는 것이다.
그러나, 어찌해서 저 도덕법의 의식이 나타날 수 있느냐? 우리가 순수한 실천법칙들을 의식할 수 있는 것은, 우리가 순수한 이론적 원칙들을 의식하고 있는 것과 마찬가지이다. 즉, 이성이 우리 앞에 도덕법을 명시하도록 하는 바 필연성과, 이성이 우리에게 지시하는 바 모든 경험적인 제약을 버리는 것과, 이 두 가지에 우리가 주목함에 의해서 실천법칙들을 의식할 수가 있다. 순수한 오성의 의식이 순수한 이론적 원칙들에서 발생하듯이, 순수한 의지의 개념은 순수한 실천법칙에서 비로소 발생한다. 이와 같은 것이 우리의 두 개념(자유와 법칙)에 관한 참된 순서이다. …(칸트, 『실천이성비판』, 31-32)

이렇게 우리는 두 개념(자유와 법칙)의 참된 순서를 살펴보았다. 우리의 이성 안에서는 가장 먼저 도덕성이 현상으로부터 자유롭게 어떤 의지규정을 제시하는데, 이것은 사변이성에게 전달된다. 그런데, 사변이성에서는 경험을 근거로 하여 실천법칙의 실질(자기행복의 원리)을 따라 준칙이 작동하고 있었다. 그리고 있는 가운데에 이것과 아무런 상관없이 실천이성의 의지규정이 무차별적으로 제시된 것이다. 이때 우리의 이론이성은 최대의 곤경에 빠지게 된다.

도덕성이 우리에게 아예 자유의 개념을 열어 보이고, 따라서 실천이성이, 이 개념으로써 가장 불가해의 문제를 우선 사변이성에게 제시하며, (실천이성이) 그 개념을 통해서 이론이성으로 하여금 최대의 곤경에 떨어뜨린다. …(칸트, 『실천이성비판』, 32)

그것은 사실상 도덕적 타락을 의미하는 것이었으며, 칸트는 그러한 사례들을 예시한다.

라. 정언명령

칸트의 정언명령은 그의 도덕철학 전체의 핵심이자 "덕이 왜 최상선인가"를 뒷받침하는 원리이다. 이에 대한 일반적인 정리(챗GPT)는 다음과 같다.

① 정언명령이 나오는 곳

그의 『도덕 형이상학의 기초(1785)』에서 정언명령의 기본 형식이 처음

제시된다. 『실천이성비판(1788)』에서 정언명령의 "사실(Faktum der Vernunft)"로서의 성격을 강조한다.

② 정언명령의 핵심 내용

칸트는 여러 "공식(Formeln)"으로 정언명령을 표현했는데, 서로 다른 표현일 뿐 내용은 동일하다. 대표적 세 가지는 다음과 같다.

먼저, 보편화 공식이다. "네 행위의 준칙이 동시에 보편적 법칙이 될 수 있도록 행위하라."고 한다. 즉, 어떤 상황에서 내가 따르는 원칙(준칙, Maxime)이 모든 사람에게도 적용 가능한가를 묻는 것이다. '거짓말', '약속 어기기' 같은 행위는 보편화될 수 없으므로 도덕적으로 금지된다.

두 번째, 인격 공식이다. "너 자신이든 다른 사람의 인격이든, 언제나 동시에 목적으로 대우하고 결코 단순한 수단으로만 대하지 말라."이다. 인간을 단순히 도구로 쓰지 말고, 그 자체로 존엄한 존재로 존중해야 한다는 원리이다. '인간 존엄성' 사상의 뿌리이다.

세 번째, 목적의 왕국 공식이다. "너의 모든 준칙이 보편적 입법자로서의 보편적 목적의 왕국에 속할 수 있도록 행위하라."이다. 자유로운 이성적 존재들이 서로를 존중하며 입법하는 공동체를 이상적 규범으로 상정한다.

③ 왜 "정언" 명령인가?

가언적 명령은 "만약 네가 X를 원한다면, Y를 해야 한다."라는 조건부의 명령이다. 그런데, 정언적 명령은 "그 자체로 무조건적으로 따라야 할 의무"로서 무조건적 명령이다. 따라서 칸트의 도덕은 조건 없는 의무, 즉 보편적으로 타당한 실천이성의 법칙이다. (챗GPT, 정언명령, 2025.9.25.)

[보충] 정언명령에 대한 보충

도덕법이 우리 안에 내재한다. 혹은 우리의 실천이성의 양심이 더덕적 세계와 연결이 되어 있다. 그리고 우리의 실천이성은 도덕법칙이 나타나는 형식이자 통로이다. 그런데, 이것은 인과율로부터 자유롭게 산출된다. 인과율은 항상 원인과 결과가 있다. 어떤 명령을 할 때, 이유가 존재한다. 그런데, 이 도덕명령은 아무런 인과율이 없이 그냥 실천이성을 통하여 자유의 의지로 나타난다. 조건이 없다는 것이다. 그래서 정언명령이다. 위의 정연명령에 대한 내용은 이에 대한 형식적 서술이다.

4. 비판윤리학의 생활원리

가. 순수 실천이성의 근본법칙

이제 칸트는 '비판윤리학'의 생활원리라고 할 중요한 것을 말한다. 이것은 우리가 의지의 준칙을 세울 때, 그 준칙이 항상 보편적인 법칙수립이라는 원리에 타당할 수 있게 세우라는 것이다. 이것이 '순수실천이성의 근본법칙' 이랄 수 있다.

> 너 의지의 준칙이 항상 (주관적인) 동시에 보편적인 법칙수립이라는 원리로서 타당할 수 있도록 행위하라.(칸트, 『실천이성비판』, 33)

칸트는 우리가 '의지의 준칙'을 세울 때, '보편적인 법칙수립이라는 원리'에 의할 것을 요청한다. 어떤 행위를 위한 '의지의 준칙' 이전에 '보편적인 법칙'이 우리 안의 이성에 이미 존재하기 때문이다. 이것은 '명령'으로서 이미 주어져 있는데, 이것을 무시하지 말고 '의지의 준칙'을 세우라는 것이다.

이것을 위해서 칸트는 '의지의 준칙'은 어떻게 생성되며, '보편적인 법칙'은 어떻게 우리 안에서 생성되는지를 다음과 같이 밝히고 있다. 다음에서 '순수 기하학'은 '인과율'로서의 '순수이성'의 판단을 대표하는데, '준칙'이 이와 같이 '인과율'로서의 기반을 가지고 '의지의 규정'을 내리며, 상당히 '현실적'이다. 그러나 '실천이성'의 '보편적인 법칙'은 '무차별적'이다.

① 인과율에 따른 세상사의 실천규칙들

순수 기하학은 실천적 명제들로서의 요청들을 가진다. 이 실천적 명제들은, '그 무엇'을 해야 함이 요구된 때에, 사람이 '그 무엇'을 할 수 있음을 전제하는 것 이상의 것을 포함하지 않는다. 요청들은 현존에 관계하는 기하학만이 가지는 명제들이다. 따라서 이러한 명제들은 의지의 개연적 조건 아래 있는 실천규칙들이다.

② 실천이성의 규칙 : 직접 법칙수립

그러나 순수한 실천이성의 규칙은, "사람이 단적으로 어떠한 방식에서 행위해야 한다"고 말한다. 따라서 이때의 실천규칙은 무조건적이요, 그러므로 절대적으로 선천적·실천적인 명제라고 생각된다.… 순수한 이성, 그 자신 실천적인 이성이 여기서는 직접 법칙을 수립하기 때문이다.

③ 의지와 무관하게 무조건적으로 요구됨

의지는 경험적인 조건에서 독립한 것으로 생각되고,…(다시 말하면) 단지 법칙의 형식에 의해서만 규정되는 것으로 생각된다. 그리고 의지의 이러한 규정근거는 모든 준칙의 최상의 조건으로 보아(간주)진다.… 왜냐하면, 보편적일 수 있는 법칙의 수립이라는 선천적 사상은 경험에서나 혹은 어떤 외적인 의지에서 그 무엇을 빌려오는 일이 없이, 법칙으로서 무조건 요구되기 때문이다.…

④ 실천이성의 명령 : 양심이라는 선천적 종합명제로 다가옴

그 근본법칙은 순수한 직관이든 경험적 직관이든 그 어떠한 직관에도 기본하지 않는 '선천적인 종합명제'로서 자체상 우리에게 닥쳐오기 때문이다.… 이 근본법칙이 결코 경험적 사실이 아니라 순수이성만이 갖는 사실(절대적 양심의 사실)이라는 것이다. 순수이성은 근본법칙에 의해서 자신이 본래 법칙수립적임을 알리는 바이다. 즉, 내가 이처럼 (보편타당하게) 의욕하기에, 나는 이처럼 명령한다고 알린다.(칸트, 『실천이성비판』, 33-35)

[보충] 그리스도인들의 실천이성

칸트의 "순수한 실천이성의 근본법칙"에 의하면, 우리가 일상적인 생활은 인과율에 따른 세상사의 일을 수행한다. 그런데, 이때 우리 안에서 실천이

성의 명령이 선험적 종합명제로서, 이해할 수 없게 한번 씩 다가온다. 도덕법칙이 내부로부터 밖으로 흘러나오는 것이다. 이때 자유를 가진 많은 사람들은 이 명령을 따르지 않고 타락의 길을 걷는다.

그러나 예수 그리스도로 거듭 태어난 그리스도인들은 이 실천이성의 주체와 내가 결합되어 있다. 그런데 어떻게 결합이 되어 있느냐면, 그의 자아가 예수 그리스도와 함께 십자가에 못 박혀서 죽고, 그가 그리스도와 함께 다시 살아난다. 그래서 이제 그의 본성이 의의 화신이자 실천이성의 발출자이신 예수 그리스도와 결합되어 있다. 그래서 그는 자연스럽게 그 도덕명령을 따른다.

칸트의 실천이성에 대한 도덕성은 이렇게만 우리가 준행할 수 있다. 칸트의 실천이성은 기독교인들에게 예수 그리스도이다.

나. 법칙수여자로서의 순수한 실천이성

칸트에 의하면, 위의 논리들과 연계하여서, 우리가 어떤 행위를 위한 의지를 결정하고자 할 때마다, 순수한 이성 안에 있는 어떤 '선험적인 형식'을 통하여 실천(의지의 규정)과 관련한 법칙들이 내려오고 있으며, 나타나고 있으며, 우리에게 부여되고 있다.

> 순수한 이성은 그 자신만으로 실천적이요, 우리가 도덕법이라고 부르는 보편적인 법칙을 (사람에게) 준다. (칸트, 『실천이성비판』, 35)

즉, 다음의 본문에서 "도덕법이라고 부르는 보편적인 법칙을 준다"는 말은 곧, 순수실천이성이 자기 자신에게, 모든 이성적 존재자에게 보편적으로 타당한 행위의 법칙을 스스로 제정한다는 의미이다. 자연은 "사실의 법칙"을 우리에게 보여주지만, 이성은 "도덕의 법칙"을 우리에게 명령한다는 것이다. 이에 대해 칸트는 다음과 같이 말한다.

칸트는 우리가 "이성의 사실을 거부할 수 없다"고 말한다. 이때 '이성의 사실'은 "우리가 도덕법칙에 의해 구속되고 있음을 직접 의식하는 선험적 사실"을 말한다.

① 이성의 사실 인식 : 의지의 준칙을 순수의지에 순종시킴
위에서 말한 '이성의 사실'은 거부될 수가 없다.… 인간의 이성이 깨끗이 또 자기 힘에 치밀려서 행위에 있어서의 '의지의 준칙'을 항상 순수한 의지에 순종시키고 있는 것을, 사람은 항상 발견할 것이다. 다시 말하면 이성이 자신을 선천적으로 실천하는 것(의지를 규정하는 것)으로 보면서, 의지의 준칙을 이성 자신에 순종시키고 있는 것을 발견할 것이다.

② 도덕성의 원리
그런데, 이러한 도덕성의 원리를 이성은, 의지의 모든 주관적인 차이를 돌보지 않고 그런 원리를 의지의 형식적인 최상 규정근거로 삼는 바, 보편적인 법칙수립을 위해서, 동시에 모든 이성존재자의 법칙이라고 언명한다.… 그러니까, 도덕성 원리(의 타당성)는, 단지 인간에게만 국한되지 않고, 이성과 의지를 갖는 모든 유한 존재자(천사)에게도 미친다. 아니, 최상 예지자로서의 무한존재자(하나님)에게까지 미친다.

③ 신성한 의지
그러나, 전자(인간적 존재)의 경우에는 법칙은 명령의 형식을 취한다. 왜냐하면, 이성존재자인 인간에서 우리는 확실히 하나의 순수한 의지를 전제할 수 있으나, 각종 요구들과 감정적 동인들과의 자극을 받는 존재자인 인간에게 있어서는 신성한 의지를 예상할 수 없기 때문이다. 이에 인간에 있어서는 도덕법은 명령이 되며, 이 명령은 정언적이다. 정언적이라 함은, 도덕법이 무조건적이기 때문이다.…(칸트, 『실천이성비판』, 35)

[보충] 법칙부여자로서의 실천이성
칸트는 자신 안에 실천이성의 존재를 믿고 있다. 어떻게 보면, 그는 이

실천이성이 쏟아내는 도덕법칙을 믿고 있다. 칸트는 거듭난 그리스도인일 수 있다. 그렇지 않고는 정죄감에 빠져버릴 것이다.

그리스도인들은 우리 안에 존재하는 '실천이성'의 존재를 처음에는 '스스로의 양심'으로 믿다가, 어느 시점에 이르러서는 '거듭난 양심'으로서 '그리스도의 양심'으로 믿는다. 그렇지 않으면, 이 양심의 소리에 순종을 할 수가 없기 때문이다.

다. 정리4 : 순수한 실천이성의 '자율'로서의 '자유'

칸트는 이제 우리 안의 실천이성의 진정한 자유가 무엇인지를 설명하고자 한다. 칸트는 우리 안의 실천이성이 '자율'적으로 법칙을 수립하는 것을 '자유'라고 한다. 이것을 가장 방해하는 것은 '법칙의 모든 실질(자기행복의 원리)'로서, 이에 따르는 것은 '자유 혹은 자율'의 반대인 '타율'에 속하게 된다. 이것은 실천이성의 '자유'가 '감각에 의존하는 법칙' 혹은 세상의 법칙 아래에 있는 '행복의 원리'에 종속하게 되는 것이다. 심지어는 '훈계'도 또한 세상의 법칙 아래에 있다. 한편, 이와 같은 '타율'에서 벗어나는 것은 '소극적 의미의 자유'라면, 준칙이 보편적인 법칙수립의 형식에 의해서 결정되게 하는 것이 '적극적 의미의 자유'이다.

① 의지의 자율 vs 자의의 타율
의지의 자율은 모든 도덕법과 그것을 따르는 의무들의 유일한 원리이다. 반대로 자의(恣意, 제멋대로)의 모든 타율은 아무런 책임도 확립하지 않을뿐더러, 도리어 책임의 원리와 의지의 도덕성에 대립해 있다. 즉 법칙의 모든 실질(곧 욕망된 객관, 자기행복의 원리)에서 독립인 점(點)과, (그와) 동시에 준칙이 가질 수 있는, 전혀 보편적인 법칙수립의 형식에 의해서 의지가 결정되는 점과, 이 두 가지 점에만 도덕성의 원리는 존립한다.
② 실천이성의 법칙수립 : 적극적 의미의 자유
저 독립성은 '소극적인 의미의 자유'이나, 이 순수하고도 본래 실천적인

이성 자신의 법칙수립은 '적극적인 의미의 자유'이다. 그러니, 도덕법은 순수한 실천이성의 자율 즉 '자유'[12] 이외의 아무것도 아니요, 이 자유는 자신 모든 준칙의 형식적인 조건이며, 이 형식적 조건 아래서만 준칙은 최상의 실천법칙과 합치할 수 있다.

③ 의욕의 실질 : 자연법칙에의 종속

그러므로, 법칙과 결합된 바 열망의 객관(대상)임에 틀림이 없는, 의욕의 실질이, 실천법칙의 가능조건으로서 실천법칙 안에 들어올 때에, 그로 인해서 자의(恣意)의 타율이, 즉 어떤 충동이나 애착에 따르는 자연법칙에의 종속이 나타난다.

④ 준칙은 훈계일 뿐

그리고 이때에 의지는 자기 자신에게 법칙을 주지 않고, 오직 감각에 의존하는 법칙들을, 합리적(이해타산적)으로 지키기 위한 훈계를 줄 뿐이다. 그러나, 이런 식으로 결코 보편적·법칙수립적인 형식을 자신 속에 포함할 수 없는 준칙은, 이래서는 아무런 책임도 세울 수 없을뿐더러, 순수한 실천이성의 원리에도 대립하고 따라서 도덕적 심정에도 대립한다. 비록 그런 준칙에서 발생하는 행위가 합법칙적이더라도. (1장8절 22)

⑤ 실천훈계는 실천법칙이 아님

그러므로, 실질적(따라서 경험적) 조건을 지니는 실천훈계를 사람은 결코 실천법칙으로 보아서는 안 된다.⋯ (1장8절23)

⑥ 도덕의 무상명법을 만족시키는 것 : 진정한 행복

도덕의 무상명법을 만족시키는 것은, 모든 시대의 모든 사람에게 가능하다. 행복에의 (경험적으로 제약된) 훈계를 만족시키는 것은, 고작으로 드물게만 가능하고,⋯ 모든 사람에게 대개는 불가능하다.⋯(1장8절29)

(칸트, 『실천이성비판』, 22-41)

---

[12] 칸트는 도덕적 행위를 자유로운 나의 행위로 보고, 욕망에 의한 행위를 세속에 노예된 행위라고 본다.

2장 순수한 실천이성의 원칙

[보충] 진정한 자유

칸트는 우리 안에 실천이성이 자리하고 있음을 밝힌다. 그것은 양심이다. 이 양심은 준칙이나 훈계가 아닌 실천법칙을 발한다. 그리고 이 실천법칙과 결합한 자는 최고선에 이른다. 최고의 행복에 도달한다는 것이다. 준칙을 좇아서 사는 자는 세상사의 인과율에 메여서 사는 자이다.

그러나 실천이성과 결합하여 사는 자는 최고선을 향하는 자이다. 칸트는 지금 매우 고차원의 도덕을 말하고 있다. 이런 도덕성은 아리스토텔레스의 『니코마코스 윤리학』에서나 나옴직한 윤리이며, 윤리에서 최고선의 쾌락까지 산출되는 윤리를 말하고 있는 것이다. 이 윤리는 기독교의 성자에게서 볼 수 있는 윤리이다. 이것이 칸트의 실천윤리학의 도덕이다.

그런데, 칸트의 이 말을 잘 들어보면, 이 실천이성과 결합하여 사는 자는 순전한 그리스도인 성자의 모습에서 발견된다. 기독교 성자들은 실천이성의 발원자인 예수 그리스도와 결합하여 사는 자이기 때문이다. 그들은 자신의 생명을 십자가에 못 박고, 그리스도와 함께 다시 태어난 자들이다. 그리스도의 양심으로 사는 자들의 윤리이다. 이들이 진정한 자유인이다.

3장 '실천이성'의 세계 : 자유와 선

1. 실천이성의 원칙들의 연역 : 실천이성의 세계

가. "순수한 실천이성의 원칙들의 연역"의 개략

칸트의《실천이성비판》분석론 제1권 제3장의 제목이 바로 "순수한 실천이성의 원칙들의 연역"이다. 이 부분은《순수이성비판》의 "범주의 선험적 연역"에 대응하는 역할을 하지만, 실천이성 차원에서는 양상이 달라지는데, 도덕법칙들의 출처 혹은 실천이성의 출처를 보여주어야 한다. 이에 대한 일반적인 정리(챗GPT)는 다음과 같다.

① 문제 제기
이론이성(사변이성)에서 "연역"은 범주(개념)가 어떻게 경험적 대상에 정당하게 적용될 수 있는가를 설명하는 작업이다. 그렇다면 실천이성에서는? 도덕법칙(순수한 실천이성의 원칙)이 어떻게 우리의 의지를 정당하게 구속할 수 있는가를 보여줘야 한다. 다시 말해, "우리가 왜 도덕법칙을 무조건적으로 따라야 하는가?"라는 정당성 문제이다.
② 칸트의 답변
칸트는 실천이성의 경우, 이 연역이 이론이성과는 다르다고 말한다.
이론이성에서는 범주와 감각 직관 사이의 정합성을 논증해야 한다. 그래서 긴 "연역"이 필요하다. 그러나 실천이성에서, 도덕법칙은 우리 안에서 직접 의식(Faktum der Vernunft)된다. 따라서 별도의 복잡한 논증 없이, "도덕법칙의 자명성 자체"가 정당성의 근거가 된다.
③ 핵심 논지
도덕법칙은 외부에서 오는 것이 아니라, 이성 자체가 자기 자신에게 주는 법칙이다. 우리는 이 법칙의 구속력을 직접 느끼고 의식한다. 이것이 바로 "이성의 사실(Faktum der Vernunft)"이다. 그러므로 실천이성의 원칙(= 도덕법칙)의 연역은 이 '사실(Faktum)'에 의해 완결된다.

④ 의의

《순수이성비판》의 범주 연역은 매우 길고 난해했지만, 《실천이성비판》의 연역은 비교적 간단하다. 이유는 도덕법칙은 직접적·선험적 의식으로 주어지므로, 더 이상 다른 근거에서 "증명"할 필요가 없기 때문이다. 결국 이 장은, 도덕법칙은 그 자체로 정당하다는 칸트의 입장을 분명히 드러내는 부분이다.(챗GPT, 순수한 실천이성의 원칙들의 연역, 2025.9. 20.)

나. '도덕법'을 통해 드러난 순수한 오성계

칸트는 도덕법의 존재를 통해 초감각적 오성계, 혹은 가상체들의 세계가 드러났다고 말한다. 이것은 순수이성비판에서 개념의 단계에서 나타난 자유의 필연성에 대한 해답을 여기에서 찾은 것이다.

① 사변이성이 발견한 경험의 대상을 넘어서는 가상체들

경험의 대상들을 넘어서는, 그러므로 가상체들(可想體)로서의 사물들에 관해서는, 사변이성이 모든 적극적인 인식을 거부한 것은 십분 정당하였다. 그러나, 사변이성은 단지 가상체들의 개념 즉 가상체들을 생각할 가능성 아니 필연성을 확실하게 하는 정도의 일을 했다. … (칸트, 『실천이성비판』, 47)

② 순수한 오성계를 알려주는 도덕법

이에 대해서 도덕법은 비록 아무런 기대를 주지 않으나, 감성계의 모든 소여(所與, 주어진 바)와 우리의 이론적인 이성사용의 전범위로부터서는 절대로 설명될 수 없는 (양심의) 사실을 보내준다. 이 사실은 우리에게 순수한 오성계[13](즉, 可想界)를 알려주는 것이요, 아니 그런 오성계를 적극적으로 규정하기까지도 하는 것이며, 우리로 하여금 (순수) 오성계에 관한 그 어떤 것을, 즉 (도덕) 법칙을 인식하도록 하는 것이다.(칸

---

13) "순수한 오성계"는 경험적 내용을 배제한 채, 오성의 선험적 개념(범주)들이 이루는 질서 또는 영역을 뜻한다.(챗GPT)

트, 『실천이성비판』, 47)
③ 초감성적 자연으로서의 오성계
이 법칙은 감성적 자연으로서의 감성계에다 초감성적 자연으로서의 '오성계'라는 형식을, 감성계의 기계성을 깨뜨림이 없이, 부여해야 하는 것이다.…(칸트, 『실천이성비판』, 46-47)

다. 순수한 오성계 : 이데아의 세계

칸트는 이렇게 가시적 자연의 세계와 이 세계를 지배하는 법칙과 초감성적 자연의 세계와 이 세계를 지배하는 법칙을 설명하며, 이때의 이성의 위치를 설명한다. 전자의 세계에서 이성은 '타율' 아래에 있고, 후자의 세계에서 이성은 '자율'적이다. 도덕법은 이러한 순수한 오성계의 근본법칙인 것이다. 또한 이 순수한 오성계가 원형적 자연(이데아의 세계)이므로14), 이 세계에 최고선이 존재한다. 우리 안의 순수실천이성은 이 세계와 결합(상호침투)되어 있다.

① 이성존재자의 감성적 자연 : 이성에 대해서 타율
가장 일반적인 의미에서의 '자연'이란, 법칙 아래 있는 사물의 현존인 것이다. 이성존재자 일반의 '감성적 자연'이란, 경험적으로 제약된 법칙 아래 있는 이성존재자의 현존인 것이고, 따라서 이성에 대해서 타율이다.
② 이성존재자의 초감성적 자연 : 실천이성의 자율 아래 있는 자연
이와 반대로 같은 이성존재자의 '초감성적 자연'이란 모든 경험적 제약에서 독립된 법칙, 따라서 순수이성의 자율에 속하는 법칙 아래 있는, 이성존재자의 현존인 것이다. 그리고 사물의 현존을 (이성의) 인식에 의존시키는 법칙은, 실천적(의지 규정적)이기 때문에, 초감성적 자연은, 우리가 그것을 이해할 수 있는 한에서, 순수한 실천이성의 자율 아래 있는 자연일 수 밖에 없다.
③ 도덕법 : 초감성적 자연의 근본법칙, 순수한 오성계의 근본법칙

---

14) 칸트의 이 세계는 기독교의 하늘나라와 유사하다.

그러나 이런 자율의 법칙은 도덕법이다. 그러므로 도덕법은 초감성적 자연의 근본법칙이요, 순수한 오성계의 근본법칙이다. 이런 오성계에 대응한 것이, 동시에 감성계에 있을 터이로되, 그렇다고 해서 감성계의 법칙을 깨뜨리는 일은 없는 것이다.
④ 원형적 자연 vs 모형적 자연
사람은 전자를 단지 이성만이 인식하는 원형적 자연이라고 말할 수 있겠고, 후자를 모형적 자연이라고 말할 수 있겠다. 후자는 의지의 규정근거로서의 '전자의 이념'에서 가능한 결과를 내포하기에 말이다. 여기에 실로, 도덕법은 그 이념에 따라 우리를 자연 속에 옮겨 놓은 것이다.
⑤ 원형적 자연의 순수이성이 낳는 최고선
이런 자연에서는 만일 순수한 이성이 자기에 적합하는 물질적 힘을 수반하는 것이라면, 순수한 이성은 최고선을 낳을 것이다. 그리고 도덕법은 이성존재자의 전체로서의 감성계에 형식을 부여하고자 우리의 의지를 규정하는 것이다.(칸트, 『실천이성비판』, 47-48)

[보충] 최고선이 존재하는 곳 : 칸트의 최고선과 기독교의 최고선
칸트는 우리 안의 실천이성이 초감각계의 이데아의 세계와 맞닿아 있든지, 아니면 이 세계가 내려와 있든지, 서로 상호침투하고 있다. 그리고 그 세계에서 최고선이 목격되고 존재한다는 것이다. 최고선이란 도덕과 행복이 서로 결합된 상태를 말한다. 그곳에서 나오는 윤리에 의해서 인생들은 최고의 쾌락을 누린다. 이것은 진정한 윤리의 본질은 쾌락일 수 있다는 이야기이다.
기독교의 세계에서 모든 윤리는 마음·말씀이라고 하는 로고스에게서 나온다. 이 로고스가 사람의 모습으로 계신 이가 하늘의 인자인데, 그가 바로 예수 그리스도이다. 이 예수 그리스도와 연합을 하였을 때, 나오는 윤리와 쾌락이 바로 기독교의 최고선이다. 그리고 진정한 그리스도인은 자신이 이 예수 그리스도와 결합된 것을 처음에는 실천이성으로 알다가 나중에는 순수이성으로도 이에 대한 믿음을 갖는다.

라. 자연계의 '이념'으로서의 '순수실천이성', 즉 '도덕법'

칸트는 이제 한 사건에 대해 실천법칙(도덕법)과 준칙이 어떻게 적용되는지를 살펴봄을 통해서, 이 실천법칙이 자연계에 어떻게 지도적 원리로 작용되고 있는지를 밝혀준다. 우리 안에 있는 이성의 준칙들(개인적 애착들)은 '가상계'를 형성하는 일에는 아무런 영향을 미치지 못한다. 그러나 우리는 이성을 통해서 도덕법칙을 의식하고 있으며, 우리의 모든 준칙은 여기에 종속하고 있다. 따라서 이 도덕법이 바로 '순수이성비판'에서 궁극적 존재로 나타났던 '이념'임에 틀림이 없다. 따라서, 도덕법은 이러한 자연세계에서 실천과의 관계에 있어서 객관적인 실재성을 갖고 있는 것이다.

① 준칙과 실천이성

내가 한 증거를 댈 즈음에 따르기로 생각하고 있는 준칙을, 실천이성이 검토한다고 하자. 이때에, 나는 이 준칙이 '보편적인 자연법칙'으로서 타당하다면, 그것이 어떻게 될는지를 생각해 본다. …

② 자살에 관한 태도

내가 내 생명의 자유처리(즉, 자살)에 관해서 취하는 준칙은, 자연이 그 자신의 법칙에 좇아서 자신을 유지하고자 하면, 그런 준칙이 어떤 것이 되어야 하는가를 내가 자문(自問)할 때에, 즉시로 결정되는 것이다. 이 자연에 있어서는 명백히 누구이든 임의로 자기 생명을 없앨 수 없을 것이다. 생명이 없어지는 상태는 아무런 항구적인 자연질서도 아니겠기에 말이다. 다른 모든 경우에 있어서도 사정은 마찬가지이다. …

③ 준칙들의 실천법칙에 대한 태도

개인적 애착들(준칙들)이 감각적 법칙에 따르는 전자연으로 되어 있고, 개인적 애착들은 순수한 실천법칙(도덕법)에 따르는 '우리의 의지에 의해서만 가능한 자연'을 형성하지 않는 것이다.

④ 이성의 도덕법 의식

그러나 우리는 이성을 통해서 (도덕)법칙을 의식하고 있다. 그리고 우리의 의지에 의해서 동시에 마치 하나의 자연질서가 생겨야 하듯이, 우리의 모든 준칙은 이 법칙에 종속하고 있다.
⑤ 초감성적 자연의 이념으로서의 도덕법
그러므로 이 법칙은, 경험적으로 주어지지 않는 자연, 그러나 자유를 통해서 가능한 자연, 따라서 초감성적 자연의, 이념임에 틀림이 없다.
⑥ 도덕법의 실재성
이런 자연에 우리는 적어도 실천과의 관계에서 객관적 실재성을 주고 있다. 왜냐하면, 우리는 그런 자연을 순수한 이성존재자로서의 인간의지의 객관으로 간주하기 때문이다.(칸트,『실천이성비판』, 48-49)
⑦ 실천이성(도덕법)에 종속해 있는 자연법칙들
하기에, 의지가 종속해 있는 자연의 법칙들과, 의지에 종속해 있는 자연의 법칙들과의 구별은 다음과 같은 점에 있다. 즉, 전자에 있어서는 반드시 객관들이 관념들의 원인이요, 이런 관념들이 의지를 규정하되, 후자에 있어서는 의지가 객관들의 원인이요, 따라서 객관들의 원인성은 그 규정근거를 단적으로 이성능력 중에 갖고 있으며, 그러므로 이성능력을 우리는 순수한 실천이성이라고 부를 수 있다는 점이다.(칸트,『실천이성비판』, 49)

칸트는 자연법칙의 상위 존재로서 도덕법을 말한다. 자연법칙의 이념이 곧 도덕으로서의 실천이성인 것이다.

2. 실천이성 : 실천법칙과 자유

가. '의지의 자유'의 실재성
의지의 자유가 실재하느냐의 문제에 대해 칸트는 이것은 가상계에 속한 존재이므로, 우리는 그것을 직관할 수 없으며, 직관이 필요하지도 않다. 실천이성비판의 연구의 핵심은 '가상계에 실천법칙이 현존한다는 개념 곧 자유의 개념'이다. 그런데, 우리 안에서 들려오는 '실천법칙들은 분명히 존재'

하고, 이것은 오직 '의지의 자유' 아래에서만 작동하고 있기 때문에 '의지의 자유'는 '실천법칙의 전제'가 되는 것이다. 그렇다면 이제 '의지의 자유는 존재한다'라는 명제가 성립되는 되는 것이다. 더 나아가서 '의지의 자유'의 세계는 존재하는 것이며, 그곳은 '가상계'이고, 이것은 '가상계'의 존재에 대한 증명이 되기도 한다.

① 초감성적 자연으로서의 자유의지
이런 초감성적 자연(초감성적 자연의 개념은 동시에 우리의 자유의지에 의해서 현실화하는 근거일 수 있다)이 가능하려면, 가상계(可想界, intelligibele Welt)에 관한 아무런 선천적 직관도 필요로 하지 않는다. 이러한 직관은 여기서는 초감성적이기 때문에, 우리에게 틀림없이 불가능하다. …(칸트, 『실천이성비판』, 50)
② 자유의지의 존재의 필연성
그러니까 이 책에서의 비판적 연구는 순수한 실천법칙들과 그런 법칙들의 현실성에서 마땅히 출발할 수 있고 또 출발해야 한다. 그러나 우리의 연구가 실천법칙들의 밑바닥에 두는 것은, 직관이 아니라 가상계에서 실천법칙이 현존한다는 개념 즉, 자유의 개념이다. 왜냐하면, 이 개념은 별난 의미가 있는 것이 아니라, 저 실천법칙들은 오직 의지의 자유에 관계해서만 가능하며, '의지자유'의 전제 아래서는 반드시 있어야 하기에 말이다. 뒤집어 말하면, 저 실천법칙들이 실천적 요청들로서 필연적이기 때문에, 의지의 자유는 반드시 있는 것이다. 그런데, 도덕법의 의식이, 같은 말이 되나 혹은 자유의 의식이, 어떻게 가능하냐 하는 것은, 이 이상 더 설명될 수가 없다. …(칸트, 『실천이성비판』, 50)
③ 실천이성의 최상원칙 : 실천법칙과 자유
실천이성의 최상 원칙의 해설은 이제야 끝났다. 즉, 첫째로, 원칙의 내용은 무엇인가, 즉 그것이 전혀 선천적으로, 경험적 원리들에서 독립하여, 자체상으로 있다는 것과, 둘째로 어떤 점에서 그 최상원칙이 다른 모든 실천원리와 다르냐 하는 것, 이 두 가지가 지적되어 있다. (칸트,

『실천이성비판』, 51)

나. 도덕법 연역을 통해 드러나는 또 다른 세계와 그 원리

칸트에 의하면, 이론적 오성의 원칙들은 연역에 의해서 증명할 수 있었는데, 도덕법의 연역에 있어서는 이러한 길을 취할 수 없다고 말한다. 그럼에도 불구하고 "도덕법의 객관적 실재성은 자신만으로 확실한 것이다"고 한다. 이때, 그럼에도 불구하고 이 도덕법의 연역에 대한 시도에서 전혀 예기치 않은 것이 나타났는데, 이것은 '한 능력, 즉 자유의 능력을 연역하는 원리'였다.

① 순수이성의 사실로서 주어진 실천이성 도덕법의 실재성

그러한 것들(이론적 오성의 원칙들)은 경험적 원리들에 속해 있는 것이로되, 순수하고도 실천적인 이성은, 그것의 본질에 의해서 이러한 것으로 생각될 수 없기 때문이다. 도덕법은 필경 이를테면 순수이성의 사실로서 주어져 있고, 그것을 우리는 선천적으로 인식하며, 그것을 절대적으로 확신한다. 그것이 엄밀히 지켜지는 실례를 우리가 경험에서 비록 발견하지 못할지언정. 이에 어떠한 연역이라도 즉 이론적·사변적·경험의지적 이성의 노력이라도, 도덕법의 객관적 실재성을 증명할 수가 없다. 따라서, 우리가 비록 도덕법의 절대적 확실성을 단념하려고 해도 그것(의 불확실성)이 경험에 의해서 확인될 수 없고, 그러므로 후천적으로 증명될 수 없으되, 그럼에도 도덕법의 객관적 실재성(타당성)은 자신만으로 확실한 것이다.

② 도덕적 원리 자체의 자유의 능력

'도덕적 원리의 연역'을 추구하는 것이, 허사였지만, 그 대신에 다른 전혀 예기하지 않았던 일이 나타났다. 그것은 즉 도덕적 원리 자체가 거꾸로 다 캐낼 수 없는 한 (근본)능력을 연역하는 원리로 쓰인다는 것이다. 이 (근본) 능력을 어떠한 경험도 증명할 수 없으되, 사변이성은 그런 능력을 적어도 가능한 것으로 가정하지 않을 수 없었다. 이것은 (선

험적) 자유의 능력이다. 그리고 그 자신 변명할 근거들을 필요로 하지 않는 도덕법은, 다만 (선험적) 자유의 가능성을 증명할 뿐만 아니라, 자유의 현실성까지도, 도덕법이 자신을 구속한다고 인식하는 존재자(인간)에 즉(卽)해서 증명한다.
③ 도덕법 : 사변철학의 원인성의 법칙을 규정
도덕법은 실로 자유를 통한 인과성의 법칙이요, 따라서 초감성적 자연을 가능하게 하는 법칙이기도 하다. 마치 감성계에 있는 사건들이 형이상학적 법칙이 감성적 자연의 인과성의 법칙이었던 것처럼. 이에 전자(도덕법)는, 사변철학이 미결인 채로 방임해 두지 않을 수 없었던 것 즉 사변철학에서 그 개념이 오직 소극적이었던 바, 일종의 원인성(자유를 통한 원인성)의 법칙을 규정하고, 따라서 이 법칙에다 객관적 실재성을 보내주는 것이다.(칸트, 『실천이성비판』, 52)

칸트는 순수이성, 사변철학의 끝자락에서 이념을 발견하였다. 그런데, 그것의 작동원리 등을 규정할 수가 없었다. 그런데, 이제 그것이 실천이성임을 알게 된 것이다. 즉 자연법칙 위에 도덕법칙이 있었던 것이다.

다. '순수이성의 원인성'으로서의 '도덕법 자신의 자유'
도덕법에 대한 이런 종류의 신임장은 도덕법 자신이 자유(순수이성의 원인성)를 연역하는 원리로서 제시된다. 그리고, 이 도덕법은 감성계 존재자들의 원인성에 해당한다. 감성계 자체 중에 있는 존재자(자연존재자)의 원인성의 성질은 결코 무제약적일 수 없다. 그러나 제약들의 모든 계열에 대해서 반드시 어떤 무제약자가 있어야 하고, 자신을 자기 자신이 규정하는 원인성이 있어야 한다. 이것이 곧 도덕법인 것이다.

① 도덕법 자신의 자유
도덕법에 대한 이런 종류의 신임장은 도덕법 자신이 자유(순수이성의 원인성)를 연역하는 원리로서 제시된다. 그러므로, 그런 신임장은 모든 선

3장 '실천이성'의 세계 : 자유와 선

천적인 변호 대신에 이론이성의 요구를 보충하기에 아주 족한 것이다. 무릇 다음의 사정을 통해서 도덕법은 그것의 실재성을, 사변이성의 비판까지도 만족시킬 만큼 증명하는 것이다. 즉, 도덕법은, 그저 소극적으로 생각된 원인성에다(이런 원인성의 가능성은 사변이성이 이해할 수 없었으나 그것을 가정하지 않을 수 없었다) 적극적인 규정을 보탠다. 다시 말하면 의지를 직접적으로 규정하는 '이성의 개념'을 보탠다. 도덕법이 비로소 이성에다 실천적이면서도 객관적인 실재성을 줄 수 있다. 또 도덕법이 이성의 초절적 사용을, 내재적 사용에로 전환시키고 있다(고 하는 사정들을 통해서이다). (칸트, 『실천이성비판』, 53)
② 감성계에 있는 무제약자
감성계 자체 중에 있는 존재자(자연존재자)의 원인성의 성질은 결코 무제약적일 수 없다. 그러나 제약들의 모든 계열에 대해서 반드시 어떤 무제약자가 있어야 하고, 따라서 자신을 전혀 자기 자신이 규정하는 원인성이 있어야 한다. 이에 절대적 자발성으로서의 자유의 이념은, 순수한 사변이성의 요구가 아니라, 자유의 가능성에 관한한, 순수한 사변이성의 분석적 원칙이었다. (칸트, 『실천이성비판』, 53)

감성계의 무제약자는 실천이성이었던 것이다. 즉 도덕법칙이 자연법칙 위의 무제약자였던 것이다.

3. 실천이성의 '자유'에서 나오는 '선'

가. '실천이성의 대상'으로서의 '선'의 개념

'실천이성의 대상'을 문자적으로 이해한다면, 우리 안의 실천이성이 바라보는 목표물을 의미하는데, 칸트는 "자유를 통해서 가능한 결과로서의 객관(혹은 '대상', 이것은 '선'을 의미함)이다"고 하여서, 도덕법의 자유로운 행위에 의해서 결과 되어지는 것(선)을 의미한다.

또한 "실천적 인식자체의 대상이다"고 한다. 실천이성이 바라보는 대상을 의미한다. 혹은 도덕에 의해서 궁극적으로 현실화되어 결과 되어질 행위를 의미한다. 여기에서 도덕법의 '대상' '객관'은 모두 '선'이다.

> 실천이성의 대상이란 개념 아래에서, 나로서는 자유를 통해서 가능한 결과로서의 객관이라는 관념을 의미한다. 그러므로 "실천적 인식 자체의 대상이다"고 하는 것은 "단지 그것(실천이성)의 의지에 의해 그 대상(선)이나 그 반대(악)의 것이 현실화될 터인 그 행위와의 관계맺음을 의미한다".15)(칸트,『실천이성비판』, 63)

우리의 실천이성은 이데아의 세계에 있는 '선'을 바라본다. 이 이데아의 세계는 기독교의 하늘나라이다.

나. '선'과 '유용성'의 비교

이때 여기에서 유의하여야 할 것은 이 '선'은 실천이성이 '경험'에 근거해서 바라보는 '쾌(행복)' 혹은 '유용성'과는 전혀 혼합되지 않는다. '쾌(행복)'이나 '유용성'은 모두 경험을 기반으로 해서 나온 것으로서, 이에 영향을 받으면 이것은 현상계의 인과율에 속한 것이 되어서 이것은 '도덕법'의 '자유'가 아니고, 따라서 '선'이 아니다. 이것은 이미 '의욕'으로 인하여 현상계의 지배법칙인 '인과율'에 포섭되어 있다. 이에 따라 칸트는 선 혹은 최고선을 행복으로 바라본 모든 기존의 철학이 그릇되었다고 주장한다.

① 실천이성이 바라보는 대상
만일 객관이 우리의 욕망능력의 규정근거로서 가정된다면, 이것은 그것이 (순수한) 실천이성의 대상이냐 아니냐의 비판에 선행해야 한다. 즉 경험이다. 이와 반대로 만약 선천적 법칙이 행위의 규정근거로 보아질 수 있다면, 무엇이 순수한 실천이성의 대상이냐 아니냐 하는 판단은, 인간의 자연적 능력과 비교하는 것에 전혀 의존하지 않는다. …

---

15) 이 인용문의 번역은 백종현의 번역을 인용하였다.

3장 '실천이성'의 세계 : 자유와 선

② 실천이성의 대상은 선·악 뿐
이렇기에 순수한 실천이성의 객관들은 오로지 선·악이라는 객관들 뿐이다.…(칸트, 『실천이성비판』, 63)

③ 유용성의 선
따라서 쾌 혹은 불쾌는 그 자신에 있어서는 '객관'의 관념과 도무지 선천적으로 직접 결합할 수 없다. 이러한 사정인 까닭에 쾌감을 실천적 판정의 근본에 두지 않을 수 없다고 생각하는 철학자는, 쾌락을 얻는 수단인 것을 선이라고 말할 것이요, 불쾌와 고통의 원인인 것을 악이라고 말할 것이다. 왜냐하면, 수단의 목적에 대한 관계를 판정하는 것은, 확실히 (가언명령적) 이성에 속하기에 말이다. 이러고 보면, 선은 항상 유용한 것에 불과하겠다.(칸트, 『실천이성비판』, 64)

인간은 '복'을 희망하는 가언명령적 이성을 가지지만, 그보다 한층 더 높은 무상명령적 이성을 '선천적'으로 가지고 있다. 이때에는 법칙이 의지를 현상계의 타율에서 벗어나 자유롭게 규정한다. 이것이 바로 '자체선'이다. 즉, 이성의 원리는 욕망능력이 가능케 하는 객관들을 돌봄이 없이 이미 자체적으로 의지를 규정하는 근거이다. 따라서 선악의 개념은 "도덕법 이전에 규정되지 않고, 오직 도덕법 이후에 또 도덕법을 통해서 규정되어야 한다".

④ 가언명령적 이성과 무상명령적 이성
이에 인간은, 그에게 이미 마련된 자연조직(생명 있는 자의 애착심)을 따라서, 그의 복·불행을 항상 고찰하고자, 물론 (가언명령적) 이성을 가지지마는, 인간은 그것 외에 한층 더 높은 사명을 위해서 또한 (무상명령적) 이성을 가지고 있다. 이 높은 사명이라는 것은, 자체상 선 혹은 악인 것을 (이에 관해서는 순수해서 감각에 전혀 관심이 없는 이성만이 판단할 수 있다) 숙려하려고 할 뿐만 아니라, 이런 (순수한) 판정과 저런 (감성적) 판정을 완전히 구별하여, 전자를 후자의 최상 조건으로 하고자 하는 것이다.(칸트, 『실천이성비판』, 68)

⑤ 이성의 원리는 선천적인 실천법칙
…즉, 이성의 원리는 욕망능력이 가능케 하는 객관들을 돌봄이 없이 이미 자체적으로 의지를 규정하는 근거라고 생각된다. 이때에는 이성의 원리는 선천적인 실천법칙이요, 순수한 이성은 그 자신만으로 실천적이라 (의지를 규정한다)고 가정된다. 이때에는 법칙이 직접 의지를 규정하고, 법칙에 적합한 행위는 자체선이다. 의지의 준칙이 항상 법칙에 적합한 의지는, 단적으로 모든 점에서 선하고, 또 모든 일절 선의 최상조건이다. 만약 이상과 같지 않다면, 욕망능력을 규정하는 근거(객관)가 의지의 준칙에 앞선다. 욕망능력의 규정근거는 쾌·불쾌의 객관을 전제하고, 그러므로, 만족을 주고 혹은 고통을 주는 '그 무엇'을 전제한다.· 이성의 준칙들은 이때에는 법칙들이라고 이를 수는 없으나, 이성적인 실천 훈계들이라고 이를 수는 있다. (칸트, 『실천이성비판』, 68)
⑥ 선의 개념 : 실천법칙을 갖지 않고, 형식만 가지고 있는 선의 개념
선악의 개념은 도덕법 이전에 규정되지 않고, 오직 도덕법 이후에 또 도덕법을 통해서 (여기서도 그랬듯이) 규정되어야 한다. 이것이 실천이성 비판에서의 나의 방법이 그른 것 같으되, 실은 옳은 주장이지만, 이런 주장을 설명해 둘 장소가 바로 이곳이다.…
우리가 선의 개념에서 출발하여 그것에서 의지의 법칙을 이끌어 내려 했다고 가정한다면, 대상에 관한 '선의 개념'이 동시에 이 대상을 의지의 유일한 규정근거로 들겠다. 그런데 이런 '선 개념'은 그것의 기준으로서 아무런 선천적인 실천법칙도 가지지 않으므로, 선 혹은 악의 시금석은 대상이 우리의 쾌고감에 일치하는 것 이외의 아무런 것에도 두어질 수가 없겠다. (칸트, 『실천이성비판』, 69)

다. '자유'의 '범주들'
칸트는 이제 선의 개념을 도출할 때, 실천법칙 자체만을 아예 분석적으로 탐구하자고 한다. "도덕법 자체의 자유"가 의지규정의 근거이다. 칸트는 도덕법 자체의 '자유'를 순수이성의 '범주'와 비교시킨다. 즉 순수이성의 범주

3장 '실천이성'의 세계 : 자유와 선

에는 이미 현상계에 있는 법칙의 개념이 모두 디자인되어 들어 있었다. 이와 같이 도덕법의 근거인 '자유'에도 이와 같은 '선'을 산출할 수 있는 '범주표'가 들어 있다는 것이다. 그리고 이에 의해서 '현실성 자체'로서의 '선'이 낳아진다. 즉, 우리의 이성 안에는 '선'의 개념을 산출하는 기능이 선천적으로 존재한다는 것이다. 칸트가 『실천이성비판』에서 말하는 "자유의 범주들"은 『순수이성비판』의 자연의 범주들(카테고리)에 대응하는 개념이다. 이에 대한 일반적인 정리(챗GPT)는 다음과 같다.

① 배경
『순수이성비판』은 오성의 범주들은 모든 가능한 경험을 규정하는 기본 개념이다. 예를 들면, 양(단일성, 다수성, 전체성), 질(실재성, 부정성, 한정성), 관계(실체와 속성, 인과, 상호작용), 양상(가능성, 현실성, 필연성)이다. 하지만 실천이성의 영역(도덕, 자유)에도 이에 대응하는 개념 체계가 필요하다. 그래서 칸트는 『실천이성비판』에서 "자유의 범주들"을 제시한다.
② 자유의 범주들
칸트는 자연의 범주 도식을 본떠, 이를 "도덕법칙과 자유의 실천적 영역"에 맞게 배열한다.
a. 양: 개인적 의무, 타인에 대한 의무, 의무들의 총체성
b. 질: 금지(의무의 부정적 형식), 허용, 긍정적 명령(적극적 행위 요구)
c. 관계: 완전한 의무(절대적, 예: 거짓말 금지), 불완전한 의무 (선택적 여지, 예: 자선, 자기계발), 결합된 의무들의 체계
d. 양상(Modus): 의무의 가능성, 의무의 현실성, 의무의 필연성 (도덕법칙의 무조건성)
③ 의의
자연의 범주가 "경험적 세계(자연법칙)"를 조직한다면, 자유의 범주는 "실천적 세계(도덕법칙과 의무)"를 조직한다. 즉, 자유의 범주들은 도덕법칙이 어떻게 다양한 의무와 규범의 체계로 적용되는가를 분류해 주는

실천적 틀이다.(챗GPT, 자유의 범주, 2025.9.21.)

자연의 범주들은 경험을 규정하는 오성의 개념들을 산출한다. 자유의 범주들은 의무를 규정하는 실천이성의 개념들을 산출한다. 구조는 비슷하지만, 전자는 "존재(Sein)"를, 후자는 "해야 함(Sollen)"을 다룬다는 점이 다르다.

4. 실천적 판단력의 곤경

가. 실천적 판단력의 곤경

칸트는 실천의 규범적 형식을 이성 실천규칙(행위를 인도하는 경험에 의한 일반적 지침), 준칙(주관적 규칙), 그리고 실천법칙(객관적 규칙)으로 구분하는데, 우리의 일반적인 삶은 경험에 근거하여 일반화된 이성 실천규칙에 의한다. 그런데, 이 실천규칙 안에는 실천적 판단력(실천적 원칙 즉 도덕법칙을 개별적 상황에 적용하는 능력)이 흐르고 있다. 즉, 순수이성의 실천규칙에는 경험적인 규정근거들에 의한 자연법칙에 따른 경험적·가능적 의지의 요소가 있으며, 또 하나는 모든 경험적인 것에서 독립하여 규정되는 자유의 법칙에 의한 실천적 요소가 존재하는 것이다. 이런 까닭에 우리의 실천적 판단력은 감성계에 있는 한에서는 '자연법칙'에 종속하지만, '자유의 법칙'이 출현하면서 곤경에 빠져있다.

① 이성의 실천규칙[16]: 일반적인 삶
선과 악의 개념들이 의지를 위해 비로소 (그 의지의) 객관을 정한다. 그러나 선과 악의 개념들 자신은 이성의 실천규칙에 종속한다. 이성이 순

---

[16] 칸트는 실천의 규범적 형식을 다음과 같이 구분한다. ① 실천규칙(Regel): 행위를 인도하는 일반적 지침. 넓은 의미에서 경험적이거나 이성적일 수 있다. ② 준칙(Maxime): 주관적 규칙으로서, 개인이 자기 행위를 위해 세운 원리이다. ③ 법칙(Gesetz): 객관적 규칙으로서, 이성이 보편적으로 모든 이성적 존재에게 유효하다고 인정하는 규범이다.(챗GPT)

수이성일 때에 이 규칙은 의지의 대상에 관해서 의지를 선천적으로 규정한다.
② 실천적 판단력이 정하는 이성의 실천규칙
그런데, 감성에 있어서 우리가 할 수 있는 행위(눈에 보이는 행동)가, 실천규칙에 종속하는 것이냐 아니냐 하는 것은, 실천적 판단력이 정할 일이다. 이 판단력이, 규칙 중에서 일반적 추상적으로 말해진 것을 행위에도 구체적으로 적용하는 바이다.
③ 순수이성의 실천규칙의 두 요소 : 객관의 존재+실천법칙
그러나, 순수이성의 실천규칙은 첫째로 실천적인 것으로서, 한 객관의 존재에 관계하고, 둘째로 순수이성의 실천규칙으로서 행위의 존재에 관계하는 필연성을 지니기 때문에 그것은 실천법칙이다.
④ 두 요소 : 실천법칙 내에 있는 자유 + 가능적 경험적 행위
그러면서도 이 실천법칙은, 경험적인 규정근거들에 의한 자연법칙이 아니라, '자유의 법칙'이다. 자유의 법칙에 의해서, 의지는 모든 경험적인 것에서 독립하여 규정될 수 있을 것이다. 그러나, 가능적 행위로 나타나는 모든 경우는 오직 경험적일 수 있다. 즉, 경험과 자연에 속할 수 있다.
⑤ 실천이성 판단력의 곤경 : 자연법칙과 자유의 법칙 간의 충돌
이상과 같은 까닭에 감성계에 있는 한에서 항상 자연법칙에 종속하지마는, 그러함에도 '자유의 법칙'의 적용을 허락하는 경우를… 감성계에서 발견하려고 하는 일은 배리(背理)일 듯하다. 이에 순수 실천이성의 판단력은 순수한 이론이성의 판단력과 마찬가지로 곤경에 빠져있다. …
⑥ 자유법칙이 감성계에서 있는 동안 생기는 실천이성 판단력의 곤경
도덕적인 선은 대상(對象)상으로 초감성적인 것이요, 그러하매, 어떠한 감성적 직관에 있어서도 그것에 대응하는 것이 발견될 수 없다. 따라서 순수한 실천이성의 법칙에 종속하는 판단력은, 특수한 곤경에 빠져있는 듯하다. 이런 곤경은, '자유법칙'이 '감성계에서 생기고 그러한 동안 자연에 속하는' 사건으로서의 (현상적) 행위들에 적용되어야 하는 점에 기인

하는 것이다. (칸트, 『실천이성비판』, 74-75)

나. 감성계의 실천규칙

감성계의 실천규칙은 인과성의 법칙에 따라 이성을 사용하여 행위를 전개한다. 이때 감성계의 인과적 행위에는 도식이 존재한다. 왜 이와 같이 행위하는가에 대한 이유가 존재하는 것이다. 그런데, '자유의 법칙'에는 아무런 도식이 없다. 도덕법은 도식이 아니라 법칙이기 때문이다.

① 감성계의 실천규칙 : 인과성의 법칙에 따라 이성을 사용
그러나 순수한 실천적 판단력에 대해서 유리한 전망이 여기에 다시 전개된다. 감성계에서 우리에게 가능한 (특수)행위를 순수한 실천법칙 아래 포섭함에 있어서, 감성계의 사건으로서의 행위가 가능하냐 하는 것은 문제되지 않는다. 그러한 포섭은, 오성의 하나의 순수 개념인 '인과성'의 법칙에 따라서 이성을 이론적으로 사용함을 판정하는 일에 속하기 때문이다.
② 감성계의 인과적 행위에는 도식이 존재
감성적 직관의 대상들 자신이 종속하는 법칙으로서의 자연법칙에는 도식이 대응한다. 도식이란 법칙이 규정하는 '순수한 오성개념'을 감관에다 선천적으로 나타내는 구상력의 일반적 (작용)방식이다.
③ '자유의 법칙'에는 아무런 도식이 없음
그러나 (감성적으로 전혀 제약되지 않는 원인성으로서의) '자유의 법칙'의 기본에는, 따라서 또한 무제약적 선의 기본에는, 그것을 적용하고자 아무런 직관도 있을 수 없고, 그러므로 아무런 도식도 구체적으로 있을 수 없다.
④ 도덕법은 도식이 아니라 법칙
따라서 도덕법은, 자연의 대상들에 대한 도덕법의 적용을 매개하는 것으로서, 오성 (구상력이 아니라) 이외의 인식능력을 가지지 않는다. 이런 오성은, '이성이념'의 근저에 감성의 도식이 아니라 법칙을, 그러면서도

3장 '실천이성'의 세계 : 자유와 선

감관의 대상들에 즉(卽)해서 구체적으로 나타내는 법칙을 둘 수 있고, 따라서 단지 형식상의 연자법칙을, (실천적) 판단력을 위한 법칙으로서 둘 수 있다. 그러므로, 이런 법칙을 우리는 도덕법의 전형이라고 말할 수 있다.(칸트, 『실천이성비판』, 76)

다. 자연법칙에 따르는 준칙과 상식

우리가 자연법칙에 따라, 인과성에 따라 행위할 때, 우리 안에 흐르는 실천법칙에 종속하는 판단력의 규칙은 "자연법칙에 따를 것인가?"라고 질문을 하는 것이다. 우리 안에 있는 상식과 준칙은 인과율에 따른 최선이기는 하다. 행위의 준칙이 인과율 상으로는 좋아 보여도 그것이 실천법칙은 아니다. 상식도 마찬가지로 자연법칙을 항상 손앞에 가지고 있다. 그러나 그것이 실천법칙은 아니다.

① 실천법칙에 종속하는 판단력의 규칙 : 자연법칙에 따를 것인가?
순수한 실천이성의 법칙에 종속하는 판단력의 규칙은 다음과 같다. 즉, "네가 꾀하는 행위가, 너 자신도 그 일부인 자연법칙에 따라서 생긴다면, 그런 행위를 네 의지에 의해서 가능한 것으로 네가 과연 볼(看做) 수 있느냐, 하는 것을 자문하라"고 하는 것이다. 이 규칙에 좇아서 모든 사람이 행위가 도덕적으로 선인가 혹은 악인가를 사실로 판정하고 있다. 이래서 사람은 말한다. "만일 모든 사람이 각기 자기의 이익이 된다고 생각할 때에, 사기(詐欺)하는 것을 스스로 허용한다면, 혹은 그가 전적으로 생에 대한 한 권태증에 걸리자마자, 자살하는 것이 옳다고 생각한다면, 혹은 타인의 곤궁을 전혀 냉정하게 본다면, 그리고 네가 또한 세상사의 이러한 질서에 속해 있다고 한다면, 너는 어떻게 동의해서 그런 질서에 안주하겠는가?"라고. …

② 자연법칙에 따르는 준칙과 상식
그러므로, 각인의 행위의 준칙을 보편적 자연법칙과 비교하는 일이, 곧 각인 (자신)의 의지를 규정하는 근거가 되는 것은 아니다. 그러나, 자연

법칙은 도덕적 원리들에 좇아서 행위의 준칙을 판정하는 전형이다. 만약 행위의 준칙이 자연법칙 일반의 형식에 즉해서 검정 받아도 좋을 성질의 것이 아니라면, 그런 준칙은 도덕적으로 불가능한 것이다. 상식이더라도 이처럼 판단하는 것이다. 자연법칙은 모든 극히 일상적인 판단의 기본에 항상 놓여있고, 경험판단들의 기본에도 항상 놓여 있기에 말이다. 이에 상식은 자연법칙을 항상 손앞에 가지고 있다. 상식은 '자유에서의 원인성'이 판정 받아야 할 때에, 자연법칙을 자유법칙의 전형으로 삼는 것뿐이다.…(칸트, 『실천이성비판』, 77)

라. 실천적 판단력의 규칙을 위해 경계하여야 할 것

칸트는 경험적 결과(소위 행복)에 근거하게 하는 경험주의를 경계한다. 그리고 금욕과 같은 실천이성의 신비주의도 경계한다. 오직 판단력의 이성주의만이, 도덕적(선·악) 개념의 사용에 적합한 것이다고 말한다.

① 경험적 결과(소위 행복)에 근거하게 하는 경험주의 경계
따라서 (선 혹은 악) 개념의 '전형'은 판단력의 전형으로서, 실천이성의 경험주의를 경계한다. 이 경험주의는 선·악의 실천개념들을 다만 경험적 결과(소위 행복)에 기본시키는 것이다. 그러나 행복과 자애(自愛)에 의해서 결정된 의지의 무한한 이익적 결과와는, 만일 의지가 자기 자신을 동시에 보편적 자연법칙으로 삼는다면, 도덕적 선에 대해서 확실히 적절한 전형일 수 있겠다. 그러나 도덕적 선과 똑 같지는 않은 것이다.
② 금욕과 같은 실천이성의 신비주의도 경계
마찬가지로 (선·악개념의) '전형'은 실천이성의 신비주의를 경계한다. 이 신비주의는 단지 상징으로서만 쓰이는 것을. (함부로) 도식으로 삼는다. 즉, 현실적이기는 하나 비감성적인 직관(보이지 않는 하나님 나라의 직관)을 도덕적 (선·악) 개념의 기본에 둔다. 그래서 초험적인 것에로 들어가고 만다.
③ 판단력의 이성주의

오직 판단력의 이성주의만이, 도덕적(선·악) 개념의 사용에 적합한 것이다. 이 이성주의는 감성적 자연으로부터 순수이성이 자신만으로 생각할 수 있는 것만을 취한다. 즉, 감성적 자연으로부터 순수이성이 자신만으로 생각할 수 있는 것만을 취한다. 즉, 감성적 자연에서 그 합법칙성만을 취한다. 그리고, 반대로, 자연법칙 일반의 형식적 규칙에 따르는 감성계에서의 행위에 의해 현실적으로 드러난 것만을, '초감성적 자연'에다 가져다 넣는다.…(1편, 2장, 실천판단력, 6)(칸트, 『실천이성비판』, 78-79)

그리고 이제 칸트는 장을 달리하여서 "순수한 실천이성의 동기"를 말한다.

5. "도덕법-형식-자유" : 도덕법에 대한 존경

가. 내재하는 도덕법칙 : 도덕법이 의지를 직접 규정

칸트에 의하면, 도덕적 가치의 본질은 "도덕법이 의지를 직접 규정하는 것"이라고 말한다. 감정을 매개해서 결의한 것은 도덕성이 아니라고 한다. "한 동기가 의지를 주관적으로 결정하는 것"이라고 한다. 즉, "하나님의 뜻과 도덕법"이 직접적으로 규정한다는 것이다. 즉, 하나님의 뜻에는 아무런 동기도 부여될 수 없으며, 인간의지의 동기는 도덕법 이외의 다른 것일 수 없다는 것이다. 법칙(자신)을 위해서 생긴 자유의 의지이며, 모든 합법칙적인 행위는 글자상으로는 도덕적인 선이로되, 정신상으로 봐서는 도덕적인 선이 아니다. 그 내용은 다음과 같다.

① 도덕적 가치의 본질 : 도덕법이 의지를 직접 규정
행위들의 도덕적 가치의 본질은, 도덕법이 의지를 직접 규정하는 점에 의존한다.
② 감정을 매개해서 결의한 것은 도덕성이 아님
도덕법에 합치하였더라도, 어떤 종류의 것이든 간에 감정을 매개해서만

결의한다면, 따라서 (도덕)법칙(자신)을 위해서 결의하지 않는다면, 행위는 실로 적법성을 포함하되, 도덕성을 포함하지는 않을 것이다.
③ 한 동기가 의지를 주관적으로 결정 : 하나님의 뜻과 도덕법
그런데, 동기가 한 존재자의 - 이 존재자는 자기의 본성상 객관적 법칙에 반드시 합치하지는 않는 이성을 가진다 - 의지를 주관적으로 결정하는 근거라는 뜻이라면, 이로부터 첫째로 다음의 사실이 결과할 것이다. 즉, 하나님의 뜻에는 아무런 동기도 부여될 수 없으며, 인간의지의 동기는 도덕법 이외의 다른 것일 수 없다는 것이다. 따라서 객관적인 규정근거(도덕법)는 항상 또 전혀 그것만이 동시에 주관적으로 충분한 '행위의 규정근거'가 아닐 수 없다는 것이다.
④ 법칙을 위해서 생긴 것 vs 모든 합법칙적인 행위
법칙(자신)을 위해서 생긴 것이 아닌 "모든 합법칙적인 행위"에 대해서, 그 행위는 오직 글자 상으로 봐서 도덕적인 선이로되, 정신상으로 봐서는 도덕적인 선이 아니라고, 우리는 말할 수 있다.
⑤ 도덕법 외의 동기는 도덕이 아님
따라서 도덕법을 위해서, 또 도덕법이 의거에 미치는 감화력을 갖고자 이즈음에 도덕법의 동기를 없앨 수 있는 다른 아무런 동기도 우리는 구해서는 안 되는 바이다. 왜냐하면 도덕법 외의 동기는 모두 영속성 없이 위선만을 낳겠기 때문이요, 또 (이익의 동기와 같은) 도덕법 이외의 다른 약간의 동기를 함께 활동시키는 것이 두렵기도 하기 때문이다. 그러므로, 우리에게 남아 있는 일은, 어떻게 도덕법이 동기가 되는가 하는 것과, 그렇게 됨으로써 "도덕법의 규정근거"의 영향을 받은 것으로서의 "인간의 욕망능력"이 어떻게 되는가 하는 것과, (이 두 가지를) 주의해서 규정하는 것이다.
⑥ 어떻게 법칙이 직접적 의지의 규정근거일 수 있는가?
대개 어떻게 해서 법칙이 자체상으로 직접적으로 의지의 규정근거일 수 있느냐 - 이것은 실로 모든 도덕법의 본질이다 - 하는 것은, 인간 이성으로서는 풀 수 없는 문제요, 자유의지가 어떻게 가능하냐 하는 문제와

동일한 문제이다. 따라서 도덕법이 무엇에 유래해서 단독으로 동기력을 주는가 하는 근거를 지시해야 하는 것이 아니라, 그것이 이런 것인 한에서 동기가 심성에 무엇을 낳는가 하는 것을 우리는 선천적으로 지시해야 하겠다.(칸트, 『실천이성비판』, 80)

[평가] 도덕법칙이 우리를 직접 규정하는 것의 갖는 의미
 우리는 칸트의 "도덕법칙이 우리를 직접 규정한다"는 말의 의미하는 바를 추적해야 한다. 즉, 우리 안에 도덕법칙 혹은 도덕적 마음이라는 실체가 존재하여서, 그곳에서 곧바로 감정과 의지로 그것이 투영되어 나온다. 그런데, 이 도덕은 신의 속성이다. 그렇다면, 우리 안의 실천이성 곧 양심은 신의 속성과 연결되어 있거나, 신의 속성이 내 실천이성 안에 들어와 있다. 즉, 내 실천이성은 하늘의 도덕적·선의 세계와 이어져 있다.
 그래서 칸트가 "한 동기가 의지를 주관적으로 결정하는 것"은 "하나님의 뜻과 도덕법이 직접적으로 그를 규정한다"는 것이다. 우리의 양심에는 신의 마음이 내려와 있거나, 그 마음과 연결되어 있다. 그리고 그 신의 마음이 하늘에서 우리의 현실에 나타나는 사건을 접하고 곧바로 하늘의 도덕법칙을 발산한다.

 나. 도덕법에 의해 규정되는 자유의지 : 도덕(신의 뜻)이 나타나는 통로
 칸트에 의하면, 우리 안에 도덕법이 실천이성 내에 자리잡고 있다. 그것은 우리의 외부적인 감성이나 나의 애착과는 상관없이 자신의 법칙을 자신의 자유에 따라 발산한다. 이때 애착은 고통을 당한다. 이 도덕법의 실천이성은 자기애를 끊어버리고, 자부심도 끊어버린다. 도덕법은 그 자신 어떤 적극적인 것이다. 다시 말하면, 지성적인 원인성의 형식 즉, 자유의 형식이다. 이로 인해 도덕은 동시에 존경의 대상이 된다. 경험에 근거를 가지지 않은, 선천적으로 인식되는 하나의 적극적 감정의 근거가 되기도 한다. 도덕법은 그 자신 어떤 적극적인 것이다. 다시 말하면, 지성적인 원인성의 형식 즉, 자유의 형식이다. 도덕법은, 자부를 쳐부수기까지, 즉 굴복시키기 까

지 함에 의해서, 최대한 존경의 대상이 된다. 우리는 도덕법이 나타나는 통로이다. 보편적 법칙수립에 적합한 실천적 형식이다. 신의 의지로서의 도덕이 출현하는 통로인 것이다. 이것이 우리 실천이성의 본질이다.

① 법칙에 의해서 규정되는 자유의지
"도덕법을 통한 의지의 모든 규정"에서 본질적인 것은, 의지가 자유의지로서 오직 법칙에 의해서만 규정된다는 것이다. 따라서 단지 감성적 충동의 협동도 없을 뿐만 아니라, 감성적 충동을 모두 배척하고 또 모든 애착도 끊어버림으로써, 오직 법칙에 의해서만 규정된다는 것이다.…
② 도덕법이 애착에 대해 산출하는 고통이라는 감정
따라서 우리는 다음의 사실을 선천적으로 통찰할 수 있다. 즉 그것은 의지의 규정근거로서의 도덕법이 우리의 모든 애착을 방해함에 의해서, 그 자신 하나의 감정을, 즉 고통이라고 불릴 수 있는 하나의 감정을 산출해야 한다는 것이다. 그리고 여기에 우리는, 선천적인 개념으로부터 인식(여기서는 순수한 실천이성의 인식)의 쾌·불쾌의 감정에 대한 관계를, 규정할 수 있는 최초의 경우를 가지며, 아마 유일한 경우를 가질 것이다.
③ 자기애를 끊어버리는 실천이성
순수한 실천이성은 자기애를 오직 끊어버릴 뿐이다. 자기애는 자연적이요, 도덕법에 앞서서 심중에 날뛰고 있는 것이며, 순수한 실천이성은 이러한 자기애를 도덕법에 일치하는 조건에로 제한하기에 말이다. 도덕법과 일치할 때에 자기애는 이성적인 사애(理性的 私愛)라고 불리운다.…
④ 자부(自負:자랑스럽게 여김)도 끊어 버리는 실천이성
순수한 실천이성은 자부도 아주 처부순다. 도덕법과 일치하기 이전에 하는 "자존에의 모든 요구"는 헛된 것이요, 그 권한이 도무지 없기에 말이다.…따라서 도덕법은 자부를 처부순다.
⑤ 자유의 형식으로서의 도덕법
그러나, 도덕법은 그 자신 어떤 적극적인 것이다. 다시 말하면, 지성적

3장 '실천이성'의 세계 : 자유와 선

인 원인성의 형식 즉, 자유의 형식이다.
⑥ 최대한 존경의 대상이 되는 도덕법
하기에, 그것은, 우리 심중의 주관적인 반항 즉 애착에 대항하여, 자부를 약화함에 의해서, 동시에 존경의 대상이 된다. 뿐더러 도덕법은, 자부를 쳐부수기까지, 즉 굴복시키기 까지 함에 의해서, 최대한 존경의 대상이 된다. 따라서 경험에 근거를 가지지 않은, 선천적으로 인식되는 하나의 적극적 감정의 근거가 되기도 한다. 이에 도덕법에 대한 존경은 이지적(자발적)인 근거에서 생기는 감정이요, 이런 감정은 우리가 전혀 선천적으로 인식하는 유일한 감정이며, 그러므로 그것의 필연성을 우리는 통찰할 수 있다.
⑦ 가장 선행하는 도덕법
앞 장에서 우리가 안 것은, 도덕법 이전에 의지의 객관으로 나타나는 것은 모두, 실천이성의 최상 조건으로서의 도덕법 자신이, 무조건적 선이란 이름 아래서, "의지의 규정근거들"로부터 배제한다는 것이었다. 또 준칙들의 보편적 법칙수립에 적합하는 데에 존립하는 순 실천적 형식이 자체선 또 절대적으로 선인 것을 최초로 규정하며, '순수한 의지'의 준칙을 확립한다는 것이었다. 순수한 의지만이 모든 점에서 선인 것이다. … 그리고 이런 (긍정) 때문에 '실천적 즉 도덕적' 감정의 이름으로 불리는 어떤 특수한 감정도, 도덕법보다도 선행하는 것으로 가정될 필요가 없고, 도덕법의 근저에 있다고 가정될 필요도 없다. (칸트, 『실천이성비판』, 80-83)

[보충] 법칙이 통제하는 자유의지
우리의 실천이성은 도덕법칙과 자유의지로 되어 있다. 그리고 더 나아가 이 도덕법칙이 발산되는 형식 곧 통로인데, 이 도덕법칙은 세상의 인과율에 지배를 받지 않는 자유이다.

다. 최상의 법칙수립자인 실천이성 : 법칙에 대한 존경의 마음 칸트는 우리 안에 최상의 법칙수립자인 순수한 실천이성이 존재한다고 말한다. 그리고 우리의 마음은 이 법칙에 대해 존경심을 가진다. 도덕법이 실천이성의 형식적인 규정근거이며, 이 도덕법은 자유이다. 이에 대해서, 우리의 감정은 존경이라고 부르는 감각의 조건을 가지고 있는데, 그러한 감정을 규정하는 원인은 순수한 실천이성 중에 존재한다. 이런 감정은 감각적으로가 아니라, 실천적으로 생긴 것이다. 도덕법에 대한 존경이, 유일하고도 동시에 의심할 수 없는 도덕적 동기이다. 그리고 이 감정은, 이런 도덕적 동기 이외에 아무런 것에도 존재하지 않는다.

① 최상의 법칙수립자인 순수한 실천이성
도덕법의 자각에서 생기는 결과로서는, 따라서 가상적인 원인에 관해서, 즉 최상의 법칙수립자인 순수한 실천이성의 주체에 관해서 말한다면, 애착에게 촉발된 이성적 주체가 가지는 이 감정은, 확실히 겸허를 말하는 것으로되, 겸허의 적극적인 근거 즉 도덕법칙에 관해서 말한다면, 동시에 "법칙에 대한 존경"을 의미한다.
② 법칙에 대한 존경
법칙에 관해서는 원래 아무런 감정도 생기는 것이 아니로되, 그런 법칙이 반항을 제외함에 의해서 이성의 판단에 있어서는, 방해의 제외를 원인성의 적극적인 증진과 동일시한다. 이에 이런 감정을 우리는 도덕법에 대한 존경감이라고 이를 수 있고, (겸허와 존경의) 두 근거에서 도덕적 감정이라고 이를 수 있다.
③ 도덕법이 실천이성의 형식적인 규정근거
이에, 도덕법이 실천적인 순수이성에 의해서 행위의 형식적인 규정근거인 것과 같이, 또 도덕법이 선·악이라고 불리는 "행위 대상의 실질적이면서도 객관적인 규정근거"인 것과 같이, 도덕법은 또한 행위에 대한 주관적인 규정근거 즉 동기이기도 하다. 왜냐하면, 도덕법은 주체의 감성에 영향을 미치고, 또 의지에 대한 도덕법칙의 영향을 촉진하는 감정을 낳기 때문이다.

3장 '실천이성'의 세계 : 자유와 선

④ 자유

이 경우에 도덕성을 노리는 아무런 감정도 주체 안에 선행하지 않는다. 이런 일은 실로 불가능하다. 모든 감정이 감성적이요, 도덕적 심정의 동기는 모든 감성적 제약에서 반드시 자유이기에 말이다.

⑤ 실천이성에서 나오는 감정

이에 대해서, 우리의 모든 애착의 근저에 있는 감성적 감정은, 확실히 우리가 존경이라고 부르는 감각의 조건이기는 하나, 그러나 감성적 감정을 규정하는 원인은 순수한 실천이성 중에 존재한다. 이러므로, 그러한 감정은, 그것의 근원상 감각적으로가 아니라, 실천적으로 생긴 것이라고 말할 것이다. …

⑥ 도덕성 자체로서의 법칙에 대한 존경

이리하여 "법칙에 대한 존경"은 도덕성에 대한 동기가 아니라, 주관적으로 동기라고 고찰된 도덕성 자체이다. 왜냐하면, 순수한 실천이성은, 자기에게 대립하는 사애(私愛)의 모든 요구를 거부함에 의해서, 이제야 단독으로 감화를 미치는 도덕법칙에다 위엄을 주기에 말이다.…(칸트, 『실천이성비판』, 83-84)

⑦ 도덕법에 대한 존경

도덕법에 대한 존경이, 유일하고도 동시에 의심할 수 없는 도덕적 동기이다. 그리고 이 (존경의) 감정은, 단적으로 이런 근거(도덕적 동기)에 의하는 이외에 아무런 객관에도 향해져 있지 않다.…(칸트, 『실천이성비판』, 87)

[보충] 실천이성(도덕법-법칙수립의 형식-자유)에 흐르는 존경의 마음

칸트의 말을 들어보면, 우리의 실천이성에는 도덕법이 존재한다. 이것은 아마 하늘에 연결된 것 같다. 그리고 이 실천이성은 법칙수립의 형식이다. 어떤 상황을 만났을 때, 실천이성이 그 상황 속에서 도덕법을 쏟아내는 것이다. 그리고 그것은 우리 순수이성의 인과율과 무관하게 자유롭게 쏟아져 나온다. 이때 도덕법은 분명히 신의 성품이다. 이것은 하늘과 직접 연결되

어있을 수도 있다. 내 실천이성은 이것의 통로이고 형식이다. 이때 이 실천이성은 인과율에 영향을 받지 않는다.

이 쏟아져 나오는 실천이성의 도덕법에 대해 우리의 마음은 존경심을 가진다. 칸트는 실천이성의 근저에는 도덕법칙에 대한 '존경(Achtung, 존경심/경외심)'이 있다고 말한다. 다만 이 '존경'은 일반적인 감정이나 경험적 정서와는 다르다. 이 도덕법이 신의 성품이기 때문에 실천이성은 이에 대한 존경과 경외가 있는 것이다.

라. 존재자(하나님)의 의지로서의 도덕법

의지가 도덕법칙에 자유로 복종한다는 의식은 법칙에 대한 존경 때문이다. 그렇다면, 이 도덕법은 무엇인가? 그것은 완전한 존재자(하나님)의 의지이다. 그래서 도덕법은 신성성의 법칙이다. 우리의 마음은 이것을 알기 때문에 도덕법에 대한 존경심을 갖는 것이다. 도덕은 하나님의 통치의 일환이라는 것을 실천이성은 알고 있다는 것이다. 이것이 존경심의 이유이다.

① 도덕법칙에 의지가 자유로 복종한다는 의식 : 법칙에 대한 존경
의지가 (도덕) 법칙에 자유로 복종한다는 의식은 법칙에 대한 존경이다. 존경을 구하고 주입하는 법칙은, 우리가 보는 바와 같이 틀림없이 도덕법이다. 행위가 이 법칙에 좇아서 애착에서의 모든 규정근거를 배척하면서 객관적으로 실천적일(의지를 규정할) 때에, 그러한 행위를 의무라고 말한다. 이런 배척 때문에, 의무는 그 개념에 있어서 실천적 강제를 포함한다. 다시 말하면 (속으로) 싫어하면서 행위하더라도, 반드시 행위하게 하는 규정을 포함한다. (1편, 3장, 12)
② 도덕법은 하나님의 의지, 신성성의 법칙
도덕법은 완전한 존재자(하나님)의 의지에 대해서는 신성성의 법칙이로되, 모든 유한한 이성존재에 대해서는 의무의 법칙이요, 도덕적 강제의 법칙이며, 법칙에 대한 존경과 자기 의무에 대한 외경과에 의해서 자기의 행위를 규정하게 하는 법칙이다. (1편, 3장, 15)

③ 하나님의 통치로서의 도덕
우리는 확실히, 자유에 의해서 가능한 '도덕왕국'·실천이성이 존경하도록 우리 앞에 제시하는 '도덕왕국'의 입법적인 국민이다. 그러나 동시에 이 왕국의 신민이요, 군주는 아니다. 피조물로서의 '인간의 낮은 지위'를 알지 못하고, (헛된) 자부가 신성한 법칙의 위엄을 거절하는 일은, 비록 법칙의 (겉) 문자가 실현되었더라도 '정신상'으로는 법칙에 위반해 있는 것이다. (1편, 3장, 16) (칸트, 『실천이성비판』, 89-92)

마. 주관으로 도달할 수 없는 도덕적 심정
칸트는 하나님의 도덕명령, 특히 복음서에 나타난 '하나님 사랑과 이웃사랑'의 계명의 본질은 '법칙에 대한 존경'과 '사랑하는 것을 원리로 삼는 것'이라고 한다. 인간이 노력해서 할 수 있는 것은 '애착'으로 말미암은 '준칙'인데, 그런데, 이 감각적 도식으로 초감각적 '법칙'을 준수할 수는 없는 것이다. 이 계명을 좇아서 '하나님을 사랑한다'는 것은 실제적인 사랑의 수행이라기 보다, 하나님에 대한 명령을 기꺼이 순종한다는 뜻이며, '이웃을 사랑하는 것'은 이웃사람에 대한 의무를 기꺼이 수행한다는 뜻이다. 이것은 그런 심정을 가지려고 애써야 할 것을 명령하는 것이며, 어떤 피조물도 그런 심정에 도달할 수 없으되, 우리가 접근해야하고 또 그침이 없이 무한히 정진함에 있어서 그런 심정과 같게 되도록 노력해야 하는 원형인 것이다. 주관은 이러한 경지의 도덕적 심정에 피조물을 도달하게 할 수가 없다.

① 도덕법 : 하나님사랑과 이웃사랑
이와 잘 합치하는 것은, "무엇보다도 더 하나님을 사랑하고, 너 자신과 같이 네 이웃 사람을 사랑하라"고 하는 명령의 가능성이다. 왜냐하면, 이 명령은 명령으로서, 사랑하기를 명령하는 바 '법칙'에 대한 존경을 요구하고, 사랑하기를 원리로 삼는 것을 임의의 선택에 맡기지 않기에 말이다.

② 의무로서의 사랑

그러나 하나님에 대한 사랑은 애착(감각적인 사랑)으로서는 불가능하다. 하나님은, 결코 감관의 대상이 아니기 때문이다. 인간에 대한 사랑도 확실히 가능하되, 명령될 수는 없는 것이다. 누구이든, 단지 명령에 의해서 어느 사람을 사랑할 수는 없기 때문이다. 따라서 모든 법칙의 중심(인 저 명령)이 의미하는 것은, 단지 실천적 사랑이다. 이런 의미에서 하나님을 사랑한다는 것은, 하나님의 명령을 기꺼이 행한다는 뜻이요, 이웃 사람을 사랑한다는 것은, 이웃 사람에게 대한 '의무'를 기꺼이 수행한다는 뜻이다. 이렇게 행하는 것을 규칙으로 삼는 명령은, 합의무적 행위에서 이런 심정을 가지는 것을 명령할 수 없고, 오직 그런 심정을 가지려고 애써야 할 것을 명령할 수 있다. …

③ 이상적인 신성성으로서의 도덕적 심정

그러므로, 모든 법칙 중의 (가장 귀중한) 저 법칙(명령)은, 복음서의 모든 도덕적 훈계와 같이, 극히 완전한 도덕적 심정을 표시하는 것이다. 아주 완전한 도덕적 심정은, 이상적인 신성성으로서, 어떤 피조물도 그런 심정에 도달할 수 없으되, 우리가 접근해야하고 또 그침이 없이 무한히 정진함에 있어서 그런 심정과 같게 되도록 노력해야 하는 원형인 것이다.

④ 도덕적 심정에 도달할 수 없는 주관

즉, 이성적 피조물이 미래에 모든 도덕법을 전혀 즐겨서 행하는 경지에 도달할 수 있다면, 그런 일은 도덕법에서 벗어나도록 피조물을 자극하는 욕구의 가능성이 '피조물' 중에 전혀 없다는, 정도의 것을 의미하겠다. 왜냐하면 이러한 욕구의 극복은 주관에서는 항상 희생을 치루는 것이 되고, 따라서 자기구속을 즉 사람이 반드시 즐겨서 하는 것이 아닌 것에 대한 내면적 강제를 필요로 하기 때문이다. 그러나, 주관은 이러한 경지의 도덕적 심정에 피조물을 도달하게 할 수가 없다. 왜냐하면 주관은 (요컨대) 피조물이요, 따라서 자기의 (현존) 상태에 전적으로 만족하고자 필요로 하는 그런 것에 관해서 언제나 자족적이 못되기 때문에, 주관은 욕구와 애착에서 결코 해방될 수가 없기 때문이다. (칸트, 『실천

이성비판』, 92-93)

바. 도덕법의 진정한 목적 : 도덕법에 대한 존경

도덕법의 진정한 목적은, 혹은 하나님이 인류에게 하나님 사랑과 이웃사랑의 계명을 주신 목적은 그것을 완전히 수행하게 하는 것이 아니라, 도리어 한계를 인식함을 통해서 더욱 그 법 자체를 존경하며 그 법을 사랑하게 하기 위함이다. 이러한 법칙에 대한 사랑이 '도덕적 심정의 궁극적 완성'이다. 인간이 설 수 있는 도덕적 최고의 단계는, 도덕법에 대한 존경'이다. '의지가 완전히 순결한 심정을 소유하고 있다'고 생각하는 것은 망상이다. 이에 따라, 이제 가장 도덕적인 행위는 오직 '의무의 법칙'만을 발견하고, 오직 '의무에 대한 존경'으로 한 행위만이 칭찬을 받는다. 아무리 큰 희생을 했더라도 오직 '의무를 위해서 한 행위'만 칭찬을 받는다. 오직 이것만이 동기라야 한다. 어떻게 보면, 도덕법이 신의성품이라는 것만을 이해해도 최선의 행위이다. 칸트는 이에 대해 다음과 같이 말하고 있다.

① 두 다른 원인 : 자연적 원인 vs 도덕법

욕구와 애착은 자연적 원인에 기본하여 있고, 이것과 근본이 다른 도덕법과는 저절로 일치하지 않으므로, 그것들은, 따라서 자신들에 관해서 그 '준칙의 심정'을, 즐겨서 복종하는 것에가 아니라 도덕적인 강제에, 기인케 하는 것을, 항상 필요로 한다. 법칙에 대한 의지의 내면적인 혐오를 돌보지 않는 사랑에가 아니라, 속마음은 불복이로되 법칙의 준수를 요구하는 바 존경에 기인케 하는 것을 항상 필요로 한다. 그러나, 욕구와 애착은 사랑 즉 법칙에 대한 순애(純愛)를 피조물이 하는 항구적이나 달성할 수 없는 '노력목표'로 삼는 것을 필요로 한다. 왜냐하면, 우리가 자못 존중하되, (우리의 약한 의식 때문에) 견지하지 못함을 두려워하는, 그런 것(도덕성)에 있어서는, 그것을 만족시킴이 더욱 더 쉽게 되는 것에 의해서, 경건한 공포가 (법칙의) 애호로 변하고, 존경이 (법칙의) 사랑으로 변하기 때문이다. (법칙을) 사랑하게 되는 것은, 적어도 그런 사랑(의 경지)에 이르는 일이 피조물에게 가능하다면, 법칙에 바쳐진 심정의 (궁극적) 완성이라고 하겠다. (1편, 3장, 17)
② 인간이 설 수 있는 도덕적 단계 : 도덕법에 대한 존경
인간이 설 수 있는 도덕적 단계는 도덕법에 대한 존경이다. 도덕법을 준수하는데 있어서 인간이 반드시 가져야 하는 심정은, 도덕법을 의무에서 준수하는 것이요, 임의의 애착에서 또 명령되지 않는 저절로 하고 싶게 된 노력에서 준수하는 것이 아니다. 그리고 사람이 항상 있을 수 있는 '도덕적 상태'는 분투중의 덕, 즉 분투 중의 도덕적 심정이요, '의지가 완전히 순결한 심정을 소유하고 있다'고 잘못 생각하는 신성성이 아니다. (1편, 3장, 18)(칸트, 『실천이성비판』, 93-94)
③ 의무의 법칙의 발견
크게 희생했고 그러면서도 전혀 의무를 위해서 했던 '타인의 행위'는… 그것이 흥분된 마음에서가 아니라 사람의 의무에 대한 존경에서만 했다는 것을 추측하게 하는 자취가 있는 한에서 칭찬받는 법이다. … 오직 우리가 잘 탐구하기만 하면, 칭찬할 만한 값어치가 있는 모든 행위에 대해서 우리는 '의무의 법칙'을 발견할 것이다. (1편, 3장, 18)
이성은 모든 자만과 헛된 자기애를 쳐부수는 '의무사상'을 인간에게 있어서의 모든 도덕성의 최상 생활원리로 할 것을 명령한다. (1편, 3장, 19)
즉, 복음서의 도덕설은, 무엇보다도 먼저 도덕원리의 순수성에 의해서 동시에 또 이 원리가 유한한 존재자의 제한성에 적합함에 의해서, 인간의 모든 가행(嘉行, 아름다운 행위)을 그런 존재자의 눈앞에 놓인 의무의 구속 아래에 두었다는 것이요, 자만과 자기애에 겸허의 제한을 두었다는 것이다. (1편, 3장, 20)
④ 의무여, 너 숭고하고도 위대한 이름이여!
의무여! 너 숭고하고도 위대한 이름이여! 너는 사람이 너를 좋아할 아무런 것도 가지지 않으면서, 너에게 복종하기를 요구한다. 너는 (인간의) 의지를 움직이고자 협박하지 않고(협박은 심성 중에 자연적으로 혐오를 불러 일으키고, 겁내게 하는 것이다), 도리어 단지 하나의 법칙을 제시

3장 '실천이성'의 세계 : 자유와 선

한다. 이 법칙은 저절로 인심 속에 들어가서 본의는 아니면서 그 자신 인심의 존경을 받는다. (1편, 3장, 21) (칸트, 『실천이성비판』, 95-96)

사. 절대자의 마음(도덕)-도덕형식(실천이성)-자유

칸트의 주장은 우리 안에 있는 실천이성은 하나의 도덕형식에 불과하다. 그것은 하늘의 절대자의 마음과 연결이 되어 있는데, 그것이 도덕이고, 도덕법칙이다. 이것은 우리 현실의 인과율에 지배를 받지 않고, 직접적으로 하늘로부터 도덕명령을 발한다. 그리고 우리 안의 실천이성에 흐르는 마음은 이 도덕명령을 신의 뜻으로 알고 순종을 한다. 그러나 이것을 준행할 능력은 존재하지 않는다.

4장   실천이성의 변증론

1. '최고선'을 향한 실천이성의 변증론

가. 최고선을 찾다 이율배반에 빠지는 순수이성

칸트에 의하면, 우리 이성은 순수이성이건 실천이성이건 간에 무제약자를 찾는다. 이것을 '변증론'이라 하며, 이것은 이성의 본능이다. 우리는 순수이성으로 감성적 직관으로 물자체를 찾다가 이성의 자기모순과 이율배반에 빠져버린다. 이에 대한 일반적인 정리(챗GPT)는 다음과 같다.

① 무제약자를 찾는 이성

인간의 이성은 주어진 경험적 현상을 넘어, 항상 조건들의 총합을 탐구한다. 예컨대, "이 사물이 왜 존재하는가?"에서 원인을 찾고, 또 다시 그 원인의 원인을 찾는다. 이것이 무한히 이어진다. 그런데 이 무한 연쇄를 끝까지 따라가면, 이성은 반드시 조건 지어진 모든 것의 조건이 아닌, 무조건적인 것을 추구하게 된다. 이것이 바로 무제약자 탐구이다.

② 이율배반의 구조

이성이 무제약자를 사변적으로 추구할 때, 서로 모순되는 명제(정립과 반정립)를 동등한 논증 근거로 내세울 수 있게 된다. 즉, 합리적 논증을 통해 상반된 결론이 모두 성립하는 모순상태가 생기는데, 이게 바로 이율배반이다. 칸트는 대표적으로 4대 이율배반을 정리했다.

이율배반	정립(These)	반정립(Antithese)
1. 세계의 시작과 크기	세계는 시간적으로 시작이 있고, 공간적으로도 한정되어 있다.	세계는 시간적으로 시작이 없고, 공간적으로도 무한하다.
2. 분할의 한계	모든 복합체는 단순한 요소로 이루어져 있다.	어떤 단순한 것도 존재하지 않고, 모든 것은 무한히 분할될 수 있다.
3. 자유와 인과성	세계에는 자유에 의한 인과성이 존재한다.	세계에는 오직 자연법칙에 따른 인과성만 있다.
4. 필연적 존재	세계의 원인으로서 어떤 필연적 존재자가 존재한다.	세계의 원인으로 필연적 존재자는 존재하지 않는다.

③ 이율배반이 보여주는 "이성의 자기모순"
정립과 반정립이 모두 합리적 논증으로 지지될 수 있다는 점에서, 이성은 스스로 모순에 빠진다. 즉, 이성은 "조건들의 연쇄"를 따라가다가 무조건적인 것을 찾아야 한다는 요구를 멈출 수 없는데, 실제로는 이런 무제약자를 경험 속에서 결코 찾을 수 없다. 그래서 이성은 자기 자신의 한계를 드러내며, 이게 바로 이성의 자기모순이자 변증론적 가상(Dialektischer Schein)이다.

④ 칸트의 해결
이율배반은 경험 세계(현상계)를 넘어 물자체(자체로서의 세계)에 대해 사변적으로 말하려 했기 때문에 생긴다. 칸트는 현상과 물자체의 구분을 도입해 이 모순을 해소한다. 예:컨대, "세계는 무한한가/유한한가?"의 경우, 현상계에서는 무한한지 유한한지 결정이 불가능하다는 것이다. 따라서 이율배반은 사변이성의 한계를 보여주고, 그 결과 이성은 경험 가능한 것의 영역으로 제한되어야 한다는 결론에 이른다.(챗GPT, 칸트의 이율배반, 2025.9.24.)

이에 대해 칸트는 그의 『실천이성비판』 2편 "순수한 실천이성의 변증론" 1장에서 다음과 같이 말한다.

① 이성이 갖는 변증론 : 절대자를 찾는 이성의 본성
우리가 '순수이성'의 사변적 사용을 고찰하건 혹은 실천적 사용을 고찰하건 간에, '순수이성'은 항상 그것의 '변증론'을 가진다. 그것은 주어진 피제약자에 대해서 제약들의 절대적인 전체를 요구하며, 이런 전체는 단적으로 오직 '물 자체들(Dinge an sich selbst)' 중에서만 발견될 수 있기 때문이다.

② 순수이성의 한계 : 무제약자를 찾다가 이성의 자기모순에 빠짐
그러나, 사물들의 모든 개념들은, 인간에게는 틀림없이 감성적인 직관들에 관계해야 하기에, 따라서 대상들을 '물 자체들'로서가 아니라 오직 현

상들로서만 인식하게 하기에, 그리고 피제약자와 제약자와의 현상적 계열에 있어서는 무제약자는 결코 발견되지 않기에, 제약들의 전체(따라서 무제약자)라는 이성이념을 현상들에다 적용하는 일로 인해서, 현상들이 마치 '물 자체들'인 듯한 불가피한 가상이 생긴다. 모든 피제약자에 대해서 무제약자를 전제하는 '이성의 원칙'을 현상들에다 적용할 즈음의 '이성의 자기모순'에 의해, 저 가상의 정체가 폭로되지 않았다면, 그 가상은 결코 거짓된 것으로 알려지지 않을 것이다.

③ 순수이성의 이율배반

이런 사정에 의해서, 이성은 가상에 대해서 그것이 어디서 유래하고 또 그것을 어떻게 없앨 수 있는가 하는 것을, 추구하지 않을 수 없게 된다. 그리고 이런 일은, 순수한 이성능력 전체의 완전한 비판에 의하지 않으면 할 수 없는 일이요, 따라서 '변증론'에서 나타나는 '순수이성의 이율배반'은 사실은 인간이성이 항상 빠질 수 있었던 가장 유익한 미로인 것이다. 왜냐하면, 이율배반은 필경, 이 미궁에서 벗어나오는 열쇠를 구득하도록, 우리를 격려하는 것이기 때문이다. 이 열쇠가 발견되었을 때에, 그 열쇠는 사람이 찾지는 않되 필요로 하는 것을 밝히는 것이다. 즉, 사람의 보다 더 높은 '불변적 질서'에 대한 전망을 밝히는 것이다.(2편,1장,1)(칸트,『실천이성비판』, 119-120)

나. '최고선'의 이름으로 무제약자를 구하는 실천이성

우리의 이성은 제약된 것을 접했을 때, 그 상상력으로 인해서 항상 무제약자를 구한다. 이것은 순수이성에서도 그러했거니와 이제 실천이성에서도 그렇다. '선'의 개념을 접하게 된 우리의 실천이성은 이제 '최고선'을 찾으며, 이 무제약적인 전체를 '최고선'의 이름 아래에서 찾는 것이다. 이것을 가리켜서 칸트는 '실천이성의 변증론'이라고 말한다. 이에 대해 칸트는 다음과 같이 말한다.

① 사변이성의 한계

순수이성의 사변적 사용에서 생기기 쉬운 저 변증론이 어떻게 해결될 것인가, 또 있기 쉬운 가상으로 인한 오류가 어떻게 방지될 것인가, 이것을 사람은 사변적 능력의 비판에서 자세히 볼 수 있다.
② 실천이성도 마찬가지로 무제약자를 구함
그러나 이성의 실천적 사용에 있어서도 아무런 다른 사정이 없다. 이성은 순수한 실천이성으로서 실천적으로 제약된 것에 대해서 마찬가지로 무제약자를 구한다.
③ 실천이성은 최고선의 이름 아래에서 구하는 무제약자
그러면서도 이성은 의지의 규정근거로서가 아니라, 비록 이 근거가 (도덕법 중에서) 주어졌더라도, 순수한 실천이성의 대상의 무제약적 전체를 최고선의 이름 아래서 구한다. (2편,1장,2)(칸트, 『실천이성비판』, 120)

[보충] 선의 일환으로 추구된 최고선
이 '최고선'은 고대 철학의 주제였으며, 고대철학은 '선'의 일환으로 '최고선'을 추구하였다. 이 최고선이 곧 절대자인 것이다. 고대 그리스철학자들은 하늘에서 이데아를 찾았는데, 이것을 '선'으로 인식하였다. 여기에서 '선'이란 '도덕'을 말한다. 그리스 철학자 플라톤은 "지혜·용기·절제·정의"였다. 그러던 것이 여기에 기독교가 접목되면서, 최고선은 '사랑'이 되었다.
이대 우리는 그들이 무엇을 추구했느냐가 아니라, 무엇이 진정한 최고선이냐? 도덕이냐? 하나님의 마음이냐? 이다. 기독교에서는 아브라함과 모세의 때부터 사랑이 도덕의 본질이고, 하나님의 신의 성품이고, 이데아의 본질이다. 그래서 최고선은 무한한 사랑을 뿜어내는 존재이다. 하늘나라는 사랑의 나라이다. 사랑의 덕목을 갖춘 자가 하늘에서 존귀한 자이다.
우리의 실천이성은 이제 이 도덕법을 접하게 되는 것이다. 이 사랑의 통로가 곧 실천이성의 형식이다. 실천이성은 사랑의 도덕법이 현실로 접목되어 나타나는 통로(형식)이다.

다. 고대의 지혜론 : 최고선의 이념을 실천적으로 규정하는 일 칸트는 진정한 철학은 도덕을 구하여야 한다고 말한다. 기독교적으로 말하자면, 율법을 구하는 것이 곧 철학이다. 사랑을 추구하는 것이 곧 철학이다. 왜냐면, 사랑은 곧 '선'의 이데아, 곧 '최고선'이기 때문이다. 이것을 추구하지 않는 철학자들은 거짓을 추구하는 자들이다. 최고선의 개념을 규정하는 실천이성의 변증론은 바로 이 '최고선' '사랑'을 추구하는 것이다. 즉, '최고신'의 마음이 곧 '최고선'인데, 그것은 '무한한 사랑'이어야 한다. 그가 하나님의 아들이라면 바로 이 '완전한 사랑'을 보여주어야 하는 것이다.

① 최고선을 추구한 고대 철학자들
최고선의 이념을 실천적으로 규정하는 일, 즉 우리의 이성적 태도의 준칙이 되기에 충분하도록 규정하는 일은 지혜론이다. 이 지혜론은 또한 학으로서 고대인이 이해한 의미에서 철학이기도 하다. 고대인에 있어서는 철학이란, 최고선이 정립될 개념과 최고선이 얻어질 태도를 가르치는 것이다. 이성이 최고선을 학문으로 삼고자 노력하는 한에서, 최고선의 이설로서의 철학이라는 고대의 의미를 우리가 그대로 보존하는 일은 좋은 일이다. 왜냐하면, 한편으로 철학에만 국한한다는 조건은 (지혜를 사랑한다는 의미의) 희랍말 '철학'에 적합하겠기 때문이요, 그럼에도 동시에 학식(지식)의 사랑을, 이성의 모든 사변적 인식을 사랑함을 철학의 이름아래 포섭하기에 충분하겠기 때문이며, 이로 인해서 철학만이 지혜론이라고 불려질 수 있는 중요 목적을 무시하는 일이 없겠기 때문이다.
② 도덕을 추구하지 않는 철학자들의 거짓
다른 편으로는 감히 철학자라는 이름 자신을 참칭하는 사람들의 자부(自負)를 쳐부수는 일도 나쁘지 않겠다.…(2편,1장,3)
③ 최고선의 개념을 규정하는 실천이성의 변증론
최고선의 개념을 규정하는 점에 있어서 순수한 실천이성의 변증론에 관한 또 하나의 주의만을 우리는 미리 하여 두어야 한다.(2편,1장,4)(칸트, 『실천이성비판』, 120-121)

4장 실천이성의 변증론

라. 선의지 : 도덕법과 순수한 의지

칸트는 결론적으로 "도덕법만이 의지의 규정근거이다"고 말한다. 이것은 실천이성에서 나오는 자유의지가 도덕법 자체에서 나온다는 것을 의미할 수 있다. 그래서 모든 실질(현실적인 조건들)을 무시한다. 그래서 최고선만이 순수한 실천이성의 대상, 다시 말하면, 순수한 의지의 대상일 수 있다. 즉, 실천이성은 도덕법칙을 발하는 최고선을 바라보고 있으면, 그곳에서 순수한 의지가 흘러나온다. "그 최고선이 순수한 의지의 대상이다." 즉, 순수한 의지는 그 최고선에서 흘러서 실천이성을 따라 흘러나온다는 것이다.(필자의 견해) 그런 까닭으로 그것(필자:실천이성)이 순수한 의지의 규정근거라고 생각될 것이 아니다. 그리고 우리는 도덕법 만을, 최고선과 최고선의 실현 혹은 촉진을 객관(목적)으로 삼게 하는 바 그 '자유' 혹은 그 '선의지'의 '근거'로 보아야 할 것이다. 만일 실천이성이 자유를 발휘하여 도덕법과 현실을 비교하여 도덕법을 발하려고 한다면, 칸트에 의하면, 이 실천이성은 결국 도덕법을 쫓아내게 된다. 따라서 '최고선'이 '순수의지' 곧 '선의지'의 규정근거이다. 따라서 '선의지'는 곧 '도덕법 자신의 의지' 곧 '최고선의 의지'인 것이다.(이것은 아래 본문에 대한 필자의 해설이다.)

① 도덕법만이 의지의 규정근거 : 도덕법은 형식이고 주체는 따로 있음
도덕법만이 순수한 의지의 규정근거이다. 도덕법은 단지 형식이기 때문에, 그것은 규정근거로서의 모든 실질을, 따라서 의욕의 모든 객관을 도외시한다.

② 최고선이 실천이성의 대상
그래서, 최고선만이 항상 순수한 실천이성의 대상, 다시 말하면, 순수한 의지의 대상일는지 모른다.

③ 순수한 의지의 규정근거는 도덕법
그러나, 그런 까닭으로 그것(필자:실천이성)이 순수한 의지의 규정근거라고 생각될 것이 아니다. 그리고 우리는 도덕법 만을, 최고선과 최고선의 실현 혹은 촉진을 객관(목적)으로 삼게 하는 바 '근거'로 보아야 한

다.
④ 주의 : 실천이성이 자유를 발휘한다면, 도덕적 원리는 사라진다.
이 주의(注意)는, 도덕적 원리들의 규정과 같은 미묘한 경우에 - 여기서는 최소의 오해도 사람의 심정을 그릇되게 한다 - 있어서 중대한 것이다. 왜냐하면, 분석론으로 인해서 우리가 알아챘건 것은, 사람이 도덕법에 앞서서 어떤 대상을 선의 이름 아래서 의지의 규정근거로 가정하고, 그런 근거로부터 최상의 실천원리를 유도한다면, 이런 것은 항상 타율을 가져와서, 도덕적 원리를 쫓아 버리겠다는 것이었기 때문이다.
⑤ 최고선이 순수의지의 규정근거
그러나, 만일 최고선의 개념 중에 도덕법이 최상의 조건으로서 이미 포함되어 있다면, 이때에는 최고선은 '순수의지'의 객관일 뿐만 아니라, 최고선의 개념과 우리의 실천이성에 의해서 최고선이 존재할 수 있다는 개념과 동시에 '순수의지'의 규정근거이기도 하다.
왜냐하면, 이때에는 사실상 최고선의 개념 중에 벌써 내포되어 있고, 동시에 생각되어 있는 도덕법만이, 자유의 원리에 따라서 의지를 규정하고, 그 외의 다른 어떤 대상이 의지를 규정하지 않기 때문이다.
…(2편,1장,5)(칸트,『실천이성비판』, 120-121)

[보충] '선의지'의 주체에 이해
칸트가 말하는 '선의지(guter Wille)'는 누구의 의지인가? 먼저, 이것은 "선 자체(도덕법칙)의 의지"일 수 있으며, 이때 인간의 실천이성은 이것의 통로이다. 두 번째, "선 자체의 의지를 수용하는 의지", 곧 "실천이성의 의지"일 수 있다. 우리는 여기에서의 이 '의지'가 누구의 '의지'인지 분별할 필요가 있다. 이에 대한 일반적인 정리(챗GPT)는 다음과 같다.

① '선의지'라는 용어의 출현
칸트가 '선의지'라는 말을 가장 본격적으로 사용하는 곳은 『도덕형이상학의 기초(1785)』 제1절이다. 그 내용은 "세상에서, 아니 아예 그 밖의 세

계에서도, 무제한적으로 선하다고 생각할 수 있는 것은 오직 하나뿐이니, 그것은 선의지뿐이다."

② 『실천이성비판』(1788)에서의 위치

『실천이성비판』에서는 "선의지"라는 단어 자체는 앞서 『도덕형이상학의 기초』처럼 자주 쓰이지 않는다. 대신, 거기서는 '도덕법칙의 사실(Faktum)', '자유', '의무'가 핵심 용어로 전면에 등장한다. 즉, 『실천이성비판』에서 '선의지'라는 용어가 자주 반복되진 않지만, 『도덕형이상학의 기초』에서 정식으로 규정한 '선의지' 개념이 그대로 전제되어 있는 셈이에요. (필자: 그런데, 위의 본문이 『실천이성비판』의 '선의지' 본문일 수 있다)

③ 자유의지와 도덕법칙의 관계

『실천이성비판』 제1부 제1장은 "자유의지는 도덕법칙을 준수하는 의지이다."고 말한다. 따라서 "선의지 = 자유로운 의지가 자기입법한 도덕법칙을 존중하는 의지"이다. (필자: 이에 의하면, 여기에서의 '의지'는 '실천이성의 의지'이다.)

④ 도덕법칙과 선의지의 동일 구조

칸트는 "도덕법칙의 사실(Faktum)"을 우리가 경험적으로 발견한다고 했는데, 이 사실은 선의지가 외부로부터 들어와서 현존한다는 증거이다.

④ '선의지'는 누구의 '선의지'인가?

선의지는 "도덕법칙과 자유의지의 일치"를 가리키며, "도덕법칙을 따른 자유의지"가 곧 "선의지"이다. 따라서 선의지는 도덕법칙 자체가 자유의지 안에서 의지로 드러난 것이라고 해석할 수 있다. (챗GPT, 선의지, 2025.9.25.)

위의 일반적인 견해에 의하면, '선 의지'에는 '도덕법의 의지'라는 본문도 존재한다고 보아야 하며, 혹은 '도덕법을 수용하는 의지'라는 본문도 존재한다고 보아야 한다. 그런데, 칸트도 '도덕법 자체'의 존재가 우리 안에서 발견된다. 이 도덕법이 실천이성 자체는 아니다. 따라서 필자는 이 양자의 자유, 곧 이 '선의지'의 주체, 혹은 '자유'의 주체는 "도덕법칙의 자유"이면서 동시에 "실천이성(양심)의 자유"라고 말하고자 한다. 왜냐면 Logos(도덕법)의 아들이 logos(양심)이기 때문이다. 이에 대한 필자의 사견은 다음과 같다.

① 실천이성 안에 드리운 도덕법
우리 안의 실천이성에는 도덕법이 드리워 있다. 그리고 어떤 상황을 만났을 때, 우리의 준칙은 인과율에 따라 이렇게 할까, 저렇게 할까를 고민하며 생각을 한다.
② 도덕법이 발하는 자유
그런데, 우리 안에 있는 도덕법칙은 그것 자신의 자유를 좇아 어떤 명령을 발하는 것이다. 이때 실천이성은 그 통로가 된다. 그러면서 실천이성은 그 정언명령을 듣게 되는 것이다. 여기에 순종할 것인가, 거스리고 자신의 이익에 따라 행할 것인가를 이제 고민하게 되는 것이다. 이것은 자유의 주체를 도덕법 자신에게 두었을 경우에 대한 해설이다.
③ 실천이성이 잘하는 자유
그런데, 실천이성의 자유라고 판단할 수도 있다. 실천이성이 하늘로부터 드리워있는 도덕법을 듣게 된다. 이때 실천이성은 자신의 자유에 따라 정언명령을 스스로를 향하여 하게 된다. 즉 양심의 소리이다. 그런데 인과율에 따른 준칙의 소리도 들려온다. 이때 양심의 소리를 좇을 것인지, 현실을 좇을지 갈등을 하게 되는 것이다.
④ 양자의 자유
이때, 우리의 자유는 '도덕법'과 '실천이성(양심)' 양자의 자유일 수 있다. 즉, 우리 안에 있는 '실천이성(양심)' 자체가 '도덕법'과 하나로 연결되어 있을 경우이다. 칸트에게서도 이 양자의 자유가 보인다. 칸트는 "우리 안에 도덕법칙의 존재는 사실(Faktum)이다"고 했는데, 이것은 선험적으로 발견되기 때문이었다. 이 도덕법은 분명히 명령을 발한다. 또 이 도덕법의 아들인 실천이성의 양심도 스스로의 소리를 발한다. 따라서

이 양자의 자유라고 해야 할 것 같다. 양심 스스로가 이 소리를 발할 수 없다.

⑤ 자유의 근거는 도덕법 자신

그런데, 오늘의 본문 "선의지 : 도덕법과 순수한 의지"에 의하면, "도덕법만이 의지의 규정근거이다"고 말한다. 만일 실천이성이 우선적인 '자유'의 근거를 가지고 있다면, 칸트에 의하면, "그것은 우리의 실천이성이 도덕법칙을 내쫓게 된다"고 말한다. 이 자유의 출원지는 도덕법 자체였던 것이다. 실천이성은 여기에 그냥 따라온 것이다. (필자)

필자의 해설은 기독교의 교리를 원용한 것이다. 기독교 교리에 의하면, 도덕법은 하늘로부터 양심을 통해 흘러내려온다. 이것은 양심이 스스로 판단하기에 앞서서 하늘에서 내려온다. 그리고 양심은 그 신의 소리를 듣는다. 우리 양심은 도덕법이 세상에 내려오는 통로인 것이다. 그래서 그 야임의 소리는 신의 소리이다. 양심이 도덕법과 세상의 현실 사이에서 판단을 한다면, 이 양심은 자칫 도덕법을 내 쫓을 수 있다. 그런데, 양심은 그런 실수를 범하지 않는다. 왜냐면, 하늘로부터 내려오기 때문이다.

2. 최고선의 개념규정

가. 최고선의 개념

칸트는 '최고선'을 '최상의 것'과 '완전한 것'의 결합이라고 본다. 전자는 그 자신이 무제약적인 조건(즉, 그 어떤 다른 제약에도 종속하지 않는 조건)을 의미하는데, 이것은 앞의 '분석론'에서 밝혀졌듯이 '덕 혹은 도덕'을 의미한다. 후자는 더 큰 전체의 아무런 부분도 아닌 전체인 것을 의미하는데, '행복'을 의미한다. 이 양자가 결합되어 있을 때를 '최고선'이라고 하는 것이다.[17] 칸트는 이 명제를 매우 선험적인 명제로 받아들이는 것 같다. 그

---

[17] 칸트는 '최고선'을 기독교의 '하나님 나라', 혹은 '구원의 개념'과 동일시하고 있다.

래서, 이 명제를 통해서 이제 '최고선'은 '덕'과 '행복'의 결합이라고 단정을 하고 그 다음의 논의를 전개한다.

① 최고 : 무제약적 조건 + 아무런 부분도 아닌 전체
최고라는 개념이 이미 불분명하다. 이 점을 주의하지 않으면, 이 불분명이 이미 쓸데없는 논쟁을 일으킬 수 있다. 최고라는 것은 최상을 의미할 수 있거나 혹은 완전도 의미할 수 있다. 전자(최상)는, 그 자신이 무제약적인 조건 즉, 그 어떤 다른 제약에도 종속하지 않는 조건인 것이다. 후자(완전)는, 같은 종류의, 더 큰 전체의 아무런 부분도 아닌, 전체인 것이다.

② 덕 : 최상선
덕이 우리에게 바랄만한 것으로 생각되는 모든 것의 최상 조건이요, 따라서 우리의 행복 추구의 최상조건이다. 그래서 최상선이다. 이는 분석론에서 증명되었다.

② 행복 : 완전선
그러나, 그렇다고 해서 덕은 아직 이성적인 유한 존재자의 욕망능력의 대상인 바 '전체적 완전선'이 아니다. 이러한 선이고자 하면, 행복이 또한 요구되기 때문이다. 그러면서도, 행복은 자기 자신을 목적으로 삼는 인격의 편파적인 눈에서 뿐만 아니라, 세계 안의 인격일반을 목적 자체로 보는 공평한 이성의 판단에서도 요구되기 때문이다.

③ 최고선 : 덕과 행복
무릇 행복을 필요로 하고 또 행복할만 하되, 행복을 누리지 못하는 일은 이성적 존재자의 완전한 의욕과 도저히 조화할 수가 없기에 말이다. 그런데, 덕과 행복이 합해져서 한 인격에 있어서의 최고선을 소유하도록 하고, 이 경우에 행복이 (인격의 가치와 행복할 만한 인격의 값으로서의) 도덕성에 전혀 정비례해서 배여(配與)되어 있으면, 이러한 행복이 또한 가능한 세계의 최고선을 형성한다.

그런 한에서, 최고선은 전체 즉 완전선을 의미한다. 그리고 완전선에 있

어서는 덕은 항상 조건으로서 최상선이다. 왜냐하면, 최상선은 자기 위에 아무런 조건도 가지지 않기 때문이다. 그러나 (완전선에 있어서의) 행복은 그것을 소유하는 자에게 대해서 참으로 유쾌하기는 하나, 그것만으로써 단적으로 또 모든 점에서, 선인 것이 아니라, 항상 도덕법에 적합한 태도를 선의 조건으로 전제하는 것이다. (2편, 2장, 1)(칸트, 『실천이성비판』, 122-123)

칸트에게서 '최고선'은 도덕철학의 핵심적인 개념인데, 간단히 말하면 "덕(도덕적 선)과 행복이 조화롭게 결합된 상태"를 가리킨다. 『실천이성비판』에서 칸트는 순수실천이성의 최고목적으로 최고선을 설정한다.

나. '최고선'의 한 개념 속의 두 성질로서의 '덕과 행복'
칸트는 '최고선'이라는 한 개념 중에 있는 두 성질로서의 '덕과 행복'을 말한다. 이때 이 '덕'과 '행복'을 동전의 양면처럼 동일률로 해석하여 같은 본질로 보아야 할 것인지, 아니면 다른 두 본질의 결합으로서 인과율로 판단하여야 할 지에 대해 검토한다. 고대 철학의 에피쿠로스 학파와 스토아 학파는 이 양자를 같은 동일률로서 파악하였다. 그런데, 칸트는 자신의 분석론에 따라, 덕은 도덕률이 지배를 하고, 행복은 인과율의 준칙이 지배하기 때문에 이 양자는 다른 성질로서 "덕을 행하면 행복이 귀결 된다"식의 인과율로 해석해야 한다고 말한다. 그런데, 이 양자의 관계를 규명할 수는 없고, 이 양자의 결합은 우리 안에서 선험적으로 인식된다고 말한다. 그리고 궁극적으로 칸트는 여기에서 영혼불멸과 신의 존재에 관한 필연성을 도출한다. 그 내용은 다음과 같다.

① 한 개념 안의 두 성질
한 개념 중에 필연적으로 합일된 두 성질(행복과 덕성)은, 반드시 이유와 귀결로서 결합되어 있다. 그러면서도 우리가 이런 합일을 분석적(논리적 결합)인 것으로 보거나, 혹은 종합적(실재적 결합)인 것으로 보도

록(전자는 동일률에 의해서, 후자는 인과율에 의해서) 결합되어 있다.
② 같은 본질(동일률) : 덕의 근저에 있는 행복
따라서 덕과 행복과의 결합은 (첫째로) 다음과 같이 이해될 수 있다. 즉, 유덕하려고 하는 노력과 행복의 이성적인 추구와가, 두 낱의 다른 행위가 아니라, 서로 전혀 같은 행위이겠다고. 이 경우에는 전자(덕)의 근저에는 후자(행복)에 대하는 준칙 이외의 아무런 딴 준칙도 두어질 필요가 없다.
③ 다른 본질(인과율) : 행복을 낳는 덕
그렇지 않으면 (둘째로) 덕과 행복과의 결합은, 다음과 같은 것으로 알려진다. 즉, 덕이 자신의 의식과는 다른 것으로서 행복을 낳는 것이, 원인이 귀결을 낳는 것과 흡사하다고 하는 것이다. (2편, 2장, 2)
④ 동일률의 학파 : 에피쿠로스 학파와 스토아 학파
고대 희랍의 여러 학파 중, 최고선의 개념규정에 있어서 덕과 행복과를 최고선의 두 가지 다른 요소로 보지 않고, 따라서 '동일률'에 의해서 '통일적 원리'를 구했던 한에서 확실히 동일한 방법을 지켰던 학파가 원래는 둘이 있었다. 그러나, 이 두 학파는, 덕과 행복의 양자 중에서 택하는 근본 개념이 다른 점에서 서로 차이가 있었다. 에피쿠로스 학도는 자기의 준칙이 행복에 도달함을 의식하고 있는 것이 덕이라고 말했고, 스토아 학도는 자기의 덕을 의식하고 있는 것이 행복이라고 말했다. 전자에서는 영리(怜悧)함이 도덕과 같았고, 후자에서는 도덕만이 참다운 지혜였다. 후자는 덕이 행복보다는 더 높다는 명명을 택했다. (2편, 2장, 3)…
스토아 학도는, 덕이 전최고선(das ganze hoechste Gut)이요, 행복은 덕이 소유하는 의식이며, 오직 주관의 상태에 속하는 것이라고 주장하였다. 에피쿨 학도는, 행복이 전최고선이요, 덕은 단지 행복을 추구하기 위한 '준칙의 형식'일 따름이라, 즉 행복에 대한 수단을 합리적으로 사용할 경우의 준칙의 형식일 뿐이라고 주장하였다. (2편, 2장, 5)
⑤ 분석론 : 두 개의 종합

그러나, 분석론으로부터 명백해 진 것은, 덕의 준칙들과 행복의 준칙들은 그 최상의 실천원리에 관해서 전혀 서로 이질인 것이요, 양자는 다 최고선을 가능하게 하고자, 최고선의 요소들이되, 양자는 서로 일치하지 않을 뿐만 아니라, 동일한 주체에 있어서 서로 자못 제한하는 것이요 서로 자못 억제하는 형편이다. 그러므로, 최고선이 어떻게 가능하냐 하는 문제는, 종래의 모든 결합 방책에도 불구하고, 여전히 풀지 못할 문제로 남아있다. 그러나, 이 문제를 풀기 어려운 문제이도록 한 것은 '분석론'에서 지적되었다. 즉, 행복과 도덕성과는 최고선의 두 요소이나 종자적으로 서로 전혀 다른 요소요, 따라서 양자의 결합은 분석적으로 인식될 수 없고, 양자의 결합은 두 개념의 종합이라는 것이었다.

⑥ 선험적으로 인식되는 양자의 결합

그러나, 양자의 결합은, 선천적인 것으로 인식되고, 따라서 실천상 필연적인 것으로 인식되며, 그러므로 경험에서 유도되는 것으로 인식되지 않고, 따라서 최고선의 가능은 어떠한 경험적 원리에도 기본하지 않는 것이다. 이렇기 때문에, 이 (최고선의) 개념의 연역은 선험적이 아닐 수 없다. 최고선을 의지의 자유에 의해서 낳는 일은, 선천적(그 중에서도 도덕적)으로 필연적인 것이다. 따라서 최고선이 가능한 조건도, 오로지 선천적인 인식근거들에 의존하지 않을 수 없다. (2편, 2장, 6)(칸트, 『실천이성비판』, 123-125)

다. [보충] 최고선의 두 요소, 도덕과 행복

최고선의 두 요소에 대해서 기독교에서 제시하는 방법이 있다. 기독교의 역사 전체가 이 덕과 행복의 온전한 성취에 있다.

기독교의 시작은 하나님의 존재로부터 시작된다. 여호와께서 아브라함을 이상 중에 만난 것이다. 그리고 이 양자 간에 언약이 체결되었다. 그리고 모세 시대에 와서 이 언약이 시내산에서 율법으로 발전하였다. 이스라엘 백성들은 이 언약을 준행하기 위해서 갖은 애를 썼으나, 결국 드러나는 것은 죄성 뿐이었다. 그러던 중 선지자들로부터 한 예언이 출현하였는데, 그 율법을 제시한 당사자가 최고선으로서의 말씀 하나님인데, 그(최고선)가 성육신을 하여 인류의 죄를 대속한다는 것이었다. 그리고 그가 와서 십자가를 지고, 인류의 죄를 대속하였다. 그래서 그를 믿는 자들의 양심(실천이성)을 고쳐낸 것이다.

그리스도인들은 이제 이 율법을 이루기 위해 예수 그리스도 안으로 들어오기 시작하였다. 그런데, 이들이 율법을 이루어내는 방법(덕을 실천하는 방법)은 이 예수 그리스도와의 연합을 통해서였다. 그래서 그리스도와 그를 따르는 자들 사이에 대거 혼인예식이 시작되었다. 기도의 시간에 그리스도인들이 예수 그리스도의 몸속으로 들어가면 둘 간의 혼인과 같은 결합이 이루어지기 시작한 것이다.

여기에서 예수 그리스도는 로고스로서 도덕법 자체이다. 이 도덕법과 인간의 양심 곧 실천이성이 혼인을 통해 결합을 한 것이다. 혼인예식이 이 둘 사이에서 발생한 것이다. 이때 말할 수 없는 쾌락, 곧 행복을 산출한다. 이 쾌락은 세상의 물질과는 비교할 수도 없으며, 마치 두 이성이 만나서 혼인을 할 때의 쾌락보다 더 큰 쾌락을 산출하였다. 그리고 이렇게 우리의 실천이성의 logos가 말씀 하나님의 Logos와 결합을 하자, 이 Logos의 도덕성이 그 실천이성을 통해서 쏟아져 나왔다. 덕을 이룬 것이다. 최고선과 결합을 하여 최고선과 함께 서게 된 것이다.(필자)

그래서 기독교적 관점에 의하면, 덕 자체에서 행복이 산출되어야, 그 덕이 계속 산출된다. 덕과 행복은 서로 다른 본질일 수 있지만, 결과적으로는 일원론적으로 주어진다. 한편, 칸트는 이 덕과 행복을 원인과 결과의 이원론적으로 다룬다. 그 내용은 다음과 같다.

칸트에 의하면, 덕이 원인이 되고, 행복이 결과가 되는 것이다. 그런데, 이 세상에서는 덕을 완전히 이룰 수 없다. 그리고 그 덕의 결과에 대한 보상도 완전하게 이루어지지 않는다. 그런데, 원인율 등에 의하면, 보상은 반드시 이루어져야 한다. 그래서 이 필연적 사실이 등장하는데, 이 일에 책임있는 보증을 설 자로서 신의 존재가 요청이 되며, 그 결과에 대한 보상 등으로 내세의 영혼불멸이 요청되는 것이다. (필자)

칸트는 이와 같은 덕과 행복의 인과율적 결합 안에서 다음과 같은 실천이성의 이율배반을 논의하며, 궁극적으로 신의 존재와 영혼불멸을 논의한다.

2. 실천이성의 이율배반과 해소

가. 실천이성의 이율배반에 대한 개략

칸트가 『실천이성비판』에서 말하는 "실천이성의 이율배반"은 『순수이성비판』에서의 사변이성의 이율배반과 구조적으로 대응하는 개념이다. 하지만 내용은 다르다. 이에 대한 일반적인 정리(챗GPT)는 다음과 같다.

① 이율배반의 맥락
사변이성(이론이성)의 이율배반은, 세계에 대해 무제약자를 찾으려 할 때(예: 세계는 유한인가/무한인가, 단순한 것이 존재하는가/존재하지 않는가 등) 모순에 빠지는 것을 말한다.
실천이성의 이율배반은, 도덕적 실천과 행복의 관계를 사고할 때, 두 개의 대립되는 명제가 다 참처럼 보이는 상황이다.
② 실천이성의 이율배반의 두 명제
(명제 1) "최고선(덕과 행복의 조화)은 가능한 것이다." 도덕법칙은 "너는 최고선을 추구해야 한다"고 명령한다. '해야 한다'는 것은 곧 '할 수 있다'를 전제하므로, 최고선은 가능한 것으로 간주되어야 한다. 즉, 최고선은 가능하다는 명제는 실천이성의 필연적 요청이다.
(명제 2) "최고선은 불가능하다." 현상세계에서는 덕과 행복이 일치하지 않는다. 착한 사람이 불행하고, 악인이 행복할 수도 있다. 자연법칙과

인간의 욕망 조건 속에서는 최고선이 실현될 수 없다는 판단이 나온다. 따라서 최고선은 불가능하다는 결론도 경험적 차원에서는 설득력이 있다.

③ 이율배반의 형식

이렇게 해서 "최고선은 가능하다" vs. "최고선은 불가능하다"라는 두 명제가 서로 모순되며, 실천이성은 이율배반에 빠진다고 칸트는 설명한다. 이때 칸트가 하고 싶은 말은, 이율배반이 "실천이성 자체의 자기모순"이 아니라, 현상계와 초월적 요청 사이에서 생기는 긴장이라는 점이다.

④ 해결: 실천이성의 이념들

칸트는 이 모순을 풀기 위해 실천이성의 가설(Postulate)을 도입한다: (a) 자유는 도덕법칙의 가능조건이다. (b) 영혼의 불멸은 도덕적 완성을 끝없이 지향할 수 있게 해주는 조건이다. (c)신의 존재는 덕과 행복이 최종적으로 조화를 이루도록 보장하는 조건이다.

즉, 경험세계 안에서는 최고선이 불가능해 보이지만, 이념을 전제하면 최고선은 가능하다는 식으로 이율배반이 해소된다.

⑤ 의의

실천이성의 이율배반은 "도덕이 현실에서 불가능하지 않은가?"라는 근본적 회의를 정식화한 것이고, 칸트는 그것을 통해 도덕적 실천은 신과 불멸을 실천이성의 요청으로 전제해야만 정합적으로 이해될 수 있다는 결론에 도달한다. 그래서 이는 칸트가 '신앙의 자리'를 확보하는 철학적 통로가 된다. (챗GPT, 실천이성의 이율배반, 2025.9.26.)

실천이성의 이율배반은 "최고선은 가능하다"는 도덕적 명령과, "최고선은 현실적으로 불가능하다"는 경험적 사실 사이의 모순이에요. 칸트는 이 모순을 신·영혼불멸·자유라는 실천이성의 요청으로 해결한다.

나. 실천이성의 이율배반

우리가 실천적으로 실현할 최고선은 분명히 '덕과 행복' 두 가지 모두임에는 틀림이 없다. 그런데 이 양자의 결합에 대해서 지금까지 분석적으로 검토 해본 결과 이 결합은 분명히 종합적이며, 인과적 결합이며, 실천적인 선에 관계하여 있으며, 종합명제를 수용하고 있기 때문에 선험적이다.

만일 이 양자와의 관계가 이와 같이 인과적이라면, 행복과 유덕 중 무엇이 동인일까? 행복에 대한 열망이 유덕을 일으키는 것인가, 아니면 유덕의 준칙이 행복을 낳는 것인가? 지금까지의 논의에 의하면, 전자는 아니었다. 그렇다면, 분명히 후자의 유덕이 행복을 낳는 것이 올바른 명제이다. 그런데, 이 세상에서 도덕법의 가장 엄밀한 준수가 행복을 가져오는가? 이승에서의 행복과 덕과의 필연적인 결합을 가져오는가? 그러한 결합을 가져오는 것이 아니라면, 최고선(덕과 행복의 동시적 실현)의 불가능성을 말한다.

즉 양자는 서로 충돌을 하고 있는 것이다. 도덕법으로서의 선은 최고선을 지향하고 있기 때문이다. 이것이 바로 실천이성의 이율배반이다.

① 선험적으로 알게 되는 덕과 행복의 결합의 필연성
우리가 실천적으로 (즉, 우리의 의지에 의해서) 실현할 최고선에 있어서는, 덕과 행복과는 필연적으로 결합된 것으로 우리는 생각한다.
② 선험적 종합명제로서의 덕과 행복의 결합
그러므로, 다른 쪽(행복)이 반드시 최고선의 요소가 되는 일이 없이, 실천이성이 한쪽(덕)을 상정할 수는 없다. 그런데, 이 결합은 (결합일반과 마찬가지로) 분석적이거나 종합적이거나이다. 그러나, 이 주어진 (필연적) 결합은 (바로 앞에서 지적되었듯이) 분석적일 수 없기에, 반드시 종합적이라고 생각되는 것이요, 자세히는 원인과 결과와의 결합이라고 생각되는 것이다.[18] 왜냐하면, 그 결합은 실천적인 선에, 즉 '행위에 의해서 가능한 것'에 관계하기 때문이다.

---

18) 칸트의 『순수이성비판』에 의하면, 종합명제에서 작용하는 원리는 '인과율'이었다. 이때, 그 '인과율'의 내막은 너무 미세하게 혹은 신비가운데 가리워져 있어서 우리의 경험으로는 인식할 수 없으며, 선험적으로 인식하고 이해한다. '덕있는 사람이 행복해야 한다'라는 명제는 누구도 부인하지 못하는 선험적 종합명제이다.

③ 행복의 열망이 유덕의 동인은 아니다.

그러므로, 행복의 열망이 유덕의 준칙에 대한 동인이거나, 혹은 유덕의 준칙이 반드시 행복을 낳는 원인이거나 둘 중의 어느 것이다. 그런데, 전자는 절대로 불가능하다. (분석론에서 증명되었듯이) 의지의 규정근거를 자기의 행복을 찾는 요구 중에 두는 준칙은, 전혀 도덕적이 아니요, 아무런 덕도 수립할 수 없기 때문이다.

④ 그렇다면, 원인으로서의 도덕이 반드시 행복을 낳는가?

그러나 후자 역시 불가능하다. 왜냐하면, 세계에서의 모든 실천적인 인과결합은, 결의의 성과로서, 의지의 도덕적인 심정에 기준하지 않고 자연법칙의 지식과 그 지식을 목적에 사용하는 자연적 능력과의 기준하는 것이요, 따라서 도덕법의 가장 엄밀한 준수가, 이승에서의 행복과 덕과의 필연적인 결합, 최고선을 얻기에 충분한 결합을, 기대할 수 없기 때문이다.

⑤ 선험적 종합명제로서의 최고선의 촉진

그런데, 최고선은 이러한 결합을 그 개념 중에 포함해 있고, 이러한 최고선의 촉진은 인간 의지의 선천적인 필연대상이요, 도덕법과 떨어질 수 없도록 연결하여 있다.

⑥ 실천이성의 이율배반 발생

그러하매, 전자(최고선)의 불가능성은 또한 후자(도덕법)의 거짓됨을 증명하는 것이다. 따라서 만일 최고선이 실천규칙에 의해서 불가능하다면, 최고선을 촉진하기를 명령하는 도덕법 역시 반드시 가공적이요, 헛된 공상적 목적에 기본해 있으며, 그러므로 그 자신 거짓된 것이다. (2편1장1절)(칸트,『실천이성비판』, 125-126)

다. '실천이성의 이율배반'의 비판적 해소

칸트는 위의 두 가지 명제 중에서 첫 번째 명제는 진즉 그 부당성을 입증하였고, 이제 두 번째 명제의 정당성을 검토한다. 즉, 유덕한 심정이 반드시 행복을 가져온다는 둘째의 명제인데, 이것은 오직 덕을 감성계 내에서만으로 국한할 때에 거짓일 수 있는 조건적으로만 거짓 명제라고 한다. 그런데 사실은 도덕법 자체가 초감성계의 명제였는데, 우리는 이것을 감성계에서만 그 결말을 보려고 하였던 것이다. 초감성적 명제까지 포함할 경우, 이 이율배반은 해소되는 것이다.

① "유덕한 심성이 행복을 가져온다"는 명제의 가능성
위의 두 명제 중 첫째 명제, 즉 행복을 구하려는 노력이 유덕한 심정의 근거를 낳는다는 것은 절대로 거짓이다. 그러나, 유덕한 심정이 반드시 행복을 가져온다는 둘째의 명제는 절대로 거짓인 것이 아니라, 오직 덕이 감성계에서의 원인성이라는 형식이라고 보여지는 한에서만, 따라서 감성계에서의 존재를 이성존재자의 유일한 존재 방식으로 내가 가정하는 한에서만, 그러므로 조건적으로만 거짓이다.
② 감성계에 지성계의 도입
나는 나의 존재를 오성계의 가상체로 생각할 권한이 있을 뿐만 아니라, 또한 도덕법에 의거해서 (감성계에서의) 내 인과성을 순지성적(知性的)으로 규정할 수 있는 근거도 가진다. 하기에 원인으로서의 심정의 도덕성은 감성계에서의 결과로서의 행복과, 직접은 아니나 간접으로 연결을 갖는 일이, 그러면서도 필연적인 연결을 갖는 일이 불가능하지 않다.…(2편, 2장, 2, 2)
③ 최고선은 물자체들과의 관계임
이렇기에, 실천이성의 표면상의 자기모순에도 불구하고, 도덕으로 규정된 의지의 필연적인 최고목적인 '최고선'은 실천이성의 참다운 객관(목적)이다.…이 실재성은, 처음에는 도덕성과 보편적 법칙에 따르는 행복과의 결합 중에 보였던 저 이율배반에 의해 위협받는 듯 했으나, 이러한 일은 단순한 오해에 기본한 것이다. 왜냐하면, 우리는 현상들 간의 관계를 현상들과 '물 자체들'과의 관계로 잘못 생각했기 때문이다. (2편, 2장, 2, 3)
이성이 모든 이성존재자에 대해서 그들의 모든 도덕적 소원의 목표로

지적했던 최고선의 가능성을, 머나먼 피안에서 즉 가상계와 결합하는 데에서 추구하지 않을 수 없다고 우리가 알고 있음에도, 고대와 근대의 철학자들이 이미 이승생활(즉 감성계)에서 덕과 적절히 비례해 있는 행복을 벌써 발견했다거니, 혹은 그런 행복을 의식했다거니 하고 설유할 수 있었던 것은 기이하다. (2편, 2장, 2, 4)(칸트, 『실천이성비판』, 126-127)

라. 사변이성과 결합시 '순수한 실천이성의 우위'

'행복'은 감각계의 최고 명제로서 우리에게 실천규칙으로는 '애착'을 기반한 '준칙'의 형태로 나타난다. 그런데, '덕'은 초감각계의 최고 명제로서 감각계의 원인성으로 나타나며, 이 외의 것은 일단 알려진 바 없으나, 그 세계의 존재는 분명히 증명하고 있다. 칸트는 이제 두 세계를 대표하는 '행복'과 '덕'이 통합되는 상황에서 이제 우리의 이성도 또한 확장되어 사용되어야 한다고 말한다. 초감각적 명제를 감각적 세계에서 온전히 이해할 수 없기 때문이다. 이것을 칸트는 우리는 이성을 사용하고 있는데, '사변이성과 실천이성이 결합'하여 사용하고 있으며, '실천이성'이 이미 '순수이성'에게 명제를 주고 있으므로, 우리 이성은 실천이성에서 순수이성으로 확장되어야 한다고 말한다. 그리고 이렇게 확장되어 언급되어질 경우 '순수 실천이성이 순수사변이성 보다 우위'에 있기 때문이다. 칸트는 '덕'과 '행복'의 결합에 대한 해명에 있어서도 이것을 적용하고자 하고 있다. '실천이성'의 명제가 모두 '초자연적 명제'이므로, 이 세계의 전제까지 여기에 들어와야 한다는 것이다.

① 이성의 사변적 사용의 관심 : 대상인식을 통해 최고원리들에 도달
이성은 원리들의 능력으로서, 모든 심성력의 관심을 규정하고, 이성 자신의 관심을 자기 자신이 규정한다. 이성의 사변적 사용의 관심은 대상을 인식하여 선천적인 최고원리들에 도달하는 데에 존립한다.
② 이성의 실천적 사용의 관심 : 완전한 목적에 관해서 의지를 규정
실천적 사용의 관심은, 최후의 완전한 목적에 관해서 의지를 규정하는 데에 존립한다. 이성사용 일반이 가능하기 위해서 요구되는 것은, 원리

4장 실천이성의 변증론

들과 그것들의 주장들이 서로 모순되지 않는다는 것을 의미하고, 이것은 그 관심의 한 부분인 것이 아니라, 일반적으로 이성을 가지기 위한 필요조건이다. 이성이 이성 자신과 조화하는 것이 아니라, 이성을 확장하는 것만이, 이성의 관심이라고 보아진다. (2편, 2장, 3, 1)

③ 실천이성에 대한 순수이성의 태도

…즉, 실천이성이 가정해서 제공하는 일체에 관해서 조금도 앎이 없는 사변이성은, 과연 이러한 명제(제언)들을 받아들이어서, 자신에게는 초절적인 그런 명제들을 자기에게 보내온 타자(실천이성)의 소유물로서 자기의 개념들과 결합시켜 볼 것인가, 혹은 사변이성은 자신의 고립한 관심에 완고히 순종하는 권한과 에피쿠로스의 규준학(規準學)에 좇아서 그 객관적 실재성이 경험 중에 제시되는 명백한 실례에 의해서 우리가 믿을 수 없는 일체를 공허한 궤변이라 해서 거부할 권한이 있는 것인가, 하는 것이다. (2편, 2장, 3, 2)

④ 이성사용의 확장으로서의 실천이성

사실, 실천이성이 감각에 제약된 것으로서, 즉 행복이란 감성적 원리 아래 있는 애착의 관심을 지배하기만 하는 것으로서, (사변이성의) 근저에 두어지는 한에서, 그러한 요구를 사변이성은 도저히 용납하지 못했을 것이다. … 그러나 이런 일은 사변이성의 통찰(지식)이 아니라, 통찰과는 다른 어떤 관점, 즉 실천적인 관점에서 하는 '이성사용의 확장'인 점에서 우리는 안심하는 바이다. … (2편, 2장, 3, 3)

⑤ 실천이성의 우위

이에, 순수한 사변이성과 순수한 실천이성이 하나의 인식에로 결합함에 있어서, 이 결합이 틀림없이 우연적·임의적이 아니라 선천적으로 이성 자신에 기인해 있어서 필연적이라면, 순수한 실천이성이 우위를 차지하고 있다. 왜냐하면, (순수한 사변이성의 순수한 실천이성에 대한) 하위 관계가 없다면, '이성의 자기모순'이 생기겠기에 말이다. … (2편, 2장, 3, 4)
(칸트, 『실천이성비판』, 131-133)

3. 실천이성의 요청으로 '영혼불멸과 신의 존재'

가. 순수한 실천이성의 요청인 영혼불멸성

칸트에 의하면, '도덕법에 완전히 일치하는 것'은 신성성(神聖性)을 의미하므로, 감성계의 어느 누구도 소유할 수 없는 완전성을 의미한다. 그럼에도 불구하고, 그러한 일치는 실천적으로 필연한 것으로서 요구된다. 그러면, 이것은 무한한 전진 중에서만 발견될 수가 있다. 즉, 이성존재자의 무한히 계속하는 생존과 인격성을(영혼의 불멸) 전제하여서만 가능하다. 그러므로, 최고선은 영혼불멸의 전제 아래에서만 실천적으로 가능하다. 이렇게 하여서 '실천이성'은 영혼불멸의 전제를 필연적으로 요청하고 있다. 그리고 이 명제는 종교적으로도 유익하다. 이에 대해 칸트는 다음과 같이 말하고 있다.

① 최고선에 이르는 것이 의지의 필연적 목표
이승(현세)에서 최고선을 낳는 일은, 도덕법이 규정할 수 있는 의지의 필연적 객관(목표)이다. 그러나, 심정이 도덕법에 완전히 일치함은 최고선의 최상조건이다. 이러한 일치는 이러한 일치의 목표와 마찬가지로, 가능해야 할 것이다. 그것은, 이 목표를 촉진하라는 동일한 명법 중에 포함되어 있기 때문이다. 그러나, 의지가 도덕법에 완전히 일치하는 것은, 신성성(神聖性)을 의미한다. 즉, 감성계의 어떠한 이성존재자도, 그 생존의 어느 순간에 있어서나, 소유할 수 없는 완전성을 의미한다. 그럼에도 불구하고, 그러한 일치는 실천적으로 필연한 것으로서 요구된다. 이러므로 그것은 저 완전한 일치로 향하는 무한한 전진 중에서만 발견될 수가 있다.[19] 이러한 실천적인 전진을 우리 의지의 진정한 목표로 가정하는 것은 순수한 실천이성의 원리들에 의해서 필연한 것이다. (2편, 2장, 4, 1)

---

[19] 설령, 기독교인들의 믿음으로 말미암는 완전한 의라 할지라도 이것의 본질적인 모습은 그 나라에서 볼 것이기 때문이다.

② 무한한 전진 : 영혼의 불멸하에서 성립되는 명제
그러나 이 무한한 전진은, 동일한 이성존재자의 무한히 계속하는 생존과 인격성을(이런 생존과 인격성을 사람은 영혼의 불멸이라고 하지만) 전제하여서만 가능하다. 그러므로, 최고선은 영혼불멸의 전제 아래에서만 실천적으로 가능하다. 따라서 영혼의 불멸은 도덕법과 불가분적으로 결합된 것이요, 순수한 실천이성의 요청이다. 나는 영혼은 불멸이라는 것을, 이론적인 명제이기는 하나, 그것이 선천적 · 무제약적으로 타당하는 실천법칙에 떨어질 수 없이 붙어 있는 한에서, 이론적으로는 증명할 수 없는 명제라고 이해한다. (2편, 2장, 4, 2)
③ 신의 존재 안에서 가능한 명제
이 명제가 없으면, 도덕법은 관대한 것(미지근한 것)으로, 따라서 인간의 기분에 일치하는 것으로 생각됨으로써, 도덕법이 그것의 신성성에서 전혀 끌어내려지고 만다.… 시간적 제약이 없는 무한존재자는, 인간에게는 끝이 없는 이 전진 계열에 있어서, 도덕법과 전적으로 일치함을 보는 터이다. 그리고 '무한존재자'가 각인에게 정하는 최고선의 분여에 있어서, '무한존재자'의 정의에 합치하고자, 그의 명령이 유예없이 요구하는 신성성은, 오로지 이성존재자의 생존의 지성적 직관에 있어서만 발견될 수 있는 것이다.… 최고선을 분여받은 희망에 관해서, 피조물이 한갓 기대할 수 있는 것은, 오직 그의 심정이 시련받는다는 의식뿐이겠다. 이리하여, 그의 비교적인 악에서 '보다 더한 도덕적인 선'에로 이때까지 하여온 진보와 이 진보가 인간에게 알려준 부동의 결심과, 이런 것들로부터 인간은 이런 진보 · 결심의 앞으로의 끊임없는 결심의 앞으로의 끊임없는 계속을 이승생활의 이상에까지 기대하기에 이른다. 자세히 말하면, (하나님만이 내다볼 수 있는) 피조물의 무한한 존속에 있어서만, 하나님의 뜻에 완전히 적합하기에 이르른다. (2편, 2장, 4, 3)(칸트, 『실천이성비판』, 133-135)

나. 순수한 실천이성의 요청인 '하나님의 생존'

칸트는 이제 '도덕법에 적합한 행복'과 관련하여서 '하나님의 실존'의 당위성을 요청한다. 이러한 일치를 이루어낼 자는 '자연법칙'의 관할자라야 하며, 또한 '지성'의 소유자여야 한다. 그러한 자는 하나님 외에는 없는 것이다.

도덕성은 영원중에서 해결 가능하다. 이것은 영혼불멸을 요청한다. 그 안에서만 이 명제는 해결가능하기 때문이다. 그리고 도덕법은 최고선의 둘째 요소인 '도덕법에 적합한 행복'의 가능성에로 우리를 인도해야 한다. 즉, 여기에서 하나님의 실존이 요청된다. 하나님 생존의 전제 하에서 덕과 행복의 조화가 성립된다. 그리고 최고선은 하나님 존재 하에서 성립 된다. 우리의 선험성은 지속적으로 최고선을 촉진한다. 그것은 '하나님의 생존전제'하에서 성립되는 이야기이다.

① 도덕성은 영원중에서 해결 가능 : 영혼불멸의 요청
이때까지의 분석에 있어서 도덕법은 감성적 동기의 참가가 도무지 없이 순수이성에서만 규정되는 실천과제에로 우리를 인도하였다. 즉, 최고선의 첫째의 가장 중요부분인 도덕성을 반드시 완성하는 실천과제에로 우리를 인도하였다. 또 이러한 실천과제는 영원 중에 있어서만 완전히 해결될 수 있기 때문에, 도덕법은 영혼불멸의 요청에로 우리를 인도하였다.

② 최고선은 하나님 생존의 전제하에 가능
(그런데) 동일한 도덕법은, 최고선의 둘째 요소인 '도덕법에 적합한 행복'의 가능성에로 (역시 공평하게, 불편적인 이성에 의해서) 우리를 인도해야 한다. 즉, 행복을 결과하기에 충분한 원인(하나님)이 생존한다는 전제에로 우리를 인도해야 한다. 다시 말하면, 최고선이 가능하기 위해서(이것은, 순수이성의 도덕적인 법칙수립과 필연적으로 결합되어 있는 우리 의지의 목표이다), 반드시 필요한 것으로 하나님의 실존을 요청해야 한다. … (2편, 2장, 5, 1)

③ 하나님 생존의 전제 하에 성립되는 덕과 행복의 조화

행복이란, 이승(현세)에 사는 이성존재자가 자기의 존재 전체에 있어서 모든 것을 제 뜻대로 할 수 있는, 상태이요, 따라서 행복은, 자연(즉, 현실)이 이성존재자의 전 목적에 일치하는 점에 의존하고, 동시에 자연이 이성존재자의 의지의 본질적인 규정근거에 일치하는 점에 의존한다. …

세계에서 '행위하는 이성존재자'는 (행위함과) 동시에 세계와 자연 자체와의 (기계적) 원인이 아니다. 이에, 도덕법에 있어서는, 도덕성과 '세계의 일부로 되어 있는 존재자, 따라서 세계에 의속하는 존재자'의 도덕성에 정비례하는 행복과, 이 두 가지 사이에 필연적 연관을 줄 터인 근거가 조금만치도 없다. 이런 까닭에 이런 존재자는 자기의 의지에 의해서 자연의 원인일 수가 없고, 또 자기의 행복에 관해서, 이를 테면, 자기 힘에 의해서 자연을 자기의 (도덕적인) 실천원칙들과 완전히 조화(비례)하도록 할 수가 없다. 그럼에도 불구하고, 순수한 이성의 실천적 과제에 있어서는, 다시 말하면, 최고선의 필연적 추구에 있어서는, 이러한 연관은 필연한 것으로 요청된다. 우리는 최고선의 촉진을 추구해야 한다. (따라서 최고선은 가능한 것이어야 한다.) 이에, 이러한 연관의 근거 즉, 도덕성과 행복이 엄밀히 조화하는 근거를 내포하는 원인(하나님)의 생존이 또한 요청되어지고, 자연과 구별된 '전체 자연의 원인'의 생존이 요청되어 진다. …

④ 최고선은 하나님 존재 하에서 성립

그런데, 법칙의 관념에 따르는 행위를 느낄 수 있는 존재자는 지성(이성존재자)이요, 법칙관념에 따른 존재자의 원인성은 그런 존재자의 의지이다. 이에 자연의 최상원인은 그것을 최고선을 위해서 우리가 전제하는 한에서 오성과 의지에 의해서 자연의 원인(따라서 그 창조자)인 존재자이다. 즉 하나님이다. 따라서 최고의 파생된 선(최선의 세계)이 가능하다는 것의 요청은, 동시에 최고의 근원적인 선의 현실재(現實在), 즉 하나님의 실존에 대한 요청이다.

⑤ 최고선의 촉진을 위해 요청되는 '하나님의 생존전제'

최고선의 촉진이 우리의 의무였다. 따라서 최고선의 가능성을 전제하는 일은, 단지 정당한 권한일 뿐만이 아니라, 요구로서의 의무와 결합된 필연성이다. 최고선은 하나님이 생존하신다는 조건 아래에서만 발생하는 것이기 때문에, 그것은 '하나님의 생존전제'를 의무와 불가분적으로 결합한다. 즉, 하나님의 생존을 가정함은 도덕적으로 필연이다.(2편, 2장, 5, 2) (칸트, 『실천이성비판』, 136-137)

다. 요청되는 순전한 '이성의 신앙'

이렇게 '덕'과 '최고선'을 향한 우리의 의무에 대한 중요성이 부각될수록 더욱 부각되어 나타나는 것은 '영혼불멸'과 '하나님의 생존'과 같은 명제이다. 우리는 이제 '의무이행'에 전념하면 되겠다. 그럴수록 이제 강화된 전제로 나타나는 것은 이와 같은 '영혼불멸'과 '하나님의 생존'과 같은 신앙적 · 종교적 명제이다. 따라서 칸트는 이와 같은 '순수이성'만이 신앙이 발생하는 원천이므로, 순수이성에서만 신앙이 성립한다고 말한다. 이것을 칸트는 '순수한 이성의 신앙'이라고 한다.

① 최고선을 촉진하는 우리의 이성 : 의무
이때에 (우리의) 의무에 속하는 것은, 오직 세계에서 최고선을 실현하고 촉진하는 노력 뿐이다. 이에 최고선의 가능성을 우리가 요청할 수 있으되, 우리의 이성은 최고선의 가능성을 틀림없이 최고 지성의 전제 아래서만 생각할 수 있다고 안다.
② 최고 지성의 생존을 가정하는 것은 우리의 의무와 결합
그러므로 '최고지성'의 생존을 가정하는 일은, 이런 가정 자신이 비록 이론이성에 속하더라도, 우리의 '의무' 의식과 결합하여 있다.
③ 순수이성만이 신앙이 발생하는 원천
단지 이론이성에 관계해서 이 가정은 설명근거로 보아서, 가설이라고 부를 수 있으나, 도덕법이 우리에게 과하는 대상(최고선)의 가이해성, 따라서 실천적 관점에서의 연구의 가이해성에 관계해서는, 신앙, 자세히

말하면, 순수한 이성의 신앙이라고 부를 수 있다. 왜냐하면, 순수이성만이 신앙이 발생하는 원천이기 때문이다. (2편, 2장, 5, 3)

이런 연역에서 이제야 (고대) 희랍학자들이 최고선의 실천적 가능성에 관한 문제의 해결에 도저히 도달할 수가 없었던 까닭이 이해된다. 왜냐하면, 그들은 인간의 의지가 그것의 자유에 관해서 사용한 규칙을, 자유의 유일한 근거, 그것만으로써 충분한 근거로 삼아서, 그들의 생각에는 '하나님의 생존'을 그 외에 필요로 하지 않았기 때문이다. (2편, 2장, 5, 4) (칸트, 『실천이성비판』, 137-139)

라. 하나님의 나라로서의 최고선

이제 칸트는 이 최고선을 기독교의 하나님 나라와 일치시킨다. 하나님 나라라면 기독교의 구원의 개념을 의미하는 용어이다.

① 하나님의 나라와 최고선

기독교의 이설(理說)은, 그것을 종교설로 고찰하지 않더라도, 이 점에 있어서 최고선(하나님의 나라)의 개념을 보내준다. 이 점에 있어서 최고선(하나님의 나라)의 개념을 보내준다. 최고선의 개념만이 실천이성의 가장 엄격한 요구를 만족시켜주는 것이다. 도덕법은 신성한 것이다. 즉 엄숙한 것이다. 도덕법은 윤리의 신성성을 요구한다. 이러하되, 인간이 도달할 수 있는 모든 '도덕적 완전'은 겨우 덕이요 법칙에 대한 존경에서 오는 합법칙적인 심정뿐이다. 따라서 (인간이 도달하는 소위) 도덕적 완전은 반칙(反則)에 대한 연속적인 성벽의 의식을 남기는 것이요, 적어도 불순성의 의식을 남기는 것이다. 즉, 법칙의 준수에 대해서 (도덕적이 아닌) 불순한 동인이 많이 섞이는 것을 남기는 것이요, 그렇기에 겸허와 결합된 자존을 남기는 것이다. 그러므로 기독교의 법칙이 요구하는 신성성에 관해서는 도덕적 완전은, 틀림없이 무한한 진보만을 피조물에게 남길 뿐이다. 이 때문에 바로 피조물은 그의 무한히 진행하는 존속(영혼불멸)에 대한 희망을 품을 권한이 있었다. (2편, 2장, 5, 5)

② 도덕법과 기독교 윤리의 차이

도덕법에 완전히 일치하는 심정의 가치는 무한한 것이다. 왜냐하면, 모든 가능한 행복을 제한하는 것은, 현명하고도 전능하신 행복 배여자(하나님)의 판단으로 보아서는, 단지 이성존재자가 자기의 의무에 합치함이 없다는 것뿐이기 때문이다. 그러나, 도덕법은 그 자신 어떠한 행복도 약속하지 않는다. '자연질서 일반'의 개념상으로는, 행복은 도덕법을 준수하는 일과 필연적으로 결합되어 있지 않기 때문이다. 그런데, 기독교의 윤리설은, (최고선의 둘째 구성요소)의 결핍을 이성존재자가 도덕법에 전심으로 봉사하는 세계를 하나님의 나라라고 표현함으로써 보충하고 있다. 하나님의 나라에서는 자연과 윤리와는, 파생된 최고선을 가능케 하는 바 성스러운 창조자(하나님)에 의해서 양자가 각각 단독으로서는 몰랐던 조화에 도달하는 것이다.

윤리의 신성성은 이승(현세)에서 이미 이성존재자에게 그 규준으로 지시되지만, 이런 도덕에 비례한 복지 즉 정복(淨福)은 영원 중에 있어서만 획득될 수 있는 것으로 생각된다. 왜냐하면, 전자(윤리의 신성성)는 모든 처지에 있어서의 이성존재자의 행위의 원형이 아닐 수 없으며, 그것(도덕의 신성성)에의 전진은 이승에서 벌써 가능하며 또 필연이로되, 행복의 이름 아래 있는 후자(정복)는 이승에서 절대로 획득될 수 없는 것이요, 따라서 오직 희망의 대상이 되는 것뿐이기 때문이다. (2편, 2장, 5, 5)

③ 최고 존재자의 명령 : 도덕법

이리하여 도덕법은, '순수한 실천이성의 객관이요 또 절대 목적인 바' 최고선의 개념에 의해서 종교에 도달한다. 즉 모든 의무를 하나님의 명령으로서 인식하는 데에 도달한다. 도덕법은 (모든 의무를) 제재로서가 아니라, 즉 남의 의지가 내리는 임의적인, 그 자신 우연적인 지령으로서가 아니라, 그 자신에 있어서 모든 자유로운 의지의 본질적 법칙으로서 인식하는 데에 도달한다. 그러나, 이 법칙들을 사람은 최고 존재자(하나님)의 명령으로 보아야 한다. 왜냐하면 우리는 도덕적으로 완전(신성·인

4장 실천이성의 변증론

자)하고도 동시에 전능하신 의지에 의해서만, 최고선을 바랄 수 있기 때문이요, 따라서 이 전능하신 의지에 일치함에 의해서 최고선을 획득하는 것을 기대할 수 있기 때문이다.… 도덕법은 세계에서 최고의 가능적인 선을 나의 모든 행동의 최후 대상으로 삼을 것을 명령한다.(2편, 2장, 5, 6)(칸트, 『실천이성비판』, 139-142)

4부　판단력비판

1장 판단력 비판의 개요

1. '자연'과 '자유'의 매개로서의 판단력

가. '판단력비판'에서 다루는 분야와 그 필요성

칸트에 의하면, 우리의 이성은 크게 세 분야로 구성되는데, 인식하는 능력, 쾌·불쾌의 감정, 및 욕구능력이다. 이것은 지·정·의의 분류와도 같다. 또 이 중에서 인식하는 능력은 지성·판단력·및 협의의 이성으로 구성 된다.[20] 이때 순수이성비판에서는 '인식하는 능력'을 다루며, 이 중에서도 특히 '지성'부분을 다룬다. 실천이성비판에서는 '욕구의 능력'을 다루는데, 이것은 '인식하는 능력'과 중첩하여 있는 '이념으로서의 이성'부분을 다룬다. 그렇다면, 나머지 부분은 어떠한가? 이 부분을 칸트는 '판단력 비판'에서 다루고자 하는데, 곧 '쾌·불쾌의 감정'과 '인식하는 능력' 중에서의 '판단력'부분이다.

① 순수이성비판 : 인식능력 중에서 지성의 분야를 다룸
순수이성비판은 한낱 사물들을 선험적으로 인식하는 우리의 능력에만 관여하며, 그러므로 쾌·불쾌의 감정과 욕구능력은 제외하고, 단지 인식능력만을 다룬다. 그리고 인식능력 중에서도 판단력과 이성은 제외한 채, 지성만을 그것의 선험적 원리들의 면에서 다룬다. 그것은, 논의가 진행되어가면서 드러나겠지만, 지성 이외에는 어떤 다른 인식능력도 선험적인 구성적 인식원리들을 제공할 수 없는 까닭이다. 그러므로 선험적인 구성적 인식원리들을 함유하고 있는 한에서, 자기 고유의 구역을, 그것도 인식능력에서 갖는 것은 본래 지성이었다. 그것은… 순수이성비판에 의해… 확보해야 할 것이었다.
② 실천이성비판 : 욕구능력

---

[20] 인식하는 능력은 자체 내의 지성과, 쾌·불쾌의 감정은 판단력과, 욕구능력은 이념과 서로 밀접한 관계를 갖는다.

그와 똑같이 오로지 욕구능력과 관련해서만 선험적인 구성적 원리들을 함유하는 이성은 실천이성비판에서 그 소유지를 지정받았다.
③ 판단력비판 : 인식능력과 욕구능력 사이의 중간항
그런데 우리 인식능력의 순서에서 지성과 이성 사이의 중간항을 이루는 판단력도 독자적으로 선험적 원리들을 가지는가, 이 원리들은 구성적인가 아니면 한낱 규제적인 것인가, 그리고 판단력이 인식능력과 욕구능력 사이의 중간항으로서의 쾌·불쾌의 감정에게 (지성이 인식능력에게, 이성이 욕구능력에게 선험적으로 법칙들을 지시 규정하는 것과 똑같이) 선험적으로 규칙을 주는가, 이것이 지금의 이 판단력 비판이 다루는 문제이다. (머리말, V167-V168)

나. 판단력에 존재하는 선험적인 원리
그런데, 위에서 우리의 지성(혹은 오성)이 감각적 사물을 인식하고, 보편적 개념(혹은 이념)으로 이행할 때, 판단력이 작용한다. 이때 판단력이 사물들에 대해 합법칙성을 세우고, 자연사물을 초감성적인 것과 관계 짓는 원리를 자기 자신으로부터 나타낸다. 여기에서는 선험적인 원리가 존재한다. 그리고 이러한 선험적인 원리는 세계존재자들을 인식하는데 사용되어지고 있으며, 동시에 실천이성을 위해서 유익한 전망을 열어준다. 그러나 이 원리는 쾌·불쾌의 감정과 아무런 직접적인 관계를 갖지 않으므로 이 관계야말로 판단력의 원리 안에 있는 수수께끼이다. 이 수수께끼가 이 '판단력 비판'의 분야를 꼭 필요하게 만드는 이유이다.

① 판단력의 원리 : 미적인 것과 숭고한 것에 관한 판정들
판단력은 자신이 하나의 개념을 제시해야만 할 것이되, 이 개념을 통해서는 본래 사물이 인식되는 것이 아니다.… 판단력의 원리는… 주로 사람들이 미감적이라고 부르는 판정들, 즉 자연 또는 예술의 미적인 것과 숭고한 것에 관한 판정들에서 일어난다.… 이 판정들은 비록 독자적으로는 사물들의 인식을 위해 전혀 아무것도 기여하는 바가 없지만, 그

1장 판단력 비판의 개요

인식능력에만 귀속하고, 그러면서도 이 능력이 어떤 선험적 원리에 따라 쾌·불쾌의 감정과 직접적으로 관계 맺음을 증명하고 있기 때문이다.

② 욕구능력과는 구분되는 판단력

그리고 이 원리는 욕구능력의 규정근거일 수 있는 것과는 혼동되지 않는데, 그것은 욕구능력은 자기의 선험적 원리들을 이성의 개념들 안에서 갖기 때문이다.

③ 판단력에 존재하는 선험적 원리

그러나 자연에 대한 논리적 판정에 대해 말할 것 같으면, 감성적인 것에 대한 보편적 지성개념이 더 이상 이해하고 설명할 수 없는 사물들에 대해 경험이 합법칙성을 세우고, 판단력이 자연사물을 인식할 수 없는 초감성적인 것과 관계 짓는 원리를 자기 자신으로부터 취할 수 있으되, 그것을 오로지 자기 자신의 관점(의도)에서만 자연을 인식하는 데 사용해야 하는 곳에서는, 그러한 선험적인 원리는 세계 존재자들을 인식하는 데 적용될 수 있고, 적용되어야만 하며, 또한 동시에 실천이성을 위해서 유익한 전망을 열어준다.

④ 판단력의 원리 안에 있는 수수께끼

그러나 이 원리는 쾌·불쾌의 감정과 아무런 직접적인 관계도 갖지 않는 것으로, 이 관계야말로 판단력의 원리 안에 있는 수수께끼이다. 이 수수께끼가 비판에서 이 능력을 위한 하나의 특수한 부문을 꼭 필요하게 만드는 것이다. (머리말, V169-170)

다. 판단력의 원리 안에 있는 수수께끼

칸트가 『판단력 비판』 서론에서 말하는 "판단력의 원리 안에 있는 수수께끼"는 이 책 전체 문제의식을 응축한 표현이다. 간단히 말해, "왜 우리가 자연을 '합목적적'(목적에 맞게)인 것처럼 판단하게 되는가?"라는 근본적인 수수께끼를 말한다. 합목적성이란 "사물들 상호간에 서로서로가 서로의 목적을 위한 수단으로 쓰이는 것"을 말한다.

① 배경

오성은 자연현상을 인과법칙에 따라 파악한다. 이것은 기계론적 설명이다. 이성은 도덕적 자유와 목적을 요구한다. 그것은 실천이성이 수행한다. 그런데 판단력, 특히 '반성적 판단력'은 자연을 단순히 기계적 인과로만 보지 않고, "마치 목적이 있는 것처럼" 이해하려는 성향을 갖는다.

② 수수께끼의 내용

칸트가 보기에 '합목적성의 원리'는 묘한 성격을 가진다.

(a) 먼저, 합목적성은 경험적 법칙이 아니다. 합목적성은 자연 자체의 객관적 속성이 아니라, 우리가 자연을 이해하기 위해 반성적 판단력이 설정하는 규제적 원리이다.

(b) 그럼에도 불가피하다. 하지만 인간은 자연을 이해할 때, 마치 자연이 어떤 목적을 가진 것처럼 판단하지 않을 수 없다. 특히 아름다움의 경험이나 유기체(생명체)의 구조를 볼 때 더 뚜렷해진다.

(c) 따라서 생기는 수수께끼가 있는데, "자연은 그 자체로 목적이 없는데, 왜 우리 판단력은 항상 자연 속에서 합목적성을 발견하려 하는가?" 이것이 바로 "판단력의 원리 안에 있는 수수께끼"이다.

③ 칸트의 해명

칸트는 이 수수께끼를 자연과 자유를 매개하는 기능으로 해석한다. 자연을 합목적적으로 본다는 것은, 사실상 자연을 도덕적 자유가 실현될 수 있는 장(場)으로 이해하려는 이성의 경향이다. 따라서 이 '수수께끼'는 자연이 자유와 양립 가능해야 한다는, 이성 전체 체계의 요구를 반영하는 것이다.

자연에는 목적이 없는데, 우리는 왜 그것을 '목적에 맞는 것'처럼 판단해야만 하는가? 이것이 수수께끼이다. 그것은 자연 속에서 자유(도덕)의 가능성을 찾으려는 실천적 요청이며, 바로 이 점에서 『판단력 비판』이 제1·제2 비판을 매개하는 역할을 한다. "판단력의 원리 안에 있는 수수께끼"란 자연의 합목적성 개념이 객관적 사실이 아니라, 판단력의 규제적 원리임에도 불구하고 우리가 자연을 그렇게 판단하지 않으면 안 되는 필연성을 가리키는 말이다.

라. 철학의 구분에 대하여

칸트는 지금까지의 자기의 철학을 이론철학과 실천철학으로 구분하고 있으며, 이것이 철학의 구분으로서 합당하다고 말한다. 이때 이론철학은 자연철학과 관련한 것이고, 실천철학은 도덕철학과 관련이 되어 있다. 그런데, 이 양자 사이에 자연개념인가 자유개념인가에 대한 불확정적인 분야가 존재한다.

① 철학 : 이론철학과 실천철학
철학을…이론철학과 실천철학으로 구분한다면, 그것은 전적으로 정당한 일이다. …
② 자연개념과 자유개념
그러나 그 대상들을 가능하게 하는 서로 다른 원리들을 허가하는 서로 다른 개념들은 오직 두 가지가 있다. 곧 자연개념들과 자유개념이 그것이다. 그런데 전자는 선험적 원리들에 따라 이론적 인식을 가능하게 하지만, 후자는 이론적 인식과 관련해서는 단지 소극적 원리만을 이미 자기 개념 안에 수반하면서, 그 반면에 의지결정을 위해서는, 그 때문에 실천적이라고 일컬어지는 확장적 원칙들을 세운다. 그렇게 해서 철학이 그 원리들에 따라서 전적으로 서로 다른 구 부문, 즉 자연철학인 이론철학과 도덕철학인 실천철학으로 구분되는 것은 정당한 일이다. …
③ 원인 : 욕구능력으로서의 의지
욕구능력으로서의 의지는 곧 세계 내의 여러 가지 자연원인들 중 하나의 원인이다. 곧 개념들에 따라 작용하는 그런 원인인 것이다. 의지에 의해 가능한 것으로 표상되는 모든 것은 실천적으로 가능한 것이라 일컫는다. 그것은 그 결과에 대한 원인이 개념들에 의해 원인성으로 규정되는 것이 아닌, 결과의 물리적 가능성이나 필연성과는 구별된다.

④ 이지의 인과성에 규칙을 주는 개념은 어디에 속하나?
그런데, 여기서 실천적인 것과 관련해 의지의 인과성에 규칙을 주는 개념이 자연개념인가 또는 자유개념인가는 불확정으로 남아있다.(서론Ⅰ, V171-172)

마. 자연개념과 자유개념 사이의 간극
철학의 각 분야는 각각에서 법칙을 산출한다. 자연철학에서는 '자연법칙'을, 도덕철학에서는 '도덕법칙'을 각각 산출하였다. 그런데, 이 양자 안에는 간극이 존재하며, 이 양자가 이 세상에서는 한 지반 위에 서로 통일적으로 존재하여야 한다. 특히 자유개념은 그의 법칙들을 통해 부과된 목적을 감성세계에 현실화하여야만 한다. 이때 이 통일의 근거로서의 어떤 수단이 존재하여야 하는 것이다.

① 전체 인식능력 : 자연개념들의 구역과 자유개념들의 구역
우리의 전체 인식능력은 두 관할구역, 즉 자연개념들의 구역과 자유개념의 구역을 갖는다. 이 양자에 의해 우리 인식능력은 선험적으로 법칙을 수립하니 말이다. 철학은 무릇 이에 따라서 이론철학과 실천철학으로 나뉜다. 그러나 그 위에 그것의 관할구역이 세워지고, 그것의 법칙수립이 실행되는 지반은 언제나 모든 가능한 경험 대상들의 총괄일 따름이다. 그렇지 않다면 이들 대상들에 대한 지성의 법칙수립이란 생각할 수 없는 것이기 때문이다.(Ⅱ, V174)
② 지성에 의해 일어나는 자연개념에 의한 법칙수립
자연개념에 의한 법칙수립은 지성에 의해 일어나며, 이론적이다.
③ (협의의)이성으로부터 일어나는 자유개념에 의한 법칙수립
자유개념에 의한 법칙수립은 이성(협의 이성)으로부터 일어나며 순전히 실천적이다. 오로지 실천적인 것에서만 이성은 법칙수립적일 수 있다.
④ 각각의 두 영역
이론적 인식(즉 자연)에 대해서는 이성은 단지 주어진 법칙들로부터 추

론을 통해 결론을 이끌어낼 수 있을 따름이며, 이 결론들 또한 언제나 오직 자연에 머물러 있을 뿐이다. 그러나 거꾸로 규칙들이 실천적인 경우 저 규칙들이 기술적-실천적일 수도 있기 때문에, 이성이 곧바로 법칙수립적인 것은 아니다.

⑤ 각각의 영역에서 다른 법칙을 수립

그러므로 지성과 이성은 한쪽이 다른 쪽에 해를 입힐 필요 없이, 경험이라는 동일한 지반 위에서 서로 다른 법칙을 수립한다. 왜냐하면, 자연개념이 자유개념에 의한 법칙수립에 영향을 미치지 않듯이, 자유개념 또한 자연의 법칙수립을 조금도 방해하지 않기 때문이다.…(Ⅱ, V175)

⑥ 자연개념의 구역과 자유개념의 구역 사이에 있는 간극

그런데 감성적인 것인 자연개념의 구역과 초감성적인 것인 자유개념의 구역 사이에는 헤아릴 수 없는 간극이 견고하게 있어서, 전자로부터 후자로(그러므로 이성의 이론적 사용에 의거해서) 건너가는 것이, 마치 한쪽이 다른 쪽에 아무런 영향도 미칠 수 없는 서로 다른 두 세계가 있는 것처럼, 가능하지 않다고 할지라도, 그럼에도 후자는 전자에 대해 어떤 영향을 미쳐야만 한다.

⑦ 자유개념은 부과된 목적을 감성세계에서 현실화해야 함

곧, 자유개념은 그의 법칙들을 통해 부과된 목적을 감성세계에서 현실화해야만 하며, 따라서 자연은 또한 그것의 형식의 합법칙성이 적어도 자유법칙들에 따라서 자연에 실현되어야 할 목적들의 가능성과 부합하는 것으로 생각될 수 있지 않으면 안 된다. 그러므로 자연의 근저에 놓여 있는 초감성적인 것과 자유개념이 실천적으로 함유하고 있는 것의 통일의 근거가 있지 않으면 안 된다.(Ⅱ, V176)

바. 두 부문을 하나로 결합하는 수단으로서의 판단력 비판

칸트는 우리의 영혼은 지성과 감성과 이성으로 구성되는데 이때 감성을 판단력이라고 한다. 그리고 지성과 이성은 각각의 법칙들을 산출하여서 하나는 자연법칙을 또 하나는 도덕법칙을 산출하였는데, 모두 각각 안에 있는

선험적인 능력에 근거한 것이었다. 그런데, 칸트는 감성에도 그 능력이 있을 것으로 보았다. 이 감성을 칸트는 '쾌·불쾌의 감정'이라고 한다.

① 판단력에 존재하는 선험성
지성과 이성 사이에 중간 성원이 하나 더 있다. 이것이 판단력인데, 이것에 대해 사람들은, 그것이 비록 고유한 법칙수립(입법)을 함유하고 있지는 않다고 해도, 법칙들을 찾는 자기 자신의 원리를 선험적으로 자기 안에 포함하고 있을 것이라는 것을 유비에 의하여 추측할 이유를 갖는다. …

② 세 가지 능력 : 인식능력, 쾌·불쾌의 감정, 욕구 능력
그러나 여기에 더하여 판단력을 우리 표상력들의 다른 순서와 연결시킬 또 하나의 새로운 근거가 있다. 이 순서는 인식능력들 가족과의 친족성의 순서보다도 훨씬 더 중요한 것으로 보인다. 왜냐하면 모든 영혼(마음)의 능력들 내지 성능들은 더 이상 공통의 근거에서 파생될 수 없는 세 가지 능력, 즉 인식능력, 쾌·불쾌의 감정, 욕구 능력으로 환원될 수 있기 때문이다.

③ 인식능력과 욕구능력 사이에 있는 판단력의 선험성
인식능력에 대해서는, 만약 이것이 이론적 인식의 능력으로서 자연과 관계를 맺는다면, 지성만이 법칙 수립적이다. 우리에게는 (현상으로서) 이 자연에 대해서만 본래 순수 지성개념들인 선험적 자연개념들에 의해 법칙들을 세우는 일이 가능한 것이다. 자유개념에 따르는 상위능력으로서 욕구능력에 대해서는 이성만이 선험적으로 법칙수립적이다. 그런데 지성과 이성 사이에 판단력이 포함되어 있듯이, 인식능력과 욕구능력 사이에 쾌의 감정이 포함되어 있다. 그러므로 적어도 잠정적으로 추측할 수 있는 것은, 판단력도 독자적으로 선험적인 원리를 함유한다는 것, 그리고 욕구능력에는 필연적으로 쾌 또는 불쾌가 결합되어 있으므로, 판단력이 논리적 사용에서 지성으로부터 이성으로 넘어감을 가능하게 하듯이, 순수 인식능력, 다시 말해 자연개념의 관할구역으로부터 자유개념의 관할

구역으로의 넘어감을 야기할 것이라는 것이다.(Ⅲ, V177-179)

2. 규정적·반성적 판단력

가. 판단력에 대한 개략

칸트의 『판단력 비판』에서 말하는 판단력은 개별자와 보편자를 연결하는 능력을 말하는데, 이 중에서 '반성적 판단력'은 이 책의 핵심 개념이다. 반성적 판단력은 자연 속에서 합목적성을 찾아내는 기능을 말한다. 여기에서 법칙이 산출된다. 먼저, 그 개략을 살펴보면 다음과 같다.

① 판단력 일반
'판단력'이란 개별자와 보편자를 연결하는 능력을 말한다. 즉, 어떤 "특수한 것"을 주어진 "일반 법칙/개념" 아래에 포섭하거나, 반대로 특수한 것들을 보면서 그에 맞는 보편을 탐색하는 능력을 말한다.
② 두 가지 구분 : 규정적 판단력과 반성적 판단력
칸트는 판단력을 규정적과 반성적으로 나눈다. 규정적 판단력은 이미 보편(법칙, 개념)이 주어져 있고, 그것에 개별을 맞추는 판단이다. 예컨대, "이것은 포유류라는 보편적 개념에 속한다" 등이다. 과학적 인식, 자연과학의 경험법칙은 대부분 규정적 판단력의 작용이다.
반성적 판단력은 보편이 주어지지 않았을 때, 개별을 통해 보편을 찾아내려는 판단이다. 즉, 주어진 개별을 정리할 법칙/보편을 스스로 탐색하는 능력이다. 예컨대, "이 꽃의 구조를 보니, 자연 전체에 어떤 목적적 질서가 있는 것 같다" 등이다.
③ 왜 중요한가?
우리가 자연을 탐구할 때 단순히 기계적 인과만으로 설명하기 어려운 경우(예: 생명체, 아름다움)가 있다. 이때 우리는 자연을 마치 목적에 맞게 짜인 것처럼 이해하려는 성향을 보인다. 이 성향은 자연이 실제로 목적을 가졌다는 뜻이 아니라, 판단력이 자기 안에서 보편적 법칙을 찾

으려는 '규제적 원리' 때문에 생기는 것이다.
④ 『판단력 비판』에서의 역할
미적 판단의 경우, 아름다움에 대한 경험은 "목적 없는 합목적성"을 반성적 판단력으로 파악한다. 목적론적 판단의 경우, 유기체의 경험은 자연을 "자기 목적적 존재"로 반성적 판단력으로 해석한다. 결과적으로 반성적 판단력은 자연 속에서 합목적성을 찾아내는 기능을 하며, 이를 통해 자연(필연의 법칙)과 자유(도덕의 법칙)를 연결하는 매개 고리가 된다.(챗GPT, 반성적 판단력, 2025.9.26.)

나. 규정적 판단력과 반성적 판단력

판단력이란 특수한 것을 보편적인 것 아래로 편입시켜서 사고하는 능력이다. 이때 보편적인 것이 이미 주어져 있고 특수한 것을 그 아래에 포섭하는 판단력은 규정적 판단력이라 한다. 특수한 것만 주어져 있고, 판단력이 그를 위한 보편적인 것을 발견해야만 한다면 이것은 반성적 판단력이라고 한다. 칸트에게 중요하고, 선험적 원리를 간직하고 있는 것은 이 반성적 판단력인데, 이러한 반성적 판단력은 사물의 다양성 때문에 발생한다. 그러므로 자연 안에 있는 특수한 것으로부터 보편적인 것으로 올라가야 하는 임무를 갖는 반성적 판단력은 하나의 원리를 필요로 하는 바, 반성적 판단력은 이 원리를 경험에서 빌려올 수는 없다.

① 규정적 판단력과 보편적 판단력
판단력 일반은 특수한 것을 보편적인 것 아래에 함유되어 있는 것으로 사고하는 능력이다. 보편적인 것(규칙, 원리, 법칙)이 주어져 있다면, 특수한 것을 그 아래에 포섭하는 판단력은 규정적이다. 그러나 특수한 것만이 주어져 있고, 판단력이 그를 위한 보편적인 것을 발견해야만 한다면, 그 판단력은 순전히 반성적이다.
② 규정적 판단력 : 포섭작용만 함
지성이 세운 보편적인 초월적 법칙들 아래에 있는 규정적 판단력은 단

1장 판단력 비판의 개요

지 포섭작용만을 한다. …

③ 반성적 판단력 : 특수한 것으로부터 보편적인 것으로 하는 판단력
그러나 자연의 잡다(다양)한 형식들이 있고, 말하자면 그만큼의 보편적인 초월적 자연개념들의 변양들이 있는 바, 이것들은 순수 지성이 선험적으로 세운 저 법칙들에 의해서는, 무규정적으로 남아 있으므로, 이것들을 위한 법칙들 또한 있어야만 한다. 이 법칙들은 경험적인 것으로 우리의 지성의 통찰에 따르는 우연적인 것일 수는 있겠지만, 그것들이 법칙이라고 일컬어져야 한다면, 그것들은 비록 우리에게는 알려져 있지 않다 하더라도, 잡다한 것을 통일하는 하나의 원리로부터 나온 필연적인 것이라고 여겨져야만 한다. 그러므로 자연 안에 있는 특수한 것으로부터 보편적인 것으로 올라가야 하는 임무를 갖는 반성적 판단력은 하나의 원리를 필요로 하는 바, 반성적 판단력은 이 원리를 경험에서 빌려올 수는 없다. 왜냐하면, 이 원리는 바로 모든 경험적 원리들과 마찬가지로 경험적이기는 하나, 보다 고차원적인 원리들 아래서의 통일성과, 그러므로 그 원리들 상호간의 체계적 종속관계의 가능성을 기초 지어야 하는 것이기 때문이다.[21] … (Ⅳ, V179-180)

다. 반성적 판단력

칸트에 의하면, 특수한 경험적 법칙들은, 저 보편적 자연법칙에 의해서 규정되지 않은 채 남아 있는 것과 관련하여, 어떠한 통일성에 따라 고찰되

---

[21] 백종현은 칸트의 반성적 판단력에 대해서 다음과 같이 말한다. "반성한다는 것은, 주어진 표상들을 다른 표상들과 또는 자기 인식능력과, 그에 의해 가능한 개념과 관련해서, 비교하고 대조하는 것이다. 이러한 반성 또는 성찰은 우리가 대상들에 대한 '개념들에 이를 수 있는 주관적 조건들을 발견하기 위해 우선 준비하는 마음의 상태'로서, 한낱 형식적인 반성은 개념을 산출하는 논리적 지성 작용의 제2국면에서처럼 '어떻게 서로 다른 여러 표상들이 한 의식에서 파악될 수 있는가를 성찰함'이지만, 그러나 대상 관련적인 반성은 주어진 표상들이 우리의 인식 원천들과 어떤 관계가 있는가, 다시 말해 그것들이 우리의 어떤 마음 능력에 귀속하는가를 숙고함이다. 그렇기에 대상 관련적 반성에는 대상에 대한 주관의 태도가 반영되기 마련이다. … 이렇게 반성적으로 작동하는 판단력은 '판정능력'이라고도 일컬어지는 것으로서, 감성적/미감적이거나 순수 논리적/목적론적이다."(『판단력비판』, 해제, P.24)

어야만 한다는 것이다. 이때의 통일성은 목적이라 일컫는다. 다시 말해, 이 판단력에 의해 마치 지성이 잡다한 자연의 경험적 법칙들의 통일성을 함유하고 있는 것처럼 표상되는 것이다. 이러한 반성적 판단력은 사실은 선험적이며, 이 반성적 판단력에 의해 아직 미발견의 법칙이 새롭게 발견되든지, 혹은 미규정적 법칙이 새롭게 규정된다. 즉, 이에 대한 재료를 반성적 판단력이 이성에게 제공한다. 칸트는 이에 대해 다음과 같이 말한다.

① 보편적 자연법칙에 의해 규정되지 않은 것들
그런데, 이 원리는 다음과 같은 것일 수 밖에 없다. 즉 보편적 자연법칙들은 그것들의 근거를, 그 자연법칙들을 자연에게 지정하는 우리의 지성에서 가지므로, 특수한 경험적 법칙들은, 저 보편적 자연법칙에 의해서 규정되지 않은 채 남아 있는 것과 관련하여, 마치 어떤 지성이 (비록 우리의 지성은 아닐지라도), 특수한 자연법칙들에 따라 경험의 체계를 가능하게 만들기 위해서, 우리 인식능력을 위해 부여한 것 같은, 그러한 통일성에 따라 고찰되어야만 한다는 것이다. …
② 자연의 합목적성
그런데, 하나의 객관에 대한 개념은, 그것이 동시에 이 객관의 현실성의 근거를 함유하는 한에서, 목적이라 일컬으며, 한 사물이 오로지 목적들에 따라서만 가능한 사물들의 그런 성질과 합치함을 사물들의 형식의 합목적성이라 일컫는다. 그래서 경험적 법칙들 일반 아래에 있는 자연의 사물들의 형식과 관련하여 판단력의 원리는 자연의 잡다함 속의 자연의 합목적성이다. 다시 말해, 이 개념에 의해 마치 지성이 잡다한 자연의 경험적 법칙들의 통일성을 함유하고 있는 것처럼 표상되는 것이다.
③ 자연의 합목적성 : 반성적 판단력에 그 근원을 가지는 선험적 개념
그러므로 자연의 합목적성은 오로지 반성적 판단력에만 그 근원을 가지고 있는 하나의 특수한 선험적 개념이다. 왜냐하면, 사람들은 자연이 자연의 산물에서 목적들에 대해 갖는 어떤 관계 같은 것을 자연의 산물에 부가할 수가 없고, 오히려 이 개념을 경험적 법칙들에 따라 주어진 자

연에서의 현상들의 연결과 관련하여 자연의 산물들을 반성하기 위해서만 쓸 수 있기 때문이다. 또한 이 개념은 (인간의 기예의 또한 윤리의) 실천적 합목적성과는 전적으로 구별된다. (Ⅳ, V180-181)

3. 합목적성의 두 표상 : 미감적 표상과 논리적 표상

가. 판단력의 초월적 원리로서의 합목적성의 원리

칸트에 의하면, 지성은 선험적으로 자연의 법칙들을 가지고 있다. 그렇기 때문에 경험 속에서 자연의 법칙을 찾아낸다. 이 자연의 법칙들이 합목적적이다. 여기서 합목적성이란, "어떤 대상이나 현상이 마치 어떤 목적에 맞게 짜여 있는 듯한 성격"을 의미합니다.

"판단력의 초월적 원리"란, 자연 경험을 가능하게 하는 판단력 속의 선험적 규칙을 뜻합니다. 자연법칙 안에만 이 합목적성이 부여되어 있는 것이 아니라, 우리 안의 판단력에도 이 합목적성이 선험적으로 부여되어 있다. 그래서 판단력은 이 부여된 규칙따라 경험 속에서 이것을 추출하여 오성에게 감각자료를 제공한다.

그래서 자연에 있는 유와 종들의 종속관계를 제공하여, 계속하여 자연법칙들을 발견하게 한다. 정신으로서의 판단력은 자신 안에 있는 그 자연법칙과 자연세계 속의 그 자연법칙의 부합을 자연 속에 합목적성으로서 부여한다. 이렇게 우리 안에 선재하는 그 합목적성으로 자연을 경험한다. 그 내용은 다음과 같다.

① 지성에 선재한 자연의 보편적 법칙들
지성은 선험적으로 자연의 보편적 법칙들을 소유하고 있는 것이기는 하다. 그런 법칙들이 없다면 자연은 전혀 경험의 대상이 될 수 없을 터이다.
② 지성에 경험적으로 알려지는 자연의 특수한 규칙들이 있음
그러나 지성은 이것 외에도 자연의 모종의 질서를, 지성에게는 오로지

경험적으로만 알려질 수 있는, 그리고 지성에 대해서는 우연적인, 자연의 특수한 규칙들에서 필요로 한다. 그것들이 없다면 가능한 경험 일반의 보편적 유비로부터 특수한 유비로의 진행이 일어날 수 없을, 이 규칙들을 지성은 법칙들로 (다시 말해, 필연적인 것으로) 생각하지 않을 수 없다. 그렇지 않다면 그 규칙들은, 비록 지성이 그것들의 필연성을 인식하지 못하거나 결코 통찰할 수 없다 해도, 자연의 질서를 이루지는 못할 것이기 때문이다.

③ 자연에 대한 반성의 근저에 존재하는 선험적 원리

그러므로 지성은 그러한 자연의 질서(객관들)에 대해서 아무것도 선험적으로 규정할 수는 없다 할지라도, 이 경험적인 이른바 법칙들을 추구하기 위해서는, 곧 이러한 법칙들에 따라서 하나의 인식할 수 있는 자연의 질서가 가능하다는 선험적 원리를 자연에 대한 모든 반성의 근저에 두지 않을 수 없다.

④ 자연에 있는 유와 종들의 종속관계

이 같은 원리를 다음의 명제들은 표현하고 있다. 즉 "자연에는 우리가 파악할 수 있는 유들과 종들의 종속관계가 있다" "저 유들은 서로 간에 다시금 하나의 공통의 원리에 따라 접근하며, 그로써 하나의 유에서 또 다른 유로의 이행이 가능하고, 그에 의해 보다 높은 유로의 이행이 가능하다"… 등등.

⑤ 판단력에 선재하는 법칙에 따른 반성력

우리 인식 능력에 대한 자연의 이러한 부합은 판단력에 의해, 자연의 경험적인 법칙에 따라 자연에 대해 반성하기 위해서, 선험적으로 전제된다.

⑥ 판단력이 그 부합을 자연에 합목적성으로서 부여

지성은 이 부합을 동시에 객관적으로는 우연적인 것으로 인정하고, 순전히 판단력이 그 부합을 자연에 초월적인 합목적성으로서 (주관의 인식능력과의 관계에서) 부여함으로써 말이다.

⑦ 우리 안에 선재하는 합목적성으로 세상 이해

우리는 이 합목적성을 전제하지 않고서는, 경험법칙들에 따르는 아무런 자연의 질서도, 그러니까 이 법칙들을 가지고 매우 다양하게 세워질 수 있는 경험과 그에 대한 탐구를 위한 아무런 실마리도 가질 수 없을 터이기 때문이다. (V, V185-186)

[보충] 판단력의 그 부합을 자연에 합목적성으로 부여하는 것

위의 본문에서 "판단력이 그 부합을 자연에 합목적성으로서 부여한다"의 의미를 어떻게 해석하느냐의 문제가 야기 된다. 이때 합목적성이란 "어떤 것이 목적에 맞게 짜여 있는 듯한 성질"을 말한다. 자연은 이미 그 자체로서 자연법칙을 가지고 있었는데, 그것 자체가 이미 합목적성을 가지고 있다. 이제 인간 정신도 이 자연법칙을 가지고 있는데, 합목적적인 것으로 파악하고 있다.

그런데, 인간이 이 양자의 부합을 자연에 부과한다. 이것은 이제 이 자연법칙이 인간의 정신에 붙잡힌 바가 된다는 것을 의미하는가? 아니면, 이렇게 하여 인간은 그 자연법칙을 이해하게 된다는 것인가? 그 뒤에 이어지는 문장을 통해 이해해야 한다. 그 내용은 다음과 같다.

이 합목적성을 전제하지 않고서는, 경험법칙들에 따르는 아무런 자연의 질서도, 그러니까 이 법칙들을 가지고 매우 다양하게 세워질 수 있는 경험과 그에 대한 탐구를 위한 아무런 실마리도 가질 수 없을 터이기 때문이다.

판단력의 자연을 향한 법칙부여의 효과는 "(a)이 법칙들을 가지고 매우 다양하게 세워질 수 있는 경험"이 있으며, "(b)그에 대한 탐구를 위한 실마리"가 있다. 이때 (b)는 자연법칙에 대한 이해를 위한 것인데, (a)"이 법칙들을 가지고 매우 다양하게 세워질 수 있는 경험"은 그 의미가 약간 모호하다. "법칙들을 가지고 경험을 세운다"고 하는데, 여기에는 많은 것들이 생략된 것 같다. 그런데, 뒤에서 "이 지성의 목적을 판단력은 자연에 부가하지 않

으면 안 된다"고 말한다. (필자)

나. 합목적성의 두 표상 : 미감적 표상과 논리적 표상

이 자연의 합목적성은 우리의 판단력에게 두 가지 방식으로 나타난다. 하나는 미감적 표상이며, 또 하나는 논리적 표상이다. 이에 대한 일반적인 정리(챗GPT)는 다음과 같다.

① 합목적성의 미감적 표상
미감적 표상이란 합목적성이 개념 없이 단지 감성적 직관과 쾌의 감정 속에서 나타나는 것을 말한다. 예컨대, 아름다움의 경험과 같은 것이다. 꽃, 무늬, 선율 등을 볼 때, 우리는 그것이 특정한 "목적"을 위해 존재한다고 판단하지 않지만, 그 형식이 우리의 인식 능력(상상력과 오성)에 딱 맞아떨어져 쾌감을 불러일으킨다. 특징은 "목적 없는 합목적성"으로서, 비개념적, 직관적, 감각적이다. 결과로는 미적 판단("아름답다")이 성립한다.

② 합목적성의 논리적 표상
논리적 표상이란 합목적성이 개념과 판단 속에서 사고되는 것을 말한다. 예컨대, 자연목적 개념 등이다. 생명체(예: 나무, 동물)는 부분들이 서로를 위해, 그리고 전체를 위해 존재한다. 이것은 단순한 기계적 인과로 설명되지 않고, 자연이 자기 목적적 구조를 가진 것처럼 사고된다는 것이다. 특징으로는, 이것은 목적론적 판단의 결과이다. 개념적, 논리적, 설명적이며, 결과적으로 유기체를 자연목적으로 파악하게 한다.

③ 차이와 연결
미감적 표상은 감각적 쾌감으로서, 아름다움을 통해 드러난다. 논리적 표상은 개념적 판단으로서 자연목적을 통해 드러난다. 둘 다 "자연을 마치 목적에 맞게 배열된 것처럼 본다"는 점에서는 동일하지만, 하나는 감성적-심미적 차원에서, 다른 하나는 개념적-목적론적 차원에서 작동한다. (챗GPT, 합목적성의 두 표상, 2025.9.27.)

결론적으로 합목적성의 두 표상이란, 미감적 표상은 개념 없는 합목적성의 체험으로서 아름다움(쾌의 감정)의 감정이다. 논리적 표상은 개념적 합목적성의 사고로서 자연의 목적을 하나의 유기체로 사고하게 한다는 것이다. 그래서 다음에 언급하는 판단력에 선재하는 "형식적 합목적성"은 "미감적 표상"에 해당한다. 논리적 표상은 그 다음에 작동을 한다.

다. 자연의 종별화 법칙 : 판단력에 선재하는 "형식적 합목적성"

판단력은 그 자신에게 자연을 반성하기 위해 하나의 법칙으로 지정한다. 판단력의 이러한 행위를 칸트는 자연의 경험적 법칙들과 관련하여 자연의 특수화(종별화)의 법칙이라고 부른다. 판단력은 이 법칙을 자연에서 선험적으로 인식하는 것이 아니라, 판단력이 이 보편적 법칙들 아래 잡다한 특수한 법칙들을 종속시키고자 할 때, 우리 지성이 인식할 수 있는 자연의 질서를 위해 상정하는 것이다. 즉, 우리의 판단력 속에 자연의 합목적성이 형식이 내재하여 있다(형식적 합목적성). 즉, 자연법칙이 모두 선험적으로 설계되어 있다는 것이다. 이때 반성적 판단력이 주는 재료로 이것이 깨어난다. 이 판단력에 선재한 '형식적 합목적성'이 '자연의 종별화 법칙'을 수행한다. 우리는 오직 이런 일이 일어나는 한에서만, 우리의 지성을 사용하여 경험에서 전진할 수 있고, 인식을 얻을 수 있다.

① 판단력이 자연을 반성하기 위한 선험적 원리를 소유

그러므로 판단력은 또한 자연의 가능성을 위한 선험적 원리를, 하지만 단지 주관적인 관점에서, 자기 안에 가지며, 이에 의해 판단력은 자연에게가 아니라, (자기자율로서) 그 자신에게 자연을 반성하기 위해 하나의 법칙으로 지정한다.

② 판단력 안에 내재된 '자연의 특수화(종별화)'의 법칙

이 법칙을 사람들은 자연의 경험적 법칙들과 관련하여 자연의 특수화(종별화)의 법칙이라고 부를 수 있을 것이다. 판단력은 이 법칙을 자연에서 선험적으로 인식하는 것이 아니라, 오히려 판단력이 자연의 보편적인 법

칙들을 구분함에 있어 이 보편적 법칙들 아래 잡다한 특수한 법칙들을 종속시키고자 할 때, 우리 지성이 인식할 수 있는 자연의 질서를 위해 상정하는 것이다. …

③ 내재한 종별화 법칙으로 경험에서 인식을 얻음

우리는 오직 이런 일이 일어나는 한에서만, 우리의 지성을 사용하여 경험에서 전진할 수 있고, 인식을 얻을 수 있기 때문이다. (Ⅴ, Ⅴ186)

결국 칸트는 지성이 경험을 통한 새로운 지식을 습득할 때에는 우리 안에 존재하는 판단력이 합목적적인 선험성을 가지고 지식을 위한 재료를 제공하였다는 것이다. 즉, 후험적 지식 습득에 관하여서는 지성에 우선하여 판단력이 작용하였다는 것을 말하고 있는 것이다.

라. 쾌의 감정과 자연의 합목적성 개념의 결합

칸트에 의하면, 자연의 보편적인 법칙은 지성에 선재해 있다. 그렇기 때문에 지성이 자연의 법칙들을 알아본다는 것이다. 그후 우리의 지성은 특수한 법칙들에 따르는 온갖 다양한 것들을 우연적으로 접하는데, 이때 이러한 자연의 질서를 발견해 내는 일이 이제 지성의 과업으로 떠오른다. 이 과업은 원리들의 통일성을 자연 안에 집어넣으려는 지성의 필연적인 목적을 의도로 갖고 수행되는데, 그때 지성의 이 목적을 판단력은 자연에 부가하게 되며, 이 결과물을 가지고 지성은 법칙을 수립하는 것이다. 지성의 이러한 목적을 판단력을 통해 자연에 부과할 때, 판단력은 '쾌의 감정'을 일으켜 이것을 지성에게 전달한다. 이때, 우리의 판단력은 자연의 '유(類)들' 안에서 '종별화 특수화'의 원리를 시도하며, 이것이 합목적적일 경우에는 쾌감을 일으키고, 이것이 상충할 경우에는 불쾌감을 일으킨다.

① 지성의 보편적 법칙들과 자연의 법칙들의 일치

지성의 보편적 법칙들은 동시에 자연의 법칙들로서, 자연에 대해서 물질의 운동법칙들과 똑같이 필연적이다. 그리고 이러한 보편적 법칙들의 산

1장 판단력 비판의 개요

출은 우리의 인식능력들과의 아무런 의도도 전제하고 있지 않다. 왜냐하면, 우리는 오로지 이 법칙들을 통해 (자연의) 사물들의 인식이 무엇인가에 대해 비로소 개념을 얻고, 이 법칙들이 우리의 인식 일반의 객관으로서의 자연에 필연적으로 다가가기 때문이다.

② 지성의 과업 : 자연질서 발견과 그 통일성을 자연에 넣으려 함

그러나 특수한 법칙들에 따르는 자연의 질서가 우리의 이해력을 넘어서는, 적어도 가능한 온갖 다양성과 이종성(異種性)에도 불구하고, 실제로는 이 이해력에 알맞다는 사실은 우리가 알 수 있는 한 우연적인 일이다. 이 자연의 질서를 발견해내는 일이 지성의 과업인바, 이 과업은 원리들의 통일성을 자연 안에 집어넣으려는 지성의 필연적인 목적을 의도로 갖고 수행된다.

③ 지성의 의도를 자연에 부과하는 판단력

그때 이 목적을 판단력은 자연에 부가하지 않으면 안 된다. 왜냐하면, 지성은 이 점에 있어서는 자연에다 아무런 법칙도 지정할 수 없기 때문이다.

④ 쾌의 감정을 통한 의도의 달성

모든 의도의 달성은 쾌의 감정과 결합되어 있다. 그리고 의도의 달성의 조건이, 이 경우의 반성적 판단력 일반을 위한 원리처럼, 선험적 표상이라면, 그 쾌의 감정 또한 선험적 근거에 의해 그리고 모든 사람에게 타당하게 규정되어 있다.… (Ⅵ, V187)

⑤ 합목적성 : 우연적인 것이 고차적인 것과 일치할 경우 나오는 쾌감

다만 가장 평범한 경험도 쾌감 없이는 가능하지 못할 터이므로, 이 쾌감이 차츰 순전한 인식과 뒤섞여 더 이상 특별히 주목되지 못했을 따름이다. 그러므로 필요한 것은 자연의 판정에 있어서 우리의 지성이 자연의 합목적성에 주목하는 일이다. 즉 자연의 이종적 법칙들을 가능한 한 보다 고차적인 법칙들 아래 수렴하는 연구가 필요한 것이다. 그래서, 이 연구가 성공하면, 우리가 한낱 우연적인 것으로 간주한, 그러한 고차적인 법칙들의 우리 인식들에 대한 일치에서 쾌감을 느끼게 된다.

⑥ 주관적 '종별화 특수화'의 원리 vs 자연의 '종별화 특수화'의 원리

그에 반해 자연에 대한 표상을 통해 사람들이 우리에게, 아주 평범한 경험을 조금이라도 넘어서는 탐구를 하려하면 우리는 자연법칙들의 이질성에 부딪치게 될 것이고, 이 이질성은 우리 지성이 자연의 특수한 법칙들을 보편적인 경험적 법칙들 아래에서 통합하는 것을 불가능하게 만들 것이라고 예고하는, 그런 자연에 대한 표상은 철두철미 우리 마음에 들지 않을 터이다. 왜냐하면, 이것은 자연의 유들 안에서 '주관적-합목적적' '종별화 특수화'의 원리 및 자연의 '종별화 특수화'를 의도하는 우리의 반성적 판단력과 상충하기 때문이다.(Ⅵ, V188)

마. 미감적 표상 : 자연의 합목적성 부여

칸트에 의하면, 어떤 한 대상이 표상되었을 때, 감관의 대상에 대한 인식에서는 '그 표상의 미감적 성질'과 '그 표상의 논리적 타당성'의 두 가지가 동시에 나타난다. 주관과의 관계를 표상하는 것은 그 표상의 미감적 성질이다. 그러나 이런 표상에서 대상을 규정하는 데에 (인식하는 데에) 쓰거나 사용될 수 있는 것은 그 표상의 논리적 타당성[22]이다. 칸트는 우리의 반성적 판단력의 쾌감에서 두 요소가 발산되고 있다고 말한 것이다.

먼저, 우리가 대상을 인식할 때, 사물에 대한 직관과 그 이면에서 주관성의 쾌·불쾌가 함께 나타난다. 이때 칸트에 의하면, 사물의 합목적성은 사물자체의 성질이 아니고, 그냥 그것은 그것대로 있을 뿐이라고 말한다. 여기에 쾌를 통한 주관의 합목적성이 배분 되어야 비로소 그것에 합목적성이라는 의미부여가 가능하다는 것이다. 즉 우리의 반성적 판단력에는 이렇게 사

---

[22] "그 표상의 논리적 타당성"은 "미적 판단에 대한 보편성 요구"를 말하는 것으로 일반적으로 말해 진다. 즉, 미에 대한 판단은 개별적으로 주관성을 갖지만, 그래도 이 주관성이 보편성을 띠어야 한다는 것이다.
이에 대해 필자는 또 다른 해석 가능성을 제시하고자 한다. 그것은 "그 표상이 가진 합목적성 논리의 타당성"으로 해석해 보고자 한다. 즉 반성적 판단력에서 쾌감이 일어났는데, 그 쾌감 안에는 합목적성의 논리가 있어서, 그것을 사물 속에 부여하기도 하고, 지성에게 부여하기도 한다는 것이다. 즉, 미감적 성질 안에 합목적성도 존재한다는 것이다.

물에게 합목적성을 부여하고 있는데, 칸트는 이것을 가리켜서 "우리 판단력이 발산해 내는 합목적성의 미감적 표상이다"는 것이다. 칸트는 이것을 취미 판단, 곧 쾌에 의해 판단하는 능력인데, 이것이 자연에 합목적성을 부여하고 있다.(참조: 버클리는 인간 정신 이전에 신의 정신이 이 자연법칙을 붙들고 있다고 말했다.)

칸트에 의하면, 대상으로 인해 쾌가 불러일으켜진다면, 그때 대상은 반성적 판단력에 대해 합목적적이라고 보일 수 밖에 없다. 그리고 칸트는 이것을 '아름답다'고 말한다. 한편, 이 아름다움이 자유의 개념에 따라 나타난다면, 이것을 '숭고'라고 말한다. 이에 따라 미감적 판단력 비판은 또 다시 '미의 분석학'과 '숭고의 분석학'으로 나누어진다.

① 주관과의 관계 표상 : 표상의 미감적 성질
한 객관의 표상에 있어서…주관과의 관계를 표상하는 것은 그 표상의 미감적 성질이다. 그러나 이런 표상에서 대상을 규정하는 데에 (인식하는 데에) 쓰거나 사용될 수 있는 것은 "그 표상의 논리적 타당성"이다.
② 대상인식에서 나타나는 두 관계 : 사물 직관 + 주관성의 쾌·불쾌
감관의 대상에 대한 인식에서는 이 두 관계가 함께 나타난다.… 그 사물을 직관하는 공간의 성질은…현상으로서의 사물들에 대한 인식의 요소이다.… 그러나 하나의 표상에서 전혀 인식의 요소가 될 수 없는 주관적인 면은 그 표상과 결합되어 있는 쾌 또는 불쾌이다.…
③ 사물의 합목적성은 객관 자체의 성질이 아님
이를 통해서 나는 표상의 대상에서 아무것도 인식하지 못하기 때문이다. 그런데, 한 사물의 합목적성은,…역시 객관 자체의 성질은 아니다.…
④ 합목적성은 표상의 주관적인 면으로서 인식의 요소는 아님
그러므로 그 표상과 직접적으로 결합되어 있는 합목적성은 표상의 주관적인 면으로서, 전혀 인식의 요소가 될 수 없는 것이다.
⑤ 대상이 합목적적이라고 불리는 것은 쾌의 감정과의 결합 때문
그러므로 대상이 그런 경우 합목적적이라고 불리는 것은, 오로지 그 대

상의 표상이 직접적으로 쾌의 감정과 결합되어 있기 때문이다. 이런 표상 자체가 합목적성의 미감적 표상이다. (Ⅶ, V189)
⑥ 한 표상이 지성과 일치하게 되어 쾌의 감정 유발 : 미감적 판단
무릇 만약 이 비교에서 (선험적인 직관의 능력으로서) 상상력이 한 주어진 표상을 통해 무의도적으로 (개념의 능력으로서) 지성과 일치하게 되고, 그로 인해서 쾌가 불러일으켜진다면, 그때 대상은 반성적 판단력에 대해 합목적적이라고 보일 수 밖에 없다. 그러한 판단은 객관의 합목적성에 대한 미감적 판단으로, 그것은 대상에 대한 어떠한 기존 개념에도 기초해 있지 않고, 대상에 대한 아무런 개념도 만들어내지 않는다. 그 대상의 형식이(대상의 표상이 질료적인 것, 곧 감각이 아니라) 그에 대한 순전한 반성에서 그러한 객관의 표상에서 생기는 쾌의 근거라고 판정되는, 그런 객관의 표상과 이 쾌는 또한 필연적으로 결합되어 있다고 판단된다.…(Ⅶ, V190)
⑦ 취미 : 쾌에 의해 판단하는 능력
그때 그 대상은 아름답다고 일컬어진다. 그리고 그러한 쾌에 의해 (따라서 또한 보편타당하게) 판단하는 능력을 취미라고 일컫는다. 무릇 쾌의 근거는 한낱 반성 일반에 대한 대상의 형식에 놓여 있고, 그러니까 대상에 대한 감각에 놓여 있지 않으며, 또한 무엇인가 의도를 함유할 터인 개념과 어떤 관계도 맺고 있지도 않다. 그렇기에 주관에서의 판단력 일반의 경험적 사용에서의 합법칙성(즉, 상상력과 지성의 통일) 만이 그 선험적 조건들이 보편적으로 타당한 반성에서 객관의 표상이 그에 부합하는 것이다. (Ⅶ, V190)
⑧ 미감적 판단 : 미와 숭고로 구분
한편, 이것은 그것들의 형식에 따라서, 아니 그것들의 무형식에 따라서 조차, 자유의 개념을 좇아 표시한다. 그 때문에 미감적 판단은 한낱 취미판단으로서 아름다운 것과 관계할 뿐만 아니라, 정신감정에서 생겨난 숭고한 것과도 관계한다. 그래서 저 미감적 판단력 비판은 이에 맞는 두 주요부(미의 분석학과 숭고의 분석학)로 나누어질 수 밖에 없다. (Ⅶ,

1장 판단력 비판의 개요

V192)

바. 자연의 합목적성의 논리적 표상

칸트에게 있어서 판단력 비판은 미감적 판단력 비판과 목적론적 판단력 비판으로 구분된다. 전자는 형식적 합목적성을 쾌 또는 불쾌의 감정에 의해서 판정하는 능력(주관적 합목적성)이며, 후자는 자연의 실재적 합목적성을 지성과 이성에 의해 판정하는 능력(객관적 합목적성)을 뜻한다. 이때 칸트는 오히려 전자의 미감적 판단력에 선험성이 존재한다고 말한다. 아무런 목적과 의도 없이 주관적으로 쾌를 느꼈는데, 이것이 자연의 합목적성에 일치한다는 것이다. 그리고 단순히 이성과 지성은 '논리적 표상'을 하는데, 이것을 '현시(혹은 서술)', 다시 말해 '그 개념에 상응하는 직관을 함께 세웠을 뿐'이라는 것이다. 이에 대해 칸트는 다음과 같이 말한다.

① 자연미 : 형식적 합목적성 개념의 현시
우리는 자연미를 형식적 (순전히 주관적인) 합목적성 개념의 현시로,
② 자연목적들 : 실재적 합목적성 개념의 현시
그리고 자연목적들을 실재적(객관적인) 합목적성 개념의 현시로 볼 수 있으며,
③ 취미판단 : 미감적(쾌의) 감정을 매개로 판정
전자는 취미에 의해(미감적으로, 쾌의 감정을 매개로 해서) 판정할 수 있고,
④ 이성에 의한 그 내용물을 논리적으로 판정
후자는 이성에 의해 (논리적으로, 개념들에 따라) 판정할 수 있다.
⑤ 판단력 비판 : 미감적 판단력 + 목적론적 판단력
판단력 비판을 미감적 판단력 비판과 목적론적 판단력 비판으로 구분하는 것은 이에 기초하는 것이다. 전자는 형식적 합목적성을 쾌 또는 불쾌의 감정에 의해서 판정하는 능력(주관적 합목적성)이며, 후자는 자연의 실재적 합목적성을 지성과 이성에 의해 판정하는 능력(객관적 합목적

성)을 뜻하는 것이니 말이다.…

⑥ 판단력 비판의 본질적인 면 : 미감적 판단력

판단력 비판에서 이 비판에 본질적으로 속하는 것은 미감적 판단력을 내용으로 갖는 부문이다. 왜냐하면, 이 미감적 판단력만이 판단력이 온전히 선험적으로 자연에 관한 그의 반성에 기초로 삼고 있는 원리, 곧 자연의 특수한 (경험적) 법칙들에 따르는, 우리 인식능력에 대한 형식적 합목적성의 원리를 함유하며, 이 형식적 합목적성 없이는 지성은 자연에 순응할 수 없을 터이기 때문이다.…(Ⅷ, V193)

⑦ 목적론적 판단 : 주어진 표상들에 대한 인식

(자연)산물의 우리 인식능력에 대한 적합성을 결정하는 일은 미감적 판단력에 위임한다. 그에 반해 목적론적으로 사용된 판단력은 그(미감적 판단력) 아래에서 어떤 것이 자연 목적의 이념에 따라 판정될 수 있는 조건들을 확정적으로 제시한다.… 그러므로 미감적 판단력은(의도 없이 쾌 불쾌라는 주관에 따라 판단하지만: 필자) 사물들을 규칙에 따라서(그러나 개념에 따라서가 아니라) 판정하는 특수한 능력이다. 목적론적 판단력은 한 특수한 능력이 아니라, 단지 반성적 판단력 일반일 뿐이다.… 그 대신에 미감적 판단력은 그의 대상들의 인식에는 아무런 것도 기여하는 바가 없다.…(Ⅷ, V194)

4. "자유(이성)·판단력(감성)·자연(지성)"의 연결

가. 판단력에 의한 지성의 법칙수립과 이성의 법칙수립의 연결

순수이성은 자연에 대해 법칙수립적이며, 실천이성은 자유의 고유한 원인성에 대해 도덕적으로 법칙수립적이다. 그리고, 이 양자는 즉 자연법칙과 도덕법칙은 서로 분리되어 있다. 그런데 궁극목적으로서의 자유의 원인성은 이 세계 안에서 결과 되어 일어나야 한다. 그런데, 이 양자에 대한 매개개념이 감성존재자인 인간의 본성 안에 선험적으로 반영되어 있다. 인간이 느끼는 쾌 불쾌에 자연의 합목적성이 반영되어 있기 때문이다. 이것이 순수이

론(이성)에서 순수실천(이성)으로의 이행을 가능하게 하며, 자연의 법칙들 속에 도덕적인 궁극적 목적을 실현하게 한다.

① 지성 : 자연에 대해 이론적 인식
지성은 감관의 객관인 자연에 대해서 선험적으로 법칙수립적이며, 가능한 경험에서 자연의 이론적 인식을 위한 것이다.
② 이성 : 법칙수립적이며 실천적 인식을 추구
이성은 주관에서의 초감성적인 것인 자유 및 자유의 고유한 원인성에 대해서 선험적으로 법칙수립적이며, 무조건적으로 실천적인 인식을 위한 것이다. …
③ 자유개념과 자연개념의 분리
자유개념은 자연의 이론적 인식과 관련해서는 아무것도 규정하지 않으며, 자연개념 또한 마찬가지로 자유의 실천적 법칙들과 관련해서는 아무것도 규정하지 않는다. 그런 한에서 한 구역에서 다른 구역으로 건널 다리를 놓는다는 것은 가능하지가 않다. …
④ 세계 안에서 전개 되어야 할 자유(도덕): 자연본성에 전제될 때
그러나 자유에 대한 인과성의 결과는 이 자유의 형식적 법칙들에 따라서 세계 안에서 일어나야만 한다. … 자유개념에 따른 결과는 궁극목적으로서, 이 궁극목적은 (또는 감성계에서 그것의 현상은) 실존해야만 하며, 이렇기 위해서는 이 궁극목적을 가능하게 하는 조건이 (감성존재자 곧 인간으로서의 주관의) 자연본성 안에 전제되는 것이다.
⑤ 실천적 요소를 판단력이 자연의 합목적성 안에서 제공해야 함
이러한 조건을 선험적으로 그리고 실천적인 것을 고려함 없이 전제하는 것, 즉 판단력이 자연개념들과 자유개념 사이를 매개하는 개념을 자연의 합목적성 안에서 제공하는 바, 이 매개개념이 순수이론(이성)에서 순수실천(이성)으로의 이행, 전자에 따른 합법칙성에서 후자에 따른 궁극목적으로의 이행을 가능하게 한다. 왜냐하면 이 매개개념에 의해 자연 안에서만, 그리고 자연의 법칙들과 일치함으로써만 실현될 수 있는 궁극목

적의 가능성이 인식되기 때문이다. (IX, V195-196)

나. 순수이성-판단력-실천이성

칸트는 지성과 감성과 이성의 이행경로와 각각의 역할들에 대해서 다음과 같이 말한다. 다음의 경로는 '순수이성, 판단력, 실천이성'의 전체계에 대한 결론이자 요약에 속한다. 결국 '순수이성'과 '실천이성'이 통합되고 통일되는 원리는 쾌 불쾌의 '판단력'에 의해서 촉진된다는 것이다.

① 지성
지성은 그가 자연에 대해 선험적으로 법칙들을 세울 수 있는 가능성에 의해, 자연은 우리에게 단지 현상으로서만 인식된다고 증명하고, 그러니까 동시에 자연의 초감성적인 기체를 고지한다. 그러나 이 기체는 전적으로 무규정적인 채로 남겨둔다.

② 판단력
판단력은 자연의 가능한 특수한 법칙들에 따라 자연을 판정하는 그의 선험적 원리에 의해 (우리 안에 그리고 우리 밖에 있는) 자연의 초감성적 기체가 지성적 능력에 의해 규정될 수 있도록 만든다.

③ 이성
그러나 이성은 똑같은 기체를 그의 선험적 실천법칙에 의해 규정한다. 그리고 그렇게 해서 판단력은 자연개념의 관할구역에서 자유개념의 관할구역으로 이행을 가능하게 만든다. (IX, V196)

④ 매개자로서의 판단력
…인식능력들의 부합이 이 쾌의 근거를 함유하거니와, 이 인식능력들의 유희에서의 자발성이 야기한 이 개념으로 하여금 자연개념의 관할구역들을 자유개념의 것과 그 결과들에서 연결 매개할 수 있도록 한다. 이 자발성이 동시에 도덕 감정에 대한 마음의 감수성을 촉진함으로써 말이다. (IX, V197)

이제 다음의 논의들에서 '미감적 판단력'의 선험성만 입증하면 위의 모든 논의가 객관적 타당성을 얻게 되는 것이다. 다음의 논의들에서는 그 '판단력'의 개념을 설명하는 것이라기 보다는, 그 선험성 여부를 파악하는 데에 모든 논의가 집중되고 있다.

다. 판단력의 본질 : 합목적성

뒤에서 언급 되겠지만, 칸트는 이 판단력에도 오성에 범주가 있듯이 여기에도 범주가 있다고 말한다. 칸트는 이것을 판단력의 원리라고 표현한다. 그리고 이 판단력의 중심에는 상상력이 있다. 이것이 표상을 일으킨다. 그리고 이 표상에는 앞에서 언급한 바와 같이 논리적 표상과 미감적 표상이 있다. 그리고 인식에는 층위가 있는데, 이에 따라 판단력도 구분 된다.

먼저, 판단력이 산출하는 논리적 표상에 따라 우리의 오성의 범주는 이 자연세계에 대한 개념을 산출한다. 그것이 곧 자연법칙으로 귀착된다. 이것이 자연세계에 대한 인식이다. 이렇게 판단력이 산출하는 논리적 표상은 먼저 판단력의 원리(범주)에서 출현한 것이다. 칸트는 이 판단력의 원리(범주)에 합목적성이 있음을 발견한다. 그렇기 때문에 자연이 이와 같이 합목적성을 가지고 질서정연하였던 것이다.

두 번째, 미감적 표상이 있는데, 이 미감적 표상은 '미감적 감정'을 일으키고, '숭고 감정'을 일으킨다. 그리고 전자에서 아름다움의 '취미판단'이 나타나며, 후자를 '숭고판단'이 나타난다. 칸트는 이 미감적 판단이 주관적인데, 일정한 판단기준이 선험적으로 존재하고 있음을 발견한다. 특히 아름다움에 대한 판단에 있어서, 이 판단은 모든 개인들에게 주관적인데, 그 공통의 기준이 있어서 그 아름다움의 판단은 강요를 해도 좋을 만큼 그 기준이 명확히 존재했다는 것이다. 이것을 통해 칸트는 우리의 판단력의 범주(원리)에는 '주관적 합목적성'이 있다는 것을 확정하기에 이른 것이다. 그리고 아름다움에 대한 판단은 이에 대한 증거인 셈이다.

칸트의 판단력의 중심에는 뒤에 언급되지만 '상상력'이 있다. 이 상상력에는 층위가 있으며, 이것이 인식의 층위를 이룬다. 이 상상력에는 '합목적성'이 있다는 것이다. 이 '합목적성'에 따라 만들어진 표상을 오성에 전달하고 우리의 감성과 이성에 전달한다는 것이다. 칸트가 '아름다움'의 '취미판단'이 '주관적'이다는 사실에 열을 올리는 이유는 그 '합목적성'의 기준이 우리 안에 선험적으로 내재한다는 것을 말하기 위해서였다. 이것을 알고 다음의 「미감적 판단력 비판」을 이해하여야 한다. 칸트는 판단력의 본질 혹은 원리로서 '주관적 합목적성'을 논증하고 있는 것이다.

2장 미감적 판단력 비판

1. 취미판단

가. "미감적 판단력의 비판"의 개략

칸트의 『판단력 비판』 제1부가 〈미감적 판단력의 비판〉이다. 여기서 칸트는 우리가 '아름다움'과 '숭고'를 어떻게 판단하는지를 분석하면서, 그것이 단순한 개인적 취향이 아니라 철학적으로 정당화될 수 있는 판단 능력임을 밝히려 한다.

① 위치와 의도
『순수이성비판』은 자연 인식의 조건으로서 '오성(지성)'을 말한다. 『실천이성비판』은 도덕 법칙의 조건으로서 '이성과 자유'를 말한다. 하지만 두 세계(자연 vs 자유)는 단절되어 보인다. 『판단력 비판』의 제1부 〈미감적 판단력의 비판〉은 "자연과 자유를 매개하는 길"을 미학적으로 보여주려는 시도이다.

② 핵심 주제
(a) 취미판단(Judgment of Taste) : 취미판단, 즉 "이것은 아름답다"라는 판단은 단순히 개인적 기호가 아니다. 그것의 근거는 "상상력과 오성의 자유로운 조화는 쾌의 감정을 발생시킨다"는 것이다. 그리고 이때의 취미판단의 특징은 먼저, 무관심성으로서 이해관계와 무관하다. 두 번째, 보편성을 요구한다. 즉 누구나 아름답다고 느껴야 한다. 세 번째, 목적 없는 합목적성으로서 형식적 질서에서 오는 쾌감이다. 네 번째, 필연성 요구로서 주관적 보편성의 필연성을 말한다.
(b) 아름다움의 구분 : 칸트에 의하면, 아름다움에는 자유미와 부속미가 있다. 자유미는 개념과 무관한 아름다움(꽃, 장식무늬)이다. 부속미는 특정 목적 개념에 의존하는 아름다움(건축물, 동물)이다.
(c) 숭고 (das Erhabene) : 자연의 위력이나 무한성을 마주할 때 생기

는 독특한 감정이다. 이때 감성은 무력해지지만, 이성의 위대함이 드러난다. 두 종류의 숭고함이 있는데, 수학적 숭고와 역학적 숭고이다. 수학적 숭고는 무한한 크기 앞에서 이성의 무한 개념이 작동한다. 역학적 숭고는 압도적 힘 앞에서 자유로운 도덕적 자각이 드러난다.
③ 철학적 성과
미적 판단은 개념적 인식판단이 아니지만, 주관적 보편성을 요구하는 독특한 판단 형식임을 밝힌다. 아름다움은 자연과 인간 인식 능력의 합목적적 조화를 보여준다. 숭고는 자연과 도덕적 자유의 연결을 보여준다.

〈미감적 판단력의 비판〉은, 우리가 경험하는 아름다움과 숭고의 판단을 분석해, 그것이 단순한 개인적 감정이 아니라 보편성을 요구하는 미적 판단 능력임을 증명하고, 이를 통해 자연과 자유를 매개하는 통로를 마련하려는 작업이다.

나. 취미판단의 네 계기

칸트는 오성의 범주 기능을 감성에서도 동일하게 적용한다. 오성에 재료를 공급하는 기능을 감성에서 수행하는데, 이때 오성의 범주에 대응하여 구분에 따라서 그 재료를 제공하게 된다.

계기	범주 대응	핵심 규정	설 명
1계기	질	아름다움은 이해관계 없는 쾌감에 근거한다.	무관심성 : 아름다움의 쾌감은 욕망·이익·도덕 목적과 무관.
2계기	양	아름다움은 보편적으로 타당하다.	개념은 없지만 미적 판단은 "누구나 동의해야 한다"고 주장 → 주관적 보편성.
3계기	관계	아름다움은 목적 없는 합목적성이다.	대상의 형식이 인식 능력(상상력-오성)에 조화를 일으킴. 특정한 목적 개념과 무관.
4계기	양식	아름다움은 필연성을 요구한다.	"누구나 아름답다고 느껴야 한다"는 주관적 필연성 (보편적 동의의 요구).

2장 미감적 판단력 비판

이때 재료의 선별과정에서 미감적 판단력이 작용을 하는데, 이 판단력이 아무런 조건이나 목적에도 제약을 받지 않으며 자체 고유의 주관성에 근거하여 '쾌·불쾌'의 감정을 통해서 재료를 제공한다. 그런데, 결과적으로 제공된 재료들을 보았을 때, 이것이 자연의 합목적성과 일치하고 있었다. 그렇다면, 우리의 쾌·불쾌를 일으키는 그 감정에 어떤 자연의 합목적성과 일치하는 선험적인 그 무엇이 존재한다는 것이다.

이것은 바로 우리의 판단력에 지성의 자연법칙과 이성의 도덕법칙을 연결하는 그 선험적인 기능이 존재한다는 것을 의미한다. 우리는 이제 미감적 판단력이 그의 쾌 불쾌의 감정을 통해 산출한 재료가, 인식에 필요한 "양, 질, 관계, 양태"의 관점에서 볼 때 어떠한 선험성이 존재하는지를 살펴보고자 하는 것이다.

다. 취미판단의 제1계기 : '성질'에서의 '무관심성'

칸트 『판단력 비판』 제1부 〈미감적 판단력의 비판〉에서 취미판단의 제1계기(성질)는 "아름다움은 이해관계 없는 쾌감에 근거한다"라는 규정인데, 다음과 같이 개략적으로 정리(챗GPT)된다.

① 제1계기의 주제: 성질
칸트는 모든 판단을 범주(질·양·관계·양식)에 대응시켜 분석하는데, 제1계기에서는 "질"에 해당하는 규정을 다룬다. 여기서의 질문은 "아름다움의 판단은 어떤 종류의 쾌감에 근거하는가?"이다.

② 핵심 개념: 무관심성(Interesselosigkeit)
아름다움은 관심(Interesse)과 무관해야 한다. 관심(Interesse)은 대상에 대한 욕망, 목적, 유용성과 연결된 쾌감이다. 예컨대, 음식을 먹으면서 즐거움을 느끼는 것, 돈을 좋아하는 것 등이다. 무관심성은 아름다움의 쾌감은 대상이 나에게 어떤 이익이나 목적을 주는 것과 전혀 무관하다. 즉, "그저 보는 것만으로 만족하는 쾌감"이 바로 미적 쾌감이다.

③ 예시

장미꽃을 보면서 "아름답다"고 판단할 때, 내가 그 꽃을 소유하고 싶어서도, 향기를 맡아 즐기려 해서도, 약재로 쓸 수 있어서도 아니다. 오직 그 형식(모양·색·질서)이 내 인식 능력과 조화를 이루어 주는 데서 오는 쾌감이다.

④ 다른 쾌감과의 구별

칸트는 아름다움의 쾌감을 다른 쾌감들과 구분한다. 먼저, 기호의 쾌감으로서 감각적·개인적 즐거움(음식, 향기)의 쾌감이다. 두 번째, 도덕적 선에 대한 쾌감인데, 이것은 개념과 목적에 근거한 도덕적 만족이다. 세 번째, 아름다움의 쾌감인데, 개념도, 욕망도 아닌, 무관심적 쾌감이다.

⑤ 철학적 의의

이 구별을 통해 칸트는 미적 판단을 단순한 취향이나 쾌락과 구별한다. 아름다움은 "나에게 유익해서 좋은 것"이 아니라, "그 자체로 아름다운 것"이라는 점을 분명히 한다. 따라서 미적 판단은 순수하고 자율적인 판단 능력임이 드러난다.(챗GPT, 제1계기, 2025. 9. 27.)

칸트에 의한 '취미(taste)'의 정의는 '미적인(아름다운) 것을 판정하는 능력'이다. 이때 우리는 아름다움을 구별하기 위해, 즉 표상을 지성에 의해 인식하기 위해(개념형성을 위해) 객관에 관계시키는 것이 아니라, 상상력에 의해 주관 및 주관의 쾌 또는 불쾌의 감정에 관계시킨다. 그래서 취미판단은 인식판단이 아니며, 논리적이지도 않고, 미감적·감성적이다. 이에 대해 칸트는 다음과 같이 말한다.

① 주관 및 주관의 쾌와 연결되는 표상

어떤 것이 아름다운(미적인) 것인가 아닌가를 구별하기 위해서는, 우리는 표상을 지성에 의해 인식하기 위해 객관에 관계시키는 것이 아니라, 상상력에 의해 (아마도 지성과 결합되어 있는) 주관 및 주관의 쾌 또는 불쾌의 감정에 관계시킨다.

2장 미감적 판단력 비판

② 취미판단은 미감적·감성적 판단 : 규정근거가 주관적
그러므로 취미판단은 인식판단이 아니며, 그러니까 논리적이 아니라 미감적·감성적이다. 미감적·감성적이란 그 규정근거가 주관적일 수밖에 없다는 뜻이다. 그러나 표상들의 모든 관계는, 심지어 감각들의 관계조차도 객관적일 수 있으되, 오로지 쾌·불쾌의 감정과의 관계만은 객관적일 수가 없으며… 스스로 느끼는 바이다. (『판단력 비판』, § 1)

취미판단의 제1계기로서의 '성질'은 "아름다움의 판단은 이해관계와 무관한, 순수하게 형식적 합목적성에서 오는 무관심적 쾌감에 근거한다."는 것이다. 칸트는 제1계기의 결론을 다음과 같이 내린다. 다음의 내용은 선험적인 아름다움을 의미하고 있다.

취미란 어떤 대상 또는 어떤 표상방식을 일체의 관심을 떠나서 만족(혹은 흡족) 또는 불만족(혹은 不適意)에 의하여 판정하는 능력이다. 그리고 그와 같은 만족의 대상이 아름답다고 일컬어진다. (『판단력 비판』, § 5)

라. 취미판단의 제2계기 : '분량'에서의 '주관적 보편성'
칸트의 취미판단의 제2계기의 양(Quantität)은 "아름다움은 보편적으로 타당하다"로 표현되는데, 이에 대한 일반적인 정리(챗GPT)는 다음과 같다.

① 제2계기의 주제: 양
여기서 칸트가 묻는 질문은, "아름다움의 판단은 얼마나 널리 타당한가?"이다. 결론적으로, 아름다움의 판단은 단순히 개인적 기호가 아니라, 보편성을 요구하는 판단이다.
② 주관적 보편성
미적 판단은 개념에 기초하지 않기 때문에, 인식판단처럼 '객관적 보편성'은 가질 수 없다. 예컨대, "모든 삼각형의 내각은 180도이다"라는 명

제는 개념과 증명에 따른 객관적 보편성이다. 그러나 아름다움의 판단은 개념이 없음에도 불구하고 타인에게 동의를 요구한다.
예컨대, "이 장미는 아름답다"는 "모두가 그렇게 느껴야 한다"라고 말하는 것이다. 이처럼 개념 없는 보편성, 즉 주관적 보편성이 칸트의 핵심 주장이다.

③ 왜 가능한가?

인간의 인식 능력(상상력과 오성)의 구조는 보편적이기 때문이다. 아름다움은 이 능력들의 자유로운 조화에서 생기고, 이 구조는 모든 인간에게 동일하게 주어져 있다. 따라서 미적 쾌감은 "모두가 공감할 수 있는 보편성"을 갖는다.

④ 예시

기호(preference)의 예로서 "나는 딸기를 좋아한다"라는 명제가 있다. 이것은 순전히 개인적이며, 타인에게 강요가 불가하다. 한편, 취미판단은 "이 정원은 아름답다"와 같이 단순히 내 기분이 아니라, 모든 이가 동의해야 한다.

⑤ 철학적 의의

제2계기에서 칸트는 "아름다움은 단순한 개인적 감정이 아니다"라는 점을 강조한다. 즉, 아름다움은 보편성의 요구를 동반하는 판단이므로, 철학적으로 정당화될 수 있다. 이 단계에서 미적 판단은 단순한 사적 취향을 넘어서, "공유 가능한 보편적 감각"의 표현이 된다.

취미판단의 제2계기로서의 '양'은 "아름다움의 판단은 개념에 근거하지 않으면서도, 모든 사람에게 보편적으로 타당해야 한다고 요구한다"로 정의될 수 있다. 이것이 칸트가 말한 주관적 보편성이다.(챗GPT, 취미판단 제2계기, 2025.9.27.)

칸트는 "미는 개념들 없이 보편적인 만족(혹은 흡족)의 객관으로서 표상되는 것이다"고 말한다. 칸트는 취미판단의 2계기로서, 이제 위의 아름다움의 선험성이 양적으로 모든 사람들에게 보편적이다는 것을 말하고 있는 것이다. 어떻게 보면 이것이 선험성에 있어서 가장 결정적인 단서일 수 있다. 이러한 취미판단의 보편성의 근거가 개념으로 말미암은 객관적 보편타당성이라면 이것을 통해 '미(美)라는 감정'의 선험성을 말할 수 없다. 그러나, '미라는 감정'이 주관적 보편타당성이라면, 이것은 특별한 종류의 보편타당성이며 이것은 '선험적'일 수밖에 없는 것이다. 이 양적인 보편성에 대해 칸트는 다음과 같이 말하고 있다.

① 미 : 개념들 없이 보편적인 만족의 객관으로서 표상되는 것
미는 개념들 없이 보편적인 만족(혹은 흡족)의 객관으로서 표상되는 것이다. 이러한 미적인 것의 설명은 미적인 것이란 일체의 관심 없는 흡족의 대상이라는 앞서의 설명으로부터 귀결될 수 있다. 왜냐면,… 그것은 누구에게나 흡족할 근거를 함유하고 있음에 틀림없다고 판정할 수밖에 없기 때문이다. 왜냐하면 그 흡족함은 주관의 여느 경향성에 기초하고 있는 것이 아니고, 판단자는 그가 대상에게 바치는 흡족함에 대하여 온전히 자유롭다고 느끼고 있으므로, 그는 그의 주관만이 매여 있는 어떤 사적 조건도 그 흡족의 근거로 볼 수가 없으며, 또 그는 그래서 그 흡족함을 그가 다른 모든 사람들에게서도 전제할 수 있는 것에 기초되어 있는 것이라고 간주할 수밖에 없고, 따라서 그는 누구에게서나 비슷한 흡족함을 기대할 근거를 가지고 있다고 믿을 수밖에 없기 때문이다.… 그러나 이러한 보편성은 개념들로부터는 생겨날 수 없다. 왜냐하면, 개념들로부터 쾌 또는 불쾌의 감정으로의 이행은 없기 때문이다.… 다시 말해, 취미판단에는 주관적 보편성에 대한 요구주장이 결합되어 있을 수밖에 없다.(『판단력 비판』, § 6)
② 개념 없이도 보편타당성에 대한 요구
사람들은 취미판단을 통해 한 대상에서의 흡족(만족)을 모든 사람에게 요구하는 바, 개념에 기초하지 않고서도 그렇게 한다는 점과, 보편타당성에 대한 이러한 요구는 우리가 어떤 것을 아름답다고 언명하는 판단에 본질적으로 속하는 것으로, 이 판단에서 이런 보편타당성을 생각하지

않는다면, 어느 누구에게도 이런 표현을 사용하려는 생각조차 떠오르지 않았을 터이고, 오히려 개념 없이도 적의한 모든 것은 쾌적한 것으로 간주될 터인바,… 미에 관한 취미판단에서는 항상 이런 일이 일어난다는 점이다. 나는… (이것을)반성취미라고 부를 수 있다.
③ 주관적으로도 타당
무릇 객관적으로 보편타당한 판단은 또한 항상 주관적으로도 타당한 것이다. 다시 말해, 만약 판단이 주어진 개념 중에 포함되어 있는 모든 것에 타당하다면, 그것은 또한 어떤 대상을 이 개념을 통해 표상하는 모든 사람에게도 타당하다. 그러나 주관적 보편타당성으로부터는, 다시 말해 어떤 개념에 의거하고 있지 않은 미감적 보편타당성으로부터는 논리적 보편타당성이 추론될 수 없다. 왜냐하면 저런 종류의 판단들은 전혀 객관에 상관하지 않기 때문이다. 그러나 바로 그렇기 때문에 또한 어떤 판단에 부여되는 미감적 보편성은 특수한 종류의 것일 수밖에 없다. 왜냐하면, 이 보편성은 '미'라는 술어를, 전체 논리적 권역에서 고찰된 객관의 개념과 연결시키지 않지만, 그럼에도 바로 그 술어를 판단자들의 전체 권역 너머까지 확장하기 때문이다.(『판단력 비판』, § 8)

이에 대해 칸트는 '제2계기로 추론되는 미의 설명'으로서, "미란 개념을 떠나서 보편적으로 만족을 주는 것이다"고 말한다. 개념에 근거하지 않은 '주관적 보편타당성'을 말하는 것이며, 이것은 '미감적 판단의 선험성'을 단적으로 증명해 주는 것이 된다.

제2계기로 추론되는 미의 설명으로서, 미란 개념을 떠나서 보편적으로 만족을 주는 것이다.(『판단력 비판』, § 9)

마. 취미판단의 제3계기 : '관계'에서의 '목적 없는 합목적성'
칸트의 〈미감적 판단력의 비판〉에서 취미판단의 제3계기(관계)는 이렇게 규정된다:"아름다움은 목적 없는 합목적성이다." 이에 대한 일반적인 정리

(챗GPT)는 다음과 같다.

① 제3계기의 주제 : 관계
앞선 제1계기(성질)에서 아름다움은 무관심적 쾌감에, 제2계기(양)에서 아름다움은 보편성을 요구하는 판단에 근거한다면, 제3계기에서는 아름다움이 대상과 우리 인식능력의 관계에서 어떻게 성립하는지를 밝힌다.

② 목적 없는 합목적성
합목적성이란 어떤 것이 마치 목적에 맞게 짜여 있는 듯한 성격을 말한다. 아름다움의 경우, 대상은 특정한 목적 개념에 의해 규정되지 않는다. 예컨대, "이 건축물은 아름답다"라고 할 때, 그 건물이 실제로 특정 용도를 잘 수행해서 아름다운 게 아니다. 대신, 우리는 단지 그 형식(질서, 조화, 균형)을 통해 우리 인식능력(상상력과 오성)이 자유롭게 조화를 이루는 것처럼 느끼는 것이다. 그래서 칸트는 아름다움을 "목적은 없지만, 마치 목적이 있는 듯 보이는 합목적성"이라고 설명한다.

③ 예시
꽃은 누군가 인간을 기쁘게 하려고 설계한 것이 아니다. 그러나 그 모양과 색의 배열은 우리의 감각과 인식 능력에 조화롭게 작용한다. 그래서 아름답다고 느낄 수 있다. 선율의 경우에도 특정한 기능이나 이익이 없다. 그러나 리듬과 화음의 형식이 우리 인식 능력에 맞아떨어진다. 아름다움을 이렇게 경험한다.

④ 철학적 의의
아름다움의 본질은 '형식적 합목적성'임을 강조한다. 즉, '아름답다'는 판단은 대상의 형식이 우리 인식 능력과의 관계 속에서 주는 쾌감이지, 대상이 실제로 목적을 지니기 때문이 아니다. 이로써 아름다움은 기호(쾌락), 선(도덕), 유용성(실용성)과 구분된다.
취미판단의 제3계기(관계)는 "아름다움은 목적이 없음에도 불구하고, 마치 목적에 맞게 배열된 것처럼 보이는 형식적 합목적성이다."(챗GPT, 취미판단의 제3계기, 2025.9.28.)

칸트에 의하면, 모든 존재자의 개념에 대한 원인성은 합목적성인데, 이것은 아리스토텔레스의 4원인론에서부터 비롯된 명제이다. 그런데, 칸트에 의하면, 합목적성은 목적 없이도 있을 수 있다. 이것이 반드시 이성에 의해 통찰되는 것은 아니며, 관찰과 경험의 매개를 통해 인지할 수 있다고 한다. 만일 이것이 성립된다면, 이것을 '목적 없는 합목적성'이라고 말할 수 있다. 모든 자연학에서의 개념은 인과론에 종속되어서 합목적적이다. 그런데, 만일 반성적 판단력의 규제적 원리에 의해서 미적 대상이 합목적적임(주관적 합목적성)이 논증된다면, 이것은 선험적이다고 말할 수 있으며, 이것이 취미판단의 '목적에 대한 관계'이다.

칸트는 먼저 "결과로서의 쾌 또는 불쾌의 감정을 그것으로 원인으로서의 어떤 표상과 선험적으로 연결한다는 것은 절대로 불가능하다"고 말함을 통해서, 아름다움을 느끼는 감정에는 아무런 이유가 없다고 한다. 다만 후험적으로 쾌의 감정이 나타나는 그러한 인과관계이기 때문에 나타난 결과를 통해서 비로소 확인을 하게 된다. 칸트는 "쾌감 자체는 주관의 인식력들을 활성화하며 생기 있게 만들어서, 우리로 하여금 그 아름다운 것을 음미하면서 머무르게 한다. 왜냐하면 이 음미는 자기 자신을 강화하고 재생산하기 때문이다"고 한다. 그리고, 바로 이것이 "미감적 판단이 합목적적인 하나의 내적 원인성을, 즉 표상의 주관적 합목적성의 순전한 형식을 함유하고 있기 때문이다"고 한다. 칸트는 미감적 판단 속의 합목적성을 이렇게 입증하고 있다. 이러한 형태의 합목적성에는 분명히 개념과 같은 원인성을 통한 목적을 가지지 않았지만, 그것 자체로 쾌를 일으키고 활기를 제공하는 것을 보았을 때 합목적적이기 때문에 그러한 현상이 나타난다는 것이다.

① 목적이 없는 합목적성

목적이 무엇인가를 그것의 초월적 규정들에 따라서 설명하자면, 목적이란 한 개념이 대상의 원인으로 간주되는 한에서 그 개념의 대상이다. 그리고 그 객관에 대한 한 개념의 원인성이 합목적성이다.… 사람들은 하나의 목적을 생각한다. 결과의 표상은 여기서 그 원인의 규정근거로서 그 원인을 선행하는 것이다. …
② 이성에 의하지 않고, 반성에 의해 관찰됨
합목적성은 목적 없이도 있을 수 있는데, 그것은 우리가 이 형식의 원인들을 의지 안에 두지 않고, 그러면서도 우리가 그것들을 하나의 의지에서 이끌어냄으로써만 그 가능성의 설명을 이해할 수 있는 한에서 그러하다. 그런데 우리는 우리가 관찰하는 것을 언제나 반드시 이성에 의해 통찰해야만 하는 것은 아니다. 그러므로 우리는 하나의 합목적성을 그 형식의 면에서, 그것의 근저에 하나의 목적을 놓지 않고서도, 적어도 관찰할 수 있으며, 대상들에서 비록 반성에 의해서일 뿐이지만 인지할 수가 있다.(『판단력 비판』, § 10)
③ 취미판단은 미감적 판단이지, 인식 판단이 아니다.
취미판단은 미감적 판단이지 인식 판단이 아니고, 그러므로 그것은 대상의 성질에 대한 개념과 이런저런 원인에 의해 대상이 내적으로 또는 외적으로 가능하다는 개념에 관한 것이 아니라, 표상력들이 표상에 의해 규정되는 한에서, 순전히 표상력들의 상호 관계에 관한 것이기 때문이다. … 그러므로 일체의 목적 없이, 대상을 표상함에 있어서 주관적 합목적성만이, 따라서 그에 의해 우리에게 대상이 주어지는 표상에 있어 합목적성의 형식만이, 우리가 개념 없이 보편적으로 전달가능한 것이라고 판정하는 흡족을 형성할 수 있으며, 취미판단의 규정을 이룰 수 있다. (『판단력 비판』, § 11)
④ 원인과 결과가 아닌 형식적인 합목적성으로 주어지는 의식
결과로서의 쾌 또는 불쾌의 감정을 그것으로 원인으로서의 어떤 표상과 선험적으로 연결한다는 것은 절대로 불가능하다. … 그러나 어떤 무엇인가에 의해 규정된 의지의 마음 상태는 그 자체가 이미 쾌의 감정이고, 쾌의 감정과 동일한 것이며, 그러므로 그것은 그것(쾌의 감정)으로부터 (개념과 같이 인과성의: 필자) 결과로서 뒤따르는 것이 아니다. … 미감적 판단에서의 쾌감은 사정이 그와 비슷하다. … 주관의 인식력들의 유

희에서 순전히 형식적인 합목적성의 의식은, 대상이 주어지는 표상에 있어서 쾌감 자신이다. 왜냐하면, 이 의식은 주관의 인식력들을 활성화한다(생기있게 만든다)는 점에서 주관활동의 규정근거를 함유하고 있다. 그러므로 특정한 인식에 국한되어 있지 않은, 인식 일반에 대한 (합목적적인) 하나의 내적 원인성을, 즉 미감적 판단에서 표상의 주관적 합목적성의 순전한 형식을 함유하고 있기 때문이다. 이 쾌감은 어떤 방식으로도 실천적이 아니다. 그것은 쾌적함의 정념적 근거에서 일어나는 쾌감이 아니고, 표상된 선의 지성적 근거에서 일어나는 쾌감과 같은 것도 아니다. 그럼에도 불구하고 이 쾌감은 자신 안에 원인성을, 곧 표상 자신의 상태 및 인식력들의 용무를 더 이상의 의도 없이 보존하는 원인성을 가지고 있다. 우리는 아름다운 것을 음미하면서 머무른다. 왜냐하면, 이 음미는 자기 자신을 강화하고 재생산하기 때문이다. 이것은 대상을 표상함에 있어 어떤 자극이 거기서 수동적인 마음의 주의를 반복해서 환기시킬 때에 머물러 있는 것과 유사하다. (『판단력 비판』, § 12)

결론적으로 칸트는 "이 제3계기로부터 추리되는 미(美)의 설명에 대하여, 미는 합목적성이 목적의 표상 없이도 대상에서 지각되는 한에서, 대상의 합목적성의 형식이다"(『판단력 비판』, § 17)고 한다.

바. 취미판단의 제4계기 : '양태'에서의 '공통감'

칸트는 〈미감적 판단력의 비판〉에서 마지막 단계인 취미판단의 제4계기(양식, Modalität)를 "아름다움의 판단은 필연성을 요구한다"고 규정한다.

① 제4계기의 주제: 양식
앞선 세 계기(성질·양·관계)에서 아름다움의 성격이 규정되었고, 이제 마지막으로 묻는 질문은: "아름다움의 판단은 어떤 방식(modus)으로 타당한가?"이다.
② 주관적 필연성

아름다움의 판단은 단순히 "나는 아름답다고 느낀다"에서 끝나지 않는다. 우리는 "누구나 그렇게 느껴야 한다"라고 주장할 권리를 갖는다. 그러나 이 필연성은 논리적·객관적 필연성(수학·과학 법칙의 필연성)이 아니다. 대신, 공통감에 근거한 주관적 필연성이다.

③ 공통감

칸트는 여기서 '공통감'이라는 중요한 개념을 제시한다: 모든 인간은 동일한 인식 능력(상상력·오성)을 공유하므로, 아름다움의 경험도 보편적 동의 가능성을 갖는다. 따라서 "아름답다"는 판단은 단순한 개인적 기호가 아니라, 보편적으로 타당하며 필연적인 동의를 요구한다.

④ 예시

내가 어떤 정원을 보고 "아름답다"고 판단할 때, 단순히 내 취향이 아니라, 모두가 그렇게 느껴야 한다는 요구가 따라붙는다. 하지만 이 요구는 개념적 증명이나 논리적 필연성이 아니라, 인간 인식 능력의 보편적 구조에 근거한 심미적 필연성이다.

⑤ 철학적 의의

제4계기는 앞선 1~3계기의 결론을 마무리하는 자리이다. 아름다움의 판단은 개인적 쾌락이 아니라, 보편성과 필연성을 동반하는 판단이라는 점을 최종적으로 확립한다. 이를 통해 칸트는 미학을 단순한 심리학이 아닌 철학적 판단 능력의 분석으로 끌어올린다.

취미판단의 제4계기 '양식'은 "아름다움의 판단은 보편적 동의를 필연적으로 요구한다. 이 필연성은 객관적 필연성이 아니라, 인간이 공유하는 인식 능력(공통감)에 근거한 주관적 필연성이다"라고 정의 될 수 있다.

칸트에 의하면, 우리는 '아름다운 것'에 대해서는 '필연적'으로 '쾌의 만족'을 가질 것이다고 당연하게 생각한다. 그 이유는 이에 대한 '공통감(미에 대한 공통적인 느낌)'을 모든 사람이 가지고 있을 것이다고 생각하기 때문이다. 그런데, 이 사실은 이러한 필연적인 귀결은 순전히 각 사람이 주관적으로 겪고 있으며, 이 만족에 대한 보편성을 '범례적'으로 제시할 수 밖에 없다. 이것은 객관적 법칙의 필연적 귀결에 의한 이론적 필연성도 아니고, 도덕과 같은 실천적 필연성도 아니기 때문이다. 아름다움에 대한 이러한 필연적 반응은 미감적 판단이 선천적으로 소유하고 있는 공통감 때문이다.

더나아가 칸트는 아름다움에 대한 공통감을 모든 사람들이 선천적으로 가지고 있다고 전제할 수 있는가를 검토하며 입증한다. 이 하나의 공통감이 있다는 전제 하에서만 취미판단이 가능하기 때문이다. 칸트는 아름다움에 대한 인식의 전달 가능성 자체가 모두에게 공통감이 존재한다는 것을 입증하고 있다고 말한다.

우리의 인식과 판단이 보편적으로 다른 사람에게 전달되는 것이라면, 이 때 '마음상태' 다시 말해 '인식력들을 위한 인식력들의 조율'도 또한 전달되어야 한다. 왜냐면 이것 없이는 상대방에게 인식이 생기지 않기 때문이다. 그렇다면, 모두에게 어떤 아름다움에 대해 동일하게 '조율' 되는 '공통되는 감정 혹은 마음(공통감)'이 존재한다는 것이 된다. 이렇게 모든 사람들에게 존재하는 '공통감'은 우리 인식의 보편적 전달가능성의 필연적 조건으로 받아들여질 수 밖에 없다는 것이다.

칸트에 의하면, 이렇게 모든 사람들에게 아름다움에 대한 '공통감'을 가지고 있는 것이 입증된다면, "취미판단에서 생각되는 보편적 동의의 '필연성'은 주관적 필연성인데, 공통감의 전제 아래에서는 객관적인 것으로 표상된다"고 말한다.

① 아름다움에 대한 만족은 필연적

아름다운 것에 대해서는 사람들은 그것이 만족(흡족함)에 대한 필연적인 관계를 갖는다고 말한다. 그런데, 이 필연성은 특수한 종류의 것이다. 이것은…이론적 객관적 필연성이 아니다. 또한 그것은…사람들은 단적으로 그렇게 행위해야만 한다는 것을 의미하는 경우의 실천적 필연성도 아니다. 오히려 이 필연성은 미감적 판단에서 생각되는 필연성으로서 단지 범례적(견본적)인 것이라고 불릴 수 있다. 다시 말해 그것은 우리가 제시할 수 없는 보편적 규칙의 하나의 실례와 같은 것으로 간주되는 한

판단에 대해 만인이 동의한다고 하는 필연성이다. 미감적 판단은 객관적인 판단도 인식판단도 아니므로, 이 필연성은 일정한 개념들로부터 도출될 수 있는 것이 아니며, 그러므로 명증적인 것이 아니다.…(『판단력 비판』, § 18)

② 보편적 동의를 요구

취미판단은 누구에게나 동의를 감히 요구한다. 어떤 것이 아름답다고 언명하는 사람은 누구나 눈앞에 있는 그 대상에 대해 찬동을 보내고, 그와 함께 그 대상이 아름답다고 언명해야 한다고 의욕한다. 그러므로 미감적 판단에서 '해야 한다'는 제 아무리 판정에 필요한 모든 자료에 따라서라 할지라도 단지 조건적으로만 표명되는 것이다. 사람들이 다른 모든 사람의 동의를 구하는 것은, 그러한 동의를 위한 만인에게 공통인 근거를 가지고 있기 때문이다.…(『판단력 비판』, § 19)

③ 취미판단은 개념들이 아닌 감정에 의해 판단

…그러므로 취미판단들은 개념들에 의해서가 아니라 단지 감정에 의해서, 그러면서도 보편타당하게 무엇이 '적의'하고 무엇이 '부적의'한가를 규정하는, 하나의 주관적 원리를 가진 것이 틀림없다. 그러한 원리는 단지 하나의 공통감으로 볼 수 있겠다.…(『판단력 비판』, § 20)

④ 보편적 전달 가능성

인식과 판단들은 그에 수반하는 확신과 더불어 보편적으로 전달되는 것이어야 한다. 그렇지 않다면, 인식과 판단들에 있어서 객관과의 합치란 걸맞지 않을 것이기… 때문이다. 그러나 인식이 전달되는 것이어야만 한다면, 마음상태 다시 말해 인식력들을 위한 인식력들의 조율(同調: 한 가지로 어울림) 또한… 전달되어야 한다. 왜냐하면, 인식의 주관적 조건인 이것 없이는 그 결과인 인식이 생길 수 없을 터이기 때문이다. 이런 일은… 실제로도 항상 일어나는 일이다. 인식력들의 이 조율은 주어지는 객관들의 상이함에 따라서 서로 다른 비율을 갖는다.… 그리고 이 조율은 다름 아니라 (개념들에 의해서가 아니라) 감정에 의해 규정될 수 있다. 그런데, 이 조율 자신은 보편적으로 전달되는 것이어야만 하고, 또한 조율의 감정도 전달되어야만 하는바, 감정의 보편적 전달가능성은 공통감을 전제하므로, 이 공통감은 받아들여질 수 있는 근거를 얻는다.… 그것은 우리 인식의 보편적 전달가능성의 필연적 조건으로 받아들여지는 것으로… 전제될 수 밖에 없는 것이다. (『판단력 비판』, § 21)

⑤ 무규정적 규범으로서의 공통감
우리가 어떤 것을 아름답다고 언명하는 모든 판단에서 우리는 누구에게도 다른 의견을 허용하지 않는다. 그럼에도 우리는 우리의 판단을 개념들에 기초하지 않고, 단지 우리의 감정에 기초할 따름이며, 그러므로 우리는 이 감정을 사적 감정이 아니라 하나의 공통감정으로서 기초에 놓고 있다. 그런데 이 공통감은 이를 위해서 경험에 기초해 있을 수가 없다.… 공통감이라는 이 무규정적 규범은 우리에 의해 현실적으로 전제되고 있다. 우리가 감히 취미판단을 내린다는 사실이 이것을 증명한다.…(『판단력 비판』, § 22)

이에 따라 칸트는 제4계기로부터 추론되는 미에 대한 판단에 대해 "미는 개념 없이 필연적 만족의 대상으로서 인식되는 것이다"고 한다.

사. 상상력과 오성의 자유로운 유희로서의 '취미판단'
칸트는 그의 『판단력비판』서론에서 '자연의 합목적성의 미감적 표상'을 설명하면서, '취미판단' 혹은 '아름다움'은 상상력과 지성(혹은 오성)의 자유로운 유희에서 발생하는 '미적쾌감'이라고 하였다. 우리의 '공통감'은 사물을 통하여 '주관적 감정'을 따라 '아무런 목적도 없이' '아름다움'을 향유하였다. 이것은 사실 오성이 사물을 인식하기 전에 발생하는 사건이었다. 그리고, 이러한 쾌감을 기반으로 하여서 오성은 자신의 법칙을 수립하게 되는데, 이 '미적쾌감' 안에는 이미 '합목적성'이 반영되어 있었으며, 이에 따라 지성(오성)이 법칙수립자의 역할을 수행할 수 있었던 것이다. 이렇게 하여서 '미적쾌감'과 '오성'은 함께 할 수 있게 되었던 것이다.

2. 숭고의 분석학

가. 미적인 것의 판정능력과 숭고한 것의 판정능력

　미적인 감정과 숭고의 감정은 그것 자체로 우리 안에 흡족(만족)의 쾌감을 불러 일으킨다. 이것은 욕구와 관련된 감관판단도 아니고, 개념에 근거한 논리적-규정적 판단이 아니라, 그 자체의 반성에서 나온 반성적 판단이다. 그러나, 이 양자에는 현저한 차이가 존재하는데, 전자는 아름다움이라는 형식의 성질에서 나타나서 무규정적인 지성개념의 합목적성에 결부되는 반면, 후자는 무한정성의 대상을 통해서 나타나는 감정으로서 무규정적인 이성개념의 현시이다.

　또한 전자에서 나타나는 쾌는 상상력과의 유희를 통해 생명력을 촉진하는 긍정적 적극적 형태의 쾌이지만, 후자는 상상력이 유희가 아닌 엄숙과의 합일이며, 이것은 처음에는 두려움으로 인하여 거부되면서 그 후에 심정적 극복을 통해 존경심으로 나타나는 부정적 소극적 쾌이다.

　그런데, 가장 궁극적인 차이는 전자는 지성의 합목적성에 일치하는 쾌여서 자연의 미적인 것을 위해서는 우리 밖에서 하나의 근거를 찾아야 하지만(그래서 지성에 재료를 공급함), 숭고한 것을 위해서는 자연의 엄숙함을 극복해 내는 우리 안의 사유방식 안에서 그 근거를 찾아야 한다. 즉, 우리 안의 이성에서 그 근거를 찾아야 하는 것이다. 이에 대해 칸트는 다음과 같이 말한다.

　① 미적인 것과 숭고한 것은 모두 그것 자신만으로 적의
　미적인 것과 숭고한 것은 양자가 그것 자신만으로 적의(필자: 흡족, 만족)하다는 점에서 일치한다. 더 나아가 양자는 감관판단이나 논리적-규정적 판단을 전제하는 것이 아니라, 반성판단을 전제한다는 점에서도 일치한다. …
　② 자연의 미적인 것은 대상의 형식에서 성립 : 지성개념의 현시
　그러나 양자 사이에는 현저한 차이가 있음 또한 눈에 띈다. 자연의 미

적인 것은 대상의 형식(모습)에 관련이 있고, 대상의 형식은 한정에서 성립한다.

③ 숭고한 것은 무한정성의 대상에서 성립 : 이성개념의 현시

그에 반해 숭고한 것은, 무한정성이 대상에서 또는… 무형식의 대상에서도 볼 수 있다. 그래서, 지적인 것은 무규정적인 지성개념의 현시이지만, 숭고한 것은 무규정적인 이성개념의 현시로 볼 수 있을 것 같다. 그러므로 흡족(만족)이 전자에서는 질의 표상과 결합되어 있지만, 후자에서는 양의 표상과 결합되어 있다.

④ 감동의 성질의 차이

또한 후자의 흡족(만족)은 그 방식의 면에서도 전자의 흡족과 매우 다르다. 이것(즉 미적인 것)은 직접적으로 생명을 촉진하는 감정을 지니고 있고, 그래서 매력이나 유희하는 상상력과 합일할 수 있지만, 저것(숭고의 감정)은 단지 간접적으로만 생기는 쾌이다. 곧, 이 쾌는 생명력들이 일순간 저지되어 있다가 곧장 뒤이어 한층 더 강화되어 범람하는 감정에 의해 산출되는 것으로, 그러니까 그것은 감동으로서, 상상력의 활동에서 유희가 아니라 엄숙인 것으로 보인다. 그래서, 그것은 매력과는 합일할 수가 없다. 마음은 대상에 끌려갈 뿐만 아니라 거꾸로 언제나 다시 거부되기도 하기 때문에, 숭고한 것에서의 흡족은 적극적인 쾌가 아니라, 오히려 경탄 내지는 존경을 함유하며, 다시 말해 소극적·부정적 쾌라고 불릴 만한 것이다.

⑤ 우리 안에서 시작되는 숭고감정

그러나 숭고한 것과 미적인 것의 가장 중요한 내적인 차이는 아마도 이런 것일 것이다. 즉, 합당한 일이지만, 만약 우리가 여기서 우선 자연의 객관들에서의 숭고한 것만을 고찰한다면, 자연미는 그 형식에서 합목적성을 지니고 있고, 그로 인해 대상이 우리의 판단력에 대해 말하자면 예정되어 있는 것처럼 보이며, 그래서 그 자체로 흡족의 대상을 이루는 데 반하여, 이성논변 없이 한낱 포착에서 우리 안에 숭고한 것의 감정을 불러일으키는 것은 형식의 면에서는 우리 판단력에 대해서 반목적적

이고, 우리의 현시능력에는 부적합하며, 상상력에 대해서는 말하자면 폭력적인 것으로 보일 수 있기는 하지만, 그렇기 때문에 더욱더 숭고한 것으로 판단된다는 점 말이다. …우리는 자연의 미적인 것을 위해서는 우리 밖에서 하나의 근거를 찾아야 하지만, 숭고한 것을 위해서는 한낱 우리 안에서, 그리고 자연의 표상에 숭고성을 집어넣는 사유방식 안에서 하나의 근거를 찾지 않으면 안 된다.…(『판단력 비판』, § 23)

나. 숭고감정의 개략

칸트는 〈미감적 판단력의 비판〉에서 아름다움과 더불어 숭고를 다루면서, 특히 숭고감정을 독립적으로 설명한다.

① 숭고감정의 기본 성격
아름다움은 대상의 형식적 합목적성에서 오는 쾌감이다. 한편, 숭고는 형식적 조화가 아니라, 감성(상상력)의 한계와 이성의 위대함이 대비될 때 발생하는 독특한 감정이다. 숭고감정은 단순한 쾌감이 아니라, 불쾌와 쾌감이 뒤섞인 이중적 정서이다.

② 숭고감정의 발생 구조
1st, 감성의 무력함을 경험한다. 인간 감각·상상력은 어떤 대상(예: 거대한 산, 무한한 별하늘, 폭풍우)을 포착하기에 부족하다. 그래서 불쾌감, 압도당하는 느낌이 발생한다.
2nd, 이성의 자기 자각이다. 그러나 이성은 무한, 절대, 자유의 개념을 갖고 있다. 감각적 무력함 속에서 오히려 이성의 우월함이 드러난다. 그래서 여기에서 쾌감과 정신적 고양이 발생한다. 따라서 숭고감정은 "감성의 한계에 대한 불쾌 + 이성의 위대함에 대한 쾌감"이라는 이중적 구조를 가진다.

③ 숭고의 두 가지 유형
칸트는 숭고를 두 가지로 구분한다. 먼저, 수학적 숭고로서, 무한히 큰 것 앞에서 느끼는 감정이다. 상상력은 그 크기를 포착할 수 없지만, 이

성은 '무한' 개념을 통해 이를 포괄할 수 있다. 이성이 위대함을 자각한다. 두 번째는, 역학적 숭고이다. 압도적 힘 앞에서 느끼는 감정(폭풍우, 화산, 거대한 파도)으로서, 감성은 압도되어 두려움을 느끼지만, 인간은 도덕적 이성을 통해 자신이 자연에 물리적으로 종속되지 않는 자유적 존재임을 자각한다. 도덕적 존엄의 감정이다.
④ 숭고감정의 의의
숭고감정은 단순히 미적 체험이 아니라, 도덕적 자각으로 이어지는 감정이다. 아름다움이 자연과 인식능력의 조화를 드러낸다면, 숭고는 자연 속에서 드러나는 인간 이성·자유의 위대함을 보여준다. 따라서 숭고는 자연과 자유의 매개를 감정 차원에서 더욱 강하게 보여주는 경험이다. 칸트의 숭고감정은 자연의 압도적 크기나 힘 앞에서 감각은 무력해지지만, 이성은 오히려 자신의 무한성과 도덕적 자유의 위대함을 자각하게 될 때 일어나는 불쾌와 쾌감이 교차하는 복합적 정서이다.

칸트는 이 숭고의 감정이 분명히 만족감을 유발하기 때문에 주관적이기는 하지만 합목적성과 관련하여 어떤 적절한 의미가 있다고 본다. 이때 이 감정은 양과 질에 관련하여서는 수학적 숭고로, 관계와 양태와 관련해서는 역학적 숭고로 구분할 수 있다고 한다. 그리고 이 감정들은 상상력에 의해 전자는 인식능력으로, 후자는 욕구능력과 관계를 맺고 있다고 말한다.

① 숭고한 것의 구분 : 수학적 숭고와 역학적 숭고
숭고한 것의 분석은 미적인 것의 분석에서 필요하지 않던 구분, 곧 수학적으로 숭고한 것과 역학적으로 숭고한 것의 구분을 필요로 한다.
② 마음의 동요를 특성으로 하는 숭고감정
무릇 미적인 것에 대한 취미는 정지(평정)한 관조 속에 있는 마음을 전제하고 유지하는 반면에, 숭고한 것의 감정은 대상의 판정과 결합되어 있는 마음의 운동(동요)을 그 특성으로 지닌다.
③ 숭고한 것도 주관적 합목적적

그러나 이 운동(동요)은 주관적으로 합목적적인 것으로 판정되어야 한다. (숭고한 것도 적의(適意) 곧 만족을 유발하기 때문이다.) 그래서, 이 운동(동요)은 상상력에 의해 인식능력 또는 욕구능력과 관계를 맺는다. 그러나 이 두 가지 관계 맺음에서 주어진 표상의 합목적성은 오로지 이 능력들에 관하여서만 (목적이나 이해관심 없이) 판정될 것이다. 이때 전자는 상상력의 수학적 정조로서, 후자는 역학적 정조로서 객관에 덧붙여지고, 그래서 객관은 이러한 이중의 방식으로 숭고한 것으로 표상된다. (『판단력 비판』, § 24)

다. 양적 측면에서의 수학적 숭고

칸트는 수학적 숭고와 관련하여서 먼저 양(量)이라는 측면에서 다룬다. 이 양(量)이라는 개념은 인식을 위한 순수지성으로서의 개념이다. 그런데, 이것을 넘어서서 수학적 한계를 넘어서는 '단적으로 큰 것(大)'은 순수지성개념도 아니고, 더욱이 감관의 직관은 아니며, 마찬가지로 이성개념도 아니다. 그러므로 그것(大)은 판단력의 개념이거나, 그로부터 파생하여 판단력과 관계 맺으면서 표상의 주관적 합목적성을 기초에 두고 있는 것일 수밖에 없다. 이것은 논리적(수학적으로 규정된) 판정에는 쓸모가 없고, 단지 미감적 판정에만 쓸모가 있을 뿐이다. 따라서 이때 나타나는 흡족은 객관에 대한 흡족이 아니라, 상상력 그 자체의 확장에 대한 흡족이라는 사실이다. 따라서 단적으로 큰 것에 대한 근거는 우리 외부의 사물에서 찾는 것이 아니라, 우리 내부에서 찾아야 한다는 것이다.

① 숭고 : 단적으로 큰 것

단적으로 큰 것을 우리는 숭고라고 부른다. 그러나 크다(大)와 크기(量)이다는 전적으로 다른 개념이다. 또한 마찬가지로 어떤 것이 크다고 곧장(단순하게) 말하는 것(量)은 그것이 단적으로 크다(大)고 말하는 것과는 전적으로 다른 것이다. 후자는 일체의 비교를 넘어선 것이다. 이 표현을 통해 지칭되는 것은 (이것은) 순수지성개념도 아니고, 더욱이 감관의 직관은 아니며, 마찬가지로 이성개념도 아니다. 그러므로 그것(大)은 판단력의 개념이거나, 그로부터 파생하여 판단력과 관계 맺으면서 표상의 주관적 합목적성을 기초에 두고 있는 것일 수밖에 없다.
② 크기 : 비교개념
어떤 것이 하나의 크기(量)라는 것은 다른 것과의 일체의 비교 없이도 사물 자신으로부터 인식된다.… 이 단위의 크기는… 어떤 크기에 대한 절대적인 개념을 결코 제공할 수 없고, 언제나 단지 하나의 비교개념을 제공할 수 있을 뿐임을 안다.…
③ 크기의 척도는 주관적 반성의 판단에 의함
그러나 그에 의해 어떤 것이 단적으로 큰 것(大)로 지칭되는 판단에서는 한낱, 대상이 어떤 크기를 가지고 있다는 것뿐만 아니라,… 그러나 이 척도는 한낱 주관적으로 크기에 관해 반성하는 판단의 기초에 놓여 있는 것이기 때문에, 크기에 대한 논리적 (수학적으로 규정된) 판정에는 쓸모가 없고, 단지 미감적 판정에만 쓸모가 있을 뿐이다.… 그런데 여기서 주목할 만한 것은, 비록 우리가 객관에 대해서 전혀 아무런 이해관심을 가지고 있지 않다 해도, 다시 말해 객관의 실존이 우리에게는 아무래도 상관없다 해도, 객관의 순전한 크기는, 그것이 무형식적인 것으로 간주되는 때조차도, 흡족을 수반할 수 있고, 이 흡족은 보편적으로 전달가능하며, 그러니까 우리의 인식능력들의 사용에서 주관적 합목적성의 의식을 함유하고 있다는 사실과, 이 흡족은 반성적 판단력이 일반과 관계 맺으면서 합목적적으로 조율되는 미적인 것(이것은 무형식적일 수 있기 때문에)의 경우에서처럼, 객관에 대한 흡족이 아니라, 상상력 그 자체의 확장에 대한 흡족이라는 사실이다.…
④ 일체의 비교를 넘어서는 크기에서 나오는 숭고
따라서, 일반적인 크다는 것을 말할 때에, 그러한 근거는, 우리가 판단력의 지시규정에 따라 직관에서 오로지 언제나 현시할 수 있는 것은 모두 현상이고, 그러니까 또한 양적이라는 사실에서 찾아야 할 것이다. 그러나 어떤 것을 크다고 부를 뿐만 아니라, 단적으로, 절대적으로, 모든

관점에서 (일체의 비교를 넘어서) 크다, 다시 말해 숭고하다고 부를 때, 사람들은 이내, 우리는 그를 위해서 그것에 알맞은 자를 그것의 밖에서가 아니라, 순전히 그것의 안에서 찾을 것을 승낙한다는 점을 알 것이다. (『판단력 비판』, § 25)

라. 크기(量)에서 나오는 숭고

칸트는 숭고의 본질을 분석하면서 이제 자신의 내면을 관찰하기 시작하는데, 먼저, 이 단적으로 큰 것은 순전히 자신과만 동일한 크기이다고 한다. 이 감정은 객관적인 사물에 대한 인식에서 나온 크기가 아니라, 순전히 상상력의 산물이기 때문에 그렇다. 그렇다면, 이것의 또 다른 의미는 "숭고한 것은 그것과 비교하면 다른 모든 것이 작은 것이다"가 된다. 그렇다면, 이제 우리 안의 숭고는 "감관의 모든 사물의 크기를 뛰어넘는 마음의 능력"을 의미하는 것이 된다. 그렇기 때문에 칸트는 진정한 숭고함은 오직 판단하는 자의 마음에서 찾아야지, 그러한 정조를 야기하는 자연객관에서 찾아서는 안 된다는 사실이다. 그렇다면 우리의 인식 능력인 이념에서 찾아야 한다.

① 단적으로 큰 것 : 이념들 안에서 찾아야 함
단적으로 큰 것은 순전히 자기 자신과만 동일한 크기이다. 그러므로 숭고한 것을 자연의 사물들 속에서가 아니라, 오직 우리의 이념들 안에서 찾아야 한다는 것은 이로부터 나온다.…
② 감관의 대상에서 숭고는 찾을 수 없음
그래서 위의 설명은 "숭고한 것은 그것과 비교하면 다른 모든 것이 작은 것이다"라고 표현될 수도 있다. 여기서 사람들이 쉽게 알 수 있는 바는, 자연에 주어진 것은 그것이 우리에 의해 제아무리 크다고 판정된다 할지라도, 다른 관계에서 고찰하면 무한하게 작은 것으로까지 격하될 수 없는 것이라고는 없으며, 또 거꾸로 제아무리 작다 해도 더욱 작은 자(척도)와 비교하면 우리의 상상력에서 세계의 크기까지 확대될 수 없는 것이라고는 없다는 것이다.… 이런 입장에서 고찰하면, 감관의 대상

일 수 있는 것은 아무것도 숭고하다고 불릴 수 없다.…
③ 이성으로 초감성적 능력의 감정을 일깨움
우리의 이성에는 실재적 이념으로서의 절대적 전체성에 대한 요구가 놓여 있기 때문에, 감성세계의 사물들의 크기를 평가하는 우리의 능력이 이 이념에 대해 저처럼 알맞지 않다는 것 자체가 우리 안에 하나의 초감성적 능력의 감정을 일깨우는 것이다.… 그러니까 어떤 반성적 판단력을 종사시키는 표상에 의한 정신의 정조가 숭고하다고 불릴 수 있는 것이지, 그러나 객관이 그러한 것이 아니다.… 즉 숭고한 것이란 그것을 단지 생각할 수 있다는 것만으로도 감관의 모든 자(척도)를 뛰어넘는 마음의 능력을 증명하는 것이다. (『판단력 비판』, § 25)
④ 숭고감정은 마음에서 찾아야 하며, 자연객관이 아님
이로부터 알 수 있는 바는, 진정한 숭고함은 오직 판단하는 자의 마음에서 찾아야지, 그것에 대한 판정이 마음의 그러한 정조를 야기하는 자연객관에서 찾아서는 안 된다는 사실이다. 그래도 누가 거칠고 무질서하게 중첩되어 있는 눈 덮인 산봉우리들을 가진 산악이나 사납게 파도치는 우중충한 바다 따위를 숭고하다고 부르겠는가? 그러나 마음은 그러한 것들을 고찰함에 있어… 자기 자신의 판정에서 마음은 고양됨을 느낀다.(『판단력 비판』, § 26)

마. 만족의 질(質)에서 나오는 숭고

우리가 어떤 '절대적으로 큰 것'을 마주하여 사물을 '포착'하였을 때, 우리의 (좁은 의미의) 이성은 본능적으로 이것을 '총괄'하여 이념화하여 법칙화하려고 한다. 칸트는 이것을 『순수이성비판』에서 이러한 이념의 법칙화 작업을 논하였다. 그런데, 이러한 법칙인 이념에 이르는 데에 우리의 능력이 부적합하다는 것을 느끼는 것이 존경인데, 처음에는 이것이 불쾌로 다가온다. 그러다가 우리의 최대의 감성적 능력이 이성의 이념들보다 작다는 것을 알면서 이성이념들과 합치하게 되면서 쾌감이 나타난다. 이것이 곧 질적인 숭고의 감정인 것이다. 이 경우에는 상상력과 이성이 그들의 상충에 의해 마음의 능력들의 주관적 합목적성을 만들어낸 것이다.

① 존경 : 능력이 부적합하다는 감정
(우리가) 법칙인 어떤 이념에 이르는 데에 우리의 능력이 부적합하다는 감정이 존경이다. 그런데 우리에게 주어짐직한 모든 현상을 하나의 전체의 직관으로 총괄한다는 이념은 이성의 법칙에 의해 우리에게 부과되어 있는 이념인바,… 그러나 우리의 상상력은 제아무리 최대로 노력한다 해도, 주어진 대상을 하나의 전체 직관으로 총괄하라는 이성의 요구에 대하여 자기의 제한과 부적합성을 표명하지만, 그럼에도 동시에 하나의 법칙으로서의 이러한 이념과의 적합성을 실현해야 하는 자기의 사명을 표명한다. 그러므로 자연에서의 숭고한 것에 대한 감정은 우리 자신의 사명에 대한 존경이다.…

② 숭고한 것의 감정은 불쾌와 쾌감
그러므로 숭고한 것의 감정은 미감적인 크기 평가에서 상상력이 이성에 의한 평가에 부적합함에서 오는 불쾌의 감정이며, 또한 그때 동시에, 이성이념들을 향한 노력이 우리에 대해서 법칙인 한에서, 최대의 감성적 능력이 부적합하다는 바로 이 판단이 이성이념들과 합치하는 데서 일깨워지는 쾌감이다. 감관의 대상으로서 자연이 함유하는 (우리에게 큰) 모든 것을 이성의 이념들과 비교하여 작다고 평가하는 일이 곧 우리 (이성의) 법칙이고, 또 우리의 사명에 속하는 일이다. 그리고 이 초감성적인 사명의 감정을 우리 안에 환기하는 것은 저 법칙에 부합한다.… 이 (이성의) 사명에서 보면 감성의 어떠한 자도 이성의 이념들에는 부적합하다는 것을 발견하는 것은 합목적적이고, 그러므로 쾌감이다.

③ 이성이 만들어 내는 감정
…무릇 미적인 것의 판정에 있어서 상상력과 지성이 그들의 상충에 의해 마음의 능력들의 주관적 합목적성을 만들어낸다. 곧 우리는 순수한 자립적인 이성을 가지고 있다는 감정,… 그런 크기 평가능력을 가지고 있다는 감정을 만들어낸다.…

④ 숭고한 것의 감정의 질
숭고한 것의 감정의 질은, 그 질이 어떤 대상에 대한 미감적 판정능력에 관한 불쾌의 감정인데, 거기에서 그 불쾌는 그럼에도 동시에 합목적적인 것으로 표상된다고 하는 것이다. 그리고 이러한 일은 그 자신의 무능력이 같은 주관의 무제한적인 능력의 의식을 드러내고, 마음은 그 무제한적인 능력을 오직 그 자신의 무능력에 의해서만 미감적으로 판정할 수 있음으로써 가능하다.(『판단력 비판』, § 27)

바. 자연의 역학적 숭고
칸트에 의하면, 우리가 어떤 큰 위력과 강제력을 만났는데, 그 강제력이 우리를 해하지 못하는 강제력이라는 것을 인식할 때, 그에 대한 쾌감으로서의 역학적 숭고가 성립된다. 즉, 우리가 이러한 대상들을 기꺼이 숭고하다고 부르는 것은, 그것들이 우리 영혼의 힘을 자연의 외견상의 절대권력에 도전할 수 있는 용기를 주는, 즉 저항하는 능력을 우리 안에서 들춰내주기 때문이다. 따라서 결국 이러한 역학적 숭고에서 오는 그 '흡족'도 여기서 단지 그러한 경우에 들춰내지는 우리 능력의 규정과의 관계가 있을 뿐이다.

① 강제력을 가지지 않은 위력의 자연은 역학적으로 숭고
위력이란 커다란 장애들을 압도하는 능력이다. 위력이… 저항 또한 압도하면 바로 그 위력은 강제력이라고 일컬어진다. (그런데) 미감적 판단에서 우리에 대해서 아무런 강제력도 가지지 않은 위력으로 고찰되는 자연은 역학적으로 숭고하다.
② 두려움의 끝에서 오는 쾌적함의 기쁨
자연이 우리에게 역학적으로 숭고한 것으로 판정되자면, 자연은 두려움을 일으키는 것으로 표상되지 않으면 안 된다.… 미감적 판단력에 대해서 자연은 오직 두려움의 대상으로 고찰되는 한에서만, 위력으로 그러니까 역학적으로 숭고한 것으로 간주될 수 있다. 그러나 사람들은 어떤 대상 앞에서 두려워하지 않으면서도 그 대상을 두려운 것으로 볼 수 있

다.… 그래서 유덕한 사람은 신 앞에서 두려워하지 않지만 신을 두려워한다.… 어떤 두려움의 끝남에서 오는 쾌적함이 기쁨이다.
③ 자연의 숭고
기발하게 높이 솟아 마치 위협하는 것 같은 암석, 번개와 천둥소리와 함께 몰려오는 하늘높이 솟아오른 먹구름, 온통 파괴력을 보이는 화산… 이러한 것들은 우리의 저항하는 능력을 그것들의 위력과 비교할 때 보잘것없이 작은 것으로 만든다. 그러나 우리가 안전한 곳에 있기만 하다면, 그런 것들의 광경은 두려우면 두려울수록 더욱더 우리 마음을 끌 뿐이다. 우리가 이러한 대상들을 기꺼이 숭고하다고 부르는 것은, 그것들이 영혼의 힘을 일상적인 보통 수준 이상으로 높여주고, 우리로 하여금 자연의 외견상의 절대 권력에 도전할 수 있는 용기를 주는 전혀 다른 종류의 저항하는 능력을 우리 안에서 들춰내주기 때문이다.… 그러한 방식으로 자연이 우리의 미감적 판단에서 숭고하다고 판정되는 것은, 자연이 두려움을 일으키는 한에서가 아니라, 오히려 자연이 우리 안에 우리의 힘을 불러일으키기 때문인 것이다. 이 힘은 우리가 심려하고 있는 것(즉, 재산, 건강, 생명)을 작은 것으로 간주하는 힘이며,… 그러므로 여기서 자연이 숭고하다고 일컬어지는 것은, 자연이 상상력을 고양하여 마음이 자기의 사명의 고유한 숭고성이 자연보다도 위에 있음을 스스로 느낄 수 있는 그런 경우들을 현시하게끔 하기 때문이다.
④ 우리의 의무
… 그 흡족은 여기서 단지 그러한 경우에 들춰내지는 우리 능력의 규정과의 관계가 있을 뿐이고, 그러한 능력으로의 소질이 우리의 자연본성 속에 있으되, 그것의 발전과 수련은 우리에게 맡겨져 의무로 남아 있기 때문이다.
⑤ 우리 마음 안에 함유되어 있는 숭고성
…그러므로 숭고성은 자연의 사물 속이 아니라, 오직 우리 마음 안에 함유되어 있다. 우리가 우리 안의 자연을, 그리고 그렇게 해서 또한 우리 밖의 자연에 대해 압도적임을 의식할 수 있는 한에서 말이다. 우리

의 힘들을 촉구하는 자연의 위력을 포함해서 이러한 감정을 우리 안에 불러일으키는 모든 것은 숭고하다고 일컬어진다. 오직 우리 안에 이런 이념을 전제하고서만, 그리고 그 이념과의 관계에서만 우리는 이러한 존재자의 숭고성의 이념에 도달할 수가 있다.…(『판단력 비판』, § 28)

사. 숭고에 대한 판단의 양태 : 이념에 대한 마음의 필연적 감수성
 궁극적으로 자연의 숭고한 것에 대한 우리 감정적 판단의 양태는 인간의 자연본성에 토대를 두며 필연적으로 나타나는 것이다. 그것은 오직 감성을 이성의 실천적인 구역에 알맞도록 확장하고, 감성으로 하여금 감성에게는 심연인 무한자를 전망하도록 하기 위해서, 이성이 감성에게 행사하는 하나의 강제력이기 때문이다. 미적인 감정은 지성과 관계하였으나, 이 숭고의 감정은 감정으로서 이성의 실천적인 구역으로 필연적인 확장을 한다. 즉, 실천적 이념들에 대한 감정의 소질에서, 다시 말해 도덕적 감정의 소질에서 갖는다. 그러한 것으로서 이 미감적 판단들을 초월철학에 끌어올려 넣는다.

① 숭고감정을 위해 요구되는 마음의 감수성
 숭고한 것의 감정에 대한 마음의 정조(情調)는 이념들에 대한 마음의 감수성을 필요로 한다. 왜냐하면,… 자연을 이념들의 도식으로 취급하는 상상력의 긴장을 전제하고서만, 감성에 대해 겁먹게 하는 것이 성립하며,… 이 겁먹게 하는 것이 마음을 끌어당기는 것은, 그것이 오직 감성을 이성의 고유한 구역(즉 실천적인 구역)에 알맞도록 확장하고, 감성으로 하여금 감성에게는 심연인 무한자를 전망하도록 하기 위해서, 이성이 감성에게 행사하는 하나의 강제력이기 때문이다. 사실 윤리적 이념들의 발전이 없으면, 문화에 의해 준비가 된 우리가 숭고하다고 부르는 것이 미개인에게는 한낱 겁먹게 하는 것으로 나타날 것이다.…
② 자연의 숭고한 것에 대한 판단의 토대 : 인간의 자연본성
 자연의 숭고한 것에 관한 판단은 인간의 자연본성에 그 토대를 두며, 그것도 사람들이 건전한 지성(상식)을 가지고서 동시에 누구에게나 강요

2장 미감적 판단력 비판

할 수 있고 요구할 수 있는 것에서, 곧 (실천적) 이념들에 대한 감정의 소질에서, 다시 말해 도덕적 감정의 소질에서 갖는다.… 곧 인간 안의 도덕적 감정을 전제해서만 요구하며, 또 이렇게 함으로써 또한 이 미감적 판단에 필연성을 부여한다는 점이다.

③ 필연성

미감적 판단들의 이 양태에, 곧 미감적 판단들이 참칭하는 필연성에 판단력 비판을 위한 주요 계기가 놓여있다. 왜냐하면, 이 필연성이 바로 미감적 판단들에서 하나의 선험적 원리를 식별할 수 있게 해주며, 그것들을 경험적 심리학에서 끌어올려, 이 미감적 판단들과 또 그것들을 매개로 해서 판단력을, 선험적 원리들을 기초에 갖는 그러한 부류에 세우고, 그러한 것으로서 이 미감적 판단들을 초월철학에 끌어올려 넣기 때문이다. (『판단력 비판』, § 29)

3장   미감적 판단력의 연역과 변증학

1. 미감적 판단들의 연역

가. "미감적 판단들의 연역"의 개략

칸트에 의하면, 미감적 판단이 주관임에도 불구하고, 보편타당하다고 주장하는데, 그것은 바로 모든 사람들에게 선험적인 기능으로 주어져있기 때문이다. 칸트는 이러한 미감적 판단의 선험성을 지금까지 해설하였던 것이다. 그리고 만약에 그것이 모든 사람들에게 선험적이어서 보편타당하다면, 이로부터 연역이 가능해야 한다. 즉, 어떤 미감적 만족이나 불만족이 존재한다면, 이에 대한 이유가 해설(설명)될 수 있어야 한다는 것이다. 그것은 객관적인 합목적성을 가지고 있기 때문이다. 이에 대해 칸트는 다음과 같이 설명한다.

> 미감적 판단의 모든 주관에 대한 보편타당성의 요구(권리주장)는, 어떤 선험적 원리에 기반해야만 하는 판단으로서, 하나의 연역을 필요로 한다. 이 연역은 미감적 판단이 곧 객관의 형식에서의 흡족(만족) 또는 부적의함(불만족)에 관련할 때에는 그 판단의 해설 위에 덧붙여지지 않으면 안 되는 것이다. 자연의 미적인 것에 관한 취미판단들은 그와 같은 것들이다. 왜냐하면 이 경우에 합목적성은 어디까지나 객관과 객관의 형태 안에 그 근거를 가지고 있는 것이기 때문이다. (『판단력 비판』, § 30)

위의 내용을 좀더 체계적으로 해설하여 설명하자면, 이에 대한 일반적인 정리(챗GPT)는 다음과 같다.

① "미감적 판단들의 연역"의 핵심논의
칸트의 『판단력비판』에서 나오는 "미감적 판단들의 연역"은 〈취미판단론〉

3장 미감적 판단력의 연역과 변증학

제1부 제2편에 해당하는 핵심 논의이다. 이 부분은 단순히 "취미판단이 이렇게 생겼다"는 분석(분석론, Analytik)을 넘어, 그 판단이 왜 정당성을 갖는지, 즉 타당성 근거를 제시하려는 시도이다.

② 문제의식
취미판단('이것은 아름답다'라는 판단)은 주관적 쾌/불쾌에 근거하면서도, 동시에 보편적 타당성을 요구한다. 그런데 주관적 감정에 불과하다면 그 "보편성"은 정당화되지 못한다. 그래서 칸트는 "이 보편성은 어디서 오는가?"를 밝히기 위해 연역(deduction)을 시도한다. 여기서 '연역'은 〈순수이성비판〉의 "범주의 선험적 연역"과 유사한 방식의 정당화 작업이다.

③ 기본 구도
순수이성의 '논리적 판단'의 보편적 타당성은 개념(범주)에 의해 보장된다. 실천이성의 '도덕판단'은 실천이성의 보편적 법칙에 의해 보장된다. 그리고 '미감적 판단'은 개념에 의존하지 않는데도, 보편성을 요구한다. 따라서 "공통감각"이라는 공유 가능한 주관적 능력을 통해 보편성을 확보한다고 설명한다.

④ 주요 내용
(a) 감성적 인식능력과 상상력, 오성의 자유로운 조화 : 취미판단은 개념에 종속되지 않고, 상상력과 오성의 자유로운 유희적 조화에서 생긴다. 이 조화는 인간이라면 누구나 공유하는 인식능력의 보편적 구조에 속한다.
(b) 공통감각(sensus communis)의 개념 : '사적 감각'이 아니라 "보편적 의사소통 가능성"을 지닌 감각이다. 아름다움을 판단할 때, 각자는 자신의 쾌감을 단순히 사적 기분으로 보지 않고, 다른 모든 사람도 동의해야 한다는 요구를 동반한다.
(c) 보편적 타당성의 정당화 : 미적 판단의 보편성은 개념이나 논리적 증거에서 나오는 것이 아니다. 대신 인간 인식능력의 보편적 구조(상상력-오성의 관계)와 공통감각에 의해 정당화된다.

⑤ 의의

'연역'은 칸트가 미적 판단을 단순한 개인적 기분의 진술이 아니라, 정당화 가능한 판단으로 세우려는 시도이다. 이것은 미학을 단순한 취향의 영역에서 철학적 비판의 대상으로 끌어올린 결정적 지점이다. 후대에 가서 '공통감각' 개념은 "소통, 상호주관성, 공공성"의 문제와도 연결된다. 아렌트 같은 정치철학자들에게 중요한 개념적 자원이 된다.

정리하면, 칸트의 "미감적 판단들의 연역"은 취미판단의 보편적 타당성을 정당화하기 위한 작업으로, "공통감각"이라는 개념을 통해 주관적 쾌감이 보편적으로 타당할 수 있다는 근거를 제시하는 부분이다.(챗GPT, 미감적 판단들의 연역, 2025.9.28.)

나. "미감적 판단의 연역"에 대한 과제 : 선험적 종합판단의 가능성검토

칸트는 이 연역의 가능성을 검토하기 위해서 구체적인 사례를 제시하는 것이 아니다. 다만, 이러한 연역가능성과 관련한 "선험적 종합판단의 가능성"을 검토함을 통해서 연역의 가능성에 대한 답을 제시하고자 하는 것이다. 어떤 종합판단이 선험적이라면, 그것의 기능은 이미 선천적이기 때문이다. 이것은 이미 『순수이성비판』에서 다루었다. 따라서 "선험적 종합판단의 가능성"이 존재하면, 그 연역의 문제는 해결이 되는 것이다. 그리고 이에 이어서 칸트는 "취미판단에서…무엇이 선험적으로 주장되는가"를 묻고, 그것은 "미적 쾌감의 보편타당성이다"고 말한다.

① 경험판단의 기초에 놓인 선험적 개념들(범주들, 개념의 틀)

객관 일반의 개념은 그 객관의 경험적 술어들을 함유하고 있는 대상의 지각과 직접적으로 결합되어 인식판단이 될 수 있고, 그렇게 함으로써 하나의 경험판단이 산출될 수 있다. 그런데 이 경험판단의 기초에는, 직관의 잡다를 하나의 객관의 규정으로 생각하기 위해, 그 객관의 잡다를 종합적으로 통일하는 선험적 개념들이 놓여 있다. 이 개념들(범주들)은 하나의 연역을 요구하거니와, 그것은 또한 순수이성비판에서 주어졌고,

그로써 '선험적 종합 판단들은 어떻게 가능한가?'라는 과제의 해결이 성취될 수 있었다. 그러므로 이 과제는 순수 지성과 그것의 이론적 판단들의 선험적 원리들에 관련된 것이었다. …
② 자신의 쾌감이 타인에게도 나타날 것이라는 판단이 어떻게 가능?
이 과제는 다음과 같이 표상될 수도 있다. 즉 순전히 어떤 대상에 대한 자신의 쾌의 감정으로부터, 그 대상의 개념들에서 독립적으로, 이 쾌감이 다른 모든 주관에서도 동일한 객관의 표상에 부수하는 것이라고 선험적으로, 다시 말해 타인의 동의를 기다릴 필요 없이, 판정할, 그런 판단이 어떻게 가능한가?
③ 취미판단의 종합판단임에 대한 통찰
취미판단들이 종합판단임은 쉽게 통찰할 수 있다. 취미판단들은 객관의 개념은 물론 그 직관까지도 넘어서서, 전혀 인식이 아닌 것, 곧 쾌의 감정을 술어로서 저 직관에 덧붙이는 것이니 말이다. … 그리하여 판단력 비판의 이 과제는 초월철학의 일반적 문제, 즉 '선험적 종합판단들은 어떻게 가능한가?'에 종속되는 것이다. (『판단력 비판』, § 36)
④ 쾌감의 보편타당성 : 선험적 판단
…하나의 취미판단에서 판단력을 위한 보편적 규칙으로서 선험적으로, 누구에게나 타당한 것으로, 표상되는 것은 쾌감(쾌감자체)이 아니라, 마음에서 어떤 대상의 한갓된 판정과 결합되어 있는 것으로 지각되는 이 쾌감의 보편타당성이다. …내가 어떤 대상을 아름답다고 본다는 것은…하나의 선험적 판단이다. (『판단력 비판』, § 37)

다. 보편성을 가진 취미판단의 주관적 합목적성

칸트는, 감각은 보편적으로 전달가능한가, 즉 보편적으로 공유할 수 있는가를 묻는다. 그리고 네 가지 유형의 감정을 구분하는데, 감각기관에 의한 '향수(享受, 수동적으로 누리는 것)의 쾌감'과, 도덕적 행위와 결합되어 있는 '윤리적 쾌감'과, 자연의 숭고함에서 나타나는 '도덕적 숭고의 쾌감'과, 미적인 것에서의 '미적인 쾌감'을 말하며, 그 감각의 보편전달 가능성을 하나하나 검토하는데, 첫째의 감관감각이라고 일컬어지는 '향수의 쾌감'은 수동적인 감관에 의하므로 이것은 지성에 속한 인식의 과정에 속하므로, 보편적인 쾌감으로 분류될 수 없다고 한다. 이때 특히 네 번째의 '미적인 쾌감'은 순전한 반성의 쾌감으로서, 어떤 목적이나 원칙을 표준도 없이, 직관의 능력인 상상력에 의해서, 대상에 대한 일반적 포착에 수반한다. 미적감정을 보편적으로 전달한다.

① 동일한 감각기관의 예 : 향수(香受: 향기)의 쾌감
감각이 지각의 실재적인 것으로 인식에 관계된다면, 그것은 감관감각이라고 일컬어지며, 만약 누구나 우리 것과 똑같은 감관을 갖는다는 것을 상정한다면, 감관감각의 특종적인 질은 오직 똑같은 방식으로 일관되게 전달될 수 있는 것으로 표상되겠지만, 이것은 감관감각에 대해서는 절대로 전제되지 못한다. 그래서 후각이 결여되어 있는 사람에게는 이 종류의 감각은 전달될 수가 없고,…이러한 종류의 쾌감은, 감관을 통해 마음 안으로 들어오는 것이고, 그러므로 그때 우리는 수동적이기 때문에, 향수(香受)의 쾌감이라고 부를 수 있다.

② 도덕적 성질의 쾌감 : 이념적 쾌감
그에 반해 어떤 행위에서 그 행위의 도덕적 성질 때문에 느끼는 흡족은 향수의 쾌감이 아니라, 자기 활동의 쾌감이며, 이 자기활동이 그의 규정(사명)의 이념에 적합함의 쾌감이다. 윤리적 감정이라고 일컬어지는 이 감정은 그러나 개념들을 필요로 하고, 자유로운 합목적성이 아니라, 법칙적인 합목적성을 현시하며, 그러므로 그것은 또한 다름 아니라 이성을 매개로 해서만, 그리고 그 쾌감이 누구에게나 동종적인 것이라 한다면, 아주 명확한(일정한) 실천적 이성개념들에 의해서만 보편적으로 전달될 수 있다.

③ 숭고에 대한 쾌감
이성논변적인 관조의 쾌감으로서 자연의 숭고한 것에 대한 쾌감은 물론 보편적 참여(공감)에 대한 요구주장을 하기는 하지만, 그것은 이미 하나

3장 미감적 판단력의 연역과 변증학

의 다른 감정, 곧 그의 초감성적 규정(사명)의 감정을 전제로 한다. 이 감정은… 도덕적 토대를 갖는 것이다.… 나는 적당한 기연이 있을 때마다 저러한 도덕적 소질들이 고려되어야 한다는 관점에서, 저러한 흡족도 누구에게나 감히 요구할 수 있다. 그러나 나는 오직 그 자신 다시금 이성의 개념들 위에 기초되어 있는 도덕법칙을 매개로 해서 그리할 수 있을 따름이다.

④ 미적인 쾌감 : 순전한 반성적 쾌감

그에 반해 미적인 것에서의 쾌감은 향수의 쾌감도, 법적활동의 쾌감도 아니고, 이념들에 의한 이성논변적 관조의 쾌감도 아니며, 순전한 반성의 쾌감이다. 어떤 목적이나 원칙을 표준으로 가짐이 없이, 이 쾌감은 직관의 능력인 상상력에 의해서, 개념들의 능력인 지성과 관련하여, 판단력의 수행절차를 매개로, 대상에 대한 보통의(일반적) 포착에 수반한다. 이런 수행절차는 판단력이 극히 보통의 경험을 위해서도 밟지 않을 수 없는 것이다.… 이러한 쾌감은 필연적으로 누구에게나 동일한 조건들에 의거한 것일 수밖에 없다.…

⑤ 보편성을 가진 취미판단의 주관적 합목적성

바로 이렇기 때문에 취미를 가지고 판단하는 이도 역시 주관적 합목적성을, 다시 말해 객관에서의 그의 흡족을 다른 모든 사람에게 감히 요구하고, 그의 감정을 보편적으로 전달가능한 것으로 그것도 개념들의 매개 없이 전달가능한 것으로 상정해도 좋은 것이다. (『판단력 비판』, § 39)

라. "직관-상상력-지성-공통감"의 흐름에 대한 개략

칸트의 취미판단에서 "직관-상상력-지성-공통감"이 어떻게 연결되는지 흐름을 살펴볼 필요가 있다. 칸트의 취미판단에서 '상상력'은 '공통감'과 직접 맞닿아 있다. 핵심은, '상상력'이 '직관'과 '지성' 사이를 매개하면서, 취미판단이 단순한 사적 쾌감이 아니라 보편적 소통 가능성을 갖게 만드는 역할을 한다는 것이다. 이에 대한 일반적인 정리(챗GPT)는 다음과 같다.

① 상상력의 일반적 기능
『순수이성비판』에서는 상상력이 감성(직관)과 지성(개념) 사이를 잇는 능력으로 설명된다. 즉, 주어진 직관을 종합해서 개념에 맞추어 주는 기능을 한다.
② 미적 판단에서의 상상력
취미판단에서는 어떤 개념에도 구속되지 않은 자유로운 놀이로서 상상력이 작동을 한다. 다시 말해, 직관을 개념 아래에 종속시키지 않고, 직관 자체를 자유롭게 종합해 나가는 힘이다. 이때 상상력은 지성과 조화를 이루는데, 이것이 취미판단에서 느끼는 "쾌"의 근원이다.
③ 공통감과 상상력
공통감은 단순히 "모두가 같은 감각을 느낀다"는 것이 아니라, 상상력과 지성의 자유로운 합목적적 조화가 모든 인간에게 보편적으로 가능하다는 전제를 말한다. 즉, 내가 어떤 대상을 보고 "아름답다"고 느낄 때, 이는 나의 상상력이 지성과 조화롭게 작동했음을 의미하고, 동시에 "다른 이들도 이 조화를 경험할 수 있다"는 기대를 가능하게 하는 것이 공통감이다.
④ 직관-상상력-지성-공통감의 구조
1st, 직관은 대상을 감각적으로 받아들인다.
2nd, 상상력은 직관을 자유롭게 종합하여 지성과 맞춘다.
3rd, 지성은 개념 규정 없이 상상력과 조화하면서 '합목적성'을 느낀다.
4th, 쾌감은 이 조화가 의식될 때 '즐거움'으로 경험됨.
5th, 공통감, 이 쾌감은 단지 나의 것이 아니라, 누구나 그렇게 느낄 수 있다는 전제 위에 서 있다.
6th, 보편성, 그래서 취미판단은 단순한 사적 기호가 아니라 "보편적 타당성"을 주장하게 된다.
즉, 상상력은 공통감이 작동하는 실제 메커니즘이자, 직관과 지성 사이를 이어주는 매개고리이다. 정리하자면, 취미판단에서 상상력은 개념에

묶이지 않고 자유롭게 활동하면서 지성과 조화를 이루어 쾌를 낳고, 이 조화가 공통감의 보편적 타당성을 가능하게 한다.

⑤ 카트 취미판단의 구조도

[직관 (대상)]
    ↓ 대상을 감각적으로 받아들임
[상상력의 자유로운 종합]
    ↓ 개념에 종속되지 않고 직관을 자유롭게 구성
[지성과의 조화]
    ↓ 지성이 "목적성"을 느끼지만 특정 개념에 속하지 않음
[쾌감의 발생]
    ↓ 순수한 감정, 이해관계 없음
[공통감 (Gemeinsinn)]
    ↓ 전제: 상상력과 지성의 조화를 모든 인간이 보편적으로 공유
[보편적 타당성의 주장]
    → "이것은 아름답다."

이렇게 보면, 상상력은 공통감을 가능케 하는 실제 작동 메커니즘이자, 직관과 지성 사이의 다리 역할을 한다. (챗GPT, 직관-상상력-지성-공통감, 2025.9.28.)

라. 취미판단의 공통감 : 상상력-개념-공통감

취미판단(미감적 판단)은 지성보다 선재적으로 존재하는 공통감이라고 불릴 수 있다. 사람들의 미감(미감적 판단)이 반성적으로 마음에 미친 작용의 결과 쾌의 감정이 나타난다. 미감적 판단은 표상에서의 감정을 개념이 매개하고 있음에도 불구하고, 개념의 매개 없이 보편적으로 타인에게 전달된다. 이 상상력과 지성의 부합은 법칙적이다. 오직 자유롭게 있는 상상력이 지성을 일깨우고, 지성이 개념들 없이 상상력으로 하여금 내적 감정으로서 전달(공유) 된다. 그러므로 취미(아름다움의 감정)는 주어진 표상과 (개념의 매개 없이) 결합되어 있는 감정들의 전달가능성을 선험적으로 판정하는 능력

이다.

① 미감적 판단의 공통감
취미판단(미감적 판단)은 건전한 지성보다 훨씬 더 정당하게 공통감이라고 불릴 수 있다. 그리고 만약 사람들이 미감(미적감각)이라는 말을 순전한 반성이 마음에 미친 작용의 결과에 대해서 사용하고자 한다면, 그 때 미감이란 쾌의 감정을 뜻하므로, 지성적 판단력 보다는 오히려 미감적·감성적 판단력이 공통적 감(각)이라는 이름을 가질 수 있다.
② 미감 : 표상에서의 감정을 개념의 매개 없이 보편적으로 전달
그뿐 아니라 사람들은 취미를 주어진 표상에서의 우리의 감정을 개념의 매개 없이 보편적으로 전달가능하게 하는 것을 판정하는 능력이라고 정의할 수도 있겠다.…
③ 직관들 - 상상력 - 개념
자기의 사상을 전달하는 인간의 숙련성 또한, 개념들에다가 직관들을 덧붙이고, 직관들에다가 다시금 개념들을 덧붙여, 이것들이 하나의 인식으로 합류하게 하기 위해서는 상상력과 지성의 관계를 필요로 한다.
④ 상상력과 지성의 부합은 법칙적
그러나 그 때에 두 마음(상상력과 지성)의 능력들의 부합은 법칙적이다. 즉 일정한 개념들의 강제 아래에 있다. 오직 자유롭게 있는 상상력이 지성을 일깨우고, 지성이 개념들 없이 상상력으로 하여금 합규칙적인 유희를 유도하도록 할 때에만, 표상은 사상(思想, 생각)으로서가 아니라, 마음의 합목적적 상태의 내적 감정으로서 전달(공유) 된다.
⑤ 공통감의 선험성
그러므로 취미(아름다움의 감정)는 주어진 표상과 (개념의 매개 없이) 결합되어 있는 감정들의 전달가능성을 선험적으로 판정하는 능력이다.
(『판단력 비판』, § 40)

마. 미적인 것에 대한 경험적 관심 : 예술

이 공통감은 인간의 사회성 혹은 사교성에 속하는 인간의 자연본성에 속한다. 그래서 경험적으로 보면 미적인 것은 오직 사회에서만 관심거리이다. 미적인 것에서의 경험적 관심은 사회로의 인간의 경향성에 기인한다. 그리고 이러한 공통감이 결국 예술로 나타나며, 칸트는 이것을 문명화의 시작이다고 한다.

① 미적인 것 : 사회에서만 관심거리
경험적으로는 미적인 것은 오직 사회에서만 관심거리이다. 그리고 만약 사람들이 사회로의 추동(推動)을 인간에게 자연본성적인 것이라고, 또 사회에 대한 유능함과 성벽(性癖)을, 다시 말해 사교성을 사회를 이루도록 규정된 피조물인 인간의 요건에, 그러므로 인간성에 속하는 속성이라고 시인한다…
② 문명화의 시작
무인도에 버려진 사람은 그 자신 홀로는 자기의 움막이나 자기 자신을 꾸미거나 꽃들을 찾아내거나 하지 않으며, 더구나 단장하기 위해 꽃들을 재배하는 일은 없을 것이다. 오직 사회에서만 그에게 한낱 인간이 아니라 자기 나름으로 세련된 인간이고자 하는 생각이 떠오른다. (이것이 문명화의 시작이다.)
③ 공동의 만족
무릇 사람들은 자기의 쾌감을 다른 사람들에게 전달하고 싶어 하고, 그런 일에 능숙한 자를 세련된 인간이라고 판정하며, 또 만약 어떤 객관에서 다른 사람들과 공동으로 흡족을 느낄 수 없을 경우에는, 그 객관에서 만족을 얻지 못하는 자를 세련된 인간이라고 판정한다. 또한 누구나 보편적 전달에 대한 고려를, 그것이 마치 인간성 자신에 의해 구술된 어떤 근원적인 계약에서 나오는 것인 것처럼, 모든 사람에게 기대하고 요구한다.(『판단력 비판』, § 41)

바. 예술과 천재

이제 칸트는 미감적 판단의 원리를 개별적인 예술의 창조와 판단에 적용시켜, 연역론 내에서의 예술론을 전개한다. 한편, 천재에 의한 미적인 예술 작품은 미적 판단의 원리를 범례적으로 정당화시켜준다고 한다. 이에 대해 백종현은 다음과 같이 요약한다.

① 자유에 의해 산출되는 예술작품들
미감적 판단은 보편적 동의를 요구하지만, 독창적인 예술가만이 미적인 것을 산출할 수 있다. 예술작품들은 자유에 의해 산출된다.(『판단력 비판』, § 43)
② 자유로운 기예로서의 예술
실천적인 '할 수 있음'이 이론적인 앎과 구별되듯이, 숙련성의 기예는 학문과 구별된다. 그리고 예술은 언제나 자유로운 기예인 반면에, 수공은 노임 기예로서 그 산물이 합목적적인 한에서만 적의하다. 모든 기예가 미적 기예 곧 예술은 아닌 것이다.(『판단력 비판』, § 44) (칸트, 『판단력 비판』, 백종현 역 (서울: 아카넷, 2013), 50)
③ 예술적 천재
천재는 개념들이나 목적들을 이용하지 않고서도 '기예에 규칙을 주는 재능(천부의 자질)'이다. 천재는 네 가지 특징을 갖는다. 첫째, 천재는 '어떠한 특정한 규칙도 주어지지 않는 것을 만들어내는 원본성 곧 독창성'으로 사람들의 마음을 사로잡는다. 둘째, 천재의 생산물은 모방에 의한 것이 아니라, '본보기적'이다. 쉽게 배울 수 있는 것이 천재성은 아니다. 도제와 대가 사이의 차이는 단계적인 것이지만, 창의적인 천재와 천재성 없이 잘 배운 자 사이의 차이는 종적인 것이다. 미적 기예는 천재의 예술이고, 기계적 기예는 근면의 기술이다. 셋째, 천재는 그가 어떤 규칙에 따라 자기의 생산물을 산출하는가를 스스로 기술할 수 없다. 넷째, 자연은 천재를 통해 예술들에 규칙을 지시규정한다. 그러나 학문에 지시규정하지는 않는다.
④ 천재 : 정신에서 생기는 원리를 현시하는 능력

3장 미감적 판단력의 연역과 변증학

…천재는 우리 마음의 서로 다른 능력에 기초한다. 천재는 취미 외에 '정신' 곧 '마음에서 생기를 일으키는 원리'인 '미감적 이념들을 현시하는 능력'을 가지고 있다. 미감적 이념은 생산적인 자유로운 상상력에 의해 형성되는 것으로, 내적 직관인 그것에는 아무런 개념도 대응하지 않는다. (칸트, 『판단력비판』, 백종현 역 (서울: 아카넷, 2013), 51-52.)

2. 미감적 판단력의 변증학

가. "취미 이율배반 변증법"의 개략

칸트가 『판단력비판』에서 다루는 '취미의 이율배반'은 미적 판단(취미판단) 안에서 발생하는 두 가지 상반된 주장이 동시에 성립하는 듯 보이는 긴장 관계를 가리키는 말이다. 이에 대한 일반적인 정리(챗GPT)는 다음과 같다.

① 취미의 이율배반의 구조
칸트는 두 명제를 대립시켜 보여준다. 테제(Thesis)로서, "취미판단은 개념에 기초한다"이다. 즉 취미판단이 보편적 타당성을 주장하려면, 반드시 어떤 개념(규칙)에 의해 근거를 가져야 한다. 왜냐하면 '보편성'은 개념 없이는 성립하기 어렵기 때문이다.
안티테제(Antithesis)로서, "취미판단은 어떤 개념에도 기초하지 않는다"이다. 즉 취미판단은 직접적 쾌/불쾌의 감정에 따른 것이고, 개념이나 규칙에 따라 이루어지지 않는다. 즉, 취미판단은 개념으로 증명하거나 논증할 수 없는 판단이다.
② 모순의 핵심
한편으로는 보편적 타당성을 주장하려면 개념이 필요할 것 같고, 다른 한편으로는 사적 감정의 자유로움이 본질이기에 개념이 개입하면 안 된다. 그래서 취미판단은 "개념을 필요로 하면서도, 개념에 의존하지 않는다"는 이율배반적 성격을 띠게 된다.
③ 칸트의 해결

칸트는 이 모순을 "규정적 판단"과 "반성적 판단"의 차이로 푼다. 규정적 판단은, 이미 개념이 주어져 있고, 대상이 그 개념에 맞는지 확인하는 판단이다. 예컨대, "이건 삼각형이다"와 같은 경우이다.

반성적 판단은, 개념이 주어져 있지 않고, 그러면서도 개념을 찾으려는 판단이다. 예컨대, "이것은 아름답다"와 같은 경우이다.

취미판단은 개념을 통한 규정적 판단이 아니라, 반성적 판단이므로 개념 규칙에 종속되지 않는다. 하지만 동시에, 이 판단의 형식(상상력과 지성의 조화)이 보편적으로 타당할 수 있다는 전제 위에서 "마치 개념이 있는 듯이" 보편성을 주장할 수 있다.

④ 정리

이율배반으로서, 취미판단은 개념을 필요로 하는 것처럼 보이지만, 실제로는 개념 없이도 성립한다. 이에 대한 해결로서, 취미판단은 개념적 규정이 아니라, 상상력과 지성의 자유로운 합목적적 조화에 기반하며, 그 조화가 보편적으로 공유될 수 있다는 공통감을 전제로 한다.

취미의 이율배반은 "취미는 개념에 의존한다 vs 취미는 개념에 의존하지 않는다"의 모순이다. 칸트는 "개념이 아닌, 보편적 소통 가능성을 전제로 하는 반성적 판단"이라는 방식으로 해결한다. 이것을 "테제-안티테제-해결"의 칸트식 변증법이라고 한다. (챗GPT, 취미 이율배반, 2025. 9. 28.)

나. 취미 이율배반의 표상

칸트에 의하면, 미적 감정으로서의 취미에 이율배반의 표상이 나타난다고 한다. 취미(미적 쾌감)에는 두 가지 상이한 명제가 나타나는데, 그 중 하나는, "취미는 각각에게 '주관적'이다"는 명제이다. 그렇다면, 자신의 판단에 대해서 타인으로부터 필연적 동의를 얻을 필요는 없다. 그런데, 두 번째는, "취미는 '증명'은 못해도 '논쟁'은 할 수 있다"는 것이다. 즉 이것은 주관적이지 않은, "판단의 근거들을 기대할 수 있는 그 무엇"이 존재한다는 것이다. 이것은 단적으로 "취미판단은 개념들에 기초하지 않는다(정립)"이면서

3장 미감적 판단력의 연역과 변증학

도, "취미판단은 개념들에 기초한다(반정립)"의 명제가 공존하고 있다는 것이다. 이것이 취미판단의 근저에 놓여있는 '이율배반의 원리'이다.

① 취미의 주관성
취미에 대한 첫째 상투어는,…"누구나 자기 자신의 취미(미적 쾌감)를 가지고 있다"에 함유되어 있다. 이것은, 이러한 (취미) 판단의 규정근거는 한낱 주관적(쾌락 또는 고통)이며, 이러한 판단은 타인의 필연적 동의를 요구할 권리를 갖지 못한다고 말하는 것과 똑같다.
② 논의는 할 수 없지만 논쟁은 할 수 있는 취미
취미에 대한 둘째 상투어는, 취미판단이 누구에게나 타당하다고 언명할 권리가 있음을 용인하는 사람들조차 사용하는 것으로, "취미판단에 관해서는 논의는 할 수 없다"는 것이다. 이것은, 어떤 취미판단의 규정근거는 객관적일지도 모르지만, 그것은 규정된 개념들로 환원될 수가 없으며, 그러니까 비록 취미판단에 관해서는 충분히 그리고 당연히 "논쟁할 수 있다"고 할지라도, 그 판단 자체에 관해서는 증명에 의해 결정('논의' 가능성)할 수 없다고 말하는 것과 똑같다. 무릇 논쟁한다는 것과 논의한다는 것은, 그것들이 판단들의 상호저항을 통해 그 판단들의 일치를 만들어내려고 한다는 점에서는 한가지이지만, 후자는 이러한 일을 증명근거로서의 규정된 개념들에 따라 생겨나게 하기를 희망하고, 그러니까 객관적 개념들을 판단의 근거로 받아들인다는 점에서는 서로 다르다.…
…(위에서, 두 번째 명제인)"취미에 관해서는 논쟁(은) 할 수 있다"의 명제는 맨 처음 명제("누구나 자기 자신의 취미를 가지고 있다")의 반대를 함유하고 있다. 무릇 어떤 것에 관해서 논쟁한다는 것이 허용되어야 한다면, 거기에는 상호간에 합치할 수 있다는 희망이 있지 않으면 안 되며,… 주관적이지 않은, 판단의 근거들을 기대할 수 있지 않으면 안 되기 때문이다.…
③ 취미의 원리에 대한 이율배반
그러므로 취미의 원리에는 다음의 이율배반이 나타난다.

ⓐ정립 : 취미판단은 개념들에 기초하지 않는다. 왜냐하면, 그렇지 않다면 그것에 대해 논의(증명을 통해 결정)하게 될 것이기 때문이다.
ⓑ반정립 : 취미판단은 개념들에 기초한다. 왜냐하면, 그렇지 않다면 그 상이성에도 불구하고 그것에 대해서는 결코 논쟁하지 못하게 될 것이기 때문이다. (『판단력 비판』, § 56)

다. 취미 이율배반의 해결

칸트는 취미판단의 필연적 보편타당성을 보았을 때, 이것은 어떤 한 개념과 관계를 맺지 않으면 안 된다고 확신한다. 그런데, 문제는 논쟁은 되고 있는데, 증명과 같은 논의가 안 된다. 이에 대해 칸트는 초감성적인 명제는 증명이 되지 않는 것인데, 이 취미판단도 초감성적 명제라면 이것도 증명되지 않는다고 말한다. 그러면서 하나의 균형을 도출하는데, 취미판단이 접하고 있는 대상이 바로 이와 같이 '초월적 대상'이라고 말하면 모든 모순은 사라진다고 말한다. 즉, 그것은 이 취미판단의 규정 근거가, 아마도 "인간성의 초감성적 기체라고 간주될 수 있는 개념 가운데 놓여 있기 때문"이라고 말한다. 이것을 근거로 해서 칸트는 정립과 반정립의 명제를 수정한다.

① 취미판단의 개념성
취미판단은 어떤 한 개념과 관계 맺지 않으면 안 된다. 그렇지 않으면 그것은 모든 사람에 대한 필연적 타당성을 절대로 주장할 수가 없을 것이기 때문이다. 그러나 그렇다고 해서 취미판단이 하나의 개념으로부터 바로 증명될 수 있어야 하는 것은 아니다. 왜냐하면 하나의 개념은 규정 될 수 있는 것도 있고, 그 자체로는 규정되지 않은 것이면서 또한 동시에 규정될 수 없는 것일 수도 있기 때문이다.
② 지성 개념
지성개념은 전자의 (바로 증명 되는) 종류의 것으로, 지성개념은 그에 대응할 수 있는 감성적 직관의 술어들에 의해 규정될 수 있다.
③ 초감성적인 것에 대한 초월적 이성개념

그러나 모든 저러한 직관의 기초에 놓여 있는 초감성적인 것에 대한 초월적 이성개념은 후자의 종류의 것인바, 그러므로 이성개념은 더 이상 이론적으로 규정될 수가 없다. (필자: 그렇다면, 취미판단은 이 중 어디에 더 가까울까?)

④ 감관의 대상들과 관계한 개별적(주관적) 취미
그런데 취미판단은 감관의 대상들과 관계하지만, 그것은 대상들의 한 개념을 지성에 규정하기 위한 것이 아니다. 취미판단은 인식판단이 아니기 때문이다. 그래서 취미판단은, 쾌의 감정과 관련되어 있는 직관적 개별적 표상으로서, 단지 사적 판단일 뿐으로, …누구나 자기의 취미를 가지고 있다.

⑤ 취미판단 안에 있는 객관의 관계 함유 : 개념적 요소
그럼에도 불구하고 의심할 여지없이 취미판단 안에는 객관의 확장된 관계가 함유되어 있으며, 이 관계에 기초해서 우리는 이런 종류의 판단들을 누구에게나 필연적으로 연장하며, 그래서, 이러한 연장에는 어떤 개념인가가 필연적으로 그 기초에 있지 않으면 안 된다.

⑥ 직관에 의해 규정되는 개념이 아니므로 증명될 수 없음
그러나 그것은 전혀 직관에 의해 규정되는 개념이 아니며, 이 개념에 의해서는 아무것도 인식되지 않고, 그러니까 취미판단에 대해서는 어떠한 증명도 수행될 수 없다.

⑦ 감관에서 나온 개념 : 초감성적인 순전한 이성개념
그러나 그와 같은 개념은, 감관의 대상으로서, 그러니까 현상으로서 대상의 기초에 놓여 있는 초감성적인 것에 대한 순전한 수수한 이성개념이다. 무릇 그러한 고려를 하지 않는다면, 취미판단의 보편타당성에 대한 요구주장은 구출될 수 없을 터이다. …

⑧ 취미판단의 규정 근거 : 인간성의 초감성적 기체
그러나 만약 내가 다음과 같이 말한다면, 모든 모순은 사라진다. 즉 취미판단은 한 개념에 기초하고 있지만, 이 개념은 그 자체로는 규정될 수 없고 인식에 쓸모도 없는 것이기 때문에, 이 개념으로부터는 객관과

관련하여 아무것도 인식될 수도 증명될 수도 없다. 그러나 취미판단은 바로 그 개념에 의해서 동시에 모든 사람에 대한 타당성을 (물론 누구에게나 직관에 직접 수반하는 단칭판단으로서이지만) 얻는바, 그것은 이 취미판단의 규정 근거가 아마도 인간성의 초감성적 기체라고 간주될 수 있는 것에 대한 개념 가운데 놓여 있기 때문이라고 말이다. (『판단력 비판』, § 57)

⑨ 정립과 반정립 명제의 수정

그래서 정립에서는 "취미판단은 규정된 개념들에 기초하지 않는다"고 말해야 했을 것이며, 반면에 반정립에서는 "취미판단은, 규정되지 않은 개념(곧 현상들의 초감성적인 기체에 대한)이기는 하지만, 하나의 개념에 기초한다"고 말해야 했다. 그렇게 되면 이들 사이에는 아무런 상충도 없을 터이다. (『판단력 비판』, § 57)

라. 상징으로 산출되는 이념들의 객관적 실재성

우리의 개념들의 실재성을 밝히는 데 요구되는 것은 직관들이다. 경험적 개념들의 도식들이라고 부른다. 그러나 이성 개념들, 다시 말해 이념들의 객관적 실재성에 대한 적합한 직관은 절대로 주어질 수 없기 때문이다. 그것은 유비적으로 수행하는 직관이 놓인다. 유비에 있어서 판단력은 이중의 과제, 즉 첫째로는 개념을 감성적 직관의 대상에 적용하고, 그 다음에 둘째로는 하나의 전혀 다른 대상에 적용하여 상징을 산출한다. 이 과제는 더욱 더 깊이 연구할 만한 가치가 있음에도 불구하고, 지금까지는 그다지 다루어지지 않았다. 그 밖에도 무수한 다른 말들은 도식적 현출이 아니라, 상징적 현출들이며, 직접적 직관에 의해서가 아니라 단지 직관과의 유비에 의한 표현인 것이다. 신에 대한 우리의 모든 인식은 한낱 상징적이다.

① 개념들의 실재성을 밝히는 데 요구되는 것 : 직관들
우리의 개념들의 실재성을 밝히는 데는 언제나 직관들이 요구된다.
② 지성개념들 : 경험적 개념들

경험적 개념들일 경우에는 그 직관들을 실례들이라고 일컫는다. 그것들이 순수 지성개념들일 경우에는 직관들을 도식들이라고 부른다.
③ 이성개념들 : 이념들의 객관적 실재성
그러나 사람들이 이성 개념들, 다시 말해 이념들의 객관적 실재성을 이론적 인식을 위해 밝혀야 한다고 요구한다면, 그것은 불가능한 것을 욕구하는 것이다. 왜냐하면 이념들에 적합한 직관은 절대로 주어질 수 없기 때문이다.
④ 감성화의 표현 : 도식적(직관)이거나 상징적(유비적)
감성화로서의 모든 현출(現出, 생생한 표현)은 두 가지 중의 하나로서 도식적이거나 상징적이다. 전자의 경우에는 지성이 파악하는 개념에 대응하는 직관이 선험적으로 주어진다. 후자의 경우에는 오직 이성만이 사고할 수 있고, 그에 적합한 어떠한 감성적 직관도 있을 수 없는 개념의 근저에, 그것을 가지고 판단력이 도식화에서 준수하는 방식에 한낱 유비적으로 수행하는 직관이 놓인다. …
그러므로 사람들이 선험적 개념들의 근저에 놓는 모든 직관들은 도식들이거나 상징들로서, 그 가운데 전자는 개념의 직접적 현시들을, 후자는 간접적 현시들을 함유한다. 전자는 이러한 일을 입증적으로 하고, 후자는 유비에 의하여 하는 바(이 유비를 위해서 사람들은 경험적 직관들을 이용하기도 한다), 유비에 있어서 판단력은 이중의 과제, 즉 첫째로는 개념을 감성적 직관의 대상에 적용하고, 그 다음에 둘째로는 저 직관에 관한 반성의 순전한 규칙을 하나의 전혀 다른 대상에 적용하는 일을 수행한다.
⑤ 상징적 표상의 예
그래서 한 군주국가가 내국법에 의해 통치되는 경우에는 영혼이 있는 신체로 표시되는데 반하여, 단독적인 절대적 의지에 의해 통치되는 경우에는 순전한 기계로 표상되는데, 그러나 두 경우 모두 단지 상징적으로 표상되는 것이다. 왜냐하면 하나의 전제국가와 손절구 사이에는 아무런 유사성도 없지만, 이 양자와 이 양자의 인과성에 관해 반성하는 규칙

사이에는 충분히 유사성이 있기 때문이다. 이 과제는 더욱더 깊이 연구할 만한 가치가 있음에도 불구하고, 지금까지는 그다지 다루어지지 않았다.… 그 밖에도 무수한 다른 말들은 도식적 현출이 아니라, 상징적 현출들이며, 직접적 직관에 의해서가 아니라 단지 직관과의 유비에 의한, 다시 말해 직관의 대상에 대한 반성을 전혀 다른 개념으로,… 개념들을 위한 표현인 것이다.… 신에 대한 우리의 모든 인식은 한낱 상징적이다.…(『판단력 비판』, § 59)

마. 미적인 것은 윤리적으로 좋은 것의 상징

칸트는 이렇게 대상에 대한 감성화의 이면에 대한 현출로서의 상징을 밝힌 후에, "미적인 것은 윤리적으로 좋은(선한) 것의 상징"이며, 이러한 관점에서 모든 사람들의 동의를 요구하면서 함께 만족을 누린다고 말한다. 이때 이 쾌는 감관인상들에 대한 수용을 넘어서서 어떤 순화와 고양을 의식한다. 즉, 미는 좋은 것이라는 궁극적 실재에 대한 유비인데, 이것이 판단력의 위치이다. 이것은 자연도 아니고 자유도 아니면서, 즉 초감성적인 것과 연결되어 있는 어떤 것에 자신이 관계 맺어져 있는 것이다. 그리고 이 초감성적인 것에서 이론적인 능력은 실천적인 능력과 우리에게 알려져 있지 않은 어떤 공통적인 방식으로 결합되어 통일된다.

① 미적인 것은 윤리적으로 좋은 것의 상징
이제 나는 말하거니와, 미적인 것은 윤리적으로 좋은(선한) 것의 상징이며, 그리고 또한 이러한 관점에서만 미적인 것은 다른 모든 사람들의 동의를 요구함과 함께 적의한 것(함께 만족해 하는 것)이다. 이때 우리의 마음은 동시에 감관인상들에 의한 쾌의 한갓된 수용을 넘어선 어떤 순화와 고양을 의식하며, 다른 사람의 가치도 그들의 판단력의 비슷한 준칙에 따라서 평가하는 것이다.
② 상위의 인식능력들과 자연본성 사이의 조화를 이루는 취미
이것이 바로…취미가 바라보는 예지적인 것으로, 이것에 우리의 상위의

인식능력들조차 부합하는 것이며, 이것이 없다면 이 상위의 인식능력들의 자연본성 사이에는, 취미가 제기하는 요구들과 비교할 때, 순전한 모순들만이 생길 터이다.
③ 경험법칙의 타율성에 종속되지 않은 판단력
이 능력에 있어서 판단력은 경험적 판정에서와 같지 않게 자신이 경험법칙들의 타율성에 종속되어 있다고 보지 않는다.
④ 판단력은 이성처럼 자기 자신에게 법칙을 수립
즉 판단력은 그처럼 순수한 흡족의 대상들에 관해서는 자기 자신에게 법칙을 수립하거니와, 이것은 이성의 욕구능력에 관해서 그렇게 하는 것과 꼭 마찬가지이다.
⑤ 판단력은 초감성적인 것과 연결
그리고 판단력은 주관에서의 이러한 내적 가능성으로 인해서도, 주관 자신 안에 그리고 주관 밖에 있는 어떤 것에, 자연도 아니고 자유도 아니면서, 그러나 자유의 근거와, 곧 초감성적인 것과 연결되어 있는 어떤 것에 자신이 관계 맺어져 있음을 본다. 그리고 이 초감성적인 것에서 이론적인 능력은 실천적인 능력과 우리에게 알려져 있지 않은 어떤 공통적인 방식으로 결합되어 통일된다.…(『판단력 비판』, § 59)

바. 판단력 혹은 미적 쾌감과 관련한 기능들
칸트는 이제 이러한 유비의 몇몇 점들을 들면서, 판단력 혹은 미적 쾌감과 관련한 기능을 순차적으로 열거한다. 그리고 그렇게 기능하고 있는 예들을 보통의 상식적인 일 속에서 입증한다. 즉 자연이나 예술의 아름다운 대상들과 윤리적 판정이 어떻게 연관되어 있는지를 예를 들어서 입증한다.

① 유비의 특성들
이러한 유비의 몇몇 점들을 들면서, 동시에 그것들의 상이함에 대해서도 주의해 두고자 한다. (a)미적인 것은 직접적으로 적의(합당한 쾌·만족 : 필자)하다. (b)미적인 것은 일체의 이해관심 없이 적의하다. (c)상상력의

자유는 미적인 것의 판정에서 지성의 합법칙성과 일치하는 것으로 표상된다. (d)미적인 것의 판정의 주관적 원리는 보편적인 것으로, 어떠한 보편적 개념에 의해서도 인지되지 않는 것으로 표상된다. 그래서, 도덕판단은 일정한 구성적 원리의 능력이 있을 뿐만 아니라, 오로지 준칙들의 기초를 그러한 구성적 원리들과 그것들의 보편성에 둠으로써만 가능한 것이다.

② 유비에 대한 고려를 통한 이름들

이러한 유비에 대한 고려는 보통의 지성(상식)에서도 통상적인 일이고, 우리는 자주 자연이나 예술의 아름다운 대상들을 윤리적 판정을 기초에 두고 있는 것으로 보이는 이름들로 부른다. 우리는 건물이나 나무들을 장엄하다, 화려하다고 부르는가 하면, 들판을 미소 짓고 있다, 유쾌하다고 부르기도 한다. 색깔들 조차도 무구하다, 겸손하다, 귀엽다라고 부르는데, 이것은 색깔들이 도덕 판단들에 의해 일으켜진 마음 상태의 의식과 유비적인 것을 함유하고 있는 감각들을 유발하기 때문이다.

③ 취미는 감관의 자극으로부터 도덕적 관심으로 이행을 가능하게 함

취미는 자유롭게 유희하는 상상력도 지성에 대해서 합목적적으로 규정될 수 있는 것으로 표상하고, 심지어는 감관의 자극 없이도 감관들의 대상들에서 자유로운 흡족을 발견하는 일을 가르쳐 줌으로써, 이를테면 감관의 자극으로부터 습관적인 도덕적 관심으로의 이행을 너무 억지스러운 비약 없이 가능하게 하는 것이다. (『판단력 비판』, § 59)

4장 목적론적 판단력 비판

1. '미감적 판단'(아름다움과 숭고판단)의 정리

가. 칸트의 인식과 판단의 구조

칸트가 말하는 상상력은 판단력의 고유한 능력도 아니고, 오성의 고유한 능력도 아니다. 그는 상상력을 중간적·매개적 능력으로 위치시킨다. 그래서 칸트의 "감성-오성(지성)-이성"의 구도에 상상력을 포함시키면, "감성-상상력-오성-상상력(미와 숭고)-이성"이다. 이때 미는 "이성에게 보편적 합목적성의 형식"을 제공한다. 한편, 숭고는 '상상력의 붕괴'를 한 번 수반하므로, "상상력의 붕괴→이성의 능력 자각 →이성의 도덕적 합목적성 형식 제시"로 나타난다. 즉, 숭고는 이성의 도덕적 합목적성을 드러낸다. 이에 대한 일반적인 정리(챗GPT)는 다음과 같다.

① 칸트의 기본 구분
칸트는 우리의 인식과 판단이 "감성-오성(지성)-이성"으로 이루어진다고 말한다. 먼저, 감성은 직관을 준다. 오성(지성)은 개념을 주며, 이성은 원리와 이념을 준다. 그런데, 감성과 오성 사이를 잇는 연결고리가 '상상력'이다. 그래서 "감성-상상력-오성-이성"으로 표현할 수도 있다.
② 『순수이성비판』에서 상상력
칸트는 상상력을 "감성과 오성 사이의 중개 능력"이라고 정의한다. 예를 들어, 시간 속에 주어진 '직관'을 '종합'해서 오성의 개념과 연결시키는 역할을 한다. 그래서 상상력은 때로는 감성 쪽에 가까운 수동적 재현능력, 때로는 오성 쪽에 가까운 능동적 종합능력으로 설명된다.
③ 『판단력 비판』에서 상상력
판단력 비판에서 칸트는 상상력을 다시 중요하게 다루는데, 특히 미적 판단에서 핵심 역할을 맡는다. 여기서 상상력은 오성과 자유롭게 "놀이(freies Spiel)"를 하는데, 이게 바로 아름다움과 숭고를 경험하게 한

다. 그러나 상상력 자체를 "판단력의 능력"이라고 하진 않는다.
④ 새로운 구조 : 감성-상상력-오성-상상력(미와 숭고)-이성
칸트에게 상상력은 기본적으로 감성과 오성 사이의 매개 능력이지만, 경우에 따라 이성까지 자극하거나 영향을 미친다. 이때 상상력은 미와 숭고로 구분할 수 있는데, 이때의 미는 보편타당성을 수반하는 쾌감이다.
⑤ 미적 판단에서의 상상력 : 이성에 이르는 미(아름다움)
상상력이 오성과 자유롭게 조화하면서 쾌를 발생시키는데, 이 쾌감은 단순히 개인적 쾌락이 아니라, "보편적으로 타당해야 한다"는 요구를 수반하는데, 이 보편성 요구는 곧 이성의 형식적 요구(일반 타당성)에 이르게 된다. 즉, 상상력이 오성과의 자유로운 놀이 속에서, 이성에 보편적 합목적성의 형식을 제공한다고 말할 수 있다.
쾌/불쾌는 "감정의 차원"(주관적 상태)으로서, 인식이나 개념이 아니라, 우리 인식능력의 작동 방식에 대한 감각이다. 이에 반하여 아름다움은 "취미판단의 대상에 대한 규정"으로서, 단순한 주관적 감정이 아니라, 보편적 타당성을 요구하는 판단이다.
칸트는 § 9-11에서 "아름다움은 대상의 개념에 근거하지 않고, 상상력과 오성의 자유로운 조화에서 생기는 쾌감을 보편적 판단으로 끌어올린 것"이라고 말한다. 그래서 아름다움은 그냥 모든 쾌감이 아니라, "쾌감+보편성의 요구(이성의 형식)"를 담은 판단이다. 이 부분의 상상력이 이성으로 전달되는 것이다. "쾌감 = 내가 느끼는 즐거움"이지만, "아름다움 = 누구나 즐거움을 느껴야 한다고 주장할 수 있는 것"이다. 이 아름다움이 곧 취미판단인데, "이 꽃은 아름답다"라는 형태의 판단을 말한다.
⑥ 상상력이 이성에게 제공하는 합목적성의 형식
이렇게 산출된 아름다움이므로, 이것을 가리켜서 칸트는 "상상력이 오성과의 자유로운 놀이 속에서, 보편적 합목적성의 형식을 제공한다"고 말한다. 이때 그 형식을 제공받는 주체가 누구인가?
칸트에 의하면, 아름다움의 경험은 개념에 의존하지 않는 쾌감이지만, 이 쾌감은 단순한 사적 감정이 아니라, 보편성을 요구하는 판단을 동반

4장 목적론적 판단력 비판

한다. 즉, 내 주관적 쾌감이 마치 객관적·보편적 규칙을 가진 것처럼 제시되는 것이다. 따라서 이 '형식'은 우리 자신의 이성에게 제공된다. 내 감정(쾌)이 "이성의 보편성 형식"으로 번역되어 이성에게 제시된다.

또한 이 형식은 타자와의 관계에서 타자의 이성에게 제공된다. 칸트에 따르면 아름다움의 판단은 단순히 "나만 기분 좋다"가 아니라, "누구나 그렇게 느껴야 한다"고 주장하는 성격을 띤다. 따라서 그 형식은 내 이성에만 머물지 않고, 다른 모든 이성적 존재자에게도 타당하다고 요구하는 방식으로 확장된다. 즉, 아름다움의 경험은 나의 이성 안에서 형식화되지만, 동시에 그것은 모든 이성적 주체에게 타당 형식으로 제시된다. 즉, "아름다움은 쾌감 속에서 보편적 합목적성의 형식을 제공한다"에서, 1차적 수용자는 나 자신(판단하는 주체)의 이성이며, 2차적 확장대상은 모든 보편적 이성적 주체이다. 즉, 쾌감이 단순한 심리적 상태에 머물지 않고, 이성의 언어(보편성의 형식)로 번역되어, 모든 주체에게 요구할 수 있는 형식으로 제공되는 것이다.

⑦ 숭고의 판단에서의 상상력

상상력이 무한·절대적인 것을 표상하려다 실패(한계에 부딪힘)한다. 바로 이 지점에서 이성이 개입하는데, 상상력이 감각적으로는 감당 못하지만, 이성은 이를 생각할 수 있다. 따라서 숭고의 경험은 상상력이 오성을 넘어 이성의 위대성을 드러내는 계기가 된다. 칸트는 "숭고는 이성의 이념을 감각 속에서 불러일으킨다"고 말한다.

⑧ 결론 : 상상력의 위치

상상력은 원래 오성에 종속되어 있지만, 아름다움에서는 오성과의 자유로운 조화를 통해 이성에게 보편성의 형식을 제공하며, 숭고에서는 자신의 한계를 통해 이성의 초월적 능력을 드러나게 한다. 칸트에게서 상상력은 단순히 오성의 하위 기능에 머물지 않고, 때로는 이성에까지 영향을 미쳐, 이성의 보편성 요구(아름다움)나 도덕적 이념(숭고)을 불러일으키는 역할을 한다. 처음에 등장하는 "상상력"은 판단력의 범주에 속하는 게 아니라, 감성과 오성 사이를 매개하는 독자적 능력이다. 다만 『판단력 비판』에서는 이 상상력이 판단력의 작동에서 핵심적 역할을 하므로, 마치 판단력의 일부처럼 보이기도 한다.(챗GPT와 필자, 칸트의 인식과 판단의 구조, 2025.103)

나. 인식의 세 가지 층위

칸트의 『판단력 비판』 맥락에서 보면, 우리의 "인식과 관련된 작용 방식"에는 크게 세 가지 층위가 있다고 말할 수 있다. 이에 대한 일반적인 정리 (챗GPT)는 다음과 같다.

① 객관적 인식

기본적 층위는 "감각 → 상상력(종합) → 오성(개념 적용)"으로서, 외부의 대상을 감각적으로 인식하여 그 대상의 이미지가 내 안에 들어왔을 때, 먼저 상상력이 이 이미지를 종합하면서, 오성과 결합하는데, 그 결과는 "이것은 OO다"는 형태의 대상에 대한 개념적·객관적 인식이다. 이것의 특징은 상상력과 오성이 필연적으로 조화를 해야 인식이 성립한다. 여기에는 쾌감이 따로 생기지 않는다.

② 미적 인식 / 취미판단

자유로운 조화인데, 상상력과 오성이 개념 규정 없이 어울린다. 그 결과 "이것은 아름답다"와 같은 아름다움의 판단을 한다. 이것의 특징은 주관적이지만 보편적 타당성을 요구한다. 여기서 쾌의 감정이 발생하는데, 인식능력 자체가 합목적적임을 보여주는 주관적 합목적성의 중요한 예이다. 칸트는 『판단력비판』 § 9-11에서 아름다움은 "목적 없는 합목적성의 형식"이다. 즉, 아름다움의 경험은 우리 인식구조가 합목적적으로 작동하고 있다는 증거이다라는 것이다.

③ 숭고의 인식 / 숭고판단

칸트는 상상력의 붕괴와 이성을 등장시키는 형태가 있다고 말한다. 상상력은 무한한데, 이렇게 무한으로 나아가다가, 즉 무한으로 절대에 도전하다가 실패를 하며, 이때 이성이 개입한다는 것이다. 그리고 그 결과

"이것은 숭고하다"는 숭고의 판단을 일으킨다. 그 특징은 처음에는 상상력의 무능으로 인해 불쾌의 감정을 일으킨다. 그러나 곧 이성이 그 위대성을 자각하며 쾌의 감정을 일으킨다. 여기서 드러나는 것은 이성의 합목적성이다. 특히 도덕적 이념과 연결된 자율성을 말해 준다.

④ 인식 체험의 종류

따라서 칸트에 따르면, 우리의 "인식 관련 체험"을 크게 세 가지로 나눌 수 있다: 먼저, 객관적 인식으로서 개념에 의한 규정(쾌감 없음)이다. 두 번째, 아름다움의 경험인데, 자유로운 조화에서 오는 쾌(주관적 합목적성)의 감정이다. 세 번째, 숭고의 경험인데, 상상력의 한계와 이성의 위대성(도덕적 합목적성)이다.

정확히 말하면 칸트는 이를 모두 "인식"이라 부르지는 않고, ①은 인식, ②와 ③은 반성적 판단에 속한다. 그래서 철저히 구분한다면: "인식", "미적 판단"(취미/아름다움), "숭고판단"이라고 부른다.(챗GPT와 필자, 인식의 세 가지 층위, 2025.103)

다. 판단력의 범주에서의 상상력

칸트는 감성으로 취득한 직관에 오성이 작용을 하는데, 이때 "오성의 범주"를 말한다. 이 오성의 범주는 "개념을 산출하는 형식"이라고 말할 수 있는데, 그 감각자료(직관)들이 이 범주를 통과하면서 분류되고 종합되어 개념을 산출하기 때문이다. 칸트는 이렇게 오성의 개념산출과 관련하여 '오성의 범주'를 말하였다. 그렇다면, 이렇게 오성을 통과한 '미와 숭고'로 나타난 '상상력'의 자료를 분류·종합하는 '판단력의 범주'를 상정해 볼 수 있다. 이때 칸트는 '판단력의 범주'라는 표현 대신에 '판단력의 선험적 원리'라는 용어를 사용한다. 이것을 도식화하여 비교하면 다음과 같다.

① 오성과 판단력의 구조 비교

오성은 개념을 산출하고, 판단력은 자연의 목적의 형식을 이성에게 제공한다. 즉, 오성의 범주는 "인식을 가능하게 하는 틀"인데, 판단력의 범주는 "자연과 자유, 감성과 이성 사이를 매개하는 합목적성의 틀"이라고 할 수 있다. 이것을 구조화하면 다음과 같다.

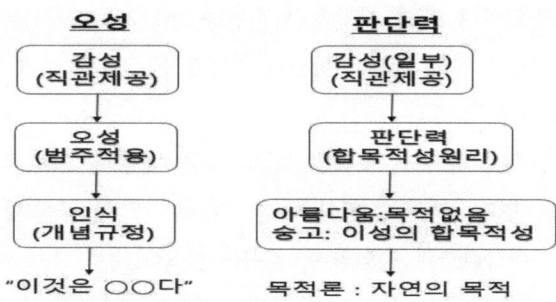

② 해설 : 오성은 감성의 자료를 범주로 묶어 객관적 인식을 산출한다. 그 결과 "이것은 ○○다"라는 개념적·객관적 인식을 이룬다. 판단력은 감성의 자료를 합목적성의 관점에서 반성하는데, 그 중에서 "아름다움, 숭고"와 같은 감성자료를 목적론적 해석을 통해 반성적 판단을 한다. 이 판단은 주관적 쾌/불쾌를 수반하면서도, 보편적 타당성을 요구한다. 이렇게 보면, 오성은 자연의 법칙적 질서를 세우고, 판단력은 자연과 자유, 감성과 이성의 다리 역할을 하는 셈이 된다.

③ 오성의 범주와 아름다움의 미적판단력의 비교

구분	오성의 범주	아름다움의 미적 판단
위치	『순수이성비판』 (오성)	『판단력 비판』 (판단력)
기본성격	객관적 합목적성	주관적 합목적성
대상과의 관계	대상이 실제로 개념·법칙에 따라 규정됨	대상은 특정 목적/개념 없이도 목적에 맞는 듯 경험됨
작동 방식	감성의직관 → 상상력의종합 → 오성의 12범주 적용	감성의 직관 → 상상력과 오성의 자유로운 조화
산출결과	객관적 인식: 이것은○○다	미적 판단: 이것은 아름답다
감정	쾌/불쾌 없음 (순수 인식)	쾌의 감정 발생
보편성	논리적·필연적 보편성 (법칙에 의해)	주관적 보편성 요구: 모두 아름답다고 느껴야 한다
이성의 역할	오성이 제공한 개념을 기반으로 이성이 이념을 전개	쾌감 속에서 이성에게 보편적 합목적성의 형식을 제공
대표 사례	인과성, 실체성, 가능성 같은 객관 법칙	아름다움(미), 숭고

4장 목적론적 판단력 비판

라. 인식의 합목적성을 증거하는 미감적 판단

칸트의 『판단력 비판』에서 아름다움의 미적(미감적) 판단은 단순히 "기분 좋다"는 감정 묘사가 아니라, 우리의 인식능력 자체가 합목적성을 지니고 있음을 보여주는 증거로 기능한다. 이에 대한 일반적인 정리(챗GPT)는 다음과 같다.

① 인식구조와 합목적성

우리의 인식 구조는 "감성(자료)+상상력(종합)+오성(개념 규정)+이성(보편성 요구)"으로 되어 있다. 이 구조가 단순히 기계적으로 돌아가는 것이 아니라, "합목적성의 형식"을 전제한다. 즉, 인식능력이 마치 자연과 잘 맞도록 설계된 것처럼 조화롭게 작동한다는 것이다.

② 아름다움의 판단이 보여주는 것

아름다움 경험에서는 목적 개념이 없음에도 불구하고, 상상력과 오성이 자유롭게 조화를 이루며 쾌감이 발생한다. 이 쾌감은 단순한 개인적 기분이 아니라, 보편적 타당성을 요구한다. 따라서 아름다움의 판단은 곧 우리 인식구조가 주관적 합목적성을 갖고 있음을 "경험적으로 증명"하는 사례가 된다.

③ 칸트의 의도와 종합

오성의 범주가 객관적 인식을 보장한다면, 미적 판단은 인식 능력 속에 주관적 합목적성이 있다는 것을 보여준다. 그래서 칸트는 "아름다움은 목적 없음의 합목적성의 형식이다"라고 정의한다. 그래서 "아름다움의 미감적 판단"은 우리 인식구조가 주관적 합목적성을 지니고 있음을 증명하는 대표적 사례이다. (챗GPT와 필자, 미감적 판단, 2025.103)

마. 미감적 판단과 숭고 판단의 관계

칸트의 『판단력 비판』에서 미감적 판단(아름다움의 판단)과 숭고판단은 둘다 미적 판단에 속하지만, 구조와 효과에서 차이가 있다. 미감적 판단(아름다움의 판단)은 우리의 인식구조가 자연만물을 인식하면서 주관적 합목적성을 지니고 있음을 증명하는데, 숭고판단은 우리의 인식구조 속에 자연만물을 인식하면서 이성의 합목적성 곧 도덕적 자율성에 따르고 있다는 것을 증명하는데, 신의 존재를 인식하게 함을 통해서 이것을 한다. 이에 대한 일반적인 정리(챗GPT)는 다음과 같다.

① 공통점
미감적 판단과 숭고 판단은 둘 다 개념적 인식에 기초하지 않는다. "판단력의 미적 사용"에 속한다. 그래서 둘 다 쾌/불쾌의 감정을 수반한다. 둘 다 주관적 합목적성의 한 형태로, 보편적 타당성을 요구한다.
② 차이

구분	미감적 판단 (아름다움)	숭고판단 (숭고)
기초	상상력과 오성의 자유로운 조화	상상력이 무한/절대적인 것을 표상하려다 파탄
감정	순수한 쾌	이중적: 먼저 불쾌(상상력의 무능) → 곧 쾌(이성의 위대성)
합목적성	"목적 없는 합목적성" (자연이 마치 우리 인식능력에 맞는 듯함)	"이성의 합목적성" (자연이 도덕적 자율성을 상기시킴)
보편성	모든 인간 인식능력에 동일하게 타당	모든 인간 이성의 도덕적 자율성에 타당
결과	"이것은 아름답다" → 보편적 취미의 요구	"이것은 숭고하다" → 이성의 위대함 확인, 도덕성의 감수성 고양
예시	꽃, 장식, 조화로운 선율	거대한 폭풍, 별이 가득한 밤하늘, 무한한 광활함

③ 관계
아름다움은 인식능력(상상력-오성)의 조화 속에서 주관적 합목적성을 체험하게 하는데, 우리의 인식구조 자체가 합목적적임을 증명하고 있다.
숭고 판단은 '거대한 자연' 등을 통해서 느끼는 감정인데, 상상력의 실패를 계기로 이성의 합목적성이 드러난다. 우리의 이성(도덕성, 자유)의 위대함을 상기하게 된다.
따라서 미감적 판단은 인식능력 차원의 주관적 합목적성이며, 숭고판단은 이성 차원의 합목적성을 보여주는 서로 다른 "미적 판단"의 두 가지 방식이라고 할 수 있다. 즉, 아름다움은 우리의 인식능력의 합목적성을 증명하고, 숭고는 우리의 이성적·도덕적 능력의 합목적성을 드러낸다.

④ 일반인식·미적판단·숭고판단

구분	일반 인식	아름다움(미적 판단)	숭고(숭고판단)
대상	대상은 개념으로 규정됨	대상은 목적 없는 합목적성으로 경험됨	대상은 무한·절대적으로 표상됨
상상력	직관을 종합하여 오성에 제공	오성과 자유로운 조화	무한/절대에 도전하다가 파탄
오성 역할	범주 적용, 법칙에 따라 인식	개념적 규정 없이 상상력과 조화	상상력의 실패를 드러내는 계기
이성 역할	개념 인식을 더 높은 이념과 연결	쾌감에 보편성의 형식을 부여	상상력의 한계를 넘어 도덕적 합목적성 자각
감정	쾌/불쾌 없음	순수한 쾌 (주관적 합목적성)	불쾌 + 쾌 (상상력의 무능 → 이성의 위대성)
합목적성	객관적 합목적성 (범주에 따른 인식)	주관적 합목적성 (쾌감 속에서 느껴짐)	이성적 합목적성 (자유, 도덕과 연결)
판단 결과	"이것은 ○○다"	"이것은 아름답다"	"이것은 숭고하다"
보편성	논리적·필연적 보편성	주관적이나 보편적 타당성 요구	도덕적·이성적 보편성
예시	"이것은 나무다"	꽃의 조화, 선율의 아름다움	폭풍, 별이 가득한 하늘, 거대한 산

(챗GPT와 필자, 미감적판단과 숭고판단, 2025.103)

바. 실천이성의 윤리 : 쾌락과 도덕

칸트는 『실천이성비판』에서 실천이성의 윤리로서 "쾌락과 도덕"을 말한다. 도덕의 일정 영역에 이르면, 그곳에서 큰 쾌락이 산출된다는 것인데, 아리스토텔레스는 이것을 그의 『니코마코스의 윤리학』에서 말하였다. 『판단력 비판』에서의 "아름다움(미적 판단)과 숭고판단"은 실천이성의 윤리로서 "쾌락과 도덕"에 깊게 연결되어 있다. 이에 대한 일반적인 정리(챗GPT)는 다음과 같다.

① 『실천이성비판』 : 쾌락과 도덕
칸트는 쾌락의 원리(쾌락주의적 행복 추구)를 도덕의 원리와 구분한다. 도덕은 '쾌락'이나 '경향성'이 아니라, 순수한 실천이성의 법칙(정언명령)에서 나온다. 그러나 동시에, 도덕 법칙을 따를 때 생겨나는 의식(존경, Achtung)이 일종의 특별한 쾌를 동반한다고도 말합니다.

② 『판단력 비판』 : 미와 숭고
미적 판단은 상상력과 오성의 자유로운 조화에서 나오는 쾌감이다. 즉, 이것은 우리의 인식구조에 깔린 주관적 합목적성으로서 보편성을 요구한다. 숭고판단은 상상력의 파탄 속에서 이성의 위대성이 드러난다. 처음엔 불쾌의 감정이지만, 그러나 곧 이성적 자율성에서 오는 쾌의 감정이다. 이것은 도덕적 감수성과 연결 되어 있다.

③ 연결 지점
『실천이성비판』의 도덕적 존경의 감정은 사실상 쾌락과는 구분되지만, 일종의 고차적 쾌이다. 『판단력 비판』에서 숭고의 감정은 바로 이 도덕적 감정과 닮아 있다. 숭고는 감각적 상상력을 무능에 빠뜨리면서 이성(자유, 도덕)이 그 위대성을 체험한다. 일종의 도덕적 감정이다.
한편, 아름다움의 쾌는 단순한 감각적 쾌가 아니라, 우리의 인식능력이 합목적적으로 작동한다는 점에서 "이성의 보편적 형식"과 이어진다.

④ 두 비판서의 쾌락과 도덕의 연결
실천이성비판은 쾌락(감각적 만족)과 도덕(순수한 의무)을 구분한다. 한편, 판단력 비판은 "아름다움 = 쾌감(합목적성의 체험, 보편성 요구)"이며, "숭고 = 불쾌+쾌(이성의 도덕적 위대성 체험)"이다. 따라서 숭고는 특히 '쾌락과 도덕'의 대립과 연결을 중간 매개해 주는 개념이다.
이렇게 해서 아름다움과 숭고의 판단은 『실천이성비판』에서 논의된 쾌락과 도덕의 구분과 연결된다. 아름다움은 쾌와 인식능력의 합목적성을, 숭고는 쾌/불쾌의 긴장을 통해 도덕적 감정을 드러내며, 결과적으로 "쾌락-도덕"의 관계를 미적 차원에서 조명하는 역할을 한다.(챗GPT, 실천이성의 윤리, 2025.103)

4장 목적론적 판단력 비판

[보충] 최고선(이데아·도덕)에서 나오는 '쾌락과 도덕'

칸트는 고대인들, 특히 그리스철학자들의 윤리학을 그의 실천이성비판에 접목을 시킨 것으로 보인다. 피타고라스는 수의 발견에서 신적존재의 쾌락을 맛보았다. 이것이 소크라테스와 플라톤에게 이어지며, 이데아 세계의 최고선을 추구하면서 최고선의 이데아(도덕)에서 나오는 쾌락을 맛보았다. 이것이 아리스토텔레스의 『니코마코스 윤리학』이라고 말할 수 있다. 이들의 철학은 이렇게 모두 연결되어 있다. 그리스 철학자들은 결국 윤리·도덕·이데아를 같이 파악한다. 이때 그리스 철학자들에게 이데아는 인격적 존재이다. 특히 최고의 이데아는 '선의 이데아'로서 '최고선'이다. 여기에서 '선'은 사랑이라고 말할 수 있기 때문에 이 '최고선'은 "사랑으로 충만한 존재"이다. 이것이 훗날 기독교의 하나님을 설명하는 도구가 되었다. 이것이 헬라철학자들, 곧 헬레니즘에 의해 추구된 절대자였다.

이 그리스 철학은 그리스 신화에서 출현하였는데, 그리스 신화의 근원은 헤시오도스의 『신통기』에 잘 정리되어 있다. 그런데 이 신화의 모태는 가나안의 우가릿 신화이다. 그리고 가나안의 우가릿 신화는 메소보다미아 신화에 그 근원을 두고 있다. 그래서 "메소보다미아 신화-우가릿신화-그리스신화의 신화적 소재와 메타포"가 모두 동일하다. 그리고 이 메소보다미아 신화의 영향 아래에 있는 자가 곧 기독교의 아브라함이다. 아브라함은 메소보다미아 신화의 시화적 사실을 새롭게 재구성하였다. 그리고 메소보다미아의 신들을 모두 여호와 아래에 굴복시킨 존재가 모세이다. 모세는 출애굽의 거대한 이적을 통해서 이 모든 신들의 주가 여호와임을 천명한 것이다. 이렇게 유대교가 출현하였다.

히브리인들에게는 지혜문학을 통해서 이 신적 세계가 계속 계발되었는데, 그 중에 솔로몬 시대에 아가서가 출현하였다. 이 책의 주제는 기존의 신화적 개념을 이용하여 쓴 글인데, 왕은 신적존재의 현현이다. 이 왕과 한 여인이 사랑에 빠진다. 이때 이 왕은 최고선의 이데아가 성육신한 자이다. 그 왕이 곧 윤리·도덕의 발원자로서의 최고선이다. 그래서 이 왕과 사랑에 빠진다는 것은 이 여인도 거저 도덕적 경지에 오르는 것이 된다.

칸트 철학

칸트는 『실천이성비판』에서 도덕법(최고선) 자체가 우리의 실천이성에 맞닿아 있어서, 그 실천이성 이면서 도덕법을 발한다고 말하였다. 즉, 이것이 성취된 글이 곧 기독교 성경의 『아가서』인 것이다. 그래서 기독교의 『아가서』는 아르스토텔레스가 『니코마코스 윤리학』에서 추구하던 그 "쾌락과 도덕의 실현"이며, 칸트가 『실천이성비판』과 『판단력비판』에서 추구하는 그 윤리학의 전형이다.

기독교인들은 『아가서』의 그 왕이 2천년 전에 성육신하신 그 예수 그리스도의 예표라고 말한다. 기독교인들은 기도의 시간에 이 예수 그리스도와 영으로 혼인잔치를 한다. 기독교인들은 기도의 시간을 혼인예식의 시간으로 파악한다. 그리고 그러한 "쾌락과 도덕적 성취"를 그 시간에 맛본다. 요한복음 4장에서 예수께서 사마리아 여인에게 청혼을 한다. 그리고 이 여인이 결혼식장을 묻자, "성령과 진리의 예배" 곧 장차 그리스도인들에게 성령이 와서 이룰 "기도의 시간"이라고 말하는 것이다. 이것이 고대와 오늘날의 기독교인들의 신비주의이다.

칸트는 『실천이성비판』에서 "쾌락과 도덕"의 윤리를 이렇게 제안을 하였으며, 그의 『판단력비판』에서 이러한 "쾌락과 도덕"의 윤리에 이르게 할 판단력이 우리 안에 내재하고 있음을 증명한 것이다. 이것이 이 양 비판서가 갖는 의미로 보인다.

2. 목적론적 판단력의 분석학

가. 판단력의 종류 : 미감적 판단과 목적론적 판단

칸트에 의하면, "우리의 판단력에 내재된 합목적성의 원리가, 미감적 판단과 목적론적 판단을 가능"하게 한다. 즉 "우리 인식능력의 구조적 합목적성이, 아름다움과 숭고의 경험, 그리고 자연의 목적론적 판단을 산출"한다. 이에 대한 일반적인 정리(챗GPT)는 다음과 같다.

① 합목적성 : 판단력의 선험적 원리

4장 목적론적 판단력 비판

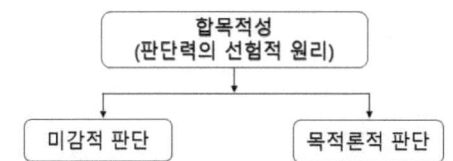

② 판단력 : 미감적 판단력과 목적론적 판단력
우리 안에 판단력의 선험적 원리가 존재하는데, 합목적성을 기반으로 하고 있다. 이 판단력은 미감적 판단과 목적론적 판단이 있다. 이때 미감적 판단력은 심미적 경험 속에서 우리의 인식구조 속에 "주관적 합목적성"이 있음을 보여준다. 목적론적 판단은 자연의 유기체와 질서를 이해하는 과정에서 "객관적·방법론적 합목적성"을 보여준다.
③ 목적론적 판단력
미감적 판단에 의하면, "자연은 우리 인식능력(상상력-오성)에 합목적적이다." 그리고 목적론적 판단에 의하면, "자연은 마치 목적에 따라 배열된 것처럼 보인다." 우리에게 주어지는 이 두 판단은 모두 자연과 자유를 매개하는 다리로서, 칸트 철학의 체계를 완성하는 핵심 축이다. 특히 목적론적 판단에 의하면, 우리 안에 있는 판단력은 자연을 마치 목적 있는 것처럼 이해하게 하여, 자유의 세계와 연결한다. (챗GPT, 판단력의 종류, 2025.103)

칸트는 우리 안에서 미감적 판단력의 존재를 앞에서 증명하였다. 이제 부터는 우리 안에 목적론적 판단력이 있음을 증명하고자 한다. 그 내용이 곧 '목적론적 판단력의 분석학'이다.

나. "목적론적 판단력의 분석학"의 개략

칸트『판단력 비판』제2부의「목적론적 판단력의 분석학」은 "자연을 어떻게 목적론적으로 판단할 수 있는가"를 탐구하는 핵심 부분이다. 즉, 우리의 인식구조 안에는 목적론적 판단력이 있음을 증명하고자 하는 것이다. 이에 칸트 철학에 대한 일반적인 정리(챗GPT)는 다음과 같다.

① 목적론적 판단력의 출발점
칸트는 하나의 중요한 문제의식을 제기하는데, "자연을 단순한 기계적 인과(원인-결과의 연쇄)로만 설명할 수 있는가?"이다. 특히 유기체(유기적 존재)는 단순한 기계로는 설명하기 어렵다. 예컨대, 나무나 동물은 부분과 전체가 서로를 위해 존재하고, 스스로를 재생산·유지한다. 따라서 우리는 자연을 이해할 때, 마치 그것이 목적에 맞게 배열된 것처럼 반성적으로 판단해야 한다.

② 유기체의 합목적성
칸트는 "유기체는 자기 자신이 목적이자 원인인 존재이다"고 말한다. 그러면서 부분은 전체를 위해, 전체는 부분을 위해 존재한다. 기계는 외부 원인에 의해 조립되지만, 유기체는 스스로 자신을 산출하고 보존한다. 이런 구조 때문에, 유기체는 기계적 인과만으로는 설명이 불가하다. 따라서 목적론적 판단이 필요하다.

③ 목적론적 판단의 성격
목적론은 형이상학적 주장이 아니다. 즉, "자연에 실제 목적이 있다"고 말하는 것이 아니다. 오히려 반성적 판단력의 규칙을 말하고자 한다. 우리는 유기체와 자연 전체를 설명하려 할 때, 마치 그것이 목적에 맞게 배열된 것처럼 판단해야만 한다. 이것은 방법론적 필요이지, 존재론적 단언이 아니다.

④ 목적론적 판단의 두 가지 구분
목적론적 판단은 내재적 목적과 외재적 목적으로 구분된다. 먼저, 내재적 목적은 유기체와 같이 자기-목적성을 지닌 것을 말한다. 부분과 전체가 상호목적적 관계를 이룬다. 그리고 외재적 목적은 한 존재가 다른 존재의 목적에 봉사하는 경우이다. 예컨대, "비가 식물을 자라게 한다"와 같은 경우이다. 그러나 최종적으로는 "자연 전체가 어떻게 목적을 지니는가"라는 질문으로 이어진다.

4장 목적론적 판단력 비판

⑤ 궁극적 목적

자연의 목적론적 체계를 탐구하다 보면, 결국 "자연 전체의 최종 목적은 무엇인가?"라는 질문에 이르게 된다. 칸트는 이 질문을 통해 "자연과 자유의 매개"로 넘어간다. 최종 목적은 자연 그 자체가 아니라, 자유로운 이성적 존재(인간)이다. 인간은 자연의 산물이면서 동시에 도덕 법칙에 따라 스스로 목적을 세우는 존재이다.

⑥ 정리

「목적론적 판단력의 분석학」은 "자연을 기계론적으로만 볼 수 없고, 목적론적으로도 판단해야 한다"는 것을 논증한다. 핵심 주제는 유기체의 합목적성인데, 기계론으로는 설명이 불가하다. 반드시 "목적론적 판단"이 필요하다. 그러나 이 목적론은 "자연에 목적이 있다"는 형이상학적 진술이 아니라, 우리 판단력의 반성적 원리이다. 궁극적으로 이 분석학은 자연의 목적론을 통해 인간(자유로운 존재)을 자연의 최종 목적으로 제시하고, 도덕적 세계와 자연 세계를 연결하는 길을 열어준다.

⑦ 도식

기계론만으로는 유기체를 설명할 수 없다. 목적론적 판단이 필요하다. 유기체는 내재적 목적의 대표 사례이다. 자연 전체를 목적론적으로 바라볼 때, 최종 목적은 도덕적 자유를 가진 인간이다. 그 내용을 다음과 같이 도식으로 정리할 수 있다.(챗GPT, 목적론적 판단력, 2025.103)

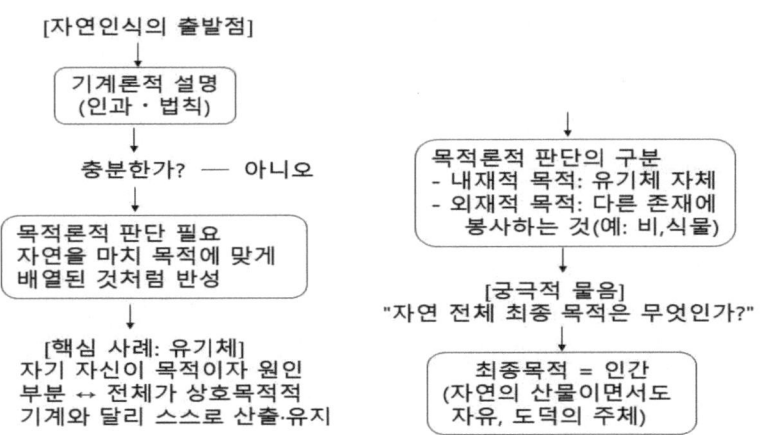

다. 객관적 형식적 합목적성

칸트에 의하면, 기하학은 다양한 '합목적성'을 보여 준다고 말한다. 기하학은 주관에 따라 변형을 일으키지 않는 객관적인 상태로 우리의 지성에 존재한다. 옛날의 기하학자들은 그 '객관적 합목적성'이 지성에 선험적으로 존재하여서, 사물들 안에 있는 그 합목적성에 대해서 법칙적으로 서술할 수 있었던 것을 알았다. 신 만이 소유한 그 법칙을 공동으로 소유하고 있기 때문이었다. 그래서 플라톤과 같은 경우에는 자신 안에 있는 이 선험적 원리로서의 기하학을 가지고 이데아에 이르고자 하였으며, 또한 더 나아가서 모든 존재자들의 근원에 이르고자 하였다.

이것이 바로 칸트가 말하는 '지성적 합목적성'이다. 따라서 지성적 합목적성은 우리 지성에 선험적으로 존재하는 '객관적 합목적성'이다. 그 대표적인 것이 기하학과 산술학인데, 이것은 『순수이성비판』에 의하면 공간과 시간이 표상된 것으로서, 이미 우리 안에 선험적으로 존재한다. 여기에 자연에 대한 경험들이 투입이 되면 자연법칙이 산출되어 나온다.

우리의 지성에 선험적으로 존재하는 '지성적 합목적성'은 '형식적인 합목적성'이다. 그러면서도 이것은 먼저 객관화된 합목적성이다. 즉, 그를 위한 주관인 목적이 개입되지 않은 합목적성이다. 이러한 것의 예로서 원의 도형을 들 수 있다. 원에 대한 이해를 통해 우리는 많은 다른 사물들의 도형을 이해할 수 있다. 그런데, 경험 이후에 나타나는 이 세계 속에서 실제 일어나는 실재적 합목적성은 이제 이와 다르다. 즉, 내가 어떤 한계 안에 둘러싸인 사물들의 총체에서 마주칠 때에는 이러한 법칙적 원리 외에 또 다른 것이 존재하였던 것이다.

① 기학학적 도형들의 객관적 합목적성
하나의 원리에 따라 그려지는 모든 기하학적 도형들은 다양하고, 경탄스러운 객관적 합목적성을 보여준다. 즉 많은 문제들을 단 하나의 원리에 따라, 그리고 또한 문제들 하나하나를 그 자체로 무한히 다른 방식으로

해결하는 데 유능함의 합목적성을 보여준다. 여기서 합목적성은 분명히 객관적이고 지성적이며, 반면 주관적이고 미감적·감성적이지 않다.…
② 고대철학자들의 철학주제 : 피타고라스의 수
옛날의 기하학자들이 가진, 이런 종류의 선들의 이런 속성들을 탐구한 열의를 마주한다는 것은 참으로 기쁜 일이다.… 그들은 그 합목적성을 온전히 선험적으로 그 필연성에서 서술할 수 있었던, 사물들의 본질에 있는 합목적성에서 기쁨을 누렸다.
③ 수를 창조의 도구로 본 플라톤
그 자신이 이 학문의 대가였던 플라톤은 우리가 일체의 경험 없이도 발견할 수 있는 사물들의 그러한 근원적 성질에 대하여, 그리고 존재자들의 조화를 그것들의 초감성적인 원리로부터 기어낼 수 있는 마음의 능력에 대하여 열광했는데, 이 열광이 그로 하여금 경험개념들을 넘어서 이데아들에 이르도록 하였는바, 이데아들은 그에게는 오로지 모든 존재자들의 근원과의 지성적 통교(공통성)를 통해서만 설명할 수 있는 것으로 보였다. (『판단력 비판』, § 62, V362-V363)
④ 객관적 형식적 합목적성
그러나 이 지성적 합목적성은, 비록 그것이 객관적이라 하더라도, 그 가능성의 면에서는 형식적인 합목적성(질료적인 합목적성이 아니라)으로 이해될 수 있다. 다시 말해, 그것은 그것의 기초에 어떤 목적을 둘 것이 없는, 그러니까 그를 위한 목적론을 필요로 하지 않는 합목적성으로서 단지 일반적으로만 이해될 수 있다.
⑤ 객관적 형식적 합목적성의 예 : 원의 도형
원의 도형은 지성에 의해 한 원리에 따라서 규정된 직관이다. 내가 임의로 취해 개념으로 기초에 놓는 이 원리의 통일은, 마찬가지로 한낱 표상으로서, 선험적으로 내 안에서 마주쳐지는 직관의 형식에 적용이 되면, 저 개념의 구성의 결과로 나오는 수많은 규칙들의 통일성을 이해가 능하게 만든다. 이러한 규칙들은 여러 가지 가능한 관점에서 합목적적이지만, 이 합목적성의 근저에 어떤 목적이나 합목적성의 어떤 또 다른

근거를 놓을 필요가 없다.
⑥ 경험적인 합목적성과의 차이
이러한 사정은 내가 어떤 한계 안에 둘러싸여 있는 나 밖의 사물들의 총체에서, 예컨대 한 정원에서 수목들, 화단들과 통로들 등의 질서정연함을 마주칠 때와는 다르다. 이러한 것들을 나는 나의 임의의 규칙에 따라 만들어진 공간 한정으로부터 선험적으로 이끌어 낼 것을 바랄 수는 없는 것이다. 무릇, 이러한 것들은 인식될 수 있기 위해서는 경험적으로 주어지지 않으면 안 되는 실존하는 사물들이지, 어떤 원리에 따라 선험적으로 규정된 내 안에 있는 순전한 표상이 아니다. 그래서 후자의 (경험적인) 합목적성은 실재적인 것으로서 한 목적 개념에 의존되어 있다. (『판단력 비판』, § 62, V364)

라. 자연의 내적 합목적성과 자연의 상대적 합목적성의 관계

칸트는 지성 안에 내재되어 있는 '형식적 객관적 합목성'을 먼저 살펴보았다면, 이제 주제를 돌려서 실재적 사물 속에서의 '실재적 합목적성'을 검토한다. 칸트는 먼저 자연 사물들과의 상호관계를 놓고 볼 때, 서로 간에 '합목적성'이 존재하는지(자연의 상대적 합목적성)를 살펴보고, 또 다시 자연 존재자 자체에게도 다른 사물의 목적을 위한 용도로서의 '합목적성'이 존재하는지(내적 합목적성)를 살펴본다. 그 결과 분명히 사물들에는 '합목적성'이 존재한다는 결론을 내린다. 그러나 사물 자체 내에서는 이러한 합목적성이 전혀 존재할 수 없다는 것을 알게 된다. 그렇다면, 이것은 분명히 외부에서 이 사물들 간의 관계에 개입한 흔적이 된다.

먼저, 객관적 질료적 합목적성, 즉 실재적 사물들 간의 관계가 '합목적적'이라는 것은 자연에 '자연의 목적'이 존재한다는 것이다. 칸트는 이것을 살펴보고자 한다. 이러한 '합목적성'을 고찰하기 위해서는 사물 상호간의 '원인과 결과'의 관계가 존재하는지를 살펴보면 된다. 그리고 관찰의 결과 원인과 결과의 관계가 있다는 것은 더 나아가서 '원인성'의 근저에 '결과'를 위한 '이념'이 있다는 것을 의미하는 것이다.

4장 목적론적 판단력 비판

이러한 합목적적인 경우는 두 가지 방식으로 일어날 수 있는데, 하나는 자연존재자 자신이 원인과 결과인 경우로서의 '내적 합목적성'이거나, 타자의 유용성을 위한 수단으로서의 자연의 '상대적 합목적성'의 경우이다. 칸트의 관찰에 의하면 '자연의 상대적 합목적성'은 발견되지만, '자연의 내적 합목적성'은 결코 일치하지 않는다. 이때 만일 전체로서의 '자연의 상대적 합목적성'에 개별적 존재자들로서의 '자연의 내적 합목적성'이 흡수되어 있는 개념이라면, 이 '자연의 내적 합목적성'을 '자연의 상대적 합목적성'으로 일치시킨 누군가가 존재한다는 개념이 나오게 되는 것이다.

① 객관적 질료적 합목적성의 개념
경험이 우리의 판단력을 이끌어 객관적 질료적 합목적성의 개념, 다시 말해 자연의 목적의 개념에 이르게 하는 것은 오로지 원인과 결과의 관계가 판정될 수 있을 때뿐이다. 그리고 이런 관계를 우리가 법칙적인 것으로 통찰할 수 있다고 보는 것은, 우리가 결과의 이념을 그 원인의 원인성의 근저에, 이 원인 자신의 기초에 놓여 있어 저 결과를 가능하게 하는 조건으로 놓음으로써이다.
② 하천의 토양의 예를 통해서 본 자연의 합목적성
하천들은 예컨대 식물의 성장에 이로운 갖가지 토양을 운반하여 때로는 내륙의 가운데에, 또 흔히는 하구에 쌓아놓는다. 밀물은 여러 해변에 있는 진흙을 육지로 밀어 올리거나 해안에 쌓아놓는다.…(그러면) 비옥한 땅이 증가하고,… 아직도 계속 그렇게 하고 있다. 그런데, 문제가 되는 것은 이런 일이 인간에 대한 유용성을 함유하고 있다고 해서, 그것이 과연 자연의 목적이라고 판정할 수 있는가 어떤가 하는 점이다.…
③ 가문비 나무의 예
또는 어떤 자연사물들이 다른 피조물들을 위한 수단으로서 유익성을 갖는다는 한 사례를 든다면, 가문비나무에게는 모래땅보다 더 번식하기에 좋은 땅은 없다. 그런데 태고의 바다는 육지로부터 퇴각하기 전에 우리(독일)의 북부지역에 그토록 많은 모래 지대를 남겨 놓아서, 그 밖의 모

든 경작에는 아무 쓸모없는 이 땅 위에 광대한 가문비나무숲이 펼쳐질 수 있었는데,… 이렇게 태고에 모래 지대를 쌓아놓은 것이 과연 그 위에서 가능한 가문비나무숲을 위한 자연의 목적이었는가 하는 것이다.…
④ 소, 양, 말 등
마찬가지로 일단 소, 양, 말 등이 이 세상에 있어야만 한다면, 지상에는 풀이 자라지 않을 수 없고, 낙타들이 번성하여야만 한다면, 사막에 수송나물들도 자라지 않을 수 없다. 또는 늑대, 호랑이, 사자가 있어야만 했다면, 이런저런 초식동물들도 다수가 마주쳐지지 않으면 안 되었다.
⑤ 객관적 합목적성은 우연적인 합목적성
그러니까 유익성에 기초하는 객관적 합목적성은 사물들 그 자체의 객관적 합목적성이 아니다.… 이런 합목적성은 한낱 상대적 합목적성으로서, 그것이 부여되는 사물 자신에게는 한낱 우연적인 합목적성이다.…
⑥ 외적 합목적성(한 사물의 다른 사물에 대한 유익성)은 존재
이로부터 우리가 쉽게 알 수 있는 것은, 외적 합목적성(즉 한 사물의 다른 사물에 대한 유익성)은 오직, 그 한 사물로부터 곧 바로이든 우회적으로든 유익함을 얻은 것의 실존이 그 자신 자체로 자연의 목적이라는 전제 아래에서만 하나의 외적 자연목적으로 여겨질 수 있다는 사실이다. 그러나 저런 사실은 순전한 자연고찰에 의해서는 결코 결정될 수 없으므로, 나오는 결론은 상대적인 합목적성은 비록 그것이 가설적으로 자연목적을 고지해주기는 하지만, 그럼에도 어떤 절대적인 목적론적 판단을 정당화하지는 못한다는 것이다.(『판단력 비판』, § 63, V367-369)

마. 이성존재에 의해 실현된 '자연의 상대적 합목적성'

근대철학자들의 발견에 의하면, 세상의 모든 사물들 각각은 원인과 결과의 관계를 서로 맺고 기계처럼 돌아가고 있는 것으로 보인다. 그런데, 이때 '자연의 내적 합목적성'과 '자연의 상대적 합목적성'이 그 본성상 일치한다면, 이때는 자연을 '하나의 거대한 기계'라고 생각해도 된다. 이러한 경우가 성립된다면, 앞에서 살펴본 '지성적 형식적 합목적성'이 고스란히 자연사물

4장 목적론적 판단력 비판

에 반영된 것으로 볼 수 있는데, 이것은 서로 일치하지 않는다. 그러므로 우리는 자연이 단순한 기계처럼 스스로의 원인과 결과의 고리를 가지고 운행되는 것은 아니다고 생각하여야 한다.

한편, 이 양자('자연의 내적 합목적성'과 '자연의 상대적 합목적성')의 속성이 서로 다른데도, '자연의 상대적 합목적성'이 관찰된다면, 이 경우 자연 사물들 각각의 원인과 결과의 그 원인성에는 어떤 이성(혹은 이성적인 존재자)의 목적이 내재되어 있기 때문이다. 그리고, 이것은 '경험적 실재적 합목적성'으로 불리며, 이것은 '지성적 형식적 합목적성'과 판이하게 다르다.

① 사물 기원의 원인성
한 사물이 오직 목적으로서 가능하다는 것을 통찰하기 위해서는, 다시 말해, 그 사물의 기원의 원인성을 자연의 기계성에서가 아니라 그 작용능력이 개념들에 의해 규정되는 어떤 원인에서 찾을 수밖에 없다는 것을 통찰하기 위해서는 다음의 사실이 요구된다.
② 이성에 의해서만 가능하게 보이는 사물형식의 우연성
즉 그 사물의 형식은 순전한 자연법칙들에 따라서, 다시 말해 우리에 의해, 감관의 대상들에 적용된, 지성을 통해서만 인식될 수 있는 그러한 법칙들에 따라서 가능한 것이 아니라, 그 형식의 경험적 인식조차도, 그것의 원인과 결과의 면에서 보아, 이성의 개념들을 전제로 한다는 것이 요구된다. 사물형식의 이 우연성은 이성과의 관계에서, 그 사물의 원인성을, 그것이 마치 바로 그 우연성 때문에 오로지 이성에 의해서만 가능한 것처럼, 상정하는 근거이다.
③ 원인성으로서의 의지
그러나 이때 이 원인성은 목적들에 따라 행위하는 능력(의지)이다. 그리고 오로지 이 능력으로 인해서 가능한 것으로 표상되는 객관은 단지 목적으로서만 가능한 것으로 표상될 것이다.…(『판단력 비판』, § 64, V370)
④ 기예의 산물로서의 자연목적

…따라서 이 결과는 어디까지나 목적으로서, 그러나 자연목적으로서는 아니고, 다시 말해 기예의 산물로서 간주될 수 있다. (『판단력 비판』, § 64, V370)

바. '유기적 존재자들'에 의해 전개되는 '자연의 목적'

자연의 목적은 모든 자연물들의 총체인데, 이 총체는 모든 개별적 존재들의 인과관계를 통해 이루어진다. 그리고 인과관계란 원인과 결과의 연결인데, 이때 결과가 원인이 되지는 않는다(작용인들의 결합). 그런데, 이성적 존재자에게는 그 역도 성립하는데, 그 자신에게 있어서 결과가 곧 원인이 되는 경우가 존재한다(목적인들의 결합). 예컨대, 어떤 건물을 짓고자 하는데, 그 목적 혹은 결과가 임대료인 경우이다. 임대료는 최종목적이고 결과인데 사실은 이 결과가 곧 원인인 것이다. 이성존재자에게는 이것이 허다하게 발견된다. 칸트는 이와 같은 인과결합을 통해, 이성적 존재자와 그렇지 않은 존재자를 결합함을 통해서 "자연의 목적"을 설명한다. 자연 안에 이성적 존재자가 있어서 사물들에게 원인을 제공하여 인과관계를 형성하게 만들었다는 것이다.

자연은 인과관계로 엮여 있다. 이에 따라 자연목적으로서의 사물에 대해 첫째로 요구되는 것은 아무리 그것들이 자신의 고유한 '내적 합목적성'을 가지고 있다고 하더라도, 그것들의 전체와의 관계에 의해서만 가능하게 된다. 그리고 그러기 위해서는 "그 사물 자신이 하나의 목적"이고, 따라서 "그 안에 함유되어 있어야 할 모든 것을 선험적으로 규정해야 하는 어떤 한 개념 또는 이념 아래에 포섭"되어 있어야만 한다. 다시 말해, 각각의 사물들은 '기예의 작품', '이성적 원인의 산물'일 따름인 것이다.

① 인과결합 : 하향적으로 진행하는 계열들의 연결

인과결합은, 순전히 지성에 의해 사고되는 한에서, 언제나 하향적으로 진행하는 (원인들과 결과들의) 계열을 이루는 연결이다. 그리고 그 자신이 결과들로서 다른 사물들을 원인들로 전제하는 사물들은 거꾸로 동시에 이 다른 사물들의 원인일 수 없다. 이 인과결합을 우리는 작용하는 원인들의 결합이라고 부른다.

② 이성개념에 따른 인과결합
그러나 이에 반해 (목적들이라는) 이성개념에 따른 인과결합도 생각할 수 있는데, 이 인과결합은 사람들이 그것을 계열로 본다면, 상향적으로도 하향적으로도 의존성을 수반할 것이고, 이 의존성에서 일단 결과로 지칭된 사물은 그럼에도 상향적으로는 그것이 그것의 결과인 사물의 원인이라는 이름을 얻는다. 실천적인 것에 있어서는 (곧 기예에 있어서는) 이러한 연결이 쉽게 발견된다. 예컨대 가옥은 임대료로 들어올 돈의 원인이기는 하지만, 그럼에도 역으로 이 가능한 수입에 대한 표상이 그 가옥 건축의 원인이었다. 그러한 인과연결은 목적인들의 연결이라고 불린다.

③ 실재적 원인들의 연결 vs 이념적 원인들의 연결
어쩌면 전자는 실재적 원인들의 연결, 후자는 관념(이념)적 원인들의 연결이라고 부르는 것이 더 알맞을지 모르겠다. 왜냐하면, 이런 명명에서는 이 두 종류의 인과성 외에 더 이상의 것은 있을 수 없다는 것이 동시에 파악되기 때문이다.

④ 전체와의 관계에 의해서만 가능하다는 사실
자연목적으로서의 사물에 대해 첫째로 요구되는 것은, 그 부분들이 (그것들의 현존과 형식의 면에서) 오로지 그것들의 전체와의 관계에 의해서만 가능하다는 사실이다. 왜냐하면, 그 사물 자신이 하나의 목적이고, 따라서 그 안에 함유되어 있어야 할 모든 것을 선험적으로 규정해야 하는 어떤 한 개념 또는 이념 아래에 포섭되어 있기 때문이다.

⑤ 기예의 작품 : 이성적 원인의 산물
그러나 한 사물이 오로지 이런 방식으로만 가능한 것으로 생각되는 한, 그것은 한낱 기예의 작품, 다시 말해 그것의 질료(즉, 부분들)와는 구별되는 이성적 원인의 산물일 따름이다. (부분들을 조달하여 결합하는) 이런 원인의 인과성은 그것에 의해 가능한 전체에 대한 이념을 통해 (그

러니까 그 사물 밖에 있는 자연에 의해서가 아니라) 규정되는 것이다.
(『판단력 비판』, § 65, V373)

사. 기계론적 철학 vs 목적론적 철학
칸트는 이제 유기적 존재자와 다른 사물들 간의 관계를 구체적인 예를 통해서 설명한다. 즉, 위를 근거로 하여서 당대의 '기계론 철학'에 반하여 '목적론 철학'을 전개한다. 예컨대, 시계와 시계의 형식을 만들어내는 원인이 자연 안에 함유되어 있는 것이 아니라, 자연 밖에 있는 자기의 원인성에 의한다. 이해 가능한 전체의 이념들에 따라 작용할 수 있는 어떤 존재자 안에 함유되어 있다. 그래서, 궁극적으로 칸트는 "유기적 존재자들은 개념에게 객관적 실재성을 마련해주고, 그렇게 함으로써 자연과학에 대해 어떤 목적론으로의 근거를 마련해주는 유일한 존재자들이다"고 한다.

① 기계론적 철학
그러나 자연산물로서의 한 사물이 자기 자신 안에 그리고 자기의 내적 가능성 안에 또한 목적들에 대한 관계를 함유하고 있어야 한다면, 다시 말해 단지 자연목적으로서 가능하고, 그 사물 밖의 이성적 존재자들의 개념들의 인과성 없이도 가능하고, 그 사물 밖의 이성적 존재자들의 개념들의 인과성 없이도 가능해야 한다면, 둘째로 요구되는 것은 그 사물의 부분들은 상호간에 교호적으로 그 형식의 원인이자 결과가 됨으로써 하나의 전체의 통일로(전체라는 하나로) 결합되어야 한다는 사실이다.
② 시계와 시계의 형식을 만들어 내는 원인
하나의 시계에서 한 부분은 다른 부분들의 운동의 도구이지만, 하나의 톱니바퀴가 다른 톱니바퀴를 만들어내는 작용하는 원인은 아니다. 한 부분은 다른 부분을 위해서 현존하지만, 다른 부분에 의해서 현존하는 것은 아니다. 그래서 시계 및 시계의 형식을 만들어내는 원인도 자연 안에 함유되어 있는 것이 아니라, 자연 밖에 있는, 자기의 원인성에 의해 가능한 전체의 이념들에 따라 작용할 수 있는 어떤 존재자 안에 함유되

어 있다. 그래서 시계의 한 톱니바퀴가 다른 톱니바퀴를 만들어내지 못하는 것과 마찬가지로, 더욱이나 하나의 시계가 다른 물질을 이용해서 (유기화해서) 다른 시계를 만들어내지 못한다.… 고장이 났을 때 가령 스스로 수리하지도 못한다.…

③ 기계가 아닌 유기적 존재자
그러므로 유기적 존재자는 한낱 기계가 아니다. 무릇 기계는 단지 운동하는 힘만을 가지나, 유기적 존재자는 자기 안에 형성하는 힘을 소유하고, 그것도 그런 힘을 갖고 있지 않은 물질들에게 유기적 존재자가 전달해주는 그런 힘, 그러므로 스스로 번식하며 형성하는 힘을 가지고 있다. 이에 반해 이런 모든 것을 우리는 유기적 자연에서는 기대할 수 있다. 그러므로 유기적 존재자는 한낱 기계가 아니다. 무릇 기계는 단지 운동하는 힘만을 가지나, 유기적 존재자는 자기 안에 형성하는 힘을 소유하고, 그것도 그런 힘을 갖고 있지 않은 물질들에게 유기적 존재자가 전달해주는 (물질들을 유기화하는) 그런 힘, 그러므로 스스로 번식하며 형성하는 힘을 가지고 있다. 이런 힘은 운동능력(기계성)만으로는 설명될 수 없는 것이다.(『판단력 비판』, § 65, V374)

④ 목적론적 철학
그러므로 유기적 존재자들은, 우리가 그 자체만으로 그리고 다른 사물들과의 관계없이 고찰한다 해도, 오직 자연의 목적들로서만 가능하다고 생각될 수 있는, 자연 안의 유일한 존재자들이다. 그러므로 그것들은 먼저 목적 (실천의 목적이 아니라 자연의 목적인) 개념에게 객관적 실재성을 마련해주고, 그렇게 함으로써 자연과학에 대해 어떤 목적론으로의, 다시 말해 하나의 특수한 원리에 따르는 객관들의 판정방식으로의 근거를 마련해주는 유일한 존재자들이다.(『판단력 비판』, § 65, V376)

아. 목적론적 체계로서의 자연

칸트는 "목적론적 판단력의 분석학"의 마지막 부분에서 "유기적 존재자들, 목적들의 체계로서의 자연일반, 및 자연과학의 내적 원리"에 대해서 논한다. 이것을 한데 묶어서 우리는 "목적론적 체계로서의 자연"이라고 말할 수 있겠다.

먼저, 칸트는 "유기적 존재자들에게 자연의 내적 합목적성이 존재한다"고 말한다. 즉, 유기적 존재는 그 자체가 하나의 목적이다. 그래서 이 유기체는 이성적 존재자로서 사물들을 자연의 순전한 기계성과는 전혀 다른 사물들의 질서로 이끈다. 이에 따라 하나의 이념이 자연산물의 기초에 놓이게 된다. 더 나아가서, 우리는 "자연사물들의 외적 합목적성"을 고찰할 수 있다. 그러나 자연사물들에게서는 그들 자체의 내적 합목적성은 발견될 수 없었다. 그러나 이성을 가진 인간의 활동과 관련하여 연계될 때에 그 외적인 관계는 합목적인 것이라고 판정될 수 있었고, 이것이 "자연과학의 내적원리"가 되었다. 이에 대해 칸트는 다음과 같이 말한다.

① 유기적 존재자들
이 원리는, 동시에 '유기적 존재자'의 정의이기도 한 것으로, "자연의 유기적 산물은 그 안에서는 모든 것이 목적이면서 교호적으로 수단이기도 하다"는 것이다. 유기적 산물에서는 아무것도 쓸데없는 것은 없고, 무목적적인 것이 없으며, 또 맹목적인 자기연계성으로 치부할 수 있는 것은 없다.… 우리는 이 원리를 유기적 존재자들의 내적 합목적성을 판정하는 준칙이라고 부를 수 있다.… 무릇 이 개념은 이성을, 여기서는 우리를 더 이상 만족시켜주지 못할 자연의 순전한 기계성과는 전혀 다른 사물들의 질서로 이끈다. 하나의 이념이 자연산물의 가능성의 기초에 놓여 있어야만 한다.… (『판단력 비판』, § 66)
② 자연 사물들의 외적 합목적성 : 그들 자체의 내적합목적성은 없음
우리는 위에서 자연 사물들의 외적 합목적성에 대하여, 이 외적 합목적성은 자연 사물들을 동시에 자연의 목적들로서 그것들의 현존의 설명근거로 이용할…아무런 정당성도 제공하지 못한다고 말했다. 그래서 우리는 하천들…,산악들…,또한 이 물들을 흘려보내고 육지를 건조하게 하는 육지의 비탈을 그 때문에 곧바로 자연목적들로 여길 수는 없다.…

목적들에 따르는 인과성을 받아들이지 않을 수 없다고 볼 아무런 것도 그 자체로는 가지고 있지 않기 때문이다.
③ 초감성적인 존재와 관계 속에서 합목적성을 찾음
바로 이것은 인간이 자기의 생활필수품이나 오락을 위해 이용하는 식물에 대해서도 타당하고, 인간이 일부는 자기의 식품으로, 또 일부는 자기의 사역에 여러모로 사용할 수 있고, 그리고 대부분은 없어서는 안 되는 동물들, 예컨대 소 말 개 등등에 대해서도 타당하다. 우리가 그 자체만으로는 목적으로 볼 이유를 갖지 않는 사물들에 대해서는 그 외적인 관계가 단지 가설적으로만 합목적적인 것이라고 판정될 수 있다.
어떤 사물을 그것의 내적 형식 때문에 자연목적이라고 판정하는 것은 이 사물의 실존을 자연의 목적으로 여기는 것과 전혀 다른 일이다. 후자를 주장하기 위해서 우리는 한낱 가능한 목적의 개념뿐만 아니라, 자연의 궁극목적에 대한 인식을 필요로 하거니와, 이것은 우리의 모든 목적론적 자연인식을 훨씬 뛰어넘는, 자연의 어떤 초감성적인 것과의 관계를 필요로 한다. 왜냐하면, 자연 자신의 실존의 목적은 자연너머에서 찾아야 하기 때문이다. …(『판단력 비판』, § 67, V378)

3. 목적론적 판단력의 변증학

가. "목적론적 판단력의 변증학"의 개략
칸트『판단력 비판』제2부에는「목적론적 판단력의 분석학」다음에「목적론적 판단력의 변증학」이 이어진다. 이 부분은 자연을 기계론적으로 이해해야 하는가, 목적론적으로 이해해야 하는가 사이에서 발생하는 이성의 모순(변증적 대립)을 다룬다. 이에 대한 일반적인 정리(챗GPT)는 다음과 같다.

① 문제 제기
자연을 설명할 때, 우리는 두 가지 길을 가진다. 하나는 기계론적 설명으로서 "자연 법칙의 인과성"으로 설명하는 것이다. 또 하나는 목적론적

설명으로서 "자연은 마치 목적에 따라 배열된 것처럼 이해"한다는 것이다. 그런데 이 두 설명은 종종 모순을 일으킨다. 자연 전체를 기계로 보자니 유기체 설명이 안 되고, 자연 전체를 목적론적으로 보자니 신학적·형이상학적 해석으로 빠지게 된다.
② 이율배반
칸트는 이것을 "목적론적 판단력의 이율배반"이라고 부른다. 이것은 변증법적으로 표현된다. 정립(These)으로서, 자연의 모든 생성은 순전히 기계적 법칙에 따라 설명되어야 한다. 반정립(Antithese)으로서, 자연의 어떤 생성은 단순히 기계적 법칙으로는 설명될 수 없고, 반드시 목적론적 원리를 요구한다. 이 두 명제는 동시에 참일 수 없는 것처럼 보인다.
③ 칸트의 해결
두 명제는 모두 옳다. 단, 다른 관점에서 옳다. 기계론은 자연 현상의 인식에는 불가결하다. 목적론은 유기체와 자연의 체계를 이해하기 위한 반성적 규칙으로 필요하다. 따라서 자연을 설명할 때, 우리는 기계론과 목적론을 서로 보완적으로 사용해야 한다.
④ 최종 귀결
기계론과 목적론의 대립은 이성의 변증법적 갈등을 보여준다. 이 갈등의 해결은, 자연 전체를 하나의 '최종 목적'으로 보는 시각에서 이루어진다. 그 최종 목적은 자연이 아니라 자유로운 이성적 존재(인간)이며, 이를 통해 자연과 자유가 연결된다.
⑤ 정리
「목적론적 판단력의 변증학」은 기계론 vs 목적론의 이율배반을 다룬다. 그런데, 두 설명은 서로 배타적인 것이 아니라, 상호 보완적이다. 기계론은 설명의 필요조건이며, 목적론은 이해와 반성의 필요조건이다. 궁극적으로 이 대립은 자연과 자유를 매개하는 판단력의 과제를 드러낸다.
(챗GPT, 목적론적 판단력의 변증학, 2025.10.3)

나. 판단력의 이율배반의 발생

4장 목적론적 판단력 비판

우리가 어떤 선천적인 지성의 개념에 근거하여서 여러 사물들을 경험하게 되는데, 이때 기존의 지성에 새겨진 보편적인 법칙에 내포되어 있는 사실들을 경험할 경우에는 '규정적 판단력'이 활동하게 된다. 이것은 기존의 내재된 법칙을 '객관적'으로 활용하는 것이다. 반면에, 경험을 통해 보편적인 것을 벗어난 특수한 사항들을 접할 경우에는 '반성적 판단력'이 활동하게 되면서, 이에 대한 법칙수립 작업을 본능적으로 하게 된다. 이때 우리의 판단력은 규정되지 않은 것을 규정하는 것이므로 '주관성'을 띠게 되며, 나름대로의 '준칙'을 세워서 새로운 '개념'에 이르게 된다. 이때 전자의 명제를 '정립명제'라고 하고, 후자의 명제를 '반정립 명제'라고 할 경우, 이 양자는 서로 다른 결론에 이르게 된다. 그리고 판단력과 관련하여서는 이에 대한 변증이 발생하게 되는 것이다.

① 규정적 판단력 : 정립명제
규정적 판단력은 독자적으로는 객관들의 개념들을 기초 짓는 어떤 원리도 가지고 있지 않다. 규정적 판단력은 자율이 아니다. 왜냐하면, 그것은 단지 원리들인, 주어진 법칙들 또는 개념들 아래에서 포섭하는 것이기 때문이다. 바로 이 때문에 그것은 또한 그 자신의 이율배반의 위험이나 그 원리들의 상충에 내맡겨져 있지 않다. 그래서 범주들 아래에서 포섭하는 조건들을 함유한 초월적 판단력은 독자적으로는 법칙정립적이 아니고, 지성의 법칙인 주어진 개념에 실재성이 주어질 수 있는, 감성적 직관의 조건들을 일컫는 것일 따름이다.(즉, 여기에 기반한 하나의 준칙이 발생하는데, 그것이 정립명제이다: 필자) 이에 관해서 초월적 판단력은 결코 자기 자신과의 불일치에 빠질 수가 없었던 것이다.
② 반성적 판단력 : 이율배반의 발생(반정립명제)
그러나 반성적 판단력은 아직 주어져 있지 않은, 그러므로 사실은 대상들에 대한 반성의 원리일 따름인, 법칙 아래에 포섭해야만 한다. 우리에게는 이런 반성을 위한 법칙이나 또는 눈앞에 나타나는 경우들을 위한 원리로서 충분할 어떤 객관의 개념이 객관적으로는 전혀 없는 데도 말

이다. 그런데 원리들 없이는 인식능력들의 어떠한 사용도 허용될 수 없으므로, 반성적 판단력은 그러한 경우들에서 그 자신에게 원리로 쓰일 수밖에 없다. 그러나 이 원리는 객관적인 것이 아니고, 의도를 위해 충분한 객관에 대한 어떠한 인식근거도 근저에 둘 수 없기 때문에, 인식능력들의 합목적적 사용을 위한, 곧 어떤 종류의 대상들을 반성하는, 한낱 주관적인 원리로서 쓰여야만 한다. 그러므로 그러한 경우들과 관련하여 반성적 판단력은 자기의 준칙들을, 그것도 경험에서 자연법칙들의 인식을 위해 피연적인 준칙들을 가지고 있어서, 그 판단력이 경험적 법칙들에 따라서 자연을 한낱 알기만 하기 위해서라도 그러한 개념들이 꼭 필요할 때는, 그 준칙들을 매개로 그러한 개념들에 이른다. 비록 그러한 개념들이 이성개념들일지라도 말이다. 반성적 판단력의 이 필연적인 준칙들 사이에 이제 하나의 상충, 그러니까 하나의 이율배반이 생길 수 있다. 변증학은 이 위에 근거하고 있다. (『판단력 비판』, § 69)

다. 이율배반의 발생과 그 이유 : 혼동

이러한 이율배반은 다음과 같이 똑 같은 사물에 대해서 '기계론적 물질관'과 '목적론적 물질관'으로 표상된다. 그런데, 이것은 판단력에 대한 '이율배반'이 아니라, '규정적 판단력'과 '반성적 판단력' 사이에서 발생하는 '이성의 법칙수립에서의 상충'인 것이다.

① 판단력의 첫째 준칙 : 정립명제

판단력의 첫째 준칙은 (다음의) 정립명제이다. 즉 물질적 사물들과 그것들의 형식들의 모든 산출은 순전히 기계적 법칙들에 따라서 가능한 것으로 판정되어야 한다.

② 둘째 준칙 : 반정립명제

둘째 준칙은 (다음의) 반정립명제이다. 즉 물질적인 자연의 몇몇산물들은 한낱 기계적인 법칙들에 따라서 가능한 것으로 판정될 수가 없다. (그것들의 판정은 전혀 다른 인과성의 법칙, 곧 목적인들의 법칙을 필요

4장 목적론적 판단력 비판

로 한다.) …그것들은 다음과 같이 될 것이다.
③ 정립과 반정립
[정립] 물질적 사물들의 모든 산출은 순전히 기계적 법칙들에 따라 가능하다. [반정립]물질적 사물들의 몇몇 산출은 순전히 기계적 법칙들에 따라서는 가능하지 않다.
이 후자의 질에서, 즉 규정적 판단력을 위한 객관적 원리들로서 이 원칙들은 서로 모순되고, 그러니까 이 두 명제들 중 하나는 필연적으로 거짓일 것이다. 그러나 그때 그것은 이율배반이기는 하겠지만, 그럼에도 판단력의 이율배반은 아니고, 이성의 법칙수립에서의 상충이겠다. (『판단력 비판』, § 70, V387)
④ 혼동에서 기인한 이율배반
그러므로 본래 물리적인(기계적인) 설명방식의 준칙과 목적론적인(기술적인) 설명방식의 준칙 사이에 있는 듯이 보이는 이율배반은, 사람들의 반성적 판단력의 원칙을 규정적 판단력의 원칙과 혼동하고, 전자의 자율성을 지성에 의해 주어진 법칙들을 따르지 않으면 안 되는 후자의 타율성과 혼동하는 데에서 기인한 것이다. (『판단력 비판』, § 71, V389)

라. 이성의 작용 : 이율배반의 해결
칸트는 이 '반성적 판단력'이 지성의 작용이 아닌 이성의 작용임을 강조한다. 『순수이성비판』에서 보았듯이 이성은 초월자를 지향하고, 궁극자를 지향하며, 전체를 하나로 통합하려 한다. 이 반성적 판단력에 의하면, 자연의 근저에 한 의도라는 개념을 놓는 것을 필수불가결하게 한다.

① 이성의 출현 : 이성이 반성적 판단력에게 부과한 준칙
…둘째 원칙은 반성적 판단력을 위한 주관적 원칙, 그러니까 이성이 반성적 판단력에게 부과하는 반성적 판단력의 준칙이다. 우리가 자연을 그 유기적 산물들에서라도 계속적인 관찰을 통해 탐구하고자 한다면, 우리에게는 곧 자연의 근저에 의도라는 개념을 놓는 것이 불가결하게 필요

하다. 그러므로 이 개념은 이미 우리 이성의 경험적 사용을 위해서도 단적으로 필수적인 준칙이다. …(『판단력 비판』, § 75, V398)

② 세계 밖에 존재하는 지성적 존재자에게 의존

무릇 그 실존이나 형식을 우리가 어떤 목적이라는 조건 아래에서 가능한 것으로 표상하는 사물의 개념은 사물의 우연성 개념과 불가분적으로 결합되어 있다. 그래서 우리가 오로지 목적들로서만 가능하다고 보는 자연사물들도 세계 전체의 우연성에 대한 뛰어난 증명이 되며, 그것들은 세계 전체가 세계 밖에 실존하는, 그것도 지성적인 존재자에게 의존해 있고, 그것으로부터 기원한다는 유일한, 보통의 지성에게나 똑같이 철학자에게도 타당한 증명근거이다. 그러므로 목적론은 그의 탐구들에 대한 해명의 완성을 신학 외에서는 발견하지 못하는 것이다.(『판단력 비판』, § 75, V399)

③ 신의 존재를 요청하는 합목적성

…이제 우리 인간에게는 다음과 같은 정식만이 허용된다. 즉 "우리가 수많은 자연사물들의 내적 가능성에 대한 위 인식에조차 그 기초에 놓을 수 밖에 없는 합목적성을 생각하고 파악할 수 있으려면, 우리는 자연사물들을 그리고 도대체 세계를 (하나의 신이라는) 지성적 원인의 산물이라고 표상하는 수밖에는 없다."(『판단력 비판』, § 75, V340)

4. 목적론적 판단력의 방법론

가. "목적론적 판단력의 방법론"의 개략

칸트 『판단력 비판』 제2부에서 "목적론적 판단력의 방법론"에서 특히 § 85-91 은 사실상 책의 결론부에 해당하며, 자연과 자유의 매개라는 큰 문제를 최종적으로 정리한다. 그 내용을 요약하면 다음과 같다.

① § 85. 최종 목적에 대하여

자연의 합목적성을 반성하면, 우리는 "자연 전체의 최종 목적은 무엇인가?"라는 질문에 이르게 된다. 단순한 유기체나 종(種)의 목적은 중간 목적일 뿐이다. 최종 목적은 자연 전체 속에서 인간이다. 인간은 자연의 산물이면서, 동시에 자유·도덕법칙에 따라 자기 자신을 목적으로 세우는 존재이다. 따라서 자연은 인간(이성적 존재)을 위해 있는 것처럼 판단된다.

② § 86. 자연의 최종목적은 인간 안에서 찾을 수 있다
인간은 자연 안의 단순한 수단이 아니라, 목적 자체로 간주될 수 있다. 왜냐하면 인간은 이성을 통해 자연의 법칙을 초월하고, 스스로 도덕적 법칙을 따르는 존재이기 때문이다. 따라서 인간은 자연의 최종 목적지이자, 동시에 자유의 실현을 통해 자연과 자유를 매개하는 중심점이다.

③ § 87. 인간은 자연의 최종 목적이다
자연 속 모든 것은 인간과 관련하여 이해될 수 있다. 그러나 인간의 가치는 단순히 '쾌락'이나 '행복'이 아니라, 도덕적 자율성에 있다. 인간은 자연에서 '조건적 목적'이 아니라, '무조건적(절대적) 목적'이다.

④ § 88. 인간은 동시에 자연의 조건적 목적이다
인간은 육체적으로는 자연 법칙에 종속된다. 따라서 인간은 자연의 산물이기도 하고, 자유의 주체이기도 한 이중적 존재이다. 여기서 자연과 자유, 경험적 세계와 도덕 세계가 교차한다.

⑤ § 89. 자연의 목적론적 체계와 자유의 조화
자연을 목적론적으로 판단하면, 인간이 자연의 최종목적임을 보게 된다. 자유(도덕적 세계)와 자연(경험 세계)은 이 관점에서 통일된다. 여기서 판단력은 "자연과 자유를 매개하는 다리" 역할을 최종적으로 수행한다.

⑥ § 90. 철학의 최고 과제: 자연과 자유의 통일
철학의 궁극 과제는 "자연과 자유를 하나의 체계로 통합하는 것"이다. 자연의 목적론적 해석은, 결국 도덕적 세계질서를 가능케 하는 자유와 연결된다. 이 연결을 통해 "자연은 자유를 위해, 자유는 도덕법칙을 위해" 존재하는 질서를 발견한다.

⑦ § 91. 신(Gott)의 개념과 목적론적 판단

자연과 자유의 궁극적 통일을 가능하게 하는 보증자로서 신의 개념이 요구된다. 그러나 칸트는 "신의 존재를 이론적으로 증명할 수 없다"고 강조한다. 신은 실천이성이 요구하는 가설이다. 따라서 신 개념은 자연의 목적론적 질서를 넘어, 도덕적 세계질서를 가능하게 하는 이성의 필연적 요구로 제시된다.(챗GPT, 목적론적 판단력의 방법론, 2025.10.4)

§ 85-§ 87은 자연의 최종 목적은 인간이다(특히 도덕적 자율성). § 88은 인간은 동시에 자연의 산물이자 자유의 주체다. § 89-§ 90은 자연과 자유의 조화이며, 철학의 최고 과제는 양자의 통일이다. § 91은 이 조화를 궁극적으로 보증하는 것이 바로 '신 개념'이다. 단, 이것은 이성의 가설이지 이론적 증명이 아니다.

나. "자연-인간(최종 목적)-자유-신"의 흐름도

칸트의 『판단력 비판』 후반부, 특히 『목적론적 판단력』에서는 "자연-인간-자유-신"으로 이어지는 흐름이 구조적으로 제시된다. 이를 도식화하고 해설하면 다음과 같다. 이에 대한 일반적인 정리(챗GPT)는 다음과 같다.

```
자연
 │
인간 : 자연 내의 목적들 중 최종 목적, 자연의 합목적성의 귀결점
 │
자유 : 인간은 단순히 자연적 존재가 아니라 도덕적 실천 주체
      자유로운 이성적 행위가 "자연의 궁극 목적"을 드러냄
 │
신(God) : 자연과 자유의 최종 합목적성의 보장자
         "세계의 합목적적 질서"와 "도덕법칙의 실현"을 통일적으로
         뒷받침하는 이념
```

① 자연

칸트는 자연 속에서 '합목적성'을 발견하지만, 그것이 단순히 기계적 인과로는 설명되지 않는다고 본다. 자연의 존재 목적은 결국 "자연 밖에 있는 어떤 존재", 즉 인간에게 귀결된다.

② 인간
인간은 자연의 단순한 수단이 아니라 자연이 지향하는 최종 목적이다. 인간은 자연 속에서 이성적 존재로 자리하며, 동시에 도덕법칙에 따라 자유롭게 행위할 수 있는 주체이다.
③ 자유
인간은 자연적 존재(자연법칙에 따른 존재)이면서도 동시에 자유로운 도덕적 존재이다. 따라서 자연의 합목적성은 자유의 도덕적 법칙 속에서만 완전히 해명된다.
④ 신
자연의 합목적성과 자유의 도덕법칙이 조화롭게 결합하려면, 궁극적으로 이를 보장하는 이념이 필요하다. 그 보장자로 칸트는 신을 상정한다. 그러나 이는 이론적 증명이 아니라 실천이성이 요구하는 이념적 필연성으로서의 신이다. (챗GPT, 흐름도, 2025.10.4)

자연 속에서 발견되는 목적론적 질서는 결국 인간(최종 목적)에 이르고, 인간의 자유로운 도덕 실천은 자연의 궁극 목적을 드러내며, 그 자연과 자유의 통일을 가능하게 하는 보장 이념이 신이다.

다. 자연과 자유의 최종적 통일

칸트『판단력 비판』§ 91은 제2부 목적론적 판단력의 마지막 절로, "자연과 자유의 최종적 통일" 문제를 다루면서 신 개념을 언급하는 부분이다. 이 절은 사실상『판단력 비판』전체의 결론부에 해당한다. 이에 대한 일반적인 정리(챗GPT)는 다음과 같다.

① 문제 제기
앞서 § 85-§ 90에서 칸트는 자연의 최종 목적이 인간이고, 인간은 도덕적 자유를 통해 자연과 자유를 매개한다는 점을 논증했다. 이제 마지막 질문을 하는데, "자연과 자유의 궁극적 통일을 어떻게 정당화할 수 있는

가?"이다. 이때 신 개념이 등장한다.

② 신의 역할

자연과 자유가 하나의 목적체계 속에서 조화를 이룬다고 판단할 때, 우리는 그 체계의 궁극적 보증자를 상정하지 않을 수 없다. 이때 필요한 것이 바로 신의 개념이다. 신은 자연의 목적론적 체계와 도덕의 자유 체계를 하나로 묶어주는 '최고 지성' 혹은 '궁극적 설계자'로 이해된다.

③ 중요한 제한

그러나 칸트는 분명히 말한다. 우리는 신의 존재를 이론적으로 증명할 수 없다. 신은 자연 과학의 대상도, 경험적 인식의 대상도 아니다. 따라서 형이상학적 증명(예: 존재론적 증명, 우주론적 증명, 목적론적 증명)은 모두 실패한다.

④ 신 개념의 지위

신 개념은 실천이성이 요구하는 필연성이다. 즉, 신은 이론적 존재가 아니라, 도덕적 세계질서를 가능케 하는 필수적 전제이다. 우리가 도덕법칙을 실천할 때, 그 실현이 자연 속에서도 조화를 이룬다고 생각할 근거가 필요하고, 이때 '신'이라는 개념이 요청된다.

⑤ § 91의 결론

자연은 기계론적으로만 이해할 수 없고, 목적론적으로도 이해해야 한다. 자유는 도덕적 세계질서를 통해 자연과 매개된다. 신은 자연과 자유의 체계적 통일을 보증하는 개념으로 요구된다. 그러나 신은 이론적 인식의 대상이 아니라, 실천적 이성(도덕성)의 요청으로만 성립한다. (챗GPT, 판단력비판 § 91, 2025.10.4)

§ 91은 『판단력 비판』 전체의 결론부이다. 여기서 신은 "숭고 감정에서 드러나는 이성의 무한성"과 "목적론적 판단에서 드러나는 자연의 체계성"이 만나는 지점에서 등장한다. 신은 자연과 자유, 현상계와 도덕계의 궁극적 조화의 보증자이다. 하지만 "신은 인식할 수 있는 대상이 아니라, 도덕적 실천을 위해 이성이 요청하는 필연성"이라는 점이 핵심이다.

최 환 열 (崔 煥 烈)

〈학력 · 약력〉
한양대학교 졸업(학사), 아세아연합신학대학원 M.A. in Missiology 수료, 횃불트리니티 신학대학원 목회학 석사, 백석대학교 신학대학원 구약학 박사
현) 공인회계사(회계법인 대표), 현) 한국금융시장연구원 대표

〈저 서〉
(신학)『아브라함의 언약』,『모세오경의 언약』,『예수 그리스도의 새언약』,『창세기 원역사 해설』, (철학)『헤겔 철학』,『생철학과 현상학』,『실존주의 철학』,『언어-구조주의 철학』,『심리-구조주의 철학』,『신화-구조주의 철학』,『초기 분석철학과 논리실증주의』,『중기 분석철학』,『후기 분석철학』,『마르크스사상 비판』,『네오막시즘과 문화막시즘』, (경제)『국민연금과 사모펀드의 반란』,『자유민주주의와 사회주의의 이론과 실제 : 러시아경제사와 대한민국 경제사』, (역사)『박정희의 산업화 유신』

『칸트 철학』

초판 1쇄 발행 2025년 11월 11일
저　　자_ 최 환 열
펴 낸 이_ 김 동 명
펴 낸 곳_ 도서출판 창조와지식
인 쇄 처_ (주)북모아
출판등록번호_ 제2018-000027호
주　　소_ 서울시 강북구 덕릉로 144
전　　화_ 1644-1814
팩　　스_ 02-2275-8577
메　　일_ gvmart@hanmail.net
ＩＳＢＮ_ 979-11-6003-957-3
가　　격_ 19,000원
발행형태_ 무선제본

이 책은 저작권법에 따라 보호받는 저작물이므로 무단 전제와 무단 복제를 금지하며, 이 책 내용을 이용하려면 반드시 저작권자와 도서출판 창조와지식의 서면동의를 받아야 합니다. 잘못된 책은 구입처나 본사에서 바꾸어 드립니다.